Betriebswirtschaftslehre für die BF I

Wirtschaft und Verwaltung

von

Diplom-Handelslehrer
Clemens Kaesler

Diplom-Philologin
Frauke Kaesler-Probst

unter Mitarbeit der Verlagsredaktion

Winklers

Vorwort

Das Schulbuch ist auf den Lehrplan für das Fach Betriebswirtschaftslehre der Berufsfachschule I Fachrichtung Wirtschaft und Verwaltung des Landes Rheinland-Pfalz abgestimmt. Es beinhaltet die Lernbereiche 1, 3, 4 und 6.

Das Buch wird den didaktischen Anforderungen des Lehrplans und der Schüler und Schülerinnen durch folgende Gestaltungsmerkmale gerecht:

- **Situativer Kontext:** Das Modellunternehmen „BüroFix e. K." zieht sich wie ein roter Faden durch das Buch, um den Schülern praxisnahe Einblicke in die Welt der Wirtschaft zu geben. Zudem ermöglicht es anschauliche Einstiegsszenarien und Beispiele.
- **Schülernahe Problematisierung:** Jedem Kapitel ist eine Einstiegssituation vorangestellt, die Fragen aufwirft und als Unterrichtseinstieg dienen kann.
- **Schülergerechte Aufbereitung des Lernstoffes:** Die Lerninformationen sind schülergerecht formuliert und aufbereitet. Merksätze unterstützen die Aneignung des Fachwissens. Der Stoff wird in der Art eines Frage-Antwort-Spiels am Ende jedes Kapitels zusammengefasst. Wissensfragen ermöglichen eine gezielte Überprüfung des deklarativen Wissens.
- **Gestaltung einer handlungsorientierten Lernumgebung:** Der Zielgruppe entsprechend schließen sich jedem Kapitel viele Übungsaufgaben an, unter anderem in Form von Entscheidungsfällen oder Lückentexten. Die Schüler können sich so ihr Wissen aktiv und handlungsorientiert erarbeiten.
- **Förderung der Methodenkompetenz:** Ein weiterer Schwerpunkt des Buches liegt darin, dass die Methodenkompetenz über die Fachkompetenz gefördert wird. Hierfür sind Aufgaben konzipiert, bei denen sich die Schüler anhand eines Fachthemas auch  gleichzeitig in einer Schlüsselqualifikation üben können. Dies entspricht in besonderer Weise den Forderungen des Lehrplans nach einer ganzheitlichen Förderung der Kompetenzen.
- **Aufbau einer Rechtskompetenz:** Die Schüler werden mit wichtigen Gesetzestexten konfrontiert. Dies dient dem Aufbau einer Rechtskompetenz (Verstehen und Anwenden von Gesetzestexten) als Teil der beruflichen Handlungskompetenz und ist darüber hinaus eine gute Möglichkeit, die Lesekompetenz der Schüler zu fördern.

Wir wünschen allen Schülerinnen und Schülern sowie allen Lehrerinnen und Lehrern ein erfolgreiches Arbeiten mit dem Buch und sind für Anregungen und konstruktive Kritik dankbar. Hinweis dafür erbitten wir an info@unterricht-kaesler.

Januar 2011

Clemens Kaesler
Frauke Kaesler-Probst

4., überarbeitete Auflage, 2011
Druck 1, Herstellungsjahr 2011

Westermann Schroedel Diesterweg
Schöningh Winklers GmbH
Postfach 33 20 · 38023 Braunschweig
Telefon: 01805 996696* Fax: 0531 708-664
service@winklers.de
www.winklers.de
Redaktion: Alexander Leipold
Lektorat: Katharina Mieskes
Druck: westermann druck GmbH, Braunschweig
ISBN 978-3-8045-**6026**-0

* 14 ct/min aus dem deutschen Festnetz, Mobilfunknetz maximal 42 ct/min

Lernbereich 1 Orientieren in Ausbildung und Beruf

Lernbereich 3 Abbilden der Ziele und Organisationsstrukturen von Unternehmen und einen Bezug zu regionalen Unternehmen herstellen

Lernbereich 4 Darstellen von Rechtsgeschäften und daraus resultierende Zahlungsvorgänge simulieren

Lesehinweis

Wenn in diesem Buch häufig die Rede ist von **dem Auszubildenden** oder **dem Kunden,** so ist dies im Sinne einer allgemein gebräuchlichen Formulierung als Funktion, als Rolle gemeint. **Die Auszubildende** bzw. **die Kundin** sind damit immer inbegriffen. Aufgrund einer besseren Lesbarkeit wird auf die Doppelnennung beider Geschlechter verzichtet.

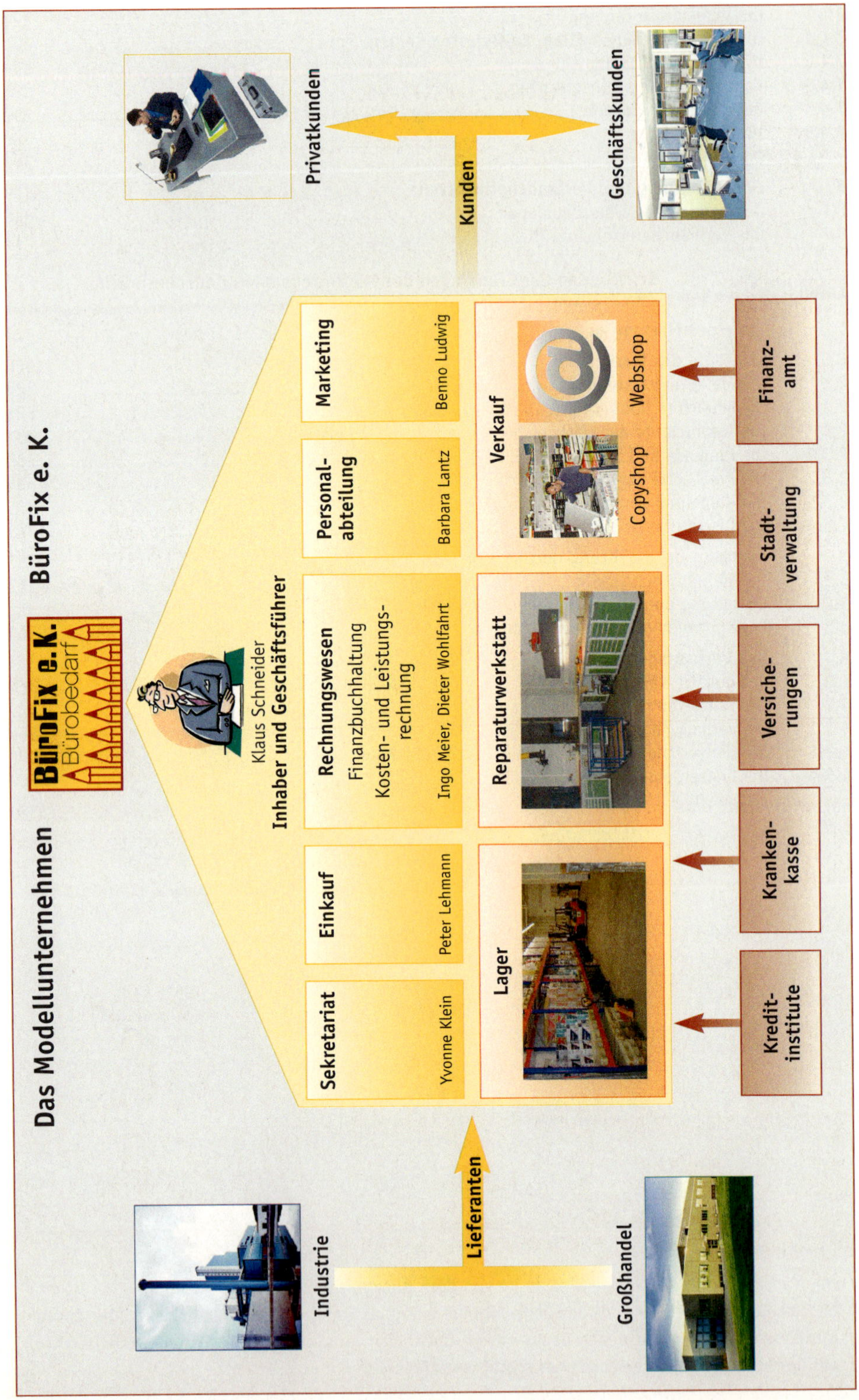
Das Modellunternehmen
BüroFix e. K.
BüroFix e. K. Bürobedarf
Klaus Schneider
Inhaber und Geschäftsführer
Sekretariat
Yvonne Klein
Einkauf
Peter Lehmann
Rechnungswesen
Finanzbuchhaltung
Kosten- und Leistungs-rechnung
Ingo Meier, Dieter Wohlfahrt
Personal-abteilung
Barbara Lantz
Marketing
Benno Ludwig
Lager
Reparaturwerkstatt
Verkauf
Copyshop
Webshop
Lieferanten
Industrie
Großhandel
Kunden
Privatkunden
Geschäftskunden
Kredit-institute
Kranken-kasse
Versiche-rungen
Stadt-verwaltung
Finanz-amt

1 Die Berufswahl

1.1 Was kann ich, was will ich?

Situation

Tim Neuhof hat gerade zwei Stunden für die Hauptschulabschlussprüfungen gebüffelt. Nun wird es Zeit für eine Pause. Er trifft sich mit seinem Kumpel Alexander im Bistro „Extrablatt". Alexander ist ein Jahr älter als er und hat bereits eine Lehre als Kfz-Mechatroniker begonnen.

Alexander: „Hallo Tim, was macht die Büffelei?"

Tim: „Könnte besser laufen!"

Alexander: „Na ja, bald hast du es ja geschafft. Aber das Lernen hat nie ein Ende. Zweimal pro Woche muss ich jetzt auch wieder zur Berufsschule."

Tim: „Du hast gut reden. Du wusstest ja gleich, was du werden willst. Ich habe absolut keine Ahnung, außer dass ich auf jeden Fall eine Ausbildung machen möchte."

Alexander: „Werd' doch auch Kfz-Mechatroniker. Dann kannst du später mal dein eigenes Auto reparieren."

Tim: „Nee, das ist nichts für mich. Da hat man doch jeden Abend schmutzige Hände. Zudem interessieren mich Autos überhaupt nicht."

Alexander: „Dann ist wohl eher ein Bürojob was für dich. Den ganzen Tag drinnen sein – für mich wäre das nichts."

Tim: „So schlecht finde ich das nicht! Am PC bin ich eigentlich ganz fit. Andererseits, den ganzen Tag sitzen will ich auch nicht. Insbesondere möchte ich auch Kontakt mit Menschen haben. Wenn ich nur herausfinden könnte, welcher Beruf zu mir passt!"

Leitfrage

Was könnte Tim Neuhof tun, um herauszufinden, welcher Beruf für ihn der richtige ist?

Information

Wie finde ich einen geeigneten Beruf?

Den passenden Beruf zu finden, ist für viele Jugendliche nicht einfach. Es gibt in Deutschland ungefähr 350 Ausbildungsberufe, viele davon sind den meisten unbekannt. Am besten ist es deshalb, zuerst die eigenen Interessen näher zu beleuchten. „Was interessiert mich?" sollte die erste Frage sein, die man sich bei der Berufswahl stellt. Interessiert sich jemand stark für Autos, so liegt z. B. der Beruf des Kfz-Mechatronikers besonders nahe. Interessiert sich jemand für die Natur und ist am liebsten draußen, kommen Berufe vom Forstwirt bis zum Landschaftspfleger infrage.

Meistens hat man jedoch mehr als nur ein Interessengebiet. Umso schwieriger wird es dann natürlich, alle Interessen in einem Beruf verwirklichen zu können. Man sollte deshalb zunächst herausfinden, welche Interessen in Bezug auf die Ausbildung und den Beruf besonders wichtig sind. Anderen Dingen kann man sich dann immer noch hobbymäßig oder in der Freizeit widmen.

Merke **Sie sollten Ihren Ausbildungsberuf nach Ihren Interessen auswählen.**

Manchmal können es auch bestimmte Abneigungen sein, die die Berufswahl entscheiden. Kann jemand kein Blut sehen, so ist der Beruf des Krankenpflegers kaum geeignet. Arbeitet jemand nur ungern am Computer, so scheiden schon fast alle Büroberufe aus. Orientieren kann man sich auch an den Leistungen in den Schulfächern.

Besonders wichtig bei der Berufswahl ist jedoch eine offene Einstellung und Neugierde. Informieren Sie sich in der Familie und bei Bekannten über die verschiedensten Berufe. Von vielen haben Sie eventuell noch nie etwas gehört – trotzdem kann Ihr Traumberuf darunter sein!

Tipp **Fragen Sie Ihre Verwandten und Bekannten, welche Berufe sie kennen oder ausüben. Sie werden erstaunt sein, was Sie alles erfahren.**

Lassen Sie sich nicht allein von Aussagen über den Arbeitsmarkt leiten. Diese können übertrieben oder sogar falsch sein. Die heutige Zeit ist schnelllebig – der Beruf, der heute „in“ ist, kann übermorgen schon wieder „out“ sein. Richten Sie sich lieber nach Ihren Interessen und Neigungen. Sie können nur dort gut sein, wo Ihre Interessen und Begabungen liegen.

Sie müssen jedoch eine realistische Selbsteinschätzung finden. Spielt jemand täglich fünf Stunden am Computer, macht ihn das noch lange nicht zu einem begnadeten Informatiker.

Bei der Berufswahl sollten Sie sich auf jeden Fall die folgenden **Fragen** stellen:

- Womit beschäftige ich mich am liebsten in der Freizeit?
- In welchen Schulfächern bin ich gut?
- Was lerne ich leicht, was eher schwer?
- Bin ich geschickt mit meinen Händen?
- Bin ich gerne unter Menschen? Arbeite ich gerne mit Menschen?
- Was habe ich in meinem bisherigen Leben alles sehr gern getan?
- Was fällt mir leicht?
- Für welche Handlungen und Verhaltensweisen werde ich häufig gelobt? Von wem werde ich gelobt?
- Wie gut kann ich mich ausdrücken (mündlich/schriftlich)?
- Wie gut kann ich mit Zahlen umgehen?

- Bin ich gerne körperlich aktiv?
- Verstehe ich leicht technische Zusammenhänge?
- Bin ich kreativ, habe ich schnell einfallsreiche Ideen?
- Kann ich mit dem Computer umgehen?
- Arbeite ich gerne mit dem Computer?

Bei der Berufsberatung der Agentur für Arbeit gibt es die Möglichkeit, einen Eignungstest zu machen.

Tipp **Gehen Sie zur Berufsberatung der Agentur für Arbeit und in das Berufsinformationszentrum (BIZ).**

So genannte Berufswahltests gibt es auch im Internet, sie werden gleich online ausgewertet. Der Test sollte allerdings nur zu Ihrer Orientierung dienen – entscheiden müssen Sie selbst.

Wichtig ist auch, dass Sie sich nicht zu sehr auf ein Berufsziel festlegen. Eine Ausbildungsstelle zu finden, ist natürlich umso leichter, je flexibler Sie sind. Klappt es beispielsweise nicht mit einer Lehre als Einzelhandelskauffrau (bzw. Einzelhandelskaufmann), sollte man passende Alternativen parat haben.

Haben Sie sich für einen Beruf entschieden, beginnt die eigentliche Suche nach der Ausbildungsstelle. Die Ausbildungsvermittlung der Agentur für Arbeit ist dafür die wichtigste Anlaufstelle. Lesen Sie aber auch den Stellenanzeigenteil in Ihrer Tageszeitung und fragen Sie Verwandte, Bekannte und Freunde.

1.2 Anforderungen der Betriebe

Situation

Tim Neuhof liest beim Frühstück gemütlich die Zeitung. Seit einiger Zeit studiert er besonders ausführlich die Stellenanzeigen, denn er sucht einen Ausbildungsplatz. Es sind einige Anzeigen dabei, die ihn aber nicht besonders ansprechen.

Verkäufer/-in gesucht!

Zuverlässig und gepflegte Erscheinung!

Bewerbung bitte an:
Modehaus Chic
...

Einzelhandelskaufmann/ Einzelhandelskauffrau gesucht!

Neben einem guten Ausbildungsabschluss erwarten wir Teamfähigkeit und freundliches Auftreten!

Technik Max ...

Buchhalter/-in!

Sie sind zuverlässig, können mit Zahlen umgehen!

Steuerbüro Klein ...

Sekretärin für anspruchsvolle Position gesucht!

Sie haben eine sehr gute Ausbildung als Bürokauffrau?
Sie drücken sich hervorragend in Wort und Schrift aus?
Sie sind teamfähig und belastbar?
Wenn Sie diese drei Fragen alle mit Ja beantworten können, dann sind Sie die Richtige für uns!

Schriftliche Bewerbung bitte an :
Chemie AG ...

Da entdeckt er plötzlich die Stellenanzeige der Firma BüroFix: „Einzelhandelskaufmann gesucht ...“

Auszubildende(r) zum Einzelhandelskaufmann gesucht!

Sie sind Absolvent einer Berufsfachschule und an einer weiteren kaufmännischen Ausbildung interessiert?
Wir sind ein Groß- und Einzelhändler für Bürobedarf. Unsere intensive und anspruchsvolle Ausbildung vermittelt zukunftsweisende, fundierte kaufmännische Kenntnisse.

Wir erwarten:
Neben einem guten Schulabschluss der Berufsfachschule sind Zuverlässigkeit, Belastbarkeit und Teamgeist wichtig.

Haben Sie das Zeug dazu?

Wenn ja, dann schicken Sie uns Ihre Bewerbung.

BüroFix e. K.
Industriestraße 55
67346 Speyer

Tim ist ganz aufgeregt! Eine Ausbildung bei BüroFix, das wäre doch super! Das Unternehmen ist für seinen guten Ruf bekannt. Aber wie kann Tim es schaffen, dass BüroFix ihn auch nimmt? Er wird sicher nicht der Einzige sein, der sich dort bewirbt. Und die allerbesten Noten hat er auch nicht.

Leitfrage: Was soll Tim als Nächstes machen? Können Sie ihm helfen?

Information

Welche Kenntnisse muss ich für einen Ausbildungsplatz mitbringen?

Ausbildungsbetriebe haben eine klare Vorstellung davon, welche Kenntnisse die Bewerber für einen Ausbildungsplatz mitbringen sollten. Denn nur, wenn der Bewerber bereits grundlegende Qualifikationen mitbringt, wird die Ausbildung erfolgreich verlaufen. Diese grundlegenden Qualifikationen werden auch **Schlüsselqualifikationen** genannt. Damit sind Fähigkeiten gemeint, die der Schlüssel zum Erfolg in vielen kaufmännischen Berufen sind, da sie überall gebraucht werden.

Besonderen Wert legen die Betriebe im kaufmännischen Bereich auf gutes Deutsch. Wer kaum einen richtigen Satz sagen kann, wird kein Verkaufsgespräch zum Erfolg führen oder einen Geschäftsbrief schreiben können. Hierbei verlassen sich die Betriebe bereits auf das Bewerbungsschreiben. Wer darin gleich mehrere Fehler hat, ist aus dem Rennen.

Dabei spielt auch die Rechtschreibung eine entscheidende Rolle.

Merke **Unternehmen wollen Auszubildende, die gut in Rechnen und Deutsch sind.**

Den Unternehmen ist es wichtig, dass die Auszubildenden zu Beginn der Ausbildung bereits die Grundrechenarten wie beispielsweise Prozent- oder Bruchrechnen beherrschen. Während der Ausbildung ist keine Zeit mehr Dinge zu lernen, die man eigentlich schon von der Schule her können müsste. Nutzen Sie zur Wiederholung das Zusatzkapitel „Kaufmännisches Rechnen" im Buch „Finanzbuchhaltung für die BF 1".

Zudem sollte jeder Bewerber über grundlegende Kenntnisse am Computer verfügen. Auch Grundkenntnisse in Englisch werden immer häufiger vorausgesetzt.

Tipp **Machen Sie den Europäischen Computerführerschein und legen diesen der Bewerbung bei. Das macht Eindruck.**

Neben diesen eher fachlichen Kenntnissen legen die Unternehmen besonderen Wert auf Ihre Einstellung zu bestimmten Dingen und auf Ihre Charaktereigenschaften. Als eines der wichtigsten Merkmale wird Zuverlässigkeit und Pünktlichkeit genannt. In einem Unternehmen ist es sehr wichtig, dass man sich auf die Kollegen verlassen kann. Ist jemand unzuverlässig und vergisst z. B. wichtige Termine, richtet er im Unternehmen mehr Schaden an, als er nützt.

Gefordert wird auch eine positive Einstellung dem Lernen gegenüber. In einer dreijährigen Ausbildung gibt es sehr viel zu lernen. Wer sich ständig dazu zwingen muss, wird die Ausbildung kaum mit Erfolg bestehen. Viele Aufgaben im Betrieb werden im Team bearbeitet. Deshalb fordern die Unternehmen von ihren Auszubildenden, dass sie teamfähig sind. Teamfähig heißt, dass man gegenüber den Kollegen höflich ist, andere Meinungen akzeptieren und Konflikte friedlich lösen kann. Eigenbrötler und Egoisten sind nicht gefragt.

1.3 Die Bewerbung

Information

Wie geht man die Sache an?

Bevor man sich bei einem Unternehmen bewirbt, ist es wichtig, sich gründlich über dieses zu informieren. Man kann sich z. B. die Internetseite des Unternehmens anschauen. Oder man ruft bei dem Unternehmen an und bittet um die Zusendung von Informationsmaterial. Oft kann man so auch herausfinden, ob Informationsveranstaltungen für Auszubildende angeboten werden und wann/wo diese stattfinden.

Situation

Tim Neuhof hat sich ausführlich die Internetseite der BüroFix e. K. angeschaut. Die wichtigsten Fakten über das Unternehmen hat er sich herausgeschrieben. Er hat zudem bei dem Unternehmen angerufen und gefragt, an wen er die Bewerbung schicken soll. Er wurde direkt mit dem Ausbildungsleiter, Dieter Wohlfahrt, verbunden, der sich über den Anruf gefreut hat. Tim weiß nun, dass er die Bewerbung zu Händen Herrn Wohlfahrt schicken soll und die Bewerbung spätestens am 05.10. bei dem Unternehmen eingehen muss. Tim weiß allerdings noch nicht, wie er die Bewerbung schreiben soll und was er alles beilegen muss.

1.3.1 Die Bewerbungsunterlagen

Information

Was gehört zu einer korrekten Bewerbung?

Eine korrekte Bewerbung besteht aus folgenden Teilen:

- Bewerbungsschreiben,
- Lebenslauf,
- Schulabschlusszeugnis und
- (wenn möglich) Arbeitszeugnisse von den ersten Ferien- oder Nebenjobs.

Die Bewerbung sollte ansprechend aussehen. Wichtig ist, dass das Bewerbungsschreiben und der Lebenslauf ohne Rechtschreibfehler sind. Zudem wirkt es ansprechend, wenn die gesamte Bewerbung in einer schönen Bewerbungsmappe liegt.

Ein Personalchef oder Ausbildungsleiter bekommt in den Bewerbungsphasen täglich zahlreiche Bewerbungen auf den Tisch. Er hat meist nur wenig Zeit, sich eine Bewerbung genauer anzuschauen. Entdeckt er auf den ersten Blick gleich mehrere Rechtschreibfehler oder erscheint ihm die Bewerbung unordentlich, so scheidet diese schon aus.

Tipp **Lassen Sie Ihre Bewerbung von Ihren Lehrern oder Eltern Korrektur lesen.**

Merke **Mit einer Bewerbung macht man Werbung für sich selbst.**

Information

Wie verfasse ich ein Bewerbungsschreiben?

Für das Bewerbungsschreiben gibt es keine vorgeschriebene Form. Wichtig ist, dass das Schreiben direkt an die zuständige Person, also z. B. den Ausbildungsleiter oder Personalchef, gerichtet ist. Die Adresse (Abteilungsbezeichnung, Name der Person usw.) muss fehlerfrei geschrieben sein.

Schreiben Sie, auf welche Stellenanzeige hin Sie sich bewerben und stellen Sie dar, dass Sie den gewünschten Anforderungen gewachsen sind. Heben Sie Ihre Stärken hervor (natürlich nur in Hinblick auf die jeweiligen Anforderungen). Während bei einer Werbeagentur Kreativität zählt, ist dies zum Beispiel bei einer Bank eher zweitrangig. Passen Sie sich dem Unternehmensstil an. Bei einer Bank beispielsweise wählen Sie einen eher konservativen Stil. Bei einer Werbeagentur können Sie sich kreativer präsentieren. Stellen Sie dar, warum Sie sich gerade bei diesem Unternehmen bewerben. Der Personalchef muss den Eindruck bekommen, dass gerade Sie ideal zum Unternehmen passen.

Das Bewerbungsschreiben sollte kurz und prägnant sein, denn die Zeit des Personalchefs ist knapp bemessen. Für ihn zählt der erste Eindruck, die äußere Form des Schreibens und eine vollständige Information über den Bewerber entsprechend den Vorgaben in der Anzeige.

Tipp **Seien Sie kreativ und machen Sie den Personalchef neugierig auf sich!**

Beispiel

Bewerbungsschreiben von Tim Neuhof

Tim Neuhof
Rheinstraße 12
67346 Speyer

Tel: 06232 732955
E-Mail: t.neuhof@email.com

Auf die richtige Formatierung achten!

BüroFix e. K.
Herrn Dieter Wohlfahrt
Industriestraße 55
67346 Speyer

20..-05-08

Auf welche Stelle bewerbe ich mich?

Bewerbung um eine Ausbildungsstelle als Einzelhandelskaufmann

Sehr geehrter Herr Wohlfahrt,

Anliegen

im Speyerer Boten vom 02.05.20.. suchen Sie einen Auszubildenden für den Beruf des Einzelhandelskaufmannes. Hiermit bewerbe ich mich auf diese Stelle.

Begründung für die Bewerbung

Zurzeit besuche ich die Berufsfachschule Wirtschaft, die ich voraussichtlich im Juli mit dem Sekundarabschluss I erfolgreich abschließen werde. Die Berufsfachschule Wirtschaft vermittelt grundlegende kaufmännische Kenntnisse und hat mein Interesse an diesem Bereich geweckt.

Während der Schulzeit habe ich zudem ein Kurzpraktikum im Drogeriemarkt Metz absolviert. Das hat mich in meinem Berufswunsch bestärkt. In der Hauptschule besuchte ich noch zusätzlich die Computer AG. Dort lernte ich Internetseiten gestalten.

Zeigen Sie, dass Sie sich über die Firma informiert haben.

Der Ausbildungsplatz interessiert mich deshalb so besonders, weil ich gerne mit technischen Geräten, wie Sie sie in Ihrem Haus verkaufen, arbeite.

Über eine Einladung zu einem Vorstellungsgespräch würde ich mich sehr freuen.

Mit freundlichen Grüßen

Tim Neuhof

Tim Neuhof

Anlagen aufführen!

Anlagen
Lebenslauf mit Lichtbild
Abschlusszeugnis

Information

Wie schreibe ich einen Lebenslauf?

Der Lebenslauf gibt Auskunft über Ihre persönlichen Daten, Ihre bisherige schulische sowie berufliche Laufbahn, besondere Kenntnisse und Qualifikationen sowie über Ihre Interessen und Hobbys. (Ihre Hobbys sollten Sie nicht zu weit ausführen, sondern nur kurz erwähnen.) Lassen Sie Unnötiges weg.

Gliedern Sie den Lebenslauf in Absätze, heben Sie die Überschriften hervor (z. B. durch Fettschrift). Unterschreiben Sie handschriftlich und vergessen Sie das Datum nicht.
Auch bei einem Lebenslauf ist Prägnanz gefragt. **Wichtig:** Wie das Bewerbungsschreiben muss auch der Lebenslauf fehlerfrei sein!

Beispiel

Lebenslauf von Tim Neuhof

Lebenslauf

Persönliche Daten

Name:	Tim Neuhof
geboren am:	18. April 1994 in Ludwigshafen/Rhein
Familienstand:	ledig

Schulausbildung

07/2000 bis 06/2004	Herrmann Haardt Grundschule, Speyer
07/2004 bis 06/2009	Friedrich Maier Hauptschule, Speyer
07/2009 bis voraussichtl. 07/2011	Berufsfachschule Wirtschaft, Speyer

Sprachkenntnisse

Englisch:	gute Schulkenntnisse

EDV-Kenntnisse

PC:	Word, Excel
World Wide Web:	Erstellung von Internetseiten (Teilnahme an Computer-AG der Friedrich Maier Hauptschule Speyer)

Praktika

03.04.2010–24.04.2010	Praktikum im Drogeriemarkt Metz, Speyer

Interessen und Hobbys

Musik:	Sänger in einer Band
Sport:	Fußball, Basketball

Speyer, 08. Mai 20..

Tim Neuhof

Information

Was ist mit dem Schulabschlusszeugnis bzw. den Arbeitszeugnissen?

Das Schulabschlusszeugnis sowie die Arbeitszeugnisse von Nebenjobs, Praktika usw. liegen der Bewerbung in kopierter Form bei (bitte keine Originale beilegen). Denken Sie an alle geforderten Unterlagen, aber lassen Sie jene weg, die nichts mit der angebotenen Stelle zu tun haben. Sie erschweren dem Personalchef den Blick auf das Wesentliche. Heften Sie alles chronologisch hinter dem Lebenslauf ab.

Wie sieht eine ansprechende Bewerbungsmappe aus?

Verwenden Sie eine makellose, schlichte Bewerbungsmappe. Die Blätter werden nur eingeheftet, nicht gelocht und nicht in Klarsichthüllen gesteckt. Das Titelblatt enthält ein professionelles Bewerbungsfoto sowie Ihren Namen und Ihre Adresse. Dahinter werden der Lebenslauf sowie die Zeugnisse geheftet. Das Anschreiben liegt lose obenauf (bei dreigeteilten Mappen gibt es ein extra Einsteckfach).

1.3.2 Das Vorstellungsgespräch

Sie haben es geschafft. Die Einladung zu Ihrem ersten Gespräch kommt per Post. Zuerst sollten Sie prüfen, ob der vorgeschlagene Termin passt. Wenn Sie den Termin aus wichtigen Gründen nicht wahrnehmen können, so teilen Sie dies unverzüglich mit und vereinbaren einen neuen Termin. Es macht einen schlechten Eindruck, wenn Sie erst kurz vor dem vereinbarten Termin einen neuen erfragen. Und falls Sie einfach nicht erscheinen, haben Sie Ihre Chance verspielt.

Als Nächstes sollten Sie sich darüber informieren, welche Kleidung normalerweise in dem Unternehmen getragen wird. Zum Beispiel tragen Männer in einer Bank in der Regel immer einen Anzug. Ziehen Sie sich im Zweifel lieber etwas zu fein an – auch das macht Eindruck.

Merke **Nicht im „Schlabberlook" zum Vorstellungsgespräch gehen.**

Informieren Sie sich vor dem Bewerbungsgespräch genau über die Firma. Es macht Eindruck, wenn Sie im Gespräch selbst Fragen stellen, die zeigen, dass Sie über die Firma informiert sind.

Situation

Tim Neuhof zeigt beim Bewerbungsgespräch bei der BüroFix e. K., dass er sich gründlich über das Unternehmen informiert hat. Er fragt z. B., wie sich das neue Geschäftsfeld der Computerwartung, das erst vor einem halben Jahr eingeführt wurde, entwickelt hat und ob er dort auch mal arbeiten dürfe.

Information

Am Tag des Bewerbungsgesprächs müssen Sie alles auf den Vorstellungstermin ausrichten. Prüfen Sie Ihre Kleidung am Tag vorher, sodass im Notfall noch etwas gewaschen oder gebügelt werden kann.

Liegt das Firmengebäude in einer Gegend, in der Sie sich nicht auskennen, so fahren Sie die Strecke vorher ab. Es ist schon vorgekommen, dass Leute ein Bewerbungsgespräch verpasst haben, weil sie die Firma nicht gefunden haben.

Und ganz wichtig: Pünktlichkeit! Um pünktlich zum Gespräch zu erscheinen, sollten Sie auf jeden Fall schon 15 Minuten vorher an der Rezeption sein. Sinnvoll ist es auch, schon etwa eine Stunde vorher bei der Firma zu sein. Sie können sich die Zeit mit einem kleinen Spaziergang vertreiben, bei dem Sie sich etwas beruhigen und nochmals überlegen, was Sie auf bestimmte Fragen antworten wollen.

Bereiten Sie sich auf alle Fälle auf die folgenden Fragen vor! So können Sie viel besser antworten und erhöhen damit Ihre Chancen auf einen Ausbildungsplatz.

Fragen eines Personalchefs oder Ausbildungsleiters können beispielsweise sein:

- Erzählen Sie mal von sich! Was haben Sie bisher gemacht?
- Was wissen Sie bereits über unser Unternehmen?
- Warum sehen Sie sich für diese Ausbildung als geeignet an?
- Warum wollen Sie bei uns arbeiten?
- Was sind Ihre Stärken?
- Was sind Ihre Schwächen?
- Was wollen Sie in drei bis fünf Jahren erreicht haben?

Tipp

Hier noch einige Tipps, wie Sie sich in einem Vorstellungsgespräch generell verhalten sollten.

- Blickkontakt zu der Person halten, mit der man gerade kommuniziert.
- Vernünftige Sitzhaltung einnehmen.
- Beeinflussen Sie das Gespräch durch eigene Fragen.
- Die Fragen präzise und nicht zu ausschweifend beantworten.
- Wenn Ihnen etwas zu trinken angeboten wird, nehmen Sie dieses ruhig an (aber keinen Alkohol).
- Fragen zu Krankheiten müssen richtig beantwortet werden.
- Versuchen Sie, so natürlich wie möglich, aber trotzdem professionell zu wirken und lassen Sie sich die Nervosität nicht anmerken (z. B. keine Fingernägel kauen).

Zusammenfassung

Frage: Was soll ich machen, wenn ich nicht weiß, welche Ausbildung die richtige für mich ist?

Antwort: Überlegen Sie sich genau, wo Ihre Interessen liegen. Bei der Agentur für Arbeit können Sie zudem einen Berufseignungstest machen. Ein Schnupperpraktikum kann hilfreich sein.

Frage: Wie kann ich etwas über die verschiedenen Ausbildungsberufe erfahren?

Antwort: Fragen Sie in Ihrem Bekannten- und Freundeskreis. Gehen Sie zur Berufsberatung bei der Agentur für Arbeit. Über das Internet können Sie zudem auch viel über die verschiedenen Berufe erfahren. Ein sehr guter Ansprechpartner ist natürlich auch die Industrie- und Handelskammer (IHK). Für Rheinland-Pfalz findet sich eine übersichtliche Darstellung der Berufsbilder unter www.pfalz.ihk24.de.

Frage: Was erwarten die Betriebe von mir?

Antwort: Die Ausbildungsbetriebe erwarten von Ihnen, dass Sie sich in der deutschen Sprache in Wort und Schrift gut und fehlerfrei ausdrücken können. Zudem sollten Sie auch die Grundrechenarten beherrschen. Weiterhin wird erwartet, dass Sie belastbar und teamfähig sind. Computer- und Fremdsprachenkenntnisse sind natürlich auch von Vorteil.

Frage: Ich möchte mich nun bei einem Unternehmen für eine Ausbildungsstelle bewerben. Was muss ich tun?

Antwort: Rufen Sie vorher bei dem Betrieb an und erkundigen Sie sich nach dem Einstellungstermin und dem Ansprechpartner.

Frage: Was muss ich bei der schriftlichen Bewerbung beachten?

Antwort: Erkundigen Sie sich nach dem richtigen Ansprechpartner für Ihr Anschreiben. Achten Sie besonders auf Rechtschreibung und Satzbau. Lassen Sie Ihre Bewerbung auf jeden Fall Korrektur lesen.

Frage: Ich habe einen Termin für ein Vorstellungsgespräch. Wie gehe ich nun vor?

Antwort: Bestätigen Sie umgehend den Termin! Sind Sie verhindert, teilen Sie das sofort mit und vereinbaren einen neuen Termin. Seien Sie auf jeden Fall pünktlich. Die Kleidung sollte der Situation angepasst sein (keine zerissenen Jeans).

Frage: Wie bereite ich mich auf ein Vorstellungsgespräch vor?

Antwort: Überlegen Sie sich vorher zu allen wichtigen Fragen bereits eine Antwort. Spielen Sie das Vorstellungsgespräch vorher durch.

Wissensfragen

1. Warum soll man hauptsächlich die eigenen Interessen und Neigungen bei der Berufswahl beachten?
2. Welche Fragen sollte man sich bei der Berufswahl stellen?
3. Was gehört alles zu den Bewerbungsunterlagen?
4. Was ist beim Bewerbungsschreiben zu beachten?
5. Nennen Sie wichtige Fragen, auf die man vor einem Vorstellungsgespräch vorbereitet sein sollte.

Übungsaufgaben

1. Lesen Sie die Situation am Anfang des Kapitels 1 noch einmal durch und erarbeiten Sie eine schriftlich formulierte Lösung zur Leitfrage.

2. Erstellen Sie in Ihrem Heft eine Tabelle nach dem folgenden Schema:

Interessen, Erwartungen, Wünsche	sehr wichtig	wichtig	eher unwichtig
	○	○	○

Listen Sie alle berufswichtigen Interessen, Ihre Wünsche und Erwartungen an den künftigen Beruf auf. Einige Punkte dieser Liste können beispielsweise sein: Arbeit im Freien, Arbeit mit dem Computer, sicherer Arbeitsplatz usw. In der Liste können aber auch Dinge stehen, die Sie auf jeden Fall vermeiden möchten (z. B. nicht schmutzig werden). Bewerten Sie anschließend diese Interessen mit sehr wichtig, wichtig, eher unwichtig. Tragen Sie Ihre Liste der Klasse vor.

3. Ihre Aufgabe wird es sein, den Beruf der Kaufleute im Einzelhandel in Ihrer Klasse vorzustellen. Zur Vorbereitung dieser Präsentation lesen Sie zunächst den folgenden Infotext durch.

Beruf: Kaufleute im Einzelhandel

Rund ein Drittel der bundesweit ca. 1,5 Millionen Auszubildenden konzentriert sich auf zehn Berufe, obwohl es annähernd 350 Ausbildungsberufe gibt. Der am stärksten besetzte Ausbildungsberuf ist Kaufmann/-frau im Einzelhandel, gefolgt von Kraftfahrzeugmechaniker/-in, Bürokaufmann/-frau, Industriekaufmann/-frau sowie Arzthelfer/-in. Diese Berufe bilden seit fünf Jahren die Spitzengruppe.

Kaufleute im Einzelhandel arbeiten vorwiegend im Verkauf. Sie verkaufen die unterschiedlichsten Konsumgüter – angefangen von Autos über Kleidung und Nahrungsmittel bis hin zu Unterhaltungselektronik und Wohnbedarf. Außer in Selbstbedienungsgeschäften, wo die Warenpräsentation einen größeren Raum einnimmt, ist die Kundenberatung, das Verkaufsgespräch, noch immer eine ihrer wichtigsten Aufgaben. Um Kunden kompetent beraten zu können, brauchen sie gute Waren- und Marktkenntnisse. Sie kennen die aktuellen Neuheiten und können über die Produktmerkmale – wie technische Details – oder über die Umweltverträglichkeit der Artikel Auskunft geben.

Neben diesen Tätigkeiten im Verkaufsraum, zu denen auch das Auffüllen und Auszeichnen der Waren gehören, zählen Sicherstellung des Warenangebotes, Marktbeobachtung und Einkaufsplanung, die Bearbeitung der Wareneingänge und die fachgerechte Lagerung der gelieferten Waren sowie die Durchführung von verkaufsfördernden Maßnahmen, wie zum Beispiel die ansprechende Platzierung und Präsentation der Waren mit Plakaten und anderen Werbemitteln, zu ihren Aufgaben.

Zunehmend wichtiger wird die Arbeit mit Computern und anderen informationstechnischen Geräten und Systemen: zum Beispiel mit mobilen Datenerfassungsgeräten für die Bestandskontrolle und Inventur oder mit Scannerkassen, an denen die Verkaufsdaten der Artikel durch Laserstrahl automatisch abgelesen werden und die mit Computern im Einkauf oder im Rechnungswesen verbunden sind.

Der Haupteinstellungstermin für Auszubildende dieses Ausbildungsgangs ist der August. Die Ausbildung findet im dualen System statt, das heißt, es muss eine staatliche Berufsschule besucht werden. Die Ausbildung dauert in der Regel drei Jahre, wobei Möglichkeiten zur Verkürzung bei besonders guten Leistungen bestehen. Der Unterricht in der Berufsschule findet im 1. Jahr an zwei Tagen pro Woche statt.

Im 2. und 3. Ausbildungsjahr ist die Berufsschule nur noch an einem Tag pro Woche zu besuchen. Die Abschlussprüfung findet nach dem 3. Ausbildungsjahr im Sommer statt und beinhaltet neben theoretischen Prüfungen auch praktische Prüfungen, in denen z. B. ein Kundengespräch simuliert werden soll. Die empfohlene Ausbildungsvergütung beträgt laut Tarif 2004 im 1. Lehrjahr 574,00 €, im 2. Lehrjahr 658,00 € und im 3. Lehrjahr 750,00 €. Die Ausbildungsbetriebe erwarten bei den Bewerbungen für eine Ausbildungsstelle mindestens den Hauptschulabschluss. Für Kaufleute des Einzelhandels bestehen Weiterbildungsmöglichkeiten zum geprüften Handelsfachwirt (IHK).

Die Chancen auf dem Arbeitsmarkt werden generell als gut eingeschätzt.

(nach: Beruf Aktuell, Ausgabe 1999/2000; redaktionell verändert und ergänzt)

Stellen Sie den Beruf in einer Kurzpräsentation der Klasse vor.
Zur Vorbereitung auf die **Präsentation** soll Ihnen die folgende Struktur helfen:

Einstieg
Stellen Sie sich kurz selbst vor: Name, Alter, Wohnort. (Ihre Mitschüler kennen Sie zwar bereits, aber Sie wollen ja schließlich für die Praxis üben.)

Gliederung der Präsentation
Nennen Sie die Reihenfolge der Punkte, über die Sie sprechen werden.

Hauptteil

Vorstellung des Berufsbildes
Stellen Sie den Beruf und die Haupttätigkeiten vor, die damit verbunden sind.

Voraussetzungen
Nennen Sie die schulischen Voraussetzungen. Beschreiben Sie auch, welche zusätzlichen Erwartungen der Arbeitgeber an die neuen Auszubildenden hat (Pünktlichkeit usw.).

Chancen
Sagen Sie etwas darüber, wie die Chancen dieses Berufes auf dem Arbeitsmarkt sind.

Schluss
Fassen Sie Ihren Vortrag noch einmal kurz zusammen. Bedanken Sie sich bei den Zuhörern und geben Sie die Möglichkeit für Fragen.

Merke

5 praktische Regeln für eine gute Präsentation:

- Sprechen Sie zielgerichtet und klar gegliedert.
  (Bringen Sie alles auf einen Punkt.)
- Sprechen Sie zum Mitdenken.
  (Vereinfachen Sie die Sachverhalte. Erläutern Sie Fremdwörter/Sachbegriffe. Legen Sie Sprechpausen ein.)
- Lesen Sie kein Konzept ab, sprechen Sie frei.
  (Notieren Sie Stichworte auf einer Karteikarte. Halten Sie Blickkontakt mit den Zuhörern.)
- Setzen Sie körpersprachliche Ausdrucksmittel ein.
  (Körperhaltung, Mimik, Gestik stützen vorgetragene Inhalte. Gehen Sie freundlich und offen auf das Publikum zu.)
- Versetzen Sie sich in die Erwartungshaltung der Zuhörer.
  (Vermeiden Sie eine Über-/Unterforderung der Zuhörer und halten Sie den zeitlichen Rahmen ein.)

4. Gruppenarbeit mit Internetrecherche

Bilden Sie in Ihrer Klasse Gruppen zu je vier Schülern. Jede Gruppe informiert sich im Internet zu den folgenden Berufsbildern und bereitet eine Präsentation wie in Aufgabe 3 vor:

- Speditionskaufmann/-frau
- Sport- und Fitnesskaufmann/-frau
- Kaufmann/-frau im Gesundheitswesen
- Drogist/-in

5. Lückentext

Der folgende Text gibt Ihnen noch einmal ein paar Ratschläge, was Sie bei einer Bewerbung beachten sollten. Tragen Sie in die Lücken die folgenden Begriffe so ein, dass sich sinnvolle Sätze ergeben:

Grammatik / in der Firma / eine E-Mail / mit Rechtschreibfehlern / adressieren / schlechte Vorbereitung / nützliche Informationen / namentlich / grundlegende Computerkenntnisse / per E-Mail / den Internetseiten / informieren / den ersten Kontakt / richtige Rechtschreibung

Man sollte sich vorab über den Ansprechpartner (1)... und die Bewerbung entsprechend (2)... . Es macht keinen guten Eindruck, den Brief mit „Sehr geehrte Damen und Herren" zu beginnen und zeigt eine (3)... . Ein einfacher Anruf (4)... genügt und schon hat man (5)... aufgebaut, kann sich einige (6)... besorgen und ist (7)... schon bekannt.
Alternativ kann man auch auf (8)... der Firma nachforschen oder (9)... an die Personalabteilung der Firma schicken, die einem gerne Auskunft erteilt.
Es besteht auch die Möglichkeit, sich (10)... zu bewerben, was wiederum zeigt, dass man schon (11)... mitbringt. Ein weiterer Punkt ist die (12)... und (13)..., denn viele Ausbildungsleiter sortieren eine Bewerbung (14)... sofort aus, egal wie der Inhalt ist.

6. Sie lesen folgende Anzeige in der Speyerer Tagespost vom 10. Mai dieses Jahres. Die Müller & Co KG, ein anerkannter Möbelhersteller in Speyer, bietet einen Ausbildungsplatz als Industriekaufmann/-frau an. Bewerben Sie sich auf diese Anzeige und formulieren Sie ein Bewerbungsschreiben und einen Lebenslauf.

Azubis gesucht!

Wir suchen junge Leute, die sich bei uns zu Industriekaufleuten ausbilden lassen möchten.

Als Mindestvoraussetzung sollten Sie einen Realschulabschluss, Berufsfachschulabschluss oder etwas Gleichwertiges vorweisen können. Haben Sie außerdem Interesse an modernen Möbeln? Dann richten Sie Ihre Bewerbung an:

Müller & Co KG,
Frau Baierlein,
Bergstr. 1–5, 67346 Speyer

7. Szenespiel

Sie haben sich bei BüroFix e. K. beworben und sind nun zu einem Vorstellungsgespräch eingeladen worden. Überlegen Sie sich zu den Fragen, die in einem Vorstellungsgespräch auftauchen können, mögliche Antworten. Schreiben Sie sich die Antworten zunächst auf und tragen Sie sie dann in einem Rollenspiel vor.

Ein Schüler ist der Ausbildungsleiter, der die folgenden Fragen stellt:

- Erzählen Sie mal bitte von sich! Was haben Sie bisher gemacht?
- Was wissen Sie bereits über unser Unternehmen?
- Warum halten Sie sich für diese Ausbildung geeignet?
- Warum wollen Sie bei uns arbeiten?
- Was sind Ihre Stärken?
- Was sind Ihre Schwächen?
- Was wollen Sie in drei bis fünf Jahren erreicht haben?

8. Mindmap

Erstellen Sie in 4er-Gruppen eine Mindmap auf einem Plakat zu diesem Kapitel, das Ihnen die Inhalte zusammenfassend veranschaulicht. Präsentieren Sie anschließend die Mindmap vor der Klasse und erklären Sie, wie Sie vorgegangen sind. Beginnen Sie wie folgt:

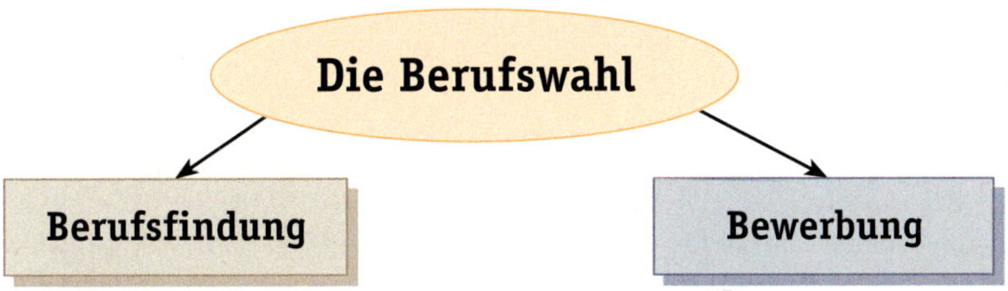

9. Textarbeit

Der Europäische Computerführerschein

Der Europäische Computerführerschein ist ein Projekt der Europäischen Union (EU).

Es handelt sich dabei um einen europaweit anerkannten Weiterbildungsnachweis. Nur ausgewählte Bildungseinrichtungen dürfen dafür die Prüfung abnehmen (z. B. die FH Heidelberg). Der Führerschein bestätigt, dass Sie grundlegende Fertigkeiten am Computer besitzen, wie sie jede Arbeitnehmerin und jeder Arbeitnehmer in Deutschland und im übrigen Europa benötigt.

Zur Zielgruppe zählen alle, die als Computeranwender mit dem Computer arbeiten. Dabei sollen insbesondere auch Schülerinnen und Schüler, Auszubildende und Studierende, die erstmals in das Berufsleben eintreten, ermutigt werden, dieses Zertifikat zu erwerben. Er ist für zukünftige Arbeitgeber ein Nachweis, dass der Bewerber über sichere Kenntnisse und Fertigkeiten in allen üblichen Anwendungsbereichen am PC verfügt.

Praxis- und anwendungsbezogene Computerkenntnisse stehen im Vordergrund der sieben Teilprüfungen, aus denen sich der Europäische Computerführerschein zusammensetzt. Die sieben Teilprüfungen müssen innerhalb eines Zeitraums von drei Jahren abgelegt werden, um den Führerschein zu erwerben. Für die Prüfungen sind keine vorherigen Kursbesuche notwendig. Verfügen Sie bereits über gute Kenntnisse bei den üblichen Anwendungsprogrammen, können Sie direkt die Prüfung ablegen. Damit haben Sie dann für Bewerbungen einen allgemein anerkannten Nachweis Ihres Könnens.

An Volkshochschulen oder auch Fachhochschulen werden meist Kurse angeboten, die auf den Europäischen Computerführerschein vorbereiten. Dort können Sie sich auch grundsätzlich über die Inhalte des Führerscheins informieren.

Formulieren Sie zu diesem Text jeweils eine Frage mit dem folgenden Fragewort:

- Was ...?
- Wie ...?
- Wann ...?
- Wo ...?

2 Die Berufsausbildung

2.1 Regelungen zur Berufsausbildung

Situation

Tim Neuhof trifft sich heute mit seinem Freund Kevin im Bistro.

Tim: „Hallo, Kevin! Gibt es was Neues bei der Suche nach einem Ausbildungsplatz?"

Kevin: „Nein, nichts als Absagen! Ich will aber auf jeden Fall etwas Kaufmännisches machen."

Tim: „Ich glaube, ich habe da etwas für dich. Mein Cousin ist Informatiker und hat sich nun selbstständig gemacht. Er erstellt Internetseiten für Unternehmen. Vielleicht kannst du ja bei ihm als Azubi anfangen?"

Kevin: „Wo ist denn die Firma von deinem Cousin?"

Tim: „Na ja; so eine richtige Firma ist das noch nicht. Er wohnt immer noch zu Hause bei seinen Eltern und hat dort im Keller ein kleines Büro. Er verdient allerdings ordentlich Geld. Erst letzte Woche hat er sich ein neues Auto gekauft."

Kevin: „Hört sich nicht schlecht an!"

Tim: „Ich frag ihn mal! Der ist voll in Ordnung. Er hat mir sogar schon gesagt, dass er jemanden gebrauchen könnte, der ihm bei den Büroarbeiten hilft. Davon hat er nämlich selbst nicht so viel Ahnung. Ich glaube, bei dem müsstest du nicht einmal in die Berufsschule!"

Leitfragen

- Was halten Sie von den Vorschlägen Tims?
- Sollte Kevin bei Tims Cousin eine Ausbildung machen?
- Darf Tims Cousin überhaupt ausbilden?

Information

Wie ist die Berufsausbildung geregelt?

Wann, wo und wie eine Berufsausbildung stattfinden darf, ist in einer ganzen Reihe von gesetzlichen Bestimmungen und Verordnungen für die über 350 anerkannten Ausbildungsberufe geregelt. Die wichtigsten Gesetze für die Berufsausbildung sind im **Berufsbildungsgesetz** festgelegt. Die Gesetze stellen sicher, dass die Auszubildenden gut und ordentlich ausgebildet werden. Durch diese strengen Maßstäbe wird die Berufsausbildung auf einem hohen Niveau gehalten.

Für jeden Ausbildungsberuf gibt es eine **Ausbildungsordnung,** die regelt, wie die Ausbildung im Betrieb zu erfolgen hat. In ihr wird das Berufsbild klar beschrieben, auf das hin ausgebildet werden soll. Es wird aufgelistet, welche Fertigkeiten und Kenntnisse vermittelt werden sollen und wie die Prüfungen organisiert sind. Zudem ist darin die Ausbildungsdauer und vieles mehr festgelegt.

Merke

Die Ausbildungsordnung regelt, was in einer Ausbildung gelernt werden muss.
Sie beinhaltet:

- die Bezeichnung des Ausbildungsberufes,
- die Ausbildungsdauer,
- was gelernt werden muss,
- eine Gliederung, wie die Ausbildung sachlich und zeitlich zu verlaufen hat,
- wie die Abschlussprüfung auszusehen hat.

Der Ausbildungsbetrieb muss dem Azubi die Ausbildungsordnung vor Beginn der Ausbildung kostenlos aushändigen.

Die zwei Lernorte

Die duale Berufsausbildung findet an den zwei Lernorten **Betrieb** und **Berufsschule** statt. Am Lernort Betrieb werden fachpraktische Kenntnisse und Fertigkeiten vermittelt. In der Berufsschule lernen die Auszubildenden fachtheoretische und branchenübergreifende Inhalte. Auf diese Weise macht der Auszubildende seine ersten Berufserfahrungen im Betrieb und erhält eine breit angelegte berufliche Grundausbildung.

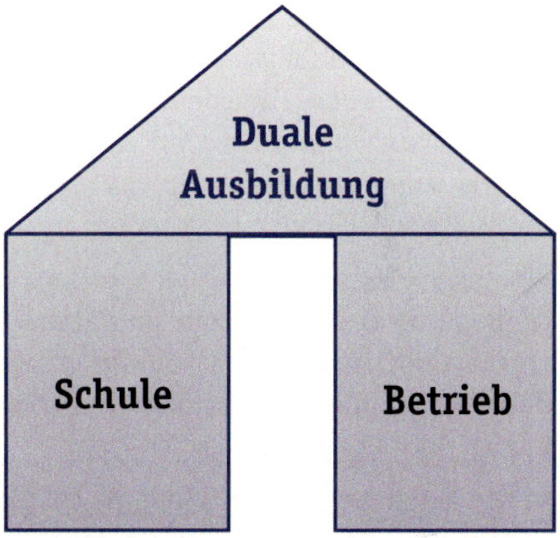

Welche Betriebe dürfen ausbilden?

Nicht jeder Betrieb darf ausbilden. Ein Betrieb darf nur ausbilden, wenn er Mitarbeiter hat, die persönlich und fachlich dazu geeignet sind. Eine fachliche Eignung liegt vor, wenn der Ausbilder eine Abschlussprüfung in einer dem Ausbildungsberuf entsprechenden Fachrichtung (z. B. eine Facharbeiterprüfung oder eine Kaufmannsprüfung) erfolgreich abgelegt hat. [Das Gesetz hat Ausnahmeregelungen genereller Art vorgesehen, so beispielsweise für Absolventen deutscher Hoch- und Fachhochschulen.]

Persönlich ungeeignet ist dagegen jemand, der Jugendliche nicht beschäftigen darf. Dies sind z. B. Personen, die innerhalb der letzten fünf Jahre wegen eines Verbrechens zu einer Freiheitsstrafe von mehr als zwei Jahren verurteilt wurden oder sich wegen eines Sittlichkeitsdeliktes strafbar gemacht haben. Als persönlich ungeeignet gelten auch Personen, die wiederholt oder schwer gegen das Berufsbildungsgesetz verstoßen haben.

Beispiel

Tims Cousin aus der Einstiegssituation könnte Kevin also auf keinen Fall in einem kaufmännischen Beruf ausbilden, da er dazu selbst keine fachliche Qualifikation hat.

Der Betrieb muss so eingerichtet sein, dass eine vernünftige Ausbildung möglich ist. Er sollte so aufgebaut sein, dass der Azubi an verschiedenen Orten etwas lernen kann (z. B. in der Buchhaltung, im Verkaufsraum, im Lager usw.).

Beispiel

Eine Minifirma wie bei Tims Cousin, die nur ein kleines Büro in einem Wohnhaus hat, ist nicht geeignet.

Merke

Betriebe dürfen ausbilden, wenn

- eine persönliche und fachliche Eignung eines Ausbilders vorliegt,
- die Einrichtung und Art des Betriebes für eine Ausbildung geeignet sind,
- die Zahl der Auszubildenden im angemessenen Verhältnis zur Gesamtzahl der Beschäftigten steht.

Die Berufsschule

Es besteht für Auszubildende eine gesetzliche **Berufsschulpflicht.** Der Ausbildungsbetrieb muss den Auszubildenden für die Berufsschule freistellen. Für Umschüler ist der Besuch der Berufsschule freiwillig. In der Berufsschule werden neben berufsbezogenen Kenntnissen auch allgemein bildende Inhalte in den Fächern Politik (Gemeinschaftskunde), Deutsch und Religion vermittelt. Manchmal gibt es noch zusätzlichen Unterricht in einer Fremdsprache (meistens Englisch). Die Berufsschule soll somit nicht nur berufliches Wissen vermitteln, sondern auch die Allgemeinbildung und Schlüsselqualifikationen fördern.

Während für die Ausbildung im Betrieb die Lerninhalte in der Ausbildungsordnung festgelegt sind, ist der Lernstoff für die Schule in Lehrplänen geregelt. Dabei sollen die Betriebe und die Berufsschule versuchen, sich aufeinander abzustimmen.

Pro Woche werden zwischen 11 und 13 Stunden unterrichtet. Der Unterricht findet dann in der Regel an zwei Berufsschultagen statt. Es ist auch möglich, dass Blockunterricht erteilt wird, das heißt, der Unterricht findet nicht zweimal pro Woche statt, sondern wird in Blöcken von drei bis vier Wochen zusammengefasst. Dann ist an jedem Tag Berufsschule. Anschließend sind die Auszubildenden über drei bis vier Wochen im Betrieb. Darauf folgt wieder ein Block Berufsschule usw.

Die kaufmännische Berufsausbildung schließt mit der Gehilfenprüfung ab, die von der Industrie- und Handelskammer (IHK) abgenommen wird. Dazu können die Auszubildenden noch den Berufsschulabschluss absolvieren. Das Abschlusszeugnis darf höchstens in einem Fach die Note „mangelhaft“ aufweisen. Der Berufsschulabschluss ist dem Hauptschulabschluss gleichzusetzen. Durch Zusatzleistungen ist es möglich, den Realschulabschluss oder die Fachoberschulreife zu erwerben.

2.2 Der Ausbildungsvertrag

Situation

Es hat geklappt! Tim Neuhof hat eine Zusage für die Ausbildungsstelle bei BüroFix bekommen. Dort legt ihm Herr Wohlfahrt den Ausbildungsvertrag vor. Tim unterschreibt, ohne den Vertrag durchzulesen. Das wird schon alles seine Richtigkeit haben, denkt er sich, die machen so was ja schließlich nicht zum ersten Mal.

Zu Hause lässt Tims Vater, Herr Neuhof, gleich die Sektkorken knallen.

Als sie dann in gemütlicher Runde beisammen sitzen, wirft Herr Neuhof einen Blick in den Ausbildungsvertrag. „Tim, die geben dir zu wenig Urlaub, du bist noch keine 18, deshalb hast du Anspruch auf mindestens 25 Werktage pro Jahr!", meint er nach kurzem Lesen.

Tim ist völlig überrascht. „Das gibts doch nicht! Den Vertrag habe ich aber schon unterschrieben. Muss ich nun auf den Urlaub verzichten?"

Leitfragen

- Wie kann Tim überprüfen, ob der Ausbildungsvertrag in Ordnung ist?
- Wo gibt es hierzu Regelungen?

Information

Was ist bei einem Ausbildungsvertrag zu beachten?

Zu Beginn einer Berufsausbildung muss zwischen dem Auszubildenden und dem Ausbildenden ein Berufsausbildungsvertrag geschlossen werden (so steht es im Berufsbildungsgesetz: § 10 BBiG). **Auszubildender** ist die Person, die in einem Beruf ausgebildet wird. **Ausbildender** ist derjenige, der eine Person zur Ausbildung in einem Beruf einstellt. Ein **Ausbilder** im Betrieb betreut die Auszubildenden. Er hat dafür neben seiner fachlichen auch eine pädagogische Qualifikation.

Merke

Auszubildender	=	**die Person, die in einem Beruf ausgebildet wird**
Ausbildender	=	**derjenige, der eine Person zur Ausbildung in einem Beruf einstellt**
Ausbilder	=	**ein Mitarbeiter des Betriebes, der für die Ausbildung der Azubis zuständig ist**

Die wichtigsten Punkte der Berufsausbildung müssen in schriftlicher Form festgehalten werden (§ 11 BBiG). Der Auszubildende sowie der ausbildende Betrieb (z. B. der Ausbildungsleiter) müssen den Vertrag unterschreiben. Ist der Azubi noch minderjährig (unter 18 Jahre alt), so müssen die Eltern (als gesetzliche Vertreter) mit unterschreiben.

Was in einem Ausbildungsvertrag stehen muss, ist im **Berufsbildungsgesetz (BBiG)** geregelt. In dem schriftlichen Vertrag müssen mindestens die folgenden Angaben enthalten sein:

§

BBiG § 11 Vertragsniederschrift

[...]

1. Art, sachliche und zeitliche Gliederung sowie Ziel der Berufsausbildung insbesondere die Berufstätigkeit, für die ausgebildet werden soll
2. Beginn und Dauer der Berufsausbildung
3. Ausbildungsmaßnahmen außerhalb der Ausbildungsstätte
4. Dauer der regelmäßigen täglichen Ausbildungszeit
5. Dauer der Probezeit
6. Zahlung und Höhe der Vergütung
7. Dauer des Urlaubs
8. Voraussetzungen, unter denen der Berufsausbildungsvertrag gekündigt werden kann, [...].

Beispiel

Berufsausbildungsvertrag

zwischen dem Ausbildenden:	**und der/dem Auszubildenden:**
BüroFix e. K.	Tim Neuhof
Industriestraße 55	Rheinstraße 12
67346 Speyer	67346 Speyer

Nachstehender Vertrag wird zur Ausbildung zum
Einzelhandelskaufmann
geschlossen

1. Die Ausbildungszeit beträgt nach der Ausbildungsordnung 36 Monate.
2. Sie beginnt am 01.08.2011 und endet am 31.07.2014.
3. Es finden während der Arbeitszeit Schulungen statt, die dem Ausbildungsziel dienen.
4. Die regelmäßige Ausbildungszeit beträgt 8 Stunden täglich.
5. Die Probezeit beträgt 3 Monate.
6. Die Ausbildungsvergütung beträgt im
   1. Lehrjahr: 620,00 €, 2. Lehrjahr: 694,00 €, 3. Lehrjahr: 797,00 €.
7. Der Ausbildende gewährt dem Auszubildenden Urlaub von 25 Tagen.
8. a) Während der Probezeit kann das Ausbildungsverhältnis ohne Einhaltung einer Kündigungsfrist und ohne Angabe von Gründen gekündigt werden.
   b) Nach der Probezeit kann das Berufsausbildungsverhältnis nur gekündigt werden unter Einhaltung einer 4-wöchigen Kündigungsfrist, wenn die Berufsausbildung aufgegeben oder eine Ausbildung für eine andere Berufstätigkeit begonnen wird.

Die oben stehenden Vereinbarungen sind Gegenstand des Vertrages und werden anerkannt.

____________________ Ort, Datum, ausbildender Betrieb

____________________ Ort, Datum, Auszubildender

____________________ Unterschrift der gesetzlichen Vertreter

Der Ausbildende hat nach Abschluss eines Berufsausbildungsvertrages die Eintragung in das Verzeichnis der Berufsausbildungsverhältnisse bei der IHK (bei kaufmännischen Berufen) zu beantragen (§ 35 BBiG). Das Ausbildungsverhältnis wird nur dann eingetragen, wenn der Ausbildungsvertrag dem Berufsbildungsgesetz und der Ausbildungsordnung entspricht und die persönliche und fachliche Eignung der ausbildenden Personen sowie der Ausbildungsstelle vorliegen.

Zudem darf die IHK Berufsausbildungsverträge nur in das Verzeichnis eintragen, wenn ihr zugleich mit dem Berufsausbildungsvertrag eine Kopie einer ärztlichen Erstuntersuchung des Auszubildenden vorgelegt wird. Diese ärztliche Untersuchung darf nicht länger als 14 Monate zurückliegen.

2.3 Rechte und Pflichten von Auszubildenden und Ausbildenden

Information

Was sind die Rechte und Pflichten von dem, der ausgebildet wird, und dem, der ausbildet?

Im Berufsbildungsgesetz sind alle wesentlichen Rechte und Pflichten des Azubis sowie des Ausbildenden festgehalten. Die Rechte des Ausbildenden sind die Pflichten des Auszubildenden.

Beispiel

Tim hat die Pflicht, pünktlich zu sein; der Betrieb hat ein Recht darauf, dass Tim pünktlich ist.
Tim hat das Recht auf eine Ausbildungsvergütung; der Ausbilder hat die Pflicht, die Ausbildungsvergütung zu bezahlen.

Hier die wichtigsten Rechte und Pflichten im Überblick:

Die Pflichten der Auszubildenden (= die Rechte der Ausbildenden):

- Befolgungspflicht: Der Azubi (Auszubildende) muss die Anweisungen des Ausbildenden befolgen.
- Berufsschulpflicht: Der Azubi muss die Berufsschule besuchen.
- Führung eines Berichtsheftes: Der Azubi muss während der gesamten Ausbildung ein Berichtsheft (schriftliche Ausbildungsnachweise) führen.
- Verschwiegenheitspflicht: Der Azubi darf keine Betriebsgeheimnisse öffentlich machen.
- Haftpflicht: Der Azubi haftet für vorsätzlich oder grob fahrlässig verursachte Schäden.

In der Sprache des Berufsbildungsgesetzes (§ 13 BBiG) liest sich das so:

Pflichten der Auszubildenden
§ 13 Verhalten während der Berufsausbildung
Auszubildende haben sich zu bemühen die berufliche Handlungsfähigkeit zu erwerben, die zum Erreichen des Ausbildungsziels erforderlich ist. Sie sind insbesondere verpflichtet

1. die ihnen im Rahmen ihrer Berufsausbildung aufgetragenen Aufgaben sorgfältig auszuführen,
2. an Ausbildungsmaßnahmen teilzunehmen, für die sie nach § 15 freigestellt werden,
3. den Weisungen zu folgen, die ihnen im Rahmen der Berufsausbildung von Ausbildenden, von Ausbildern oder Ausbilderinnen oder von anderen weisungsberechtigten Personen erteilt werden,
4. die für die Ausbildungsstätte geltende Ordnung zu beachten,
5. Werkzeug, Maschinen und sonstige Einrichtungen pfleglich zu behandeln,
6. über Betriebs- und Geschäftsgeheimnisse Stillschweigen zu wahren.

Beispiele **zum Gesetz:**

1. Ausbilder Dieter Wohlfahrt bittet Tim, eine Inventur der Computerzubehörteile vorzunehmen. Tim macht es sich einfach. Er umgeht die lästige Abzählerei der einzelnen Produkte und schreibt einfach ein paar Zahlen auf.
➥ Damit verstößt Tim gegen § 13 Abs. 1 BBiG:
„die ihnen im Rahmen ihrer Berufsausbildung aufgetragenen Aufgaben sorgfältig auszuführen".

Tipp **Wenn Sie nicht wissen, was eine Inventur ist, dann lesen Sie doch einfach im Buch „Finanzbuchhaltung für die BF 1", Kapitel 3 nach.**

2. Tim schwänzt die Berufsschule.
➥ Tim verstößt gegen § 13 Abs. 2 BBiG:
„an Ausbildungsmaßnahmen teilzunehmen, für die sie nach § 15 freigestellt werden".

3. Dieter Wohlfahrt bittet Tim, das Berichtsheft auf den neuesten Stand zu bringen und ihm in einer Stunde wieder vorzuzeigen. Tim hat keine Lust dazu und surft stattdessen im Internet.
➥ Tim verstößt gegen § 13 Abs. 3 BBiG:
„den Weisungen zu folgen, die ihnen im Rahmen der Berufsausbildung von Ausbildenden, von Ausbildern oder Ausbilderinnen oder von anderen weisungsberechtigten Personen erteilt werden".

4. Die Hausordnung für die Angestellten der BüroFix e. K. schreibt vor, dass alle Mitarbeiter, die im Verkauf tätig sind, in gepflegter Kleidung erscheinen sollen. Tim erscheint morgens zur Arbeit mit T-Shirt und einer zerissenen Jeans.

➥ Tim verstößt gegen § 13 Abs. 4 BBiG:
„die für die Ausbildungsstätte geltende Ordnung zu beachten".

5. Tim arbeitet am PC in der Buchhaltung. Er sieht auf die Uhr und stellt fest, dass er gleich Feierabend machen darf. Da er es sehr eilig hat, fährt er den PC nicht ordnungsgemäß herunter, sondern zieht einfach den Stecker.

➥ Tim verstößt gegen § 13 Abs. 5 BBiG:
„Werkzeug, Maschinen und sonstige Einrichtungen pfleglich zu behandeln".

6. Tim erzählt seinem Kumpel Antonio, der eine Ausbildung beim Konkurrenten Office-Welt macht, dass die BüroFix im Geheimen plant, den Konkurrenten Schreiber aufzukaufen.

➥ Tim verstößt gegen § 13 Abs. 6 BBiG:
„über Betriebs- und Geschäftsgeheimnisse Stillschweigen zu wahren".

Die Pflichten der Ausbildenden (= die Rechte der Auszubildenden):

- Einwandfreie Ausbildung: Alle notwendigen Kenntnisse und Fertigkeiten müssen vermittelt werden, damit der Azubi das Ausbildungsziel erreichen kann.
- Kostenlose Ausbildungsmittel: Die zur Ausbildung erforderlichen Mittel (z. B. Berichtsheft) müssen dem Auszubildenden kostenlos zur Verfügung gestellt werden.
- Fürsorge: Der Auszubildende muss vor körperlichen oder sittlichen Schäden bewahrt werden.
- Vergütung: Dem Auszubildenden muss monatlich eine Ausbildungsvergütung bezahlt werden.
- Urlaub: Dem Auszubildenden muss mindestens die gesetzliche Zahl an Urlaubstagen gewährt werden.
- Zeugnis: Dem Auszubildenden muss ein Zeugnis ausgestellt werden.

In der Sprache des Berufsbildungsgesetzes (§§ 14, 15, 16 BBiG) liest sich das so:

Pflichten der Ausbildenden

§ 14 Berufsausbildung

(1) Ausbildende haben
1. dafür zu sorgen, dass den Auszubildenden die berufliche Handlungsfähigkeit vermittelt wird, die zum Erreichen des Ausbildungsziels erforderlich ist, und die Berufsausbildung in einer durch ihren Zweck gebotenen Form planmäßig, zeitlich und sachlich gegliedert so durchzuführen, dass das Ausbildungsziel in der vorgesehenen Ausbildungszeit erreicht werden kann,

§

2. selbst auszubilden oder einen Ausbilder oder eine Ausbilderin ausdrücklich damit zu beauftragen,
3. Auszubildenden kostenlos die Ausbildungsmittel, insbesondere Werkzeuge und Werkstoffe zur Verfügung zu stellen, die zur Berufsausbildung und zum Ablegen von Zwischen- und Abschlussprüfungen, auch soweit solche nach Beendigung des Berufsausbildungsverhältnisses stattfinden, erforderlich sind,
4. Auszubildende zum Besuch der Berufsschule sowie zum Führen von schriftlichen Ausbildungsnachweisen anzuhalten, soweit solche im Rahmen der Berufsausbildung verlangt werden, und diese durchzusehen,
5. dafür zu sorgen, dass Auszubildende charakterlich gefördert sowie sittlich und körperlich nicht gefährdet werden.
(2) Auszubildenden dürfen nur Aufgaben übertragen werden, die dem Ausbildungszweck dienen und ihren körperlichen Kräften angemessen sind.

§ 15 Freistellung
Ausbildende haben Auszubildende für die Teilnahme am Berufsschulunterricht und an Prüfungen freizustellen. Das Gleiche gilt, wenn Ausbildungsmaßnahmen außerhalb der Ausbildungsstätte durchzuführen sind.

§ 16 Zeugnis
(1) Ausbildende haben den Auszubildenden bei Beendigung des Berufsausbildungsverhältnisses ein schriftliches Zeugnis auszustellen. Die elektronische Form ist ausgeschlossen. Haben Ausbildende die Berufsausbildung nicht selbst durchgeführt, so soll auch der Ausbilder oder die Ausbilderin das Zeugnis unterschreiben.
(2) Das Zeugnis muss Angaben enthalten über Art, Dauer und Ziel der Berufsausbildung sowie über die erworbenen beruflichen Fertigkeiten, Kenntnisse und Fähigkeiten der Auszubildenden. Auf Verlangen Auszubildender sind auch Angaben über Verhalten und Leistung aufzunehmen.

Beispiele

zum Gesetz:

Verstöße zu § 14 und § 15:

1. Tim ist schon vier Monate Azubi bei BüroFix, aber er hat noch nichts anderes gemacht, als täglich im Lager Kisten gestapelt und Wareneingänge kontrolliert.
2. Tims Kumpel Antonio hat keinen Ausbilder. Der Chef hat auch nie Zeit für ihn. Meist werden ihm nur Aufgaben von Mitarbeitern übertragen, bei denen er nichts lernt.
3. Antonio wurde in vier Monaten Ausbildungszeit nicht ein einziges Mal auf ein Berichtsheft hingewiesen.
4. Tim wird beauftragt, von einem Lkw 10 Kartons mit großen Computermonitoren abzuladen. Tim hat schon nach dem ersten Heben Rückenschmerzen.
5. Tim wird gesagt, er solle statt in die Berufsschule zu gehen lieber in das Geschäft kommen und an der Kasse aushelfen, da eine Kassiererin erkrankt sei.

2.4 Organisatorischer Verlauf der Berufsausbildung

Information

Wie ist der zeitliche Ablauf einer Berufsausbildung?

Eine Berufsausbildung dauert in der Regel drei Jahre. Die Ausbildung beginnt mit einer Probezeit, die mindestens einen Monat, aber höchstens vier Monate beträgt.

Merke **Die Probezeit dauert mindestens einen Monat, aber höchstens vier Monate.**

Während der Probezeit kann die Ausbildung jederzeit, von einem Tag auf den anderen, vom Auszubildenden oder dem Ausbildenden gekündigt werden.

Für jede Berufsausbildung gibt es eine Ausbildungsordnung. Auf der Grundlage der Ausbildungsordnung soll jeder Ausbildungsbetrieb einen betriebsinternen Ausbildungsplan aufstellen, in dem genau vorgeplant wird, was der Azubi an welchem Ort im Betrieb lernen soll.

In der Mitte der Ausbildungszeit findet die **Zwischenprüfung** statt. Die Teilnahme an der Zwischenprüfung ist für die Auszubildenden eine wichtige Zulassungsvoraussetzung für die Abschlussprüfung (§ 43 BBiG). Für Umschüler besteht keine gesetzliche Pflicht zur Teilnahme an der Zwischenprüfung.

Merke **Die Teilnahme an der Zwischenprüfung ist eine wichtige Zulassungsvoraussetzung für die Abschlussprüfung.**

In der **Abschlussprüfung** wird festgestellt, ob der Auszubildende alle notwendigen Fertigkeiten und Kenntnisse für den Beruf gelernt hat und den Lernstoff der Berufsschule beherrscht.

Der Auszubildende kann zur Abschlussprüfung zugelassen werden, wenn:

- die Ausbildungszeit nicht später als zwei Monate nach dem Prüfungstermin endet,
- er an der Zwischenprüfung teilgenommen hat,
- er das vorgeschriebene Berichtsheft ordentlich geführt hat und
- sein Ausbildungsverhältnis bei der Industrie- und Handelskammer registriert ist.

Der Auszubildende ist für den Prüfungstag vom Betrieb freizustellen.

Bei bestandener Abschlussprüfung endet das Ausbildungsverhältnis an dem Tag, an dem das Gesamtergebnis vorliegt. Bei nicht bestandener Abschlussprüfung endet das Ausbildungsverhältnis zu dem Zeitpunkt, der im Ausbildungsvertrag festgelegt ist. Die Ausbildungszeit verlängert sich auf Verlangen des Auszubildenden bis zur nächstmöglichen Wiederholungsprüfung, höchstens jedoch um ein Jahr. Eine nicht bestandene Abschlussprüfung kann nur zweimal wiederholt werden.

Was steht in einem Berichtsheft?

Der Auszubildende hat während der gesamten Ausbildung ein Berichtsheft (bzw. schriftliche Ausbildungsnachweise) zu führen. Ein Berichtsheft muss ihm kostenlos vom ausbildenden Betrieb ausgehändigt werden. Der Azubi muss darin stichwortartig festhalten, was er im Betrieb, bei überbetrieblichen Bildungsmaßnahmen sowie in der Berufsschule gelernt hat. Der Ausbildungsbetrieb kontrolliert das Berichtsheft mindestens einmal im Monat. Ein schlampig geführtes Berichtsheft kann dazu führen, dass die Zulassung zur Abschlussprüfung verweigert wird.

2.5 Beendigung oder Verlängerung des Berufsausbildungsverhältnisses

Situation

Tim Neuhof wacht auf und schaut auf den Wecker. „Oh nein! Ich habe ja schon wieder verschlafen. Es war gestern Abend vielleicht doch ein bisschen spät! Oh weh, das gibt bestimmt wieder Ärger."

Als er dann endlich ins Geschäft kommt, schaut der Ausbilder, Dieter Wohlfahrt, an der Kasse schon recht grimmig drein. „Tim, du hast seit 20 Minuten Dienst an der Kasse!" „´tschuldigung, ich kann wirklich nichts dafür, mein Wecker hat nicht geklingelt!" Tim hat bereits eine zittrige Stimme. Herr Wohlfahrt sagt sonst nichts weiter und verschwindet in seinem Büro, während Tim hastig zur Kasse läuft.

Bis zur Mittagspause ist ihm schon ganz schlecht vor Sorge, dass er rausgeworfen wird. Im ersten Lehrjahr hatte er bereits eine Abmahnung bekommen, da er sich einfach nicht an das frühe Aufstehen gewöhnen konnte. Das war ihm allerdings ein Denkzettel, seither war er immer pünktlich gewesen. Er hofft, dass er keine „gelbe Karte" bekommt; sein zweites Lehrjahr ist nun bald vorbei.

Leitfrage

Meinen Sie, dass Tim wegen seiner erneuten Unpünktlichkeit hinausgeworfen werden kann?

Information

Die Beendigung der Ausbildung durch Bestehen der letzten Abschlussprüfung

Die Ausbildungsdauer ist im Ausbildungsvertrag festgehalten (in der Regel dauert sie drei Jahre). Die Ausbildung endet allerdings nicht automatisch mit Ablauf dieser Zeit, sondern an dem Tag, an dem die letzte Abschlussprüfung bestanden ist. Dieser Tag sollte normalerweise am Ende jeder Ausbildung stehen.

Die Kündigung des Ausbildungsverhältnisses

Die Ausbildung kann allerdings auch auf unerfreulichere Weise beendet werden – durch eine Kündigung. Die Kündigung kann während der Probezeit jederzeit fristlos erfolgen. Die Probezeit muss mindestens 1 Monat und darf höchstens 4 Monate betragen (§ 20

BBiG). Nach der Probezeit ist die Kündigung nicht mehr so einfach, da der Azubi eine Sicherheit haben soll. Kündigungen durch den Ausbildenden sind dann nur noch in den folgenden Fällen möglich:

- bei schweren Vertrauensverstößen (z. B. bei Unterschlagung von Geld oder bei Diebstahl)
- bei Fehlverhalten nach zweimaliger Abmahnung (z. B. bei häufiger Unpünktlichkeit oder bei „Schwänzen" der Berufsschule)

Eine **Abmahnung** ist wie eine gelbe Karte. Sie soll dem Azubi Gelegenheit geben sein Verhalten zu ändern. Wenn sich allerdings keine Besserung des Verhaltens beim Azubi zeigt, erfolgt auf die zweite Abmahnung die Kündigung. Eine Abmahnung ist allerdings zeitlich begrenzt. Hat der Azubi nach der ersten Abmahnung längere Zeit seine Pflichten gewissenhaft erfüllt, so verliert die Abmahnung an Gültigkeit. Eine Abmahnung erfolgt in der Regel schriftlich (Beweisfunktion), ist aber auch gültig, wenn sie nur mündlich erfolgt.

Auch der Azubi kann das Ausbildungsverhältnis kündigen. Während der Probezeit oder in besonderen Fällen wie zum Beispiel bei einer Berufskrankheit oder dem Angriff auf Körper und Gesundheit kann auch der Azubi fristlos kündigen. Möchte er die Ausbildung abbrechen oder in eine andere Ausbildung wechseln, muss er eine 4-wöchige Kündigungsfrist einhalten.

Die Aufhebung des Ausbildungsverhältnisses in beiderseitigem Einvernehmen

Das Ausbildungsverhältnis kann auch dann beendet werden, wenn beide Parteien, Azubi und Ausbilder, damit einverstanden sind. Mögliche Gründe hierfür können sein:

- Die Ausbildung ist für den Auszubildenden zu schwer; es ist absehbar, dass er die Abschlussprüfung nicht bestehen wird.
- Es bestehen so starke Konflikte zwischen Ausbilder und Azubi, die es unmöglich machen, das Ausbildungsverhältnis fortzusetzen.

Eine Verlängerung oder Verkürzung der Ausbildung

Erbringt ein Azubi in Schule und Betrieb besonders gute Leistungen, so kann die Ausbildung um ein halbes Jahr verkürzt werden. Allerdings muss der ausbildende Betrieb damit einverstanden sein.

Besteht der Azubi die Abschlussprüfung nicht, so verlängert sich die Ausbildung automatisch bis zur nächsten Prüfung. Allerdings kann sich die Ausbildung insgesamt höchstens um ein Jahr verlängern. Im schlimmsten Fall steht der Azubi zum Schluss ohne Abschluss da.

Zusammenfassung

Frage: Warum gibt es für die Berufsausbildung ein eigenes Gesetz?

Antwort: Das Berufsausbildungsgesetz ist extra für die Berufsausbildung erlassen worden, da das allgemeine Arbeitsrecht nicht ausreicht, um alle Besonderheiten der Berufsausbildung zu regeln. Es soll sicherstellen, dass die Ausbildung ordnungsgemäß verläuft. Dadurch wird eine hohe Qualität der Ausbildung aufrechterhalten.

Frage: Wenn ich eine Ausbildung im Betrieb mache, warum muss ich dann noch zusätzlich in eine Berufsschule gehen?

Antwort: Im Betrieb stehen die praktischen Dinge im Vordergrund. In der Berufsschule beschäftigen Sie sich mit theoretischem Fachwissen und bekommen eine breite berufliche Grundausbildung, auf der Sie später mit einer Weiterbildung aufbauen können.

Frage: Wo kann ich nachschauen, wenn ich daran zweifele, dass mein Ausbildungsvertrag korrekt ist?

Antwort: Im Berufsbildungsgesetz (§ 11 BBiG) ist geregelt, was alles im Ausbildungsvertrag aufgeführt sein muss. Weiterhin müssen Sie die darauf folgenden Paragrafen des BBiG beachten. Insbesondere sollten Sie kontrollieren, ob die Probezeit (mindestens einen Monat und höchstens vier Monate) und die Anzahl der Urlaubstage stimmen. Für die Anzahl der Urlaubstage ist bei Jugendlichen unter 18 Jahren das Jugendarbeitsschutzgesetz relevant (§ 19 JArbSchG, dazu mehr im folgenden Kapitel).

Frage: Die Pflichten als Auszubildender sind mir bekannt. Wo kann ich mich über meine Rechte informieren?

Antwort: Die Rechte des Auszubildenden sind die Pflichten des Ausbildenden. Aus diesem Grund stehen Ihre Rechte als Azubi größtenteils in den §§ 14, 15, 16 BBiG, wo die Pflichten des Ausbildenden aufgelistet sind.

Frage: Wenn ich bei der Abschlussprüfung durchfalle, waren dann die ganzen drei Jahre Ausbildung umsonst?

Antwort: Nein, falls Sie die Prüfung wiederholen möchten, dann verlängert sich der Ausbildungsvertrag bis zur nächstmöglichen Prüfung. Sie können allerdings die Abschlussprüfung nur zweimal wiederholen.

Frage: Was ist, wenn ich die Ausbildung abbrechen möchte, aber die Probezeit schon vorbei ist?

Antwort: Dies ist möglich, allerdings muss nach der Probezeit eine vierwöchige Kündigungsfrist eingehalten werden.

Wissensfragen

1. Welchen Zweck hat das Berufsbildungsgesetz?
2. Welchen Zweck hat die Ausbildungsordnung?
3. Beschreiben Sie, wie die duale Berufsausbildung aufgebaut ist.
4. Wie ist die Berufsschule zeitlich organisiert?
5. Erklären Sie, was die Begriffe „Ausbilder“, „Auszubildender“, „Ausbildender“ bedeuten.
6. Nennen Sie die Rechte und Pflichten des Auszubildenden.
7. Nennen Sie die Rechte und Pflichten des Ausbildenden.
8. Was ist der Zweck einer Abmahnung?

Übungsaufgaben

1. Lückentext

Rechtsgrundlage / die Berufsschule / Ausbildungsinhalte / dualen System / Lehrpläne / die Rechte und Pflichten / zwei Lernorten / Abschlussprüfung

Duale Berufsausbildung in Deutschland

Die Berufsausbildung in Deutschland erfolgt überwiegend im (1) … . Darunter versteht man die Ausbildung in einem Betrieb der Wirtschaft einerseits und in der Berufsschule andererseits, also an (2) … .
(3) … für die betriebliche Ausbildung im dualen System ist das Berufsbildungsgesetz. Das Gesetz regelt unter anderem (4) … der Ausbildungsbetriebe und der Auszubildenden. Auszubildende sind dazu verpflichtet, … zu besuchen. Diese Verpflichtung beruht darauf, dass die betrieblichen (5) … und die berufsschulischen (6) … aufeinander abgestimmt sind, sodass der Verzicht auf den Berufsschulbesuch die Gesamtausbildung lückenhaft werden ließe. Zudem bestimmt das Berufsbildungsgesetz, dass auch der berufsbezogene Lehrstoff der Berufsschule Gegenstand der (7) … sein muss. Die Berufsschule hat somit ihren festen Platz im dualen System der beruflichen Bildung.

2. Praxisfälle lösen

Es ist Ihre Aufgabe, die weiter unten beschriebenen Praxisfälle zu lösen und entsprechende Antworten zu finden. Doch dazu müssen Sie wissen, was in den Gesetzen steht. Lesen Sie also bitte die folgenden Paragrafen aus dem Berufsbildungsgesetz in Ruhe durch, bevor Sie sich an die Lösung der Fälle machen.

BBiG § 11 Vertragsniederschrift

(1) Ausbildende haben unverzüglich nach Abschluss des Berufsausbildungsvertrages, spätestens vor Beginn der Berufsausbildung, den wesentlichen Inhalt des Vertrages (…) schriftlich niederzulegen; die elektronische Form ist ausgeschlossen. In die Niederschrift sind mindestens aufzunehmen

1. Art, sachliche und zeitliche Gliederung sowie Ziel der Berufsausbildung, insbesondere die Berufstätigkeit, für die ausgebildet werden soll,
2. Beginn und Dauer der Berufsausbildung,
3. Ausbildungsmaßnahmen außerhalb der Ausbildungsstätte,
4. Dauer der regelmäßigen täglichen Ausbildungszeit,
5. Dauer der Probezeit,
6. Zahlung und Höhe der Vergütung,
7. Dauer des Urlaubs,
8. Voraussetzungen, unter denen der Berufsausbildungsvertrag gekündigt werden kann,
9. ein in allgemeiner Form gehaltener Hinweis auf die Tarifverträge, Betriebs- oder Dienstvereinbarungen, die auf das Berufsausbildungsverhältnis anzuwenden sind.

§

(2) Die Niederschrift ist von den Ausbildenden, den Auszubildenden und deren gesetzlichen Vertretern und Vertreterinnen zu unterzeichnen.

(3) Ausbildende haben den Auszubildenden und deren gesetzlichen Vertretern eine Ausfertigung der unterzeichneten Niederschrift unverzüglich auszuhändigen.

(4) Bei Änderungen des Berufsausbildungsvertrages gelten die Absätze 1 bis 3 entsprechend.

BBiG § 12 Nichtige Vereinbarungen

(1) Eine Vereinbarung, die Auszubildende für die Zeit nach Beendigung des Berufsausbildungsverhältnisses in der Ausübung ihrer beruflichen Tätigkeit beschränkt, ist nichtig. Dies gilt nicht, wenn sich Auszubildende innerhalb der letzten sechs Monate des Berufsausbildungsverhältnisses dazu verpflichten, nach dessen Beendigung mit den Ausbildenden ein Arbeitsverhältnis einzugehen.

(2) Nichtig ist eine Vereinbarung über
1. die Verpflichtung Auszubildender, für die Berufsausbildung eine Entschädigung zu zahlen,
2. Vertragsstrafen,
3. den Ausschluss oder die Beschränkung von Schadensersatzansprüchen,
4. die Festsetzung der Höhe eines Schadensersatzes in Pauschbeträgen.

Nun zu unserem Praxisfall: Antonio (17 Jahre alt) ist Tims bester Freund. Er will auch Einzelhandelskaufmann werden und hat sich bei verschiedenen Unternehmen beworben. Endlich hat es geklappt! Nach einem sehr erfolgreichen Vorstellungsgespräch bei der Office-Welt, einem Einzelhandelsgeschäft für Büroartikel, erhält er einige Tage darauf (Mitte Juli) einen Anruf, dass er die Ausbildungsstelle beginnen könne.

a) Antonio hat nun zwar die Zusage, dass er am 1. September bei Office-Welt mit der Ausbildung anfangen darf. Allerdings hat er bisher noch keinen Vertrag unterschrieben. Es ist schon Mitte August und Antonio wird langsam nervös. Ein schriftlicher Vertrag wäre ihm doch lieber als nur die mündliche Zusage per Telefon. Kann Antonio auf einen schriftlichen Vertrag bei der Office-Welt bestehen?
b) Antonio hat nun endlich einen Ausbildungsvertrag per Post zugeschickt bekommen. Prüfen Sie, ob der Vertrag vollständig ist und ob die einzelnen Vertragspunkte gesetzlich zulässig sind.

Berufsausbildungsvertrag

zwischen dem Ausbildenden:
Office-Welt
Hauptstraße 52
67346 Speyer

und der/dem Auszubildenden:
Meier, Antonio
Rebenweg 14
67346 Speyer

Nachstehender Vertrag wird zur Ausbildung zum Einzelhandelskaufmann geschlossen

1. Die Ausbildungszeit beträgt nach der Ausbildungsordnung 36 Monate.
2. Die regelmäßige Ausbildungszeit beträgt 8 Stunden täglich.
3. Eine Ausbildungsvergütung wird nicht bezahlt, dafür entfällt die Probezeit.
4. Der Auszubildende erklärt sich bereit bei hohem Arbeitsaufkommen im Betrieb anstatt in der Berufsschule im Betrieb mitzuarbeiten. Den Lernstoff der Berufsschule holt er dann selbstständig nach.
5. Der Ausbildungsvertrag ist nur seitens des Ausbildungsbetriebes kündbar.
6. Besteht der Auszubildende die Abschlussprüfung auch bei zweimaliger Wiederholung nicht, so hat er 10.000,00 € als Ersatz des entstandenen Schadens an den Ausbildungsbetrieb zu zahlen.

Die oben stehenden Vereinbarungen sind Gegenstand des Vertrages und werden anerkannt.

Ort, Datum, ausbildender Betrieb

Ort, Datum, Auszubildender

c) Schreiben Sie in Ihr Heft einen Ausbildungsvertrag für Antonio, der allen gesetzlichen Anforderungen entspricht.

3. Prüfen Sie in den folgenden Fällen, ob der Auszubildende oder der Ausbildende seine Pflichten verletzt hat.

a) Tim soll – anstatt zur Berufsschule zu gehen – in der Vorweihnachtszeit lieber im Geschäft helfen.

b) Carlos schwänzt mehrmals die Berufsschule.

c) Bernd lernt Groß- und Außenhandelskaufmann bei der Export GmbH. Er ist mit seiner Ausbildung unzufrieden. Der Betrieb will sich keine Putzhilfe leisten, stattdessen wird Bernd mit dem Reinemachen der Büros beauftragt.

d) Carlos beginnt seine Ausbildung zum Industriekaufmann bei der Zucker AG. Sein Ausbilder will, dass er sich sein Berichtsheft selber kauft.

e) Tanja macht eine Ausbildung in einem Lebensmittelgeschäft. Der Chef ist so gut wie nie da, sonst arbeiten dort nur Teilzeitkräfte, die kaum Zeit für sie haben.

f) Bernd weigert sich der Anweisung seines Ausbilders zu folgen, die besagt, dass er in sämtlichen Büros der Export GmbH abstauben solle.

g) Tim erscheint in zerrissener Jeans im Geschäft der BüroFix e. K., obwohl er an diesem Tag im Verkauf arbeiten soll. In der Hausordnung für die Mitarbeiter von BüroFix steht ausdrücklich, dass alle Mitarbeiter, die direkt mit Kunden arbeiten, in gepflegter Kleidung zu erscheinen haben.

4. Prüfen Sie mithilfe des § 22 BBiG, ob und mit welcher Frist in den folgenden Fällen eine Kündigung möglich ist.

BBiG § 22 Kündigung

(1) Während der Probezeit kann das Berufsausbildungsverhältnis jederzeit ohne Einhalten einer Kündigungsfrist gekündigt werden.

(2) Nach der Probezeit kann das Berufsausbildungsverhältnis nur gekündigt werden

1. aus einem wichtigen Grund ohne Einhalten einer Kündigungsfrist,
2. von Auszubildenden mit einer Kündigungsfrist von vier Wochen, wenn sie die Berufsausbildung aufgeben oder sich für eine andere Berufstätigkeit ausbilden lassen wollen.

(3) Die Kündigung muss schriftlich und in den Fällen des Absatzes 2 unter Angabe der Kündigungsgründe erfolgen.

(4) Eine Kündigung aus einem wichtigen Grund ist unwirksam, wenn die ihr zugrunde liegenden Tatsachen dem zur Kündigung Berechtigten länger als zwei Wochen bekannt sind. Ist ein vorgesehenes Güteverfahren vor einer außergerichtlichen Stelle eingeleitet, so wird bis zu dessen Beendigung der Lauf dieser Frist gehemmt.

a) Antonio hat am 1. September eine Berufsausbildung bei dem Schreibwarengeschäft Office-Welt begonnen. Antonio stellt nach acht Wochen fest, dass diese Ausbildung nicht das Richtige für ihn ist. Als Probezeit wurde im Ausbildungsvertrag ein Monat vereinbart.

b) Tims Kumpel Kevin hat ebenfalls kein Glück in seiner Ausbildung. Während der einmonatigen Probezeit kommt er öfters zu spät. Der Betrieb möchte ihn hinauswerfen.

c) Sebastian macht als Industriekaufmann eine Ausbildung bei der Maschinen GmbH im zweiten Lehrjahr. Er würde lieber zur Konkurrenz, der Traktor AG, wechseln, da es dort kostenfreies Kantinenessen gibt. Darf er aus diesem Grund kündigen?

d) Olaf ist im dritten Lehrjahr als Einzelhandelskaufmann. Er arbeitet öfters an der Kasse. Der Betrieb kann durch einen Detektiv nachweisen, dass Olaf wiederholt Geld aus der Kasse gestohlen hat. Der Betrieb möchte ihm kündigen.

5. Mindmap

Erstellen Sie in Gruppen Mindmaps zu den folgenden Themen:

- Inhalte des Berufsausbildungsvertrages
- Rechte und Pflichten des Ausbildenden
- Rechte und Pflichten des Auszubildenden

Stellen Sie die Mindmaps auf einem Plakat oder auf einer Folie (OHP) der Klasse vor.

3 Das Jugendarbeitsschutzgesetz

Situation

Tim Neuhof trifft sich mit seinem Freund Kevin wieder im Bistro. Kevin hat inzwischen einen Ausbildungsvertrag zum Einzelhandelskaufmann bei der Warenwelt AG, einem Warenhaus in der Innenstadt.

Tim: „Hi, Kevin! Übrigens – noch alles Gute nachträglich zu deinem 17. Geburtstag. Hast du eigentlich gefeiert? Ich habe ja schon ewig nichts mehr von dir gehört."

Kevin: „Nee, ich hatte doch gar keine Zeit zum Feiern. Nicht dass die Ausbildung nicht so schon stressig genug wäre. Ständig muss ich wegen der Vorweihnachtszeit länger im Geschäft bleiben. Manchmal arbeite ich mehr als 10 Stunden und seit neuestem sogar noch samstags. Letzte Woche hat der Ausbilder von mir verlangt, dass ich nach der Berufsschule noch mal vorbeikommen soll, um die Ware einzuräumen."

Tim: „Das klingt aber komisch. Mich lassen die immer pünktlich gehen, selbst wenn es sehr stressig ist. Ich hatte schon mal meinem Chef angeboten, dass ich ab und zu auch länger im Laden bleiben könne; macht ja einen guten Eindruck. Aber der meinte nur, dass das wegen dem Gesetz nicht geht."

Kevin: „Gesetz? Ich glaube, davon hat mein Ausbilder noch nie etwas gehört. Ich habe ihn mal darauf angesprochen – aber der meint, wenn ich weiterhin so fleißig arbeite, werde ich vielleicht mal übernommen!"

Tim: „Das stimmt vielleicht. Andererseits nutzen die dich ja ganz schön aus. Und wenn du vor lauter Arbeiten keine Zeit zum Lernen hast und durch die Prüfungen fällst, bringt dir das dann auch nichts."

Kevin: „Ja schon. Aber was soll ich machen?"

Leitfragen

- Kennen Sie ein Gesetz, in dem die Arbeitszeiten von Jugendlichen geregelt sind?
- Was würden Sie Kevin in seiner Situation raten?
- Warum geht der Betrieb von Kevin so mit ihm um?

3.1 Die Grundlagen des Jugendarbeitsschutzgesetzes

Information

Für wen gilt das Jugendarbeitsschutzgesetz?

Das Jugendarbeitsschutzgesetz gilt für Jugendliche (Personen zwischen 15 und 18 Jahren) in Deutschland, die eine Ausbildung machen oder als Arbeitnehmer beschäftigt sind. Unter Arbeitnehmer versteht man alle Personen, die gegen Bezahlung bei einem Unternehmen oder im öffentlichen Dienst beschäftigt sind.

Merke **Arbeitnehmer sind alle Personen, die gegen Entgelt abhängig beschäftigt sind.**

Warum gibt es ein Jugendarbeitsschutzgesetz?

In vielen Ländern der so genannten Dritten Welt müssen schon Kleinkinder unter härtesten Bedingungen arbeiten. Diese Kinderarbeit ist oftmals für die dortigen Familien die einzige Überlebensmöglichkeit.

Es ist keine Kinderarbeit, wenn Kinder (oder Jugendliche) zu Hause auch mal beim Abspülen helfen sollen oder ihr Zimmer aufräumen müssen. Kinderarbeit bedeutet, dass Kinder durch Arbeit in ihrer Entwicklung behindert werden. Sie lernen weder lesen noch schreiben, sie können nicht zur Schule gehen, machen keine Berufsausbildung und werden auch als Erwachsene nur schlecht bezahlte Hilfsjobs bekommen – ein Teufelskreis der Armut.

In der westlichen Welt gab es dies auch, und zwar während der Industrialisierung im 19. Jahrhundert. So waren beispielsweise in den USA zu Beginn des 19. Jahrhunderts knapp die Hälfte der Fabrikarbeiter zwischen 7 und 12 Jahren alt. In Großbritannien wurden schon in der zweiten Hälfte des 18. Jahrhunderts Waisenkinder und Kinder aus armen Familien in Webereien eingesetzt. Dort mussten sie bis zu 16 Stunden am Tag arbeiten, oftmals nur, um ein Dach über dem Kopf zu haben und etwas zu essen zu bekommen. Der Gesundheitszustand der Kinder und Jugendlichen war katastrophal. Beginnend in England (1802), dem Vorreiter der industriellen Produktion, wurden daraufhin in allen europäischen Ländern Kinderschutzgesetze erlassen, die versuchten die Kinderarbeit einzuschränken.

Bereits Anfang des 19. Jahrhunderts wurden auch in Preußen die ersten Gesetze erlassen, um die Kinderarbeit zu reduzieren. Der Grund lag weniger darin, dass die Gesetzgeber Mitleid mit den Kindern hatten, sondern die schlechte körperliche Konstitution der Jungen untauglich für ein späteres Soldatenleben war. So stellte das Militär fest, dass die Jugendlichen durch die jahrelange Arbeit in den Fabriken gesundheitlich so geschwächt und körperlich zurückgeblieben waren, dass sie keine guten Soldaten mehr wurden.

Die Kinderarbeit wurde in Deutschland erst nach 1945 grundsätzlich verboten; das Weitere regelt heute das Jugendarbeitsschutzgesetz, dessen Einhaltung vom Gewerbeaufsichtsamt überwacht wird.

Durch das **Jugendarbeitsschutzgesetz** sollen Jugendliche davor bewahrt werden, dass ihre körperliche und geistige Entwicklung durch eine Beschäftigung gefährdet wird. Das bedeutet, dass Arbeiten, die sehr schwer, gesundheitsgefährdend und sehr lange dauern, für Jugendliche verboten sind.

Merke **Jugendlicher ist, wer mindestens 15 Jahre, aber noch keine 18 Jahre alt ist.**

Kinderarbeit ist grundsätzlich verboten. Ausbildungsbetriebe müssen darauf achten, dass sie bei Azubis unter 18 Jahren die Vorschriften des Jugendarbeitsschutzgesetzes beachten. Für Azubis über 18 Jahre gilt das Jugendarbeitsschutzgesetz nicht.

3.2 Die wichtigsten Bestimmungen des Jugendarbeitsschutzgesetzes

Mindestalter für eine Beschäftigung

Für die Aufnahme einer Beschäftigung gilt die Altersgrenze von 15 Jahren. Die Beschäftigung von jüngeren Personen ist grundsätzlich verboten. Zudem dürfen Jugendliche, die der Vollzeitschulpflicht unterliegen, also noch täglich eine Schule besuchen müssen, nicht beschäftigt werden.

Arbeitszeit

- Jugendliche dürfen höchstens 8 Stunden pro Tag und höchstens 40 Stunden pro Woche arbeiten (Arbeitszeit ohne Ruhepausen).
- Wenn an einzelnen Werktagen die Arbeitszeit weniger als 8 Stunden beträgt, können Jugendliche an den übrigen Werktagen derselben Woche 8,5 Stunden beschäftigt werden.
- Die Schichtzeit (Arbeitszeit mit Ruhepausen) darf 10 Stunden pro Tag nicht überschreiten.
- Der Arbeitstag eines Jugendlichen beginnt frühestens um 06:00 Uhr und muss spätestens um 20:00 Uhr eines Arbeitstages beendet sein. Es gibt allerdings Ausnahmen für Jugendliche über 16 Jahre, die im Gaststätten- oder Schaustellergewerbe, in der Landwirtschaft oder in Bäckereien arbeiten.
- An Samstagen, Sonntagen oder Feiertagen dürfen Jugendliche nicht arbeiten. Hierzu gibt es allerdings ebenfalls Ausnahmen.

Ruhepausen

Als Ruhepause gilt eine Arbeitsunterbrechung von mindestens 15 Minuten. Bei einer Arbeitszeit zwischen 4,5 und 6 Stunden am Tag muss die Pause mindestens 30 Minuten betragen. Liegt die Arbeitszeit über 6 Stunden, muss die Pause mindestens 60 Minuten betragen. Der Jugendliche darf nicht länger als 4,5 Stunden ohne Unterbrechung arbeiten.

Urlaub

Die Anzahl der Urlaubstage richtet sich nach dem Alter:

15 Jahre	mindestens 30 Werktage pro Jahr
16 Jahre	mindestens 27 Werktage pro Jahr
17 Jahre	mindestens 25 Werktage pro Jahr

Berufsschule

Berufsschulzeit ist Arbeitszeit! Ein Schultag mit 5 oder mehr Unterrichtsstunden gilt als voller Arbeitstag; das bedeutet, dass der jugendliche Azubi anschließend nicht mehr in den Betrieb muss. Bei einem zweiten Berufsschultag werden die Schulstunden nur als Arbeitsstunden angerechnet. Hat dieser zweite Tag weniger als 6 Unterrichtsstunden, so muss der Azubi anschließend in den Betrieb.

Beschäftigungsverbote

Folgende Beschäftigungen sind für Jugendliche verboten:

- Akkord- und Fließbandarbeit
- Arbeiten, bei denen Jugendliche in besonderer Weise Lärm, Strahlen, Hitze, Kälte oder Nässe ausgesetzt sind
- Arbeiten mit gefährlichen Stoffen
- Arbeiten, bei denen die Leistungsfähigkeit der Jugendlichen überschritten wird (z. B. schweres Heben auf dem Bau usw.)

Gesundheitliche Betreuung

Jugendliche dürfen nur beschäftigt werden, wenn sie bei Beginn des Beschäftigungsverhältnisses innerhalb der letzten 14 Monate von einem Arzt untersucht worden sind und dem neuen Arbeitgeber eine Untersuchungsbescheinigung vorlegen können.

Allgemeine Schutzvorschriften

An Jugendliche unter 16 Jahren dürfen am Arbeitsplatz weder Alkohol noch Tabakwaren ausgegeben werden. Körperliche Züchtigung ist verboten.

Zusammenfassung

Frage: Ich bin schon 18 Jahre alt, aber noch Auszubildender. Gilt das Jugendarbeitsschutzgesetz dann trotzdem für mich?

Antwort: Nein, das Jugendarbeitsschutzgesetz gilt nur für Jugendliche im Alter von 15 bis 18 Jahren.

Frage: Ich bin 17 Jahre alt und mache in den Sommerferien einen Ferienjob. Gilt das Jugendarbeitsschutzgesetz auch für Ferienjobs?

Antwort: Ob Sie Auszubildender sind oder als Vollzeitschüler einen Ferienjob machen, ist egal. Das Jugendarbeitsschutzgesetz gilt für alle Personen, die noch nicht 18 Jahre alt und als Arbeitnehmer beschäftigt sind.

Frage: Warum ist Kinderarbeit eigentlich grundsätzlich verboten?

Antwort: Kinder sollen sich frei und ungehindert entwickeln können. Sie sollen Zeit haben zu lernen und zu spielen, damit sich ihre Persönlichkeit entfalten und entwickeln kann. Kinderarbeit stört diesen Entwicklungsprozess!

Frage: Ich bin 16 Jahre alt und mache eine Ausbildung. Mein Chef will, dass ich noch zusätzlich samstags arbeite. Falls ich mich weigere, hat er mir mit einem schlechten Arbeitszeugnis gedroht. An wen kann ich mich wenden?

Antwort: Ansprechpartner bei Problemen der Ausbildung ist grundsätzlich immer die IHK. Bei Verstößen gegen das Jugendarbeitsschutzgesetz sollten Sie sich an das Gewerbeaufsichtsamt wenden.

Wissensfragen

1. Für wen gilt das Jugendarbeitsschutzgesetz?
2. Warum ist Kinderarbeit schlecht für die Kinder?
3. Warum ist Kinderarbeit schlecht für die gesamte Gesellschaft?
4. Wie viele Stunden darf ein Jugendlicher pro Tag höchstens arbeiten?
5. Mit welchen Arbeiten dürfen Jugendliche nicht beschäftigt werden?

Übungsaufgaben

1. Lesen Sie noch mal den Einstiegsfall am Anfang des Kapitels (siehe Seite 41) und erarbeiten Sie eine schriftlich formulierte Lösung zu den Leitfragen.

2. Problemlösung

Bei den folgenden Aufgaben geht es darum, Lösungen zu finden für Probleme, die alltäglich bei Jugendlichen in der Ausbildung vorkommen können. Beurteilen Sie, ob in den folgenden Fällen gegen das Jugendarbeitsschutzgesetz verstoßen wird.

a) Kirsten (16 Jahre) ist Auszubildende bei einem Baustoffhändler. Des Öfteren muss sie beim Entladen von Lkws in der Warenannahme mithelfen. Dabei kommt es vor, dass sie auch Zement- und Sandsäcke von bis zu 20 kg abladen muss. Aufgrund dieser Tätigkeit hat sie schon seit längerem starke Rückenschmerzen. Liegt ein Verstoß gegen das Jugendarbeitsschutzgesetz vor?

b) Anton (17 Jahre) arbeitet als Jungarbeiter in einer Möbelfabrik. Er arbeitet 40 Stunden in der Woche, von Montag bis Donnerstag jeweils 10 Stunden am Tag (ohne Pausen). Anton ist mit seinen Arbeitszeiten sehr zufrieden, da er dadurch den Freitag frei hat. Liegt trotzdem ein Verstoß gegen das Jugendarbeitsschutzgesetz vor?

c) Stefan (17 Jahre alt) ist Auszubildender. Er ist der Meinung, dass das Jugendarbeitsschutzgesetz für ihn keine Gültigkeit habe, weil er bereits über 16 Jahre alt ist. Wie ist die Rechtslage?

d) Susi ist am 23. Februar 2009 17 Jahre alt geworden. Ihr Ausbilder möchte ihr nun für dieses Jahr nur 25 Werktage als Urlaub gewähren. Susi ist anderer Meinung. Wie ist die Rechtslage?

e) Ute (16 Jahre alt) absolviert eine Berufsausbildung als Handelsfachpackerin. Sie möchte wie die anderen Lagerarbeiter freitags nur von 8 bis 14 Uhr arbeiten. Deshalb arbeitet sie montags bis donnerstags jeweils 8,5 Stunden. Ist das erlaubt?

f) Klaus (17 Jahre alt) macht eine Ausbildung zum Einzelhandelskaufmann in einem Lebensmittelgeschäft direkt im Hauptbahnhof. Die Berufsschule ist gerade mal 100 Meter vom Hauptbahnhof entfernt, weshalb sein Chef ihm sagt, dass er vor der Berufsschule, die um 8 Uhr beginnt, eine Stunde lang im Laden mithelfen soll. Dafür bekommt er ab und zu als Ausgleich einen Arbeitstag frei. Liegt ein Verstoß gegen das Jugendarbeitsschutzgesetz vor?

3. Prüfen Sie, ob die folgenden Aussagen richtig oder falsch sind. Falls eine Aussage falsch ist, formulieren Sie sie bitte zu einer richtigen Aussage um.

a) Jugendliche dürfen unter keinen Umständen länger als 8 Stunden täglich arbeiten.

b) An beiden Berufsschultagen pro Woche muss ein Auszubildender unter 18 Jahren im Anschluss an die Schule nicht mehr in den Betrieb.

c) Der Urlaub für Jugendliche beträgt bis zum 18. Lebensjahr 30 Tage.

d) Der jugendliche Auszubildende muss in der Freizeit zur Berufsschule gehen.

4. Mindmap

Erstellen Sie in Partnerarbeit eine **Mindmap** zum Jugendarbeitsschutzgesetz. Orientieren Sie sich an folgenden Vorgaben:

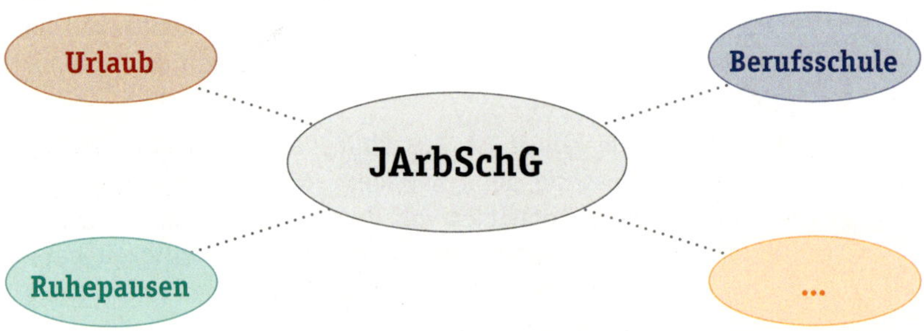

4 Der Tarifvertrag

4.1 Die Grundlagen des Tarifvertrages

Situation

Alexandra Schmitt hatte sich für eine Ausbildung zur Bürokauffrau entschieden und ist inzwischen im dritten Lehrjahr bei der BüroFix e. K. Die Arbeit macht ihr richtig Spaß, besonders weil sie sich in dem Kollegenteam bei BüroFix recht wohl fühlt.

Alexandra Schmitt trifft ihre Freundin Silke zufällig in der Stadt.

Alexandra: „Hallo, Silke! Lange nicht gesehen. Wie gehts dir denn so?"

Silke: „Danke der Nachfrage. Mir gehts wirklich gut. Ich hab letztes Jahr bei der Maschinen AG eine Ausbildung als Bürokauffrau angefangen. Ist echt interessant."

Alexandra: „Maschinen AG? Von dieser Firma habe ich ja noch nie etwas gehört."

Silke: „Klar! Die beliefern ja auch nur die Großindustrie. Als normaler Verbraucher bekommt man von solchen Unternehmen nur wenig mit. Was machst du denn jetzt eigentlich?"

Alexandra: „Ich bin jetzt Azubi bei BüroFix als Bürokauffrau. Die kennst du. Hast du nicht deinen ersten PC dort gekauft?"

Silke: „Ja klar! Das ist ja lustig, dass du auch Bürokauffrau lernst. Dann hast du ja auch letzten Monat 150 Euro zusätzlich zur Ausbildungsvergütung bekommen."

Alexandra: „Was? Nee, das hätte ich garantiert mitbekommen. Warum sollten die mir denn plötzlich zusätzlich 150 Euro zahlen?"

Silke: „Na, da gab es doch schon die ganze Zeit Verhandlungen mit den Gewerkschaften über Gehaltserhöhungen. Bei uns wurde einmal sogar kurz gestreikt. Am Ende gab es dann diese Einmalzahlung für alle Azubis."

Alexandra: „Streik? Also bei uns wurde nicht gestreikt. Und Verhandlungen gab es auch keine. Über was denn eigentlich?"

Silke: „So genau weiß ich das auch nicht. Mein Chef hat was von einem neuen Tarifvertrag erzählt."

Alexandra: „Tarifvertrag? Nie gehört. Und was hat das mit deinem Gehalt zu tun? Regelt der Tarifvertrag wie viel du verdienst?"

Leitfragen

- Was ist ein Tarifvertrag?
- Warum hat Silke eine Einmalzahlung von 150,00 € bekommen und Alexandra nicht, obwohl beide eine Ausbildung zur Bürokauffrau machen?

Information

Die Sozialpartner

Die Löhne und Gehälter sowie die Arbeitsbedingungen werden in Deutschland nicht vom Staat festgelegt, sondern von den Sozialpartnern ausgehandelt. **Sozialpartner** sind auf der einen Seite die Gewerkschaften, auf der anderen Seite die Arbeitgeberverbände.

Merke **Sozialpartner = Gewerkschaften und Arbeitgeberverbände**

Gewerkschaften sind Vereinigungen von Arbeitern und Angestellten. Ihr Ziele sind die Erhöhung der Löhne und Gehälter sowie die Verbesserung der Arbeitsbedingungen (z. B. die Verkürzung der Arbeitszeit). Die Gewerkschaften sind meist branchenbezogen organisiert. So gibt es beispielsweise die IG Metall, deren Mitglieder Arbeitnehmer der Metallbranche (wie Autohersteller, Autozulieferer usw.) sind.

Gewerkschaften handeln nach dem Prinzip „Gemeinsam sind wir stark". Der einzelne Arbeitnehmer kann nur wenig bei seinem Arbeitgeber bewirken. Schließen sich jedoch alle Arbeitnehmer zusammen, haben sie mehr Macht und können sich gegen die Arbeitgeber besser durchsetzen.

Die Eigentümer von Unternehmen haben sich ebenfalls in Vereinigungen zusammengeschlossen, um ein Gegengewicht gegen die Gewerkschaften zu bilden. Höhere Löhne und verbesserte Arbeitsbedingungen bedeuten für Unternehmen in der Regel höhere Kosten (z. B. höhere Lohnkosten), weshalb sie gegen die Ziele der Gewerkschaften ankämpfen. Da nun Arbeitgeberverbände und Gewerkschaften gegensätzliche Ziele haben, kommt es zu Konflikten.

Tarifpartner, Tarifautonomie, Tarifvertrag

Die Sozialpartner, auch Tarifpartner genannt, können selbstständig die Lohnsteigerungen und Arbeitsbedingungen aushandeln. Der Staat greift in die Verhandlungen nicht ein. Dies nennt man **Tarifautonomie.**

Merke **Tarifautonomie = selbstständiges Aushandeln der Lohnsteigerungen und Arbeitsbedingungen ohne Eingriff des Staates**

Ergebnis von erfolgreichen Verhandlungen ist der Tarifvertrag. Im Tarifvertrag sind die Rechte und Pflichten der Vertragsparteien geregelt.

In einem Tarifvertrag werden insbesondere geregelt:

- Lohn, Gehalt und Ausbildungsvergütung
- Urlaubsdauer und Urlaubsgeld
- Arbeitszeit
- Erfolgsbeteiligungen
- Kurz- und Mehrarbeit

Arten von Tarifverträgen

Tarifverträge können auf unterschiedliche Weise eingeteilt werden. Je nachdem, was inhaltlich im Tarifvertrag festgelegt wird, kann unterschieden werden nach ihrem Inhalt und nach ihrer flexiblen Gestaltung. Es gibt:

1. Manteltarifverträge
Im Manteltarifvertrag werden die Arbeitsbedingungen festgelegt, die sich über längere Zeit nicht verändern. Sie werden auch Rahmentarifverträge genannt.

2. Lohn- und Gehaltstarifverträge
Lohn- und Gehaltstarifverträge regeln die Höhe der Löhne und Gehälter. Die Arbeitnehmer werden ihrer Tätigkeit entsprechend in Lohn- und Gehaltsstufen eingeteilt.

3. Starre Tarifverträge
Bei starren Tarifverträgen kann das einzelne Unternehmen die Bedingungen nicht an seine betriebliche Situation anpassen. So kann beispielsweise ein Unternehmen, das Verluste macht, nicht einfach die Löhne kürzen, um so wieder Gewinne zu erzielen. Ein starrer Tarifvertrag bedeutet für die Arbeitnehmer, dass sie keine Verschlechterungen (Lohnkürzung, längere Arbeitszeiten) fürchten müssen. Verbesserungen für die Arbeitnehmer sind jedoch auch bei einzelnen Unternehmen möglich.

4. Flexible Tarifverträge
Vielen Unternehmen geht es nicht gut. Sie machen keine Gewinne und verkaufen zu wenig Produkte auf dem Weltmarkt. Als Grund dafür nennen die Betriebe oft, dass die Lohnkosten in Deutschland zu hoch seien und sie dadurch mit der Konkurrenz aus dem Ausland nicht konkurrieren könnten. Andererseits gibt es auch in Deutschland viele Unternehmen, die trotz hoher Lohnkosten satte Gewinne machen und sehr viele Produkte im Ausland verkaufen können. Aufgrund dieser Unterschiede, die auch innerhalb einer Branche existieren, werden Tarifverträge zunehmend flexibler (offener) gestaltet. Durch Tariföffnungsklauseln soll es Betrieben, denen es wirtschaftlich nicht besonders gut geht, ermöglicht werden, die Löhne und Gehälter um einen bestimmten Prozentsatz zu kürzen oder die Arbeitszeiten flexibler zu gestalten.

Gelten die Tarifverträge auch für Arbeitnehmer, die nicht Mitglied einer Gewerkschaft sind?

Der Tarifvertrag gilt grundsätzlich nur für die Arbeitnehmer, die Mitglied in einer Gewerkschaft sind, und für die Arbeitgeber, die im Arbeitgeberverband sind. Allerdings kann der Bundesminister der Wirtschaft zusammen mit Vertretern der Sozialpartner einen Tarifvertrag für allgemein verbindlich erklären. Damit gilt der Tarifvertrag auch für die Arbeitnehmer und Arbeitgeber, die nicht organisiert sind. Dies geschieht in der Regel, wenn bei den Unternehmen, die an den Tarifvertrag gebundenen sind, mindestens 50 % der Arbeitnehmer unter den Geltungsbereich des Tarifvertrages fallen.

Beispiel

Bei den Metall verarbeitenden Unternehmen (z. B. Autozulieferer, Stahlproduzenten usw.) gehören 80 % der Arbeitnehmer der Industriegewerkschaft IG Metall an. Zwischen dem Verband der Metallindustrie, dem die Metall verarbeitenden Unternehmen angehören, und der IG Metall wird ein Tarifvertrag geschlossen. Aufgrund des hohen Anteils an Gewerkschaftsmitgliedern in der Branche wird der Tarifvertrag für allgemein verbindlich erklärt. Dadurch gilt der Tarifvertrag auch für Arbeitnehmer, die nicht Mitglied der IG Metall sind.

Die Pflichten bei einem Tarifvertrag

Der Tarifvertrag gibt den Arbeitnehmern und Arbeitgebern Sicherheit. Die Arbeitnehmer wissen, dass eine bestimmte Höhe des Lohnes für die nächsten zwei Jahre sicher ist. Die Arbeitnehmer unterliegen der Friedenspflicht. Das bedeutet, dass die Arbeitnehmer während der Laufzeit des Tarifvertrages dazu verpflichtet sind, nicht zu streiken oder höhere Lohnforderungen zu stellen. Die Friedenspflicht endet vier Wochen nach Auslaufen des Tarifvertrages.

Merke

Friedenspflicht = Arbeitnehmer dürfen während der Laufzeit des Tarifvertrages weder streiken noch höhere Lohnforderungen stellen.

Die Arbeitgeber (Unternehmen) haben die Sicherheit, dass während der Laufzeit des Tarifvertrages keine Streiks den Betriebsablauf stören werden. Sie haben jedoch die Pflicht, die Löhne in der vereinbarten Höhe zu bezahlen und auch die anderen Arbeitsbedingungen zu erfüllen.

Die Funktionen des Tarifvertrages

Der Tarifvertrag erfüllt folgende Funktionen:

- **Friedensfunktion:**
  Arbeitskämpfe (Streiks) sind während der Laufzeit des Tarifvertrages ausgeschlossen (der Betriebsfrieden wird gewahrt).
- **Ordnungsfunktion:**
  Die Arbeitsbedingungen und Löhne sind für eine gesamte Branche einheitlich geregelt. Dadurch haben die Unternehmen einer Branche eine ähnliche Kalkulationsgrundlage für die Lohnkosten.
- **Schutzfunktion:**
  Weibliche und männliche Arbeitnehmer sind gleichgestellt. Sie sind vor willkürlichen Maßnahmen durch die Arbeitgeber geschützt.

4.2 Die Wege zum Tarifvertrag mit friedlichen Mitteln

Situation

Nehmen wir an, es gäbe eine „Gewerkschaft Bürohandel (GWB)". Diese sei ein Zusammenschluss von Arbeitnehmern, die im Büroartikelhandel arbeiten. Auch ein Großteil der Mitarbeiter der BüroFix e. K. wäre Mitglied in dieser Gewerkschaft.

Stellen wir uns nun folgende Situation vor: Die GWB hat den laufenden Tarifvertrag gekündigt und fordert nun für alle Gehaltsgruppen eine Gehaltserhöhung von 5 %. Der Arbeitgeberverband (nennen wir ihn in unserem Beispiel „Deutscher Bürohandel, DBH") ist über diese Forderung empört. Er gibt an, dass eine Gehaltserhöhung von 1 % möglich ist.

In einer ersten Verhandlungsrunde treffen sich Vertreter der Gewerkschaft mit Vertretern der Arbeitgeber. Es wird in den Verhandlungen kein Ergebnis erzielt. Die Gewerkschaft veröffentlicht Studien, die zeigen, dass Arbeitnehmer im Büroartikelhandel im Vergleich zu anderen Branchen im Durchschnitt 10 % weniger verdienen würden. Die Arbeitgeberseite veröffentlicht ihrerseits Studien, dass eine Lohnerhöhung von 5 % deutschlandweit 2 000 Arbeitsplätze vernichten würde. Die Fronten sind verhärtet.

Leitfragen

- Warum gehen beide Seiten mit Studien an die Öffentlichkeit?
- Wird die GWB ihre Forderung nach einer 5%igen Lohnerhöhung durchsetzen können?
- Wird der Arbeitgeberverband DBH sein Angebot von einer 1%igen Lohnerhöhung durchsetzen können?
- Wie wird dieser Konflikt wohl ausgehen?

Information

Das Ende des alten Tarifvertrages

Tarifverträge haben eine begrenzte Laufzeit (in der Regel ein bis zwei Jahre). Gegen Ende dieser Laufzeit überlegen sich die Gewerkschaften, welche Forderungen sie in den kommenden Verhandlungen für einen neuen Tarifvertrag aufstellen werden. Der Tarifvertrag muss zum Ende seiner Laufzeit gekündigt werden.

Die Tarifverhandlungen

Tarifverhandlungen erfolgen üblicherweise in den folgenden Stufen:

Stufe 1: Beide Parteien (Gewerkschaften und Arbeitgeberverbände) betreiben vor Verhandlungsbeginn aktiv Öffentlichkeitsarbeit. Vertreter beider Parteien sind in Funk und

Fernsehen präsent und stellen ihre Positionen dar. Die Gewerkschaften verweisen auf ihre fleißigen Arbeiter und Angestellten, die es verdient haben, mehr Lohn zu bekommen. Die Arbeitgeber verweisen auf die harte Konkurrenz und die schlechte wirtschaftliche Lage.

Stufe 2: Die Gewerkschaften stellen konkrete Forderungen auf (z. B. 4 % mehr Lohn). Die Arbeitgeber weisen die Forderungen zurück und legen ein Angebot vor (z. B. 1 % mehr Lohn).

Stufe 3: Die jeweiligen Forderungen der anderen Seite werden abgelehnt. In der Öffentlichkeit (Talkshows, Zeitungen) entsteht eine breite Diskussion.

Stufe 4: Die Verhandlungen werden mehrmals abgebrochen. Allerdings beginnen die Parteien sich anzunähern.

Stufe 5: Man einigt sich auf ein Ergebnis in der Mitte (z. B. Lohnerhöhung um 2,5 %).

4.3 Die Wege zum Tarifvertrag mit Kampfmaßnahmen

Situation

Auch in der dritten Verhandlungsrunde von „Gewerkschaft Bürohandel" (GWB) und Arbeitgeberverband „Deutscher Bürohandel" (DBH) konnte kein Ergebnis erzielt werden. Es kommt zu einem Schlichtungsverfahren. Ein unparteiischer Verhandlungsführer soll nun zwischen der Gewerkschaft und dem Arbeitgeberverband vermitteln. Auch dieses Verfahren scheitert.

Die GWB befragt nun ihre Mitglieder, ob diese in den jeweiligen Betrieben streiken wollen, um die Arbeitgeber in die Knie zu zwingen.

Die Arbeitgeber drohen jedoch ihrerseits mit Aussperrung. Es kommt bundesweit zu ersten Warnstreiks. Im Geschäft von BüroFix e. K. legen die Arbeitnehmer für zwei Stunden die Arbeit nieder. In dieser Zeit kann niemand in dem Geschäft einkaufen. Vor dem Geschäft wird ein großes Transparent mit den Worten „Hier wird gestreikt!" aufgehängt.

Die Warnstreiks haben ihre Wirkung gezeigt. Beide Seiten zeigen sich kompromissbereit und die Arbeitnehmer stimmen einer Lohnerhöhung um 2 % zu. Gewerkschafter wie auch Arbeitgeber zeigen sich sehr erleichtert über das Ergebnis.

Leitfragen

- Was ist der Zweck eines Streiks?
- Warum wird der Streik von den Arbeitgebern so gefürchtet?

Information

Schlichtungsverfahren

Sind die Verhandlungen gescheitert, so kommt es zunächst zu einem Schlichtungsverfahren. Die Schlichtung ist der letzte friedliche Ausweg, bevor es zu einem Streik kommt. Im Schlichtungsverfahren sind beide Parteien mit gleicher Personenzahl vertreten. Es wird eine unparteiische Person bestimmt, die die Verhandlungen führt.

Streik

Ist auch das Schlichtungsverfahren gescheitert, so haben die Gewerkschaften die Möglichkeit zu einem Streik. Ein Streik ist eine gemeinsame Arbeitsverweigerung mehrerer Arbeitnehmer, um ihre Forderungen durchzusetzen.

Merke **Streik = gemeinsame Arbeitsverweigerung mehrerer Arbeitnehmer**

Bevor ein Streik ausgerufen werden kann, werden alle Gewerkschaftsmitglieder befragt, ob sie den Streik wollen. Mindestens 75 % der befragten Mitglieder müssen für den Streik stimmen.

Die Gewerkschaftsmitglieder bekommen während des Streiks von der Gewerkschaft Streikgeld. Vor den Betrieben werden von der Streikleitung Streikposten aufgestellt, die versuchen die Streikunwilligen zum Streik zu bewegen. Allerdings müssen die Streikposten dafür sorgen, dass die Arbeitswilligen nicht daran gehindert werden zu arbeiten.

Der Streik wird beendet, sobald die Verhandlungen zu einem Ergebnis geführt haben. Zum Abbruch des Streiks müssen wieder die Gewerkschaftsmitglieder befragt werden. Mindestens 25 % der Befragten müssen dafür stimmen, dass der Streik beendet wird.

Aussperrung

Die Arbeitskampfmaßnahme der Arbeitgeber ist die Aussperrung. Bei der Aussperrung werden sämtliche Arbeitnehmer daran gehindert zu arbeiten. Dies geschieht in der Form, dass sämtliche Arbeitsverhältnisse für eine bestimmte Zeit aufgehoben werden. Der Arbeitgeber muss dann keine Löhne an die Arbeitnehmer zahlen. Dadurch übt er massiv Druck auf die Gewerkschaften aus, da diese durch Streikgelder ihre Mitglieder finanziell unterstützen müssen. Bei der Aussperrung werden jedoch keine Arbeitsverhältnisse gekündigt. Ist der Arbeitskampf beendet, dürfen alle Arbeitnehmer wieder weiterarbeiten. Für Arbeitnehmer, die nicht Mitglied einer Gewerkschaft sind, ist eine Aussperrung besonders problematisch, da sie vom Arbeitgeber keinen Lohn bekommen, aber auch nicht durch Streikgeld von der Gewerkschaft unterstützt werden.

Beispiel

Bei einer Aussperrung würden die Angestellten von BüroFix e. K. kein Gehalt mehr bekommen. Die Aussperrung bedeutet allerdings keine Entlassung. Ist der Arbeitskampf vorbei, so wird das Arbeitsverhältnis ganz normal fortgesetzt.

Der neue Tarifvertrag

Häufig kommt es zu neuen Verhandlungen und der Arbeitskampf führt letztlich zu einem neuen Tarifvertrag. Die Gewerkschaftsmitglieder stimmen jedoch zuvor ab. Der neue Tarifvertrag wird nur akzeptiert, wenn mindestens 25 % der Gewerkschaftsmitglieder diesem zustimmen.

Zusammenfassung

Frage: Verfolgen die Gewerkschaften als einziges Ziel immer nur eine Lohnerhöhung?

Antwort: Nein, die Gewerkschaften haben vielerlei Ziele. Eines der wichtigsten ist dabei sicherlich auch die Lohnerhöhung. Weitere Ziele sind die Erhaltung von Arbeitsplätzen in Deutschland, die Verbesserung der Arbeitsbedingungen und beispielsweise auch die Fortbildung der Arbeitnehmer.

Frage: Warum einigen sich die Sozialpartner nicht sofort auf einen neuen Tarifvertrag?

Antwort: Die Gewerkschaften setzen die Forderungen bewusst hoch, da sie wissen, dass die Arbeitgeber zunächst ablehnen werden und dann versuchen, die Forderung herunterzuhandeln. Diese Vorgehensweise hat sich seit Jahrzehnten in Deutschland so eingespielt.

Frage: Kann es auch mal passieren, dass Tarifverhandlungen zu keinem Ergebnis führen?

Antwort: Am Ende von Tarifverhandlungen steht immer ein neuer Tarifvertrag. Beide Seiten (Gewerkschaften und Arbeitgeber) haben ein Interesse daran, dass die Unternehmen wieder arbeiten können. Die Arbeitnehmer wollen wieder ihren Lohn beziehen, die Arbeitgeber wieder produzieren und Umsätze machen. Gestreikt oder ausgesperrt wird so lange, wie Geld dafür auf der jeweiligen Seite da ist. Da die Gewerkschaften Streikgeld an die Arbeitnehmer zahlen müssen, ist die Dauer des Streiks beschränkt. Die Unternehmen ihrerseits können auch nicht unbegrenzt die Arbeitnehmer aussperren, da sie durch die Aussperrung täglich Verluste machen.

Frage: Wenn jemand kein Gewerkschaftsmitglied ist, gilt für ihn dann trotzdem der Tarifvertrag?

Antwort: Eigentlich gilt der Tarifvertrag nur für alle Gewerkschaftsmitglieder. Unternehmen bezahlen jedoch oft alle Arbeiter und Angestellten nach dem Tarifvertrag.

Frage: Warum tun die Arbeitgeber das?

Antwort: Damit wollen die Unternehmen verhindern, dass sie Arbeitnehmer, die noch nicht Gewerkschaftsmitglieder sind, aufgrund des besseren Lohnes in die Gewerkschaften treiben.

Wissensfragen

1. Was ist ein Tarifvertrag?
2. Was bedeutet der Begriff Tarifautonomie?
3. Was bedeutet der Begriff Sozialpartner?
4. Was sind die Pflichten des Tarifvertrages?
5. Was sind die Funktionen des Tarifvertrages?
6. Wie kommt ein neuer Tarifvertrag zustande?

Übungsaufgaben

1. Ziel der Tarifverhandlungen ist es einen neuen Tarifvertrag auszuhandeln. Im Folgenden sind die einzelnen Schritte zu einem Tarifvertrag aufgeführt. Allerdings ist die Reihenfolge etwas durcheinander geraten. Schreiben Sie die einzelnen Schritte zu einem neuen Tarifvertrag in der richtigen Reihenfolge in Ihr Heft. Die Buchstaben vor den einzelnen Aussagen ergeben dann einen Begriff. Finden Sie das Lösungswort.

Start ➨ Gewerkschaft kündigt den Tarifvertrag.

R = Arbeitgeberverband weist die ersten Forderungen als überzogen zurück.

K = Es kommt zu einem Schlichtungsverfahren.

N = Die Gewerkschaft befragt ihre Mitglieder, ob gestreikt werden soll.

L = Es wird gestreikt.

T = 45 % der Gewerkschaftsmitglieder stimmen dem Ergebnis zu, der Tarifvertrag ist damit akzeptiert.

I = Ablauf der Friedenspflicht für die Arbeitnehmer

A = Beginn der Tarifverhandlungen

T = Gewerkschaft stellt konkrete Forderungen.

F = Die Verhandlungen werden mehrmals abgebrochen und bleiben ergebnislos.

K = Es kommt zu neuen Verhandlungen.

F = Das Abstimmungsergebnis erreicht 87 %.

O = Auch das Schlichtungsverfahren scheitert.

I = Es kommt zur Aussperrung durch die Arbeitgeber.

Ziel ➡ neuer Tarifvertrag

2. Lesen Sie den folgenden Zeitungsartikel und beantworten Sie dann die Fragen.

Neues Bahn-Chaos steht bevor

Nach dem Scheitern der Tarifgespräche macht die Gewerkschaft Transnet ernst: Von Dienstag an müssen Bahnreisende mit Warnstreiks rechnen. Die Bahn findet das „völlig unangemessen". Auch ihre privaten Mitbewerber sind Ziel der Aktion.

Bahnreisende müssen sich von Dienstag an auf Warnstreiks einstellen. Im Regionalverkehr werde es dann „erste Aktionen" geben, sagte der Sprecher der Gewerkschaft Transnet, Oliver Kaufhold, der Berliner Zeitung. Die Bahn kritisierte die Streikankündigungen mit Hinweis auf den Stand der Tarifverhandlungen als „völlig unangemessen".

Anfang Oktober war auch die sechste Runde der Tarifgespräche ohne Ergebnis abgebrochen worden. Die Gewerkschaften verhandeln mit der Bahn und deren privaten Konkurrenten seit Wochen über einen Branchentarifvertrag. Damit wollen sie verhindern, dass die Löhne der Mitarbeiter weiter auseinandergehen, weil sich der Wettbewerb zwischen der Bahn und den anderen Unternehmen verschärft. Genau hier aber stecken die Verhandlungen fest: „Was die Privatbahnen bisher vorgelegt haben, ist zu wenig", sagte der Transnet-Sprecher. „Das würde die Bezahlungsunterschiede sogar noch verschärfen."

Ein Sprecher der Deutschen Bahn kritisierte in Berlin die angekündigten Streiks als unangemessen. Die Verhandlungen über einen Branchentarifvertrag seien schon weit gediehen. „Die Chance auf eine Einigung über flächendeckende Tarifstandards sollten Gewerkschaften und Arbeitgeber jetzt gemeinsam nutzen." Ein Streik, der anderen Bahnunternehmen auf die Sprünge helfen solle, dürfte zudem „nicht auf dem Rücken unserer Kunden ausgetragen werden".

Die Deutsche Bahn bereitet sich den Angaben zufolge bereits darauf vor, am Dienstag zusätzliche Mitarbeiter einzusetzen, um die Auswirkungen des Streiks für die Reisenden so gering wie möglich zu halten. Am Montag will die Bahn ausführlich über ihre Maßnahmen informieren.

Quelle: www.sueddeutsche.de/wirtschaft, abgerufen am 23.10.2010

a) Warum kommt es zu Warnstreiks?

b) Was wollen die Gewerkschaften durch die Warnstreiks erreichen?

c) Was ist ein Branchentarifvertrag?

3. Gruppenarbeit zu Problemlöse- und Kreativitätstechniken

Arbeiten Sie bitte in 6er-Gruppen. Sie sind Mitglieder einer Schülergewerkschaft und überlegen sich nun in einem Brainstorming, was in der Schule verbessert werden könnte. Wenden Sie dabei die Brainwriting-(635-)Methode an, die im Folgenden erläutert wird.

Die 635-Methode erfolgt in folgenden Schritten:

1. Schritt: Durchdenken der Aufgabenstellung.

2. Schritt: Jeder Teilnehmer erstellt ein Blatt mit einer vierspaltigen Tabelle. In die erste Spalte kommt der Name des Teilnehmers, in die nächsten drei Spalten kann er drei Ideen von sich eintragen.

Beispiel

Name	Idee 1	Idee 2	Idee 3
Hans	Schüler putzen einmal die Woche die Schule	Rauchverbot	Mülltrennung

3. Schritt: Jeder Teilnehmer trägt zunächst auf seinem Blatt seine drei Ideen ein. Er reicht das Blatt dann an den nächsten weiter. Dieser muss nun die drei Ideen des ersten Teilnehmers ergänzen und weiterentwickeln.

Beispiel

Name	Idee 1	Idee 2	Idee 3
Hans	Schüler putzen einmal die Woche die Schule	Rauchverbot	Mülltrennung
Tanja	Putzen der Pkws der Lehrer gegen Gebühr (Geld für Schulfeier)	Poster gegen das Rauchen aufhängen	Poster zum aktiven Umweltschutz aufhängen

4. Schritt: Nachdem jeder Teilnehmer sich sechsmal in eine Tabelle eingetragen hat, hat man nun je Blatt drei Ideen, an denen jeder Teilnehmer gearbeitet hat. In der Gruppe muss nun abgestimmt werden, welche Ideen man am besten findet.

Sie wissen, dass aufgrund der Geldnot nicht alle Forderungen akzeptiert werden können. Überprüfen Sie in Ihrer Brainwriting-Tabelle, welche drei Forderungen am häufigsten genannt worden sind.

Entwerfen Sie ein anschauliches Plakat, das Ihren Forderungen Nachdruck verleiht – seien Sie kreativ!

4. Mindmap – Präsentation

Erstellen Sie jeweils in Partnerarbeit eine Mindmap zum Kapitel Tarifvertrag auf einer Folie mit Folienstift. Präsentieren Sie die Folie in der Klasse.

5 Der Arbeitsvertrag

Situation

Alexandra Schmitt ist glücklich. Die Kaufmannsgehilfenprüfung bei der IHK hat sie mit Auszeichnung bestanden. Sie trifft sich wieder mit ihrer Freundin Silke im Stadtcafé, um zu feiern.

Silke: „Hey, Alex, deine Prüfungen sind ja super gelaufen!"

Alexandra: „Na ja, ich habe ja auch Tag und Nacht gelernt."

Silke: „Von nichts kommt nichts. Sag mal, wie gehts nun bei dir weiter?"

Alexandra: „Wahrscheinlich kann ich bei BüroFix e. K. bleiben, der Chef war ja sehr zufrieden mit mir."

Silke: „Das wird ja immer besser."

Alexandra: „Er hat mich gestern gefragt, ob ich nicht Lust hätte, weiterhin bei BüroFix zu arbeiten. Herr Meier aus der Buchhaltung geht doch in drei Monaten in Rente, ich soll dann seine Stelle übernehmen."

Silke: „Nicht schlecht! Dein Fleiß scheint sich ja wirklich gelohnt zu haben. Irgendwie scheinst du aber nicht wirklich glücklich zu sein."

Alexandra: „Ich freue mich ja auch! Allerdings meinte Herr Schneider gestern, dass er mir nur einen befristeten Arbeitsvertrag für zwölf Monate geben könne."

Silke: „Was? Die kennen dich doch jetzt schon drei Jahre."

Alexandra: „Irgendwie glaube ich, dass die mir vielleicht die Arbeit in der Buchhaltung nicht ganz zutrauen."

Silke: „Wieso denn das? Du hattest doch super Noten."

Alexandra: „Ja, aber wieso sollten die mir sonst erst mal nur einen befristeten Arbeitsvertrag geben?"

Leitfragen

- Was ist ein befristeter Arbeitsvertrag?
- Was meinen Sie, wieso stellt BüroFix Alexandra zunächst nur einen befristeten Arbeitsvertrag aus?

5.1 Die Grundlagen des Arbeitsvertrages

Information

Was regelt der Arbeitsvertrag?

Der Arbeitsvertrag ist ein Vertrag zwischen dem Arbeitgeber und einem einzelnen Arbeitnehmer. Er regelt alle wichtigen Aspekte des Arbeitsverhältnisses, wie z. B. die Höhe des Lohnes, Urlaubstage, Tätigkeitsbereich usw. Der Arbeitsvertrag muss schriftlich vorliegen, vom Arbeitgeber unterschrieben sein und alle wesentlichen Arbeitsbedingungen enthalten.

Beispiel

BüroFix e.K. Bürobedarf

Ihr Partner beim Einkauf von Bürobedarf

Arbeitsvertrag

Zwischen der Firma BüroFix e. K, Speyer, (Arbeitgeber) und Frau Alexandra Schmitt, wohnhaft in Speyer, (Arbeitnehmerin) wird folgender Arbeitsvertrag geschlossen:

§ 1 Beginn des Arbeitsverhältnisses, Tätigkeit

Die Arbeitnehmerin wird zum 01.09.2010 als Bürokauffrau eingestellt. Sie übernimmt die Tätigkeiten einer Sachbearbeiterin in der Buchhaltung. Die Arbeitnehmerin verpflichtet sich im Bedarfsfall auch andere ihr zumutbare Tätigkeiten im Betrieb zu übernehmen. Der Arbeitsvertrag ist auf 12 Monate befristet.

§ 2 Probezeit/Kündigungsfristen

Die ersten 3 Monate des Angestelltenverhältnisses gelten als Probezeit. Die Kündigungsfristen bestimmen sich nach dem BGB.

§ 3 Vergütung

Die monatliche Vergütung richtet sich nach dem gültigen Tarifvertrag. Der Arbeitsplatz ist in die Gehaltsgruppe III eingestuft.
Die Zahlung erfolgt bargeldlos jeweils zum Ende des Monats.
Die Zahlung von etwaigen Sondervergütungen erfolgt freiwillig und ohne Begründung eines Rechtsanspruchs für die Zukunft.

§ 4 Arbeitszeit/Überstunden

Die Arbeitszeit richtet sich nach der betriebsüblichen Zeit und beträgt derzeit wöchentlich 40 Stunden ohne Pausen. Näheres findet sich in einer Betriebsvereinbarung.
Der Arbeitgeber ist berechtigt aus dringenden betrieblichen Bedürfnissen Überstunden anzuordnen. Bis zu 15 Überstunden im Monat kann der Arbeitnehmer nach Absprache mit seinem Vorgesetzten durch Freizeit ausgleichen. Darüber hinausgehende Überstunden werden vergütet.

§ 5 Urlaub

Der Jahresurlaub beträgt 30 Werktage. Die zeitliche Lage des Urlaubs muss mit dem Abteilungsleiter abgestimmt werden. Nimmt die Arbeitnehmerin an Veranstaltungen der Weiterbildung teil (EDV-Kurse u. Ä.), ist der Betrieb bereit, dafür bezahlten Sonderurlaub zu gewähren.

§ 6 Betriebliche Regelungen/Tarifvertrag

Ergänzend gelten die bestehenden Betriebsvereinbarungen und die Regelungen des Tarifvertrages in seiner jeweils gültigen Fassung. Diese Unterlagen können im Personalbüro eingesehen werden.

§ 7 Nebenabreden

Nebenabreden und Änderungen des Vertrages bedürfen zu ihrer Rechtsgültigkeit der Schriftform.

Speyer, den 10.08.20..

Was alles in einem Arbeitsvertrag stehen muss, ist im **Nachweisgesetz (§ 2 NachwG)** festgelegt:

§ 2 Nachweispflicht

(1) Der Arbeitgeber hat spätestens einen Monat nach dem vereinbarten Beginn des Arbeitsverhältnisses die wesentlichen Vertragsbedingungen schriftlich niederzulegen, die Niederschrift zu unterzeichnen und dem Arbeitnehmer auszuhändigen. In die Niederschrift sind mindestens aufzunehmen:

1. der Name und die Anschrift der Vertragsparteien,
2. der Zeitpunkt des Beginns des Arbeitsverhältnisses,
3. bei befristeten Arbeitsverhältnissen: die vorhersehbare Dauer des Arbeitsverhältnisses,
4. der Arbeitsort oder, falls der Arbeitnehmer nicht nur an einem bestimmten Arbeitsort tätig sein soll, ein Hinweis darauf, dass der Arbeitnehmer an verschiedenen Orten beschäftigt werden kann,
5. eine kurze Charakterisierung oder Beschreibung der vom Arbeitnehmer zu leistenden Tätigkeit,
6. die Zusammensetzung und die Höhe des Arbeitsentgelts einschließlich der Zuschläge, der Zulagen, Prämien und Sonderzahlungen sowie anderer Bestandteile des Arbeitsentgelts und deren Fälligkeit,
7. die vereinbarte Arbeitszeit,
8. die Dauer des jährlichen Erholungsurlaubs,
9. die Fristen für die Kündigung des Arbeitsverhältnisses,
10. ein in allgemeiner Form gehaltener Hinweis auf die Tarifverträge, Betriebs- oder Dienstvereinbarungen, die auf das Arbeitsverhältnis anzuwenden sind.

Das Nachweisgesetz gilt jedoch nur für Arbeitnehmer, die nicht zur Aushilfe beschäftigt sind und deren Beschäftigungsdauer 400 Stunden pro Jahr übersteigt.

Hinzu kommen noch weitere Regelungen, die beim Abschluss eines Arbeitsvertrages beachtet werden müssen. So können nicht alle Inhalte frei zwischen Arbeitnehmer und Arbeitgeber ausgehandelt werden. Zum Beispiel bemisst sich die Höhe des Gehaltes nach dem entsprechenden Tarifvertrag des Unternehmens. Bei der Anzahl der Urlaubstage ist das Bundesurlaubsgesetz zu beachten. Bei der Arbeitszeit sind z. B. bei Minderjährigen die Vorschriften des Jugendarbeitsschutzgesetzes zu beachten.

Tipp

Für die Einstellung müssen Sie dem Arbeitgeber folgende Papiere vorlegen: Lohnsteuerkarte, Sozialversicherungsausweis, Bescheinigung über bisher genommenen Urlaub, Sozialversicherungsnachweisheft.

Der kaufmännische Angestellte

Im **Handelsgesetzbuch,** dem Gesetzbuch für Kaufleute, ist klar beschrieben, was ein kaufmännischer Angestellter ist:

§ 59 HGB

Wer in einem Handelsgewerbe zur Leistung kaufmännischer Dienste gegen Entgelt angestellt ist (Handlungsgehilfe) [...].

Beispiele

Alexandra Schmitt arbeitet in der Buchhaltung von BüroFix e. K. Die Buchhaltung ist eine kaufmännische Tätigkeit. Folglich ist Alexandra Schmitt kaufmännische Angestellte.

Markus Orth arbeitet als Verkäufer bei BüroFix e. K. Der Verkauf von Waren ist eine kaufmännische Tätigkeit. Folglich ist Markus Orth kaufmännischer Angestellter.

Karl Müller ist der Hausmeister bei BüroFix e. K. Er kümmert sich um alles, was mit der Wartung und Instandhaltung des Hauptgebäudes von BüroFix e. K. zu tun hat. Karl Müller ist somit kein kaufmännischer Angestellter.

Der unbefristete Arbeitsvertrag

In der Regel werden zwischen Arbeitgeber und Arbeitnehmer unbefristete Arbeitsverträge geschlossen. Bei unbefristeten Arbeitsverträgen ist kein Zeitpunkt festgelegt, zu dem das Arbeitsverhältnis enden soll. Ein unbefristeter Arbeitsvertrag endet entweder durch Kündigung oder durch einen Aufhebungsvertrag (siehe Kapitel 5.2).

Der befristete Arbeitsvertrag

Bei Berufseinsteigern werden zunehmend befristete Arbeitsverträge abgeschlossen. Ein befristeter Arbeitsvertrag liegt vor, wenn seine Dauer kalendermäßig bestimmt ist (z. B. bis zum 01.04.2011) oder einen bestimmten Zweck erfüllt (z. B. Schwangerschaftsvertretung, Saisonarbeit).

Merke

Ein befristeter Arbeitsvertrag liegt vor, wenn seine Dauer kalendermäßig bestimmt ist oder einen bestimmten Zweck erfüllt.

Es gibt allerdings einige Regeln, die beim Abschluss von befristeten Arbeitsverträgen zu beachten sind.

Ein befristeter Arbeitsvertrag darf nur abgeschlossen werden für

- Neueinstellungen,
- im Anschluss an die Berufsausbildung.

Befristete Arbeitsverträge dürfen

- höchstens eine Laufzeit von 24 Monaten haben,
- nur zweimal verlängert werden, anschließend wandelt sich das befristete Arbeitsverhältnis in ein unbefristetes Arbeitsverhältnis um.

Rechte und Pflichten aus dem Arbeitsvertrag

Durch den Abschluss des Arbeitsvertrages entstehen für beide Vertragsparteien, Arbeitgeber und Arbeitnehmer, Rechte und Pflichten. Pflichtverletzungen des Arbeitnehmers können zur Kündigung oder gar zu Schadensersatzzahlungen führen. Pflichtverletzungen des Arbeitgebers können ebenfalls zu Schadensersatzzahlungen und zu kostspieligen Prozessen vor dem Arbeitsgericht führen. Aus diesem Grund ist es für beide Parteien wichtig, die Pflichten aus dem Arbeitsvertrag gewissenhaft einzuhalten, aber auch die jeweiligen Rechte zu kennen.

Wie bei den Rechten und Pflichten des Auszubildenden gilt auch hier wieder, dass die Rechte der einen Vertragspartei automatisch die Pflichten der anderen Vertragspartei sind.

Beispiel

Der Arbeitnehmer hat ein Recht darauf, dass ihm der vereinbarte Lohn gezahlt wird.

➥ Der Arbeitgeber hat die Pflicht, den vereinbarten Lohn zu bezahlen.

Der Arbeitgeber hat das Recht, dass der Arbeitnehmer seine Arbeitsanweisungen befolgt.

➥ Der Arbeitnehmer hat die Pflicht, den Arbeitsanweisungen zu folgen.

Pflichten des Arbeitnehmers	Pflichten des Arbeitgebers
Sorgfalt: Der Arbeitnehmer muss seine Arbeitsaufgaben gewissenhaft und sorgfältig erfüllen.	**Vergütung:** Der Arbeitgeber muss das vereinbarte Gehalt am Ende jedes Monats bezahlen (§ 64 HGB).
Gehorsam: Die Anweisungen des Arbeitgebers müssen befolgt werden.	**Fürsorge:** Die Arbeitsbedingungen dürfen nicht gesundheitsgefährdend sein oder Sitte und Anstand gefährden (§ 62 HGB). (So darf der Arbeitnehmer beispielsweise nicht in illegale Geschäfte verwickelt werden.)
Gesetzliches Wettbewerbsverbot: Der Arbeitnehmer darf ohne Einwilligung des Arbeitgebers kein eigenes Gewerbe betreiben. Er darf auch nicht innerhalb des Geschäftszweiges des Arbeitgebers auf eigene oder fremde Rechnung Geschäfte machen (§ 60 HGB).	**Tätigkeitsfeld:** Der Arbeitnehmer muss in dem vertraglich vereinbarten Arbeitsbereich beschäftigt werden.
Verschwiegenheit: Der Arbeitnehmer darf keine Betriebsgeheimnisse in der Öffentlichkeit ausplaudern (§ 17 UWG = Gesetz gegen den unlauteren Wettbewerb).	**Zeugnis:** Am Ende des Arbeitsverhältnisses muss dem Arbeitnehmer ein Zeugnis ausgestellt werden. Auf Wunsch des Arbeitnehmers muss der Arbeitgeber auch schon während der Beschäftigung ein Zwischenzeugnis ausstellen (§ 73 HGB).
Betriebsordnung: Die Betriebsordnung ist vom Arbeitnehmer einzuhalten.	**Urlaub:** Der vertraglich vereinbarte jährliche Urlaub muss dem Arbeitnehmer gewährt werden. Gesetzlich sind dies mindestens 24 Tage pro Jahr.
= Rechte des Arbeitgebers	**= Rechte des Arbeitnehmers**

5.2 Das Ende eines Arbeitsverhältnisses

Situation

BüroFix e. K. hat Umsatzprobleme. Firmeninhaber Klaus Schneider trifft sich mit Dieter Wohlfahrt, dem Leiter des Rechnungswesens, Peter Lehmann, dem Einkaufsleiter, Barbara Lantz, der Personalleiterin, und Benno Ludwig, zuständig für Verkauf und Marketing, zu einer wichtigen Besprechung.

Klaus Schneider: „Meine Damen und Herren, die Lage ist ernst. Vor einem Monat hat hier in der Nähe der Büro-Discounter CheapOffice eröffnet. Seither geht es bei uns mit dem Verkauf bergab. Herr Wohlfahrt, haben Sie die Zahlen aus dem Rechnungswesen?"

Dieter Wohlfahrt: „Ja. Leider ist der Umsatz seit vier Wochen um 30 % eingebrochen. Wir haben im letzten Monat gerade so viel eingenommen, dass wir die laufenden Kosten decken konnten."

Benno Ludwig: „Im Verkauf haben wir das ganz stark gemerkt. Die Verkäuferinnen und Verkäufer langweilen sich schon, weil sie nichts zu tun haben."

Klaus Schneider: „Die Langeweile wird bald ein Ende haben. Wir sind aufgrund der dramatischen Lage gezwungen, mindestens einen Verkäufer und eine Bürokraft zu entlassen. Frau Lantz, haben Sie bereits eine Auswahl getroffen?"

Barbara Lantz: „Ja, bei den Verkäufern müsste Herr Dolch gehen. Bei den Bürokräften wird es Frau Alexandra Schmitt sein."

Benno Ludwig: „Herr Dolch? – Unmöglich! Das ist unser fleißigster Verkäufer. Wieso ausgerechnet der?"

Peter Lehmann: „Und wieso Frau Alexandra Schmitt? Die hat doch einen super Abschluss gemacht – die ist total fit in Buchhaltung."

Barbara Lantz: „Das mag schon sein, aber beide sind noch jung und ledig. Ich habe mir die Personalakten genau angeschaut. Sie müssen als Erstes gehen, wir haben keine Wahl."

Leitfrage Was haben das Alter und der Familienstand mit der Kündigung zu tun?

Information

Kündigung

Nur noch selten arbeitet man heutzutage für ein und dasselbe Unternehmen ein Leben lang. Veränderungen am Markt oder eine härtere Konkurrenz zwingen Unternehmen häufig dazu, Personal zu entlassen. Oft verschwinden ganze Unternehmen von der Bildfläche und mit ihnen die Arbeitsplätze. Neue Unternehmen entstehen und schaffen neue Arbeitsplätze.

Es gibt jedoch noch viele andere Gründe, die zu einer Kündigung führen:

- der Arbeitnehmer möchte sich beruflich verändern;
- der Arbeitsvertrag war nur für einen bestimmten Zeitraum vorgesehen (z. B. Krankenvertretung);
- schwerwiegende Gründe führen zu einer Kündigung (Diebstahl usw.).

Fristgemäße Kündigung

Bei einer Kündigung sagt entweder der Arbeitnehmer oder der Arbeitgeber, dass er das Beschäftigungsverhältnis beenden will. Damit dies nicht allzu überraschend kommt, sind bestimmte Kündigungsfristen vorgeschrieben.

- In der Probezeit können Arbeitsverträge mit einer Frist von 14 Tagen gekündigt werden.
- Nach der Probezeit kann der Arbeitnehmer grundsätzlich mit einer Kündigungsfrist von 4 Wochen zum 15. oder zum Monatsende kündigen.
- Der Arbeitgeber muss je nach Dauer der Betriebszugehörigkeit des Arbeitnehmers bestimmte Kündigungsfristen beachten.
- Für Beschäftigte unter 25 Jahren gilt die einfache Kündigungsfrist von 4 Wochen zum 15. oder zum Monatsende.
- Für Beschäftigte ab dem 25. Lebensjahr hängt die Kündigungsfrist von der Beschäftigungsdauer im Betrieb ab. Dabei gelten die folgenden Fristen:

Betriebszugehörigkeit	Kündigungsfrist
unter 2 Jahren	4 Wochen zum 15. oder Monatsende
ab 2 Jahren	1 Monat zum Monatsende
ab 5 Jahren	2 Monate zum Monatsende
ab 8 Jahren	3 Monate zum Monatsende
ab 10 Jahren	4 Monate zum Monatsende
ab 12 Jahren	5 Monate zum Monatsende
ab 15 Jahren	6 Monate zum Monatsende
ab 20 Jahren	7 Monate zum Monatsende

Beispiele

Frank Jacobi (45 Jahre alt) arbeitet seit 10 Jahren bei BüroFix e. K. Klaus Schneider, der Geschäftsinhaber, will ihn zum 30. April entlassen. Frank Jacobi muss bereits am 1. Januar über die Kündigung informiert werden (also vier Monate vorher).

Lisa Färber (30 Jahre alt) ist ebenfalls seit 10 Jahren bei der BüroFix e. K. angestellt. Ihr Arbeitsverhältnis soll auch zum 30. April beendet werden. Sie muss ihre Kündigung zum 1. März erhalten. Da die Beschäftigungszeit erst ab dem 25. Lebensjahr zählt (Betriebszugehörigkeit = 5 Jahre), beträgt die Kündigungsfrist 2 Monate.

Fristlose Kündigung

Eine fristlose Kündigung kann sowohl vom Arbeitgeber als auch vom Arbeitnehmer erfolgen, wenn schwer wiegende Gründe dies erfordern.

Für den Arbeitgeber können dies zum Beispiel die folgenden Gründe sein:

- Diebstahl
- Unterschlagung
- Arbeitsverweigerung
- Verrat eines Betriebsgeheimnisses an die Konkurrenz
- ungenehmigter Urlaub

Den Arbeitnehmer können folgende Gründe zu einer fristlosen Kündigung veranlassen:

- sexuelle Belästigung am Arbeitsplatz
- Vorenthaltung des Gehaltes

Eine fristlose Kündigung ist nur möglich, wenn der Grund für die Kündigung nicht länger als zwei Wochen bekannt ist.

Beispiel

Ein Lagerarbeiter ließ aus dem Lager des Arbeitgebers eine Spindel DVDs mitgehen und wurde ertappt. Firmeninhaber Klaus Schneider entlässt ihn sofort fristlos.

Der Aufhebungsvertrag

Bei einem Aufhebungsvertrag sind sich der Arbeitgeber und der Arbeitnehmer darüber einig, das bestehende Arbeitsverhältnis zu lösen. Der Arbeitnehmer erhält eine Summe Geld (eine Abfindung), dafür wird das Arbeitsverhältnis durch den Aufhebungsvertrag sofort gelöst. Dies erspart dem Arbeitgeber die Einhaltung der Kündigungsfrist.

Änderungskündigung

Bei einer Änderungskündigung ändern sich eigentlich nur die Bedingungen des Arbeitsvertrages. Der Arbeitnehmer bleibt weiterhin im Betrieb beschäftigt, er soll aber ein komplett neues Tätigkeitsfeld unter anderen Bedingungen übernehmen. Der alte Arbeitsvertrag wird gekündigt und es wird ein neuer Arbeitsvertrag über die neuen Arbeitsbedingungen geschlossen.

Kündigungsschutz

Kündigungsschutz bedeutet, dass einem Arbeitnehmer nur dann gekündigt werden darf, wenn personen-, verhaltens- oder betriebsbedingte Gründe für eine Kündigung vorliegen. Es darf also keine willkürliche Kündigung ausgesprochen werden.

Was darunter zu verstehen ist, zeigt die folgende Tabelle:

Kündigungsgrund liegt in ...		
... der Person	... dem Verhalten	... dem Betrieb
mangelnde Qualifikation (bei der Einstellung unbekannt)	fehlender Leistungs- und Arbeitswille	wirtschaftliche Situation: Umsatz- oder Ertragsrückgang
mangelnde körperliche oder geistige Eignung (Allergie, Überforderung)	Verletzung arbeitsrechtlicher Nebenpflichten (Nichtvorlage eines Gesundheitszeugnisses usw.)	größere Veränderungen des Betriebes (z. B. Produktionsverlagerung ins Ausland, Einsatz neuer Maschinen)
sehr lange Krankheit	Verstöße gegen die Betriebsordnung	
sehr häufige kurzzeitige Erkrankungen	Drogen und Alkohol am Arbeitsplatz	
	Verstoß gegen das Rauchverbot	
	Störung des Betriebsfriedens (Beleidigung von Kollegen, sexuelle Belästigung)	
	Merke Bei Verhaltensverstößen des Arbeitnehmers muss der Arbeitgeber zweimal schriftlich abmahnen, bevor er kündigen darf.	**Merke** Bei einer betriebsbedingten Kündigung müssen soziale Gesichtspunkte beachtet werden.

Die Regeln des Kündigungsschutzes gelten nur für Betriebe mit mehr als 10 vollbeschäftigten Arbeitnehmern. Als vollbeschäftigter Arbeitnehmer zählt, wer mehr als 30 Stunden pro Woche arbeitet. Für Mitarbeiter, die vor 2004 eingestellt wurden, gilt der Kündigungsschutz schon, wenn der Betrieb mehr als fünf Arbeitnehmer beschäftigt! Teilzeitbeschäftigte werden mit einem geringeren Anteil dazugerechnet.

Soziale Gesichtspunkte bei der betriebsbedingten Kündigung

Bei betriebsbedingten Kündigungen muss berücksichtigt werden, dass zunächst die Arbeitnehmer eine Kündigung erhalten, bei denen die sozialen Folgen weniger hart ausfallen würden. So muss ein lediger Arbeitnehmer im Alter von 30 Jahren vor einem 50-jährigen Familienvater mit drei Kindern entlassen werden.

Bei der Auswahl der Arbeitnehmer, denen betriebsbedingt gekündigt werden soll, spielen folgende Faktoren eine Rolle:

- Lebensalter
- Familienstand
- Anzahl der Kinder
- Dauer der Betriebszugehörigkeit

Es gibt allerdings Ausnahmen für solche Mitarbeiter, die aufgrund ihrer besonderen Qualifikation (z. B. als EDV-Spezialist) den Betrieb sichern. Mitarbeiter mit diesen besonderen Qualifikationen stehen bei einer Auswahl betriebsbedingter Kündigungen nicht deshalb obenan, nur weil sie jung und unverheiratet sind.

Besonderer Kündigungsschutz für bestimmte Gruppen

Folgende Gruppen haben einen besonderen Kündigungsschutz, da sie sich in einer Situation befinden, in der eine Kündigung besondere Härten nach sich ziehen würde:

- Schwerbehinderte
- Schwangere
- Auszubildende nach der Probezeit
- Wehr- und Ersatzdienstleistende

Betriebsräte sowie Jugend- und Auszubildendenvertreter genießen ebenfalls einen besonderen Kündigungsschutz, damit sie von Arbeitgebern nicht unter Druck gesetzt werden können.

Welche Rechte hat man nach einer Kündigung?

Erhält man ein Kündigungsschreiben, so hat man während der Kündigungsfrist ein besonderes Recht darauf, für Vorstellungsgespräche freigestellt zu werden. Zudem hat man das Recht auf ein Arbeitszeugnis. Auch verbleibender Resturlaub darf in Anspruch genommen werden.

Zusammenfassung

Frage: Mein Chef hat mir für die Zeit nach der Ausbildung einen Arbeitsplatz angeboten. Ich habe direkt zugesagt. Ist dadurch bereits ein Arbeitsvertrag zustande gekommen oder muss ich warten, bis ich den Arbeitsvertrag zum Unterschreiben vorgelegt bekomme?

Antwort: Ein Arbeitsvertrag kann auch mündlich geschlossen werden, allerdings muss der Arbeitsvertrag spätestens einen Monat nach Beginn des Arbeitsverhältnisses dem Arbeitnehmer in Schriftform ausgehändigt werden. Der Vertrag muss vom Arbeitgeber unterzeichnet sein und alle wichtigen Arbeitsbedingungen enthalten (§ 2 NachwG).

Frage: Ich arbeite nebenher als Aushilfe in einem Supermarkt. Ich habe zwar einen Arbeitsvertrag unterschrieben, in dem stehen aber längst nicht alle Punkte, wie sie im Nachweisgesetz vorgeschrieben sind. Wie kommt das?

Antwort: Das Nachweisgesetz gilt nur für Arbeitnehmer, die nicht zur Aushilfe beschäftigt sind und deren Beschäftigungsdauer 400 Stunden pro Jahr übersteigt.

Frage: Was ist der Vorteil eines befristeten Arbeitsvertrages gegenüber einem unbefristeten Arbeitsvertrag aus Unternehmersicht?

Antwort: Kündigungen sind oft für das Unternehmen problematisch. Aufgrund des Kündigungsschutzgesetzes können die Unternehmen nicht selbst auswählen, wer von den Arbeitnehmern gehen soll. Der große Vorteil von befristeten Arbeitsverträgen liegt für Unternehmen deshalb darin, dass der auf bestimmte Zeit abgeschlossene Arbeitsvertrag an einem bestimmten Termin automatisch abläuft. Die Beendigung des Arbeitsverhältnisses bedarf also keiner Kündigung.

Frage: Warum schließen dann Unternehmen nicht einfach nur noch befristete Arbeitsverträge ab?

Antwort: Ein befristeter Arbeitsvertrag darf nur abgeschlossen werden bei Neueinstellungen oder im Anschluss an die Berufsausbildung. Befristete Arbeitsverträge dürfen zudem höchstens eine Laufzeit von 24 Monaten haben und nur zweimal verlängert werden. Anschließend wandelt sich das befristete Arbeitsverhältnis in ein unbefristetes Arbeitsverhältnis um. Der Abschluss von befristeten Arbeitsverträgen ist gesetzlich eingeschränkt, um den Arbeitnehmern eine größere Sicherheit zu gewähren.

Frage: Die gesetzliche Kündigungsfrist für Arbeitnehmer beträgt 4 Wochen. Kann die Kündigungsfrist auch verlängert werden?

Antwort: Ja, im Arbeitsvertrag dürfen nach § 622 BGB auch längere Grundkündigungsfristen für den Arbeitnehmer vereinbart werden (z. B. zwei Monate). Allerdings darf für den Arbeitnehmer keine längere Kündigungsfrist vereinbart werden als für den Arbeitgeber.

Frage: Wenn ich häufiger unpünktlich bin, kann mir der Betrieb dann kündigen?

Antwort: Ja natürlich! Es liegt dann ein verhaltensbedingter Kündigungsgrund vor. Das Verhalten des Arbeitnehmers (hier Unpünktlichkeit) hat negative Auswirkungen auf den Betriebsablauf. Der Arbeitnehmer verstößt gegen seine Sorgfaltspflicht, was eine Kündigung zur Folge haben kann.

Wissensfragen

1. Was regelt der Arbeitsvertrag?
2. Welche Punkte müssen laut § 2 Nachweisgesetz in einem Arbeitsvertrag geregelt sein?
3. Was ist der Unterschied zwischen einem befristeten und einem unbefristeten Arbeitsvertrag?
4. Was sind die Rechte und Pflichten des Arbeitnehmers?
5. Was sind die Rechte und Pflichten des Arbeitgebers?
6. Warum kann es zu Kündigungen bei einem Unternehmen kommen?
7. Wie lange ist die Kündigungsfrist in der Probezeit?
8. Wie lange ist die gesetzliche Kündigungsfrist des Arbeitnehmers?
9. Nennen Sie Beispiele für personen-, verhaltens- und betriebsbedingte Kündigungsgründe.

Übungsaufgaben

1. Martin Dold ist Bürokaufmann und hat sich auf eine Anzeige von der BüroFix e. K. beworben, die Verstärkung in der Abteilung Rechnungswesen sucht. Er hatte im Vorstellungsgespräch einen guten Eindruck hinterlassen und bekam bald darauf einen Arbeitsvertrag zugeschickt.

Bitte überprüfen Sie den folgenden Arbeitsvertrag, ob er den Anforderungen des § 2 NachwG entspricht.

BüroFix e. K. Bürobedarf

Personalabteilung

Zwischen BüroFix e. K
Industriestraße 55, 67346 Speyer

und Herrn Martin Dold
Eichenweg 1, 67346 Speyer

wird folgender

Arbeitsvertrag

geschlossen:

1. Herr Martin Dold wird in der Abteilung Rechnungswesen des Unternehmens eingestellt. Die Arbeit ist pünktlich und gewissenhaft auszuführen. Über Geschäftsgeheimnisse ist strenges Stillschweigen zu bewahren.
2. Die Einstellung erfolgt unbefristet. Während der Probezeit kann das Arbeitsverhältnis mit einer Kündigungsfrist von 14 Tagen zum Monatsende aufgelöst werden.
3. Die monatliche Vergütung erfolgt nach Tarifgruppe K3 des für den Handel verbindlichen Gehaltstarifvertrages. Das Gehalt wird am Monatsende ausbezahlt. Bei Krankheit wird das Gehalt bis zu 6 Wochen weiterbezahlt.

Im Übrigen gelten die gesetzlichen und tarifvertraglichen Regeln in ihrer jeweiligen Fassung. Auf die bestehende Betriebsvereinbarung wird verwiesen. Der Arbeitnehmer hat bereits ein Exemplar ausgehändigt bekommen.

Speyer, 11. Juni 20..

BüroFix e. K.
Personalabteilung

2. Welche allgemeinen Pflichten des Arbeitnehmers oder des Arbeitgebers werden in den folgenden Situationen verletzt?

a) Heinz Kerner erledigt seine Arbeit in der Buchhaltung von BüroFix e. K. schlampig. Öfters gehen Belege verloren oder sie werden falsch abgelegt.

b) Klaus Schneider, der Inhaber der BüroFix e. K., weist Heinz Kerner an die Belege der letzten drei Monate nach dem Datum in Ordnern abzulegen. Diesem ist diese Arbeit aber zu langweilig, er versucht sie an den Azubi abzuschieben.

c) Stefan Los wird wegen Diebstahls fristlos gekündigt. Er bittet seinen Chef, Herrn Schneider, trotzdem um ein Arbeitszeugnis, damit er sich bei anderen Unternehmen bewerben kann. Klaus Schneider meint, dass er nach diesem Vorfall nicht mehr mit einem Zeugnis zu rechnen braucht. Stefan Los bekommt das Zeugnis nicht.

3. Prüfen Sie bei den folgenden Fällen, ob hier gegebenenfalls gegen gesetzliche Pflichten verstoßen wurde.

a) Markus Orth ist als Verkäufer bei BüroFix e. K. angestellt. Ein Kunde interessiert sich für den neuesten Multimedia-Computer. Markus sagt dem Kunden, dass er ihm den gleichen Computer privat für viel weniger Geld zusammenbauen könnte.

b) Markus Orth möchte von Herrn Schneider ein Zwischenzeugnis, da er sich bei einer anderen Firma bewerben möchte. Herr Schneider zögert die Erstellung des Zwischenzeugnisses immer wieder hinaus, da er Markus Orth wegen seiner guten Computerkenntnisse unbedingt behalten möchte.

c) Im Sommer kühlt die defekte Klimaanlage bei BüroFix e. K. die Verwaltungsräume auf unangenehme 15 Grad Celsius ab. Einige Angestellte haben sich schon erkältet. Dem Inhaber Klaus Schneider ist die Reparatur der Anlage zu teuer. Er meint, dass die Temperatur doch schön erfrischend sei, zudem soll jeder, der friere, einen dicken Pullover anziehen.

d) Klaus Schneider ist unzufrieden mit der Arbeit des Verkäufers Markus Orth. Dieser hat in einer Woche keinen einzigen Computer verkauft. Er will ihm deshalb für diese Woche kein Gehalt bezahlen.

4. Beurteilen Sie, welche Kündigungsgründe in den folgenden Fällen vorliegen könnten.

a) Frau Heinrich, Kassiererin, hat aus der Kasse 100,00 € gestohlen.

b) Die Leistungsbereitschaft von Herrn Orth nimmt von Woche zu Woche ab.

c) Herr Schlitt wurde eingestellt, um für das Unternehmen eine Datenbank aufzubauen. Es zeigt sich jedoch, dass Herr Schlitt der Aufgabe nicht gewachsen ist.

d) Herr Schulze wird im Lager erwischt, wie er heimlich eine Flasche Schnaps trinkt.

5. Der BüroFix e. K. geht es geschäftlich schlecht. Es muss im Lager mindestens eine Person entlassen werden. Barbara Lantz, die Personalleiterin, schaut sich die Personalakten genau an, da sie nach sozialen Gesichtspunkten auswählen muss. Folgende Personen arbeiten im Lager:

- Karl Finster, 56 Jahre alt, seit 25 Jahren im Betrieb, verheiratet, 3 Kinder (13, 16 und 19 Jahre alt), Ehefrau nicht berufstätig. Seine Leistungen im Betrieb sind zufrieden stellend. Der Computer für die Lagerbuchhaltung bereitet ihm Probleme. Gilt aber sonst als sehr zuverlässig.
- Toni Mantler, 30 Jahre, 3 Jahre im Betrieb, ledig. Seine Leistungen im Betrieb sind gut, er macht öfters Überstunden. Er kann gut mit der Software für die Lagerbuchhaltung umgehen. Er gilt als sehr zuverlässig.

› Karsten Sandler, 36 Jahre, 9 Jahre im Betrieb, verheiratet, 2 Kinder. Die Ehefrau arbeitet nicht. Seine Leistungen im Betrieb sind nur teilweise zufrieden stellend. Er kann nur mäßig mit der Software für die Lagerbuchhaltung umgehen.

a) Begründen Sie, wen Barbara Lantz nach sozialen Gesichtspunkten für eine betriebsbedingte Kündigung auswählen muss.

b) Wen würden Sie entlassen, wenn Sie nach rein betriebswirtschaftlichen Gesichtpunkten entscheiden müssten?

6 Entlohnungsformen der Arbeit

Situation

Alexandra Schmitt und Markus Orth treffen sich in der Mittagspause in der Kaffeeküche.

Markus Orth: „Also, seit es diesen Büroartikel-Discounter gibt, habe ich monatlich echt weniger auf dem Konto."

Alexandra Schmitt: „Wieso? Gehen Sie da immer zum Einkaufen hin?"

Markus Orth: „Quatsch! Aber es kommen immer weniger Kunden zu uns. Das merke ich einfach."

Alexandra Schmitt: „Kann Ihnen doch recht sein, dann müssen Sie im Geschäft doch weniger arbeiten."

Markus Orth: „Von wegen, meine monatliche Prämie ist völlig im Eimer."

Alexandra Schmitt: „Prämie? Was für eine Prämie denn?"

Markus Orth: „Na, ich bekomme doch bei jedem Produkt, das ich einem Kunden verkaufe, eine 10%ige Umsatzbeteiligung."

Alexandra Schmitt: „Echt, das wusste ich ja gar nicht. Also in der Buchhaltung bekomme ich keine Prämie – na bravo, obwohl ich da bestimmt mehr arbeiten muss als Sie."

Markus Orth: „Mehr arbeiten? Ihr könnt doch da hinten die Füße hochlegen, sobald der Chef nicht da ist. Im Laden geht das nicht."

Alexandra Schmitt: „Schön wärs, allein letzten Monat habe ich 15 Überstunden gemacht. Die bekomme ich wenigstens bezahlt. Aber irgendwie finde ich das ungerecht. Ich möchte für meine Leistung auch eine Prämie haben."

Leitfrage Wieso erhält Markus Orth eine Prämie, Alexandra Schmitt aber nicht?

6.1 Die verschiedenen Entgeltformen

Information

Der Preis, den Arbeitgeber für die geleistete Arbeit von Arbeitnehmern bezahlen, ist der Lohn. Unternehmer selbst erhalten keinen Lohn. Sie haben einen Gewinn, wenn sie erfolgreich das Unternehmen geführt haben. Ausschlaggebend für die Höhe des Lohnes sind mehrere Gründe. Ein entscheidender Punkt ist beispielsweise die Qualifikation eines Arbeitnehmers. Ein gelernter Facharbeiter verdient mehr als ein Hilfsarbeiter. Auch die Leistung kann die Höhe des Lohnes bestimmen. Ein Staubsaugervertreter verdient mehr, je mehr Staubsauger er an den Haustüren verkauft.

Arbeitnehmer möchten möglichst hohe Löhne haben. Für Arbeitgeber sind diese Löhne Kosten, die den Gewinn drücken. Sie wollen deshalb die Löhne (Lohnkosten) möglichst niedrig halten. Zudem soll der Lohn die Arbeitnehmer motivieren im Unternehmen Leistung zu erbringen. Bekäme der Staubsaugervertreter unabhängig davon, ob er monatlich 20 oder 100 Staubsauger verkauft, immer den gleichen Lohn, würde er sich wahrscheinlich nicht so anstrengen.

Aus diesen Gründen gibt es verschiedene Formen der Entlohnung, die sich folgendermaßen einteilen lassen:

Entlohnungsformen		
Zeitlohn	Leistungslohn	
	Akkordlohn	Prämienlohn

6.2 Der Zeitlohn

Information

Beim Zeitlohn bestimmt die Arbeitszeit die Höhe des Lohnes. Es wird z. B. ein Stundenlohn festgelegt, nach dem sich der Wochenlohn oder Monatslohn bestimmt.

Beispiel

Frau Maier arbeitet aushilfsweise an der Pforte einer Bank. Sie bekommt einen Stundenlohn von 8,50 €. Letzten Monat hat sie 30 Stunden gearbeitet. Sie erhält somit am Monatsende einen Lohn von 255,00 €.

Merke

Beim Zeitlohn entscheidet allein die Arbeitszeit über die Lohnhöhe.

Monatsgehälter von Angestellten sind ebenfalls Zeitlöhne. Es wird ein Zeitlohn bezahlt, da die Leistung schwer messbar ist. Anders als etwa der Staubsaugervertreter kann die Sekretärin oder der Buchhalter nicht nach einer bestimmten Leistungsmenge bezahlt werden. Einen Zeitlohn bekommen auch Fließbandarbeiter, da die Fließbandgeschwindigkeit festgelegt ist und sie somit die Leistungsmenge nicht selbst bestimmen können.

Der Zeitlohn ist dabei in der Regel umso höher, je bedeutsamer die Qualität für den Betrieb ist. So erhält der Entwicklungsingenieur, der für das Unternehmen ein wichtiges neues Produkt erfindet, einen höheren Lohn als der Pförtner.

Merke

Der Zeitlohn wird somit immer dann als Entlohnungsform gewählt, wenn
- die Arbeitleistung nicht messbar ist (Pförtnerdienst, Verwaltung usw.);
- der Arbeitnehmer die Arbeitsmenge nicht beeinflussen kann (Fließband);
- die Qualität der Arbeit sehr wichtig ist (Forschung und Entwicklung).

Der Nachteil des Zeitlohnes ist, dass er nicht motivierend wirkt. Eine Sekretärin, die ihre Arbeit sehr gewissenhaft und gründlich macht und dadurch für den Betrieb sehr viel leistet, erhält deshalb nicht automatisch mehr Geld.

6.3 Der Akkordlohn

Information

Beim **Leistungslohn** ist die Höhe des Lohnes abhängig von der erbrachten Leistung. Der **Akkordlohn** ist die extremste Form des Leistungslohnes. Allein die erbrachte Menge ist für die Höhe des Akkordlohnes entscheidend. Dabei muss die Arbeit allerdings auch für den Akkordlohn geeignet sein. Dies sind nur Arbeitstätigkeiten, bei denen der Arbeitnehmer sein Arbeitstempo selbst bestimmen kann und sich die auszuführenden Arbeiten ständig wiederholen.

Merke

Beim Leistungslohn ist die Höhe des Lohnes abhängig von der erbrachten Leistung.

Der Arbeitnehmer erhält bei der Akkordarbeit mindestens den tariflichen Mindestlohn, auch wenn er nur unterdurchschnittliche Leistungen erbringt. Dem Mindestlohn wird ein Akkordzuschlag hinzugerechnet. Die Summe ergibt den Akkordrichtsatz.

Beispiel

Mindestlohn	10,00 €
+ 30 % Akkordzuschlag	3,00 €
Akkordrichtsatz	13,00 €

Der Akkordrichtsatz ist der Lohn, der bei einer Normalleistung in der Akkordarbeit bezahlt wird. Die Normalleistung wird vorher festgelegt. Sie richtet sich danach, wie schnell jemand die Arbeit verrichten kann, der dafür ausreichend geeignet und vollständig eingearbeitet ist.

Beim Akkordlohn gibt es zwei unterschiedliche Gestaltungsformen, den Geldakkord und den Zeitakkord.

Der Geldakkord

Beim Geldakkord erhält der Arbeiter je verrichteter Leistungseinheit einen bestimmten Lohnsatz. Je mehr Leistungseinheiten er in einer bestimmten Zeit erledigt, umso mehr Geld bekommt er.

Beispiel

Herr Berk arbeitet Akkord in der Verpackung von Computern. Verpackt er einen Computer, bekommt er dafür 1,00 € (Stückakkord). Je schneller er arbeitet, umso mehr Computer kann er verpacken und umso mehr Geld verdient er.

Rechenbeispiel:

Frau Seiler arbeitet in der Montage von Fahrrädern. Die Komplettmontage der Bauteile eines Fahrrades (Gangschaltung, Bremsen usw.) dauert 30 Minuten (Vorgabezeit). Die Normalleistung pro Stunde beträgt 2 Fahrräder. Sie erhält bei Normalleistung einen Stundenlohn von 16,00 €. Sie arbeitet täglich 8 Stunden.

Dies ergibt einen Stückakkord von:

$$\textbf{Stückakkord} = \frac{\text{Akkordrichtsatz}}{\text{Normalleistung}} = \frac{16}{2} = \textbf{8,00 €}$$

Arbeitet Frau Seiler entsprechend der Normalleistung von 2 Fahrrädern pro Stunde, so ergibt sich ein Tagesverdienst von:

Stückakkordsatz · Tagesleistung = Tagesverdienst

8,00 € · 2 St./h · 8 h = 128,00 €

Arbeitet sie sehr schnell und schafft es, pro Stunde 3 Fahrräder zu montieren, so steigt auch ihr Tagesverdienst:

Stückakkordsatz · Tagesleistung = Tagesverdienst

8,00 € · 3 St./h · 8 h = 192,00 €

Der Zeitakkord

Beim Zeitakkord wird genau vorgegeben, wie lange die Bearbeitung pro Stück dauern darf. Schafft es der Arbeitnehmer, die Bearbeitung schneller durchzuführen, so verdient er mehr.

Beispiel

Rechenbeispiel:

Pro Stunde sollen bei Normalleistung 12 Computer verpackt werden. Braucht Herr Berk dafür weniger Zeit, kann er mehr Computer verpacken, wodurch er mehr Geld verdient. Der Akkordrichtsatz (Grundlohn + Akkordzuschlag) beträgt 12,00 € pro Stunde. Herr Berk arbeitet täglich 8 Stunden.

Zunächst wird der Zeitakkordsatz je Stück berechnet:

$$\textbf{Zeitakkordsatz} = \frac{\text{60 Minuten}}{\text{Normalleistung}} = \frac{60}{12} = \textbf{5 Minuten pro Stück}$$

$$\textbf{Minutenfaktor} = \frac{\text{Akkordrichtsatz}}{60} = \frac{12}{60} = \textbf{0,20 € pro Minute}$$

Schafft es Herr Berk nun, pro Stunde 15 Computer zu verpacken, so ergibt sich ein Tagesverdienst von:

Zeitakkordsatz · Minutenfaktor · Tagesleistung = Tagesverdienst

5 · 0,20 €/Min. · 15 St./h · 8 h = 120,00 €

Vor- und Nachteile des Akkordlohns

Vorteile	Nachteile
Entlohnung ist leistungsgerecht.	Hohes Arbeitstempo kann zu gesundheitlichen Problemen führen (Stress usw.).
Fleißige Arbeitnehmer verdienen mehr.	Wird schnell und hastig gearbeitet, können schneller Fehler gemacht werden (höherer Ausschuss) → Produktqualität muss verstärkt kontrolliert werden (höhere Kosten).
Arbeitnehmer können Lohnhöhe bestimmen.	

6.4 Der Prämienlohn

Information

Der Prämienlohn ist eine Form des Leistungslohnes, bei der zu einem festen Grundlohn ein zusätzlicher Betrag für besondere Leistungen gezahlt wird (Prämie). Der Grundlohn muss mindestens die Höhe des Tariflohnes haben. Anders als beim Akkordlohn richtet sich die Prämie nicht nach der Schnelligkeit, in der bestimmte Stückzahlen produziert werden, sondern ob bestimmte Leistungen überdurchschnittlich erbracht wurden. So bekommen Arbeitnehmer in Betrieben oft dafür eine Prämie, dass sie wichtige Fertigungstermine eingehalten haben.

Beispiel

Die Fahrrad AG hat von der Supermarktkette Billig einen Großauftrag erhalten. Bis zum 5. des nächsten Monats sollen 1 000 Fahrräder gefertigt werden, die dann zu einem Sonderpreis bei Billig angeboten werden sollen. Die Geschäftsleitung der Fahrrad AG verspricht den Fahrradmonteuren in der Produktion eine Prämie von 200,00 € zu zahlen, wenn der Liefertermin eingehalten werden kann und die Fahrräder keine Qualitätsmängel aufweisen. Dadurch will die Geschäftsleitung die Monteure nicht nur zu einem schnellen, sondern auch zu einem gewissenhaften Arbeiten motivieren.

Weitere Gründe für Prämien sind:

- Bei der Produktion wird sehr gewissenhaft gearbeitet, weshalb es nur wenig fehlerhafte Produkte gibt (geringe Ausschussquote führt dazu, dass eine Qualitätsprämie gezahlt wird).
- Maschinen werden sehr sorgsam behandelt und gewartet, sodass diese kaum ausfallen (Nutzungsprämie).
- Mitarbeiter denken bei der Produktion mit und machen Vorschläge, wie besser oder kostengünstiger produziert werden könnte (Vorschlagsprämien).

Zusammenfassung

Frage: Wie ist das nun: Warum bekommen die meisten kaufmännischen Angestellten nur einen Zeitlohn, aber keinen Leistungslohn?

Antwort: Allgemein sind die typischen Aufgaben von kaufmännischen Angestellten in der Verwaltung schlecht messbar. Die Arbeit einer Sekretärin oder eines

Buchhalters kann nicht in kleine Leistungseinheiten zerlegt werden, nach denen sie dann bezahlt werden. Deshalb erhalten sie ihre Bezahlung entsprechend der Zeit, die sie im Unternehmen verbringen. Es gibt jedoch auch kaufmännische Angestellte, die direkt nach Leistung bezahlt werden, zum Beispiel erhält ein Verkäufer einen prozentualen Anteil des Umsatzes, den er macht, als Prämie.

Frage: Heißt das, dass Buchhalter oder Sektretärinnen im Unternehmen keine Leistung bringen müssen und während der Arbeit die Füße hochlegen dürfen?

Antwort: Nein. Wenn ein Zeitlohn bezahlt wird, bedeutet dies nicht, dass keine Leistung erbracht wird. Buchhalter und Sekretärinnen haben häufig sehr viele Aufgaben zu erledigen, weshalb ihre Tätigkeit oft sehr stressig ist. Die Arbeit an sich ist nur schlecht messbar, sodass eine Bezahlung rein nach Arbeitsleistung schwierig ist. Man kann die Sekretärin schlecht nach der Anzahl der Telefonate, die sie für den Chef führt, bezahlen, da sie noch viele andere Tätigkeiten ausübt (Termine festlegen, Briefe schreiben usw.). Es liegt dann am jeweiligen Vorgesetzten zu erkennen, welche seiner Mitarbeiter besonders fleißig sind, damit er diesen ab und zu eine Prämie zukommen lässt. Dies motiviert dann auch die anderen Mitarbeiter.

Wissensfragen

1. Welche verschiedenen Entgeltformen gibt es?
2. Was ist der Unterschied zwischen Zeitlohn und Leistungslohn?
3. Nennen Sie die Vorteile des Akkordlohnes.
4. Nennen Sie die Nachteile des Akkordlohnes.
5. Was ist der Unterschied zwischen dem Akkordlohn und dem Prämienlohn?

Übungsaufgaben

1. Entscheiden Sie bei den folgenden Berufen, welche der Entlohnungsformen (Zeit-, Akkord- oder Prämienlohn) am besten geeignet ist.

a) Briefträger
b) Polizist
c) Bäcker
d) Monteur in der Fahrradproduktion
e) Lehrer
f) Arbeiter in der Schuhproduktion (Annähen von Sohlen, keine Fließbandarbeit)

2. Hanna Yildiz arbeitet bei der Leder AG, einem Textilunternehmen in der Pfalz, wo sie in der Produktion an vorgefertigte Handtaschen die Henkel annäht. Pro Stunde sollen bei Normalleistung an 30 Taschen die Henkel angenäht werden. Der Akkordrichtsatz beträgt 10,00 € pro Stunde.

a) Berechnen Sie den Zeitakkordsatz.
b) Berechnen Sie den Minutenfaktor.
c) Frau Yildiz schafft es an einem Tag, pro Stunde an 45 Taschen die Henkel anzunähen. Wie hoch ist ihr Tagesverdienst an diesem Tag?
d) Frau Yildiz geht es nicht gut. Da sie über mehrere Tage versucht hat, den Akkord in die Höhe zu treiben, hat sie nun eine leichte Sehnenscheidenentzündung in der rechten Hand. Aus Angst um ihren Arbeitsplatz lässt sie sich nicht krankschreiben, sondern geht trotzdem arbeiten. Bei der Arbeit schafft sie jedoch nur 20 Taschen pro Stunde. Wie hoch ist ihr Tagesverdienst? (Ihr tariflicher Mindestlohn pro Stunde beträgt 7,50 €.)
e) Beschreiben Sie an diesem Beispiel die Gefahren des Akkordlohnes.

3. Herr Krost arbeitet Akkord bei der Dreirad KG, einem Hersteller von Kinderdreirädern. Seine Aufgabe ist es, aus den Einzelteilen das komplette Dreirad zu montieren. Die Normalleistung pro Stunde beträgt 4 Dreiräder. Bei dieser Normalleistung erhält Herr Krost einen Stundenlohn von 16,00 €.

a) Berechnen Sie den Stückakkord.
b) Wie hoch ist der Tagesverdienst von Herrn Krost bei einer Normalleistung?
c) Herr Krost schafft es einen Tag lang, 6 Dreiräder pro Stunde zu montieren. Wie hoch ist nun sein Tagesverdienst?

4. Lesen Sie zunächst die folgenden Paragrafen. Finden Sie dann in Partnerarbeit Gründe, warum der Gesetzgeber diese Gesetze erlassen haben könnte.

§

§ 4 Mutterschutzgesetz

[...]

(3) Die Beschäftigung von werdenden Müttern mit

1. Akkordarbeit und sonstigen Arbeiten, bei denen durch ein gesteigertes Arbeitstempo ein höheres Entgelt erzielt werden kann,
2. Fließarbeit mit vorgeschriebenem Arbeitstempo

ist verboten [...]

§ 23 Jugendarbeitsschutzgesetz

Akkordarbeit; tempoabhängige Arbeiten

(1) Jugendliche dürfen nicht beschäftigt werden

1. mit Akkordarbeit und sonstigen Arbeiten, bei denen durch ein gesteigertes Arbeitstempo ein höheres Entgelt erzielt werden kann,
2. in einer Arbeitsgruppe mit erwachsenen Arbeitnehmern, die mit Arbeiten nach Nummer 1 beschäftigt werden,
3. mit Arbeiten, bei denen ihr Arbeitstempo nicht nur gelegentlich vorgeschrieben, vorgegeben oder auf andere Weise erzwungen wird. [...]

§

§ 3 Fahrpersonalgesetz

Verbot bestimmter Akkordlöhne, Prämien und Zuschläge

Mitglieder des Fahrpersonals dürfen als Arbeitnehmer nicht nach den zurückgelegten Fahrstrecken oder der Menge der beförderten Güter entlohnt werden, auch nicht in Form von Prämien oder Zuschlägen für diese Fahrstrecken oder Gütermengen. [...]

Merke

Auch diese Paragrafen entstammen wieder völlig verschiedenen Gesetzbüchern, gehören aber zum umfangreichen Gebiet des Arbeitsrechts.

7 Sozialversicherungen

7.1 Die soziale Sicherung

Situation

Tim Neuhof hat schon wieder verschlafen und brettert deshalb mit seinem Mountainbike morgens quer durch die Fußgängerzone, um noch rechtzeitig zur Berufsschule zu kommen. Ohne auf den Verkehr zu achten, biegt er einfach auf die Hauptstraße. „Wenn ich wieder zu spät komme, kriege ich bestimmt einen Verweis", denkt er sich noch, dann spürt er einen starken Stoß und es wird ihm schwarz vor Augen.

Als er wieder aufwacht, liegt er im Krankenhaus. Seine Eltern sind bei ihm. Er erfährt, dass er einem Auto die Vorfahrt genommen hat. Das Auto ist direkt auf ihn zugefahren. Tim wurde auf die Windschutzscheibe geschleudert. Der Arzt diagnostiziert eine schwere Gehirnerschütterung und einen Schlüsselbeinbruch. Der Krankenhausaufenthalt wird bestimmt vier Wochen dauern.

Tim schießen nun tausend Gedanken durch den schmerzenden Kopf: Muss ich eigentlich den Krankenhausaufenthalt selbst bezahlen? Wie ist es mit dem entstandenen Sachschaden?"

Leitfragen

- Muss Tim seinen Krankenhausaufenthalt selbst bezahlen?
- Muss er für den entstandenen Sachschaden aufkommen?

Information

Die soziale Sicherung

Die Bundesrepublik Deutschland ist ein Sozialstaat. Sozialstaat heißt, dass der Staat dazu verpflichtet ist, für soziale Sicherheit und Gerechtigkeit in der Gesellschaft zu sorgen. Es darf also niemand verhungern, während andere in Saus und Braus leben. Dies ist im Grundgesetz Artikel 20 festgelegt:

§ **Grundgesetz, Artikel 20:**
„Die Bundesrepublik Deutschland ist ein demokratischer und sozialer Bundesstaat."

Wesentlicher Bestandteil der sozialen Sicherung in Deutschland ist die Sozialversicherung.

Merke **Ein wesentlicher Bestandteil der sozialen Sicherung in Deutschland ist die Sozialversicherung.**

Die Sozialversicherung geht auf den Reichskanzler Otto von Bismarck zurück, der Ende des 19. Jahrhunderts der Verelendung der ärmeren Bevölkerung durch die Industrialisierung ein Ende bereiten wollte. Vor der Industrialisierung lebten die Menschen auf dem Lande in Großfamilien und waren durch ihre Familie abgesichert. Mit der Industrialisierung zogen immer mehr Menschen in die Städte. Es lebten nicht mehr wie früher mehrere Generationen unter einem Dach. Bei einer schweren Krankheit wurde man nicht mehr durch die Großfamilie versorgt. Ein schwerer Unfall oder eine schwere Krankheit eines Arbeiters hatte damals zur Folge, dass der Arbeiter kein Geld mehr verdienen konnte und seine Familie hungern und betteln musste.

Reichskanzler Bismarck richtete zunächst eine gesetzliche Krankenversicherung ein. Denn einen Arzt oder teure Medikamente konnten sich damals nur wohlhabende Menschen leisten. Am 17. November 1881 sprach Bismarck vor dem Reichstag: „Geben Sie dem Arbeiter das Recht auf Arbeit, so lange er gesund ist; sichern Sie ihm Pflege, wenn er krank ist; sichern Sie ihm Versorgung, wenn er alt ist."

Die fünf Säulen der Sozialversicherung

Die Sozialversicherung steht auf fünf Säulen. Diese Säulen sind

- die gesetzliche Krankenversicherung,
- die Arbeitslosenversicherung,
- die gesetzliche Rentenversicherung,
- die gesetzliche Unfallversicherung,
- die gesetzliche Pflegeversicherung.

In der gesetzlichen Sozialversicherung ist der größte Teil der deutschen Bevölkerung versichert. Das Motto der gesetzlichen Sozialversicherung lautet: „Einer für alle, alle für einen". Dieses Motto wird auch

Solidaritätsprinzip genannt, das heißt beispielsweise, dass die Beschäftigten einen Teil ihres Lohnes an die Arbeitslosen geben (Arbeitslosenversicherung) oder dass die jungen Arbeitnehmer einen Teil ihres Lohnes für die Rente der Rentner zur Verfügung stellen (Rentenversicherung).

Merke **Das Prinzip der gesetzlichen Sozialversicherung ist das Solidaritätsprinzip.**

Beispiel Stellen Sie sich eine Versicherung wie einen Verein vor. Sie gründen z. B. mit Ihren Freunden einen Verein. Ziel des Vereins ist, dass derjenige, der eine Note 6 in einer Mathearbeit erhält, einen Nachhilfelehrer bekommt. Jeder zahlt in den Verein ein, beispielsweise monatlich 5,00 €. Hat jemand plötzlich Probleme in Mathe, muss er nicht sein ganzes Erspartes für den Nachhilfelehrer aufbrauchen, sondern der Verein bezahlt für ihn in dieser Notlage. Er hat dafür ja schließlich monatlich einen Beitrag bezahlt.

Der Unterschied zwischen gesetzlicher Versicherung und privater Versicherung

Im Unterschied zu den gesetzlichen Versicherungen herrscht bei privaten Versicherungen nicht das Solidaritätsprinzip („Einer für alle, alle für einen"), sondern das persönliche Risiko des einzelnen Menschen wird kalkuliert. Ist jemand dauerhaft krank und braucht deshalb mehr Medikamente, muss er mehr in die private Krankenversicherung einzahlen.

Merke **Bei Privatversicherungen wird das persönliche Risiko kalkuliert.**

Die Sozialversicherungs- und Beitragspflicht

Sozialversicherungspflichtig sind alle Menschen, die einem Beschäftigungsverhältnis nachgehen. Von der Sozialversicherungspflicht befreit sind Menschen, die nur geringfügig beschäftigt sind und nicht mehr als 400,00 € pro Monat verdienen (Minijob).

Warum besteht eine Pflicht zur Sozialversicherung?

Freiwillig würden sich viele Menschen überhaupt nicht versichern. Viele, insbesondere junge Menschen sind sorglos. Sie sind gesund und stecken voller Energie. Doch schnell kann sich das Blatt wenden – ein schlimmer Unfall mit dem Motorrad, eine schwere Krankheit oder plötzliche Arbeitslosigkeit. Damit diese Schicksalsschläge nicht die Existenz bedrohen, verpflichtet der Staat die Menschen dazu, der Sozialversicherung beizutreten – zu ihrem eigenen Wohl.

Beitragssätze für die Sozialversicherung

Grundsätzlich gilt, dass die Beiträge für die Kranken-, Renten-, Arbeitslosen- und Pflegeversicherung vom Arbeitgeber und vom Arbeitnehmer je zur Hälfte zu tragen sind. Die Unfallversicherung wird komplett vom Arbeitgeber übernommen.

Für das Jahr 2011 gelten folgende Beitragssätze, die sich vom Bruttolohn berechnen:

› Krankenversicherung:	15,5 % (Arbeitnehmer 8,2 %/Arbeitgeber 7,3 %)
› Rentenversicherung:	19,9 %
› Arbeitslosenversicherung:	3,0 %
› Pflegeversicherung:	1,95 %

Beitragsbemessungsgrenzen

Ab einer bestimmten Höhe des Bruttoeinkommens werden die Beiträge nicht mehr prozentual berechnet, sondern nur noch bis zu einem bestimmten Höchstbetrag. Dieser Höchstbetrag wird Beitragsbemessungsgrenze genannt. Die Beitragsbemessungsgrenze bei der gesetzlichen Kranken- und Pflegeversicherung beträgt im Jahr 2011 monatlich 3.712,50 €.

Merke **Überschreitet das Bruttoeinkommen einen bestimmten Höchstbetrag, dann steigen die Beiträge für die einzelnen Sozialversicherungen nicht weiter.**

Die Beitragsbemessungsgrenzen bei der Arbeitslosen- und Rentenversicherung liegen im Jahr 2011 in den alten Bundesländern bei 5.500,00 € pro Monat und 4.800,00 € in den neuen Bundesländern.

Beispiel Barbara Lantz verdient als Personalchefin bei BüroFix e. K. 5.400,00 € monatlich. Ihr Beitrag zur Renten- und Arbeitslosenversicherung beträgt jeweils:

- Rentenversicherung: 19,9 % von 5.400,00 € = 1.074,60 €
  (die Hälfte davon trägt der Arbeitgeber)
- Arbeitslosenversicherung: 3 % von 5.400,00 € = 162,00 €
  (die Hälfte davon trägt der Arbeitgeber)

Barbara Lantz ist aufgrund ihres hohen Einkommens privat kranken- und pflegeversichert. Ihre Unfallversicherung wird komplett von BüroFix e. K. getragen.

7.2 Die gesetzliche Krankenversicherung

Information

Wer ist in der gesetzlichen Krankenversicherung?

Der größte Teil der Bevölkerung ist gesetzlich krankenversichert. Für Arbeitnehmer (Arbeiter und Angestellte) gilt eine Pflichtmitgliedschaft in der gesetzlichen Krankenversicherung, wenn das Einkommen eine bestimmte Höchstgrenze pro Jahr nicht übersteigt. Im Jahr 2011 liegt diese Höchstgrenze (für alte und neue Bundesländer) bei 4.125,00 €. Übersteigt das Einkommen diese Höchstgrenze, kann der Arbeitnehmer aus der gesetzlichen Krankenversicherung aussteigen. Er ist dann freiwillig versichert und kann in eine private Krankenversicherung wechseln.

Wie finanziert sich die gesetzliche Krankenversicherung?

Die Mitglieder finanzieren die gesetzliche Krankenversicherung durch ihre Beiträge. Davon zahlt der Arbeitgeber 7,3 %, der Arbeitnehmer 8,2 %. Liegt die Ausbildungsvergütung jedoch unter 325,00 €, übernimmt der Arbeitgeber den vollen Beitrag.

Beispiel Tilo Schmitt verdient monatlich 3.000,00 €. Der Beitragssatz für seine gesetzliche Krankenversicherung beträgt 15,5 %. Sein Arbeitgeber zahlt davon 7,3 %. Tilo Schmitt bezahlt 8,2 %.

Beispiel

Der Beitrag des Arbeitgebers beträgt also: $\frac{3.000,00\ € \cdot 7,3}{100} = 219,00\ €$

Der Beitrag von Tilo Schmitt beträgt: $\frac{3.000,00\ € \cdot 8,2}{100} = 246,00\ €$

Insgesamt beläuft sich der monatliche Krankenkassenbeitrag auf 465,00 €.

Der Beitrag steigt prozentual mit dem Einkommen, er steigt also, je mehr Geld man verdient, bis zu einem bestimmten Höchstsatz (Beitragsbemessungsgrenze; vgl. Seite 81). Dies wird als „Beitragssolidarität" bezeichnet. Teilweise wird der Beitrag auch von anderen Institutionen übernommen: Bei Rentnern zahlt die Hälfte das Mitglied und die andere Hälfte der Rentenversicherungsträger; bei Wehr- und Zivildienstleistenden zahlt komplett der Bund (über Steuermittel) und bei Arbeitslosen die Bundesagentur für Arbeit.

Welche Träger gibt es in der gesetzlichen Krankenversicherung?

Es gibt sieben Kassenarten, zu denen jeweils eine bestimmte Anzahl von Krankenkassen gehören (AOK, Barmer Ersatzkasse usw.):

1. Allgemeine Ortskrankenkasse
2. Betriebskrankenkassen
3. See-Krankenkasse
4. Bundesknappschaft
5. Landwirtschaftliche Krankenkasse
6. Angestellten-Ersatzkassen
7. Arbeiter-Ersatzkassen

Alle Kassen werden vom Staat beaufsichtigt.

Bei Eintritt in eine Krankenkasse ist jedes Mitglied zunächst 18 Monate an diese Krankenkasse gebunden. Danach kann man jeweils mit einer Frist von zwei Kalendermonaten zum Monatsende kündigen. Ein Sonderfall besteht, wenn die Krankenkasse die Beiträge erhöht. Dann besteht ein Sonderkündigungrecht.

Welche Leistungen bieten die gesetzlichen Krankenversicherungen?

Alle gesetzlichen Krankenkassen übernehmen ein bestimmtes Paket an Leistungen, das gesetzlich vorgeschrieben ist. Darüber hinaus bieten einige Krankenkassen zusätzliche Mehrleistungen an.

Gesetzlich vorgeschriebene Leistungen sind:

- Vorbeugung und Selbsthilfe
  (Förderung von Selbsthilfegruppen zur Krankheitsvorbeugung oder Rehabilitation von Versicherten)
- Früherkennung
  (Untersuchungen zur Früherkennung von Krankheiten wie Krebserkrankungen, Zuckerkrankheit, Herz-Kreislauf-Erkrankungen u. a.)
- Krankenbehandlung
  (ärztliche und zahnärztliche Behandlung, Versorgung mit Arznei-, Verband- und Heilmitteln, Krankenhausbehandlung, häusliche Krankenpflege)
- Krankengeld
  (Wenn Arbeitnehmer durch Krankheit arbeitsunfähig werden, erhalten sie nach 6 Wochen Krankengeld. Es beträgt 70 % des Arbeitsentgelts und darf 90 % des Nettoarbeitsentgelts nicht übersteigen.)
- Rehabilitationsmaßnahmen
  (ambulante und stationäre Rehabilitationskuren)
- Leistungen bei Schwangerschaft und Mutterschaft
  (ärztliche Betreuung, Versorgung mit Arznei-, Verband- und Heilmitteln, Hebammenhilfe, stationäre Entbindung, Haushaltshilfe, häusliche Pflege, Mutterschaftsgeld)

7.3 Die Arbeitslosenversicherung und die Arbeitsförderung

Information

Wer ist versichert?

Alle Arbeiter und Angestellten (auch die von Midijobs, also Jobs in der Gleitzone zwischen 400,01 bis 800,00 €), Auszubildende und Heimarbeiter sind in der Arbeitslosenversicherung versichert. Es gibt nur Pflichtversicherte. Nicht versichert sind Beamte, geringfügig Beschäftigte (Minijobs bis 400,00 €) und Arbeitnehmer ab 65 Jahren.

Wer ist Träger der Versicherung?

Träger der Arbeitslosenversicherung und Arbeitsförderung ist die Bundesagentur für Arbeit in Nürnberg. Die verschiedenen Bundesländer werden von deren örtlichen Agenturen für Arbeit und den Regionaldirektionen betreut. Die Bundesagentur für Arbeit beobachtet die Entwicklung des Arbeitsmarktes und erteilt Arbeitserlaubnisse für Ausländer.

Wie hoch sind die Beiträge?

Die Beiträge werden je zur Hälfte vom Arbeitnehmer und Arbeitgeber gezahlt. Die Höhe des Beitrages richtet sich nach dem Verdienst, wird aber durch die Beitragsbemessungsgrundlage begrenzt. Bei niedrigem Gehalt (Midijobs oder Azubis) trägt der Arbeitgeber den Beitrag allein.

Welche Leistungen bietet die Bundesagentur für Arbeit?

Die Bundesagentur für Arbeit bietet Leistungen bei der Arbeitsförderung und der Arbeitslosenversicherung.

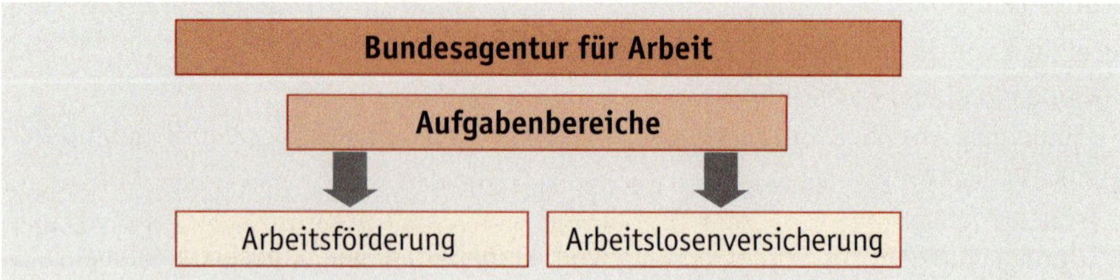

Die wichtigsten Leistungen der Arbeitslosenversicherung (Stand 2011) sind:

- **Arbeitslosengeld I:** Arbeitslosengeld ist befristet und beträgt 60 % des Nettodurchschnittsgehaltes der vergangenen sechs Monate für Arbeitslose ohne Kinder bzw. 67 % für Arbeitslose mit Kindern. Die Bezugsdauer richtet sich zum einen nach der Dauer des Versicherungspflichtverhältnisses und zum anderen nach dem Lebensalter.

Versicherungspflichtverhältnis von mind. ... Monaten	Vollendung des ... Lebensjahres	Bezugsdauer in Monaten
12	–	6
16	–	8
20	–	10
24	–	12
30	50	15
36	55	18
48	58	24

- **Arbeitslosengeld II:** Arbeitslosengeld II wird im Anschluss an das Arbeitslosengeld gezahlt. Alleinerziehende oder Alleinstehende bekommen 364,00 €, (Ehe-)Partner je 328,00 €. Kinder bis zum 6. Lebensjahr 215,00 €. Kinder ab Beginn des 7. bis zur Vollendung des 14. Lebensjahres erhalten 251,00 €. Kinder ab Beginn des 15. bis zum 18. Lebensjahr 287,00 €. Weiterhin gibt es verschiedene Mehrbedarfs- und Einmalzahlungen, etwa bei Schwangerschaft und Geburt, für eine Wohnungseinrichtung usw. Auch Kosten für Unterkunft und Heizung werden übernommen.

Die Arbeitsförderung ist dazu da, Jobsuchenden eine Arbeit zu vermitteln. Sie bietet Berufsberatung an, will berufliche Bildung fördern, erteilt Zuschüsse für die Wiedereingliederung in den Arbeitsmarkt und bietet ABM-(Arbeitsbeschaffungs-)Maßnahmen an. Als Informationsquelle dienen Berufsinformationszentren (BIZ) oder das Internet (www.arbeitsagentur.de).

7.4 Die gesetzliche Rentenversicherung

Information

Wer ist versichert?

In der gesetzlichen Rentenversicherung sind Auszubildende, Arbeiter, Angestellte, Wehr- und Zivildienstleistende sowie bestimmte Kreise von selbstständigen Unternehmern (z. B. selbstständige Handwerker) pflichtversichert. Angehörige der freien Berufe (z. B. Anwälte und Ärzte) können sich freiwillig in der gesetzlichen Rentenversicherung versichern. Empfänger von Arbeitslosengeld oder Arbeitslosengeld II sind in der gesetzlichen Rentenversicherung ebenfalls automatisch pflichtversichert.

Wann beginnt die Rentenversicherungspflicht?

Der Arbeitgeber ist verpflichtet einen neuen Mitarbeiter innerhalb von zwei Wochen nach dessen Arbeitsantritt über die gesetzliche Krankenkasse beim Rentenversicherungsträger anzumelden.

Wer sind die Träger der gesetzlichen Rentenversicherung?

Träger der gesetzlichen Rentenversicherung sind die Deutsche Rentenversicherung mit Sitz in Berlin, und die Landesversicherungsanstalten (LVA), die für die Rentenversicherung der Arbeiter zuständig sind. Zudem gibt es spezielle Träger für weitere bestimmte Berufsgruppen (z. B. die Landwirte).

Wie hoch sind die Beiträge?

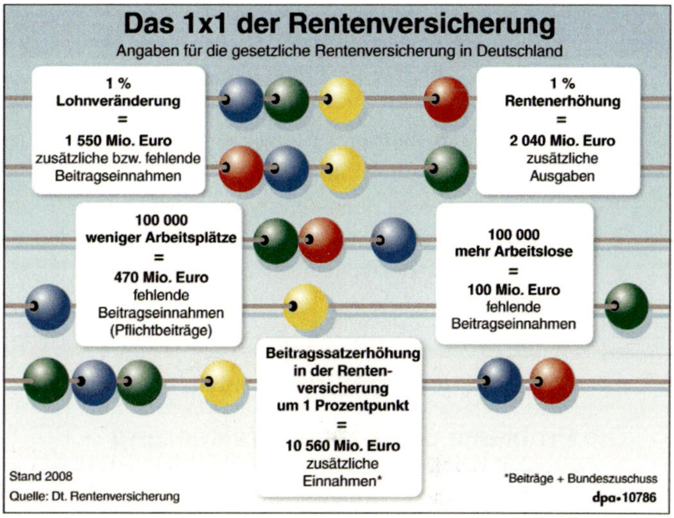

Der monatliche Rentenbeitrag, den der Arbeitgeber und der Arbeitnehmer jeweils zur Hälfte tragen, wird nach der jeweiligen Lohn- bzw. Gehaltshöhe des Arbeitnehmers bemessen. Auch hier gibt es eine Beitragsbemessungsgrenze, das heißt, wenn das Einkommen eine bestimmte Höhe übersteigt, wird der Rentenversicherungsbeitrag nicht mehr prozentual berechnet, sondern es muss ein Festbetrag entrichtet werden. Die Beitragsbemessungsgrenze beträgt 5.500,00 € bzw. 4.800,00 € im Jahr 2011. Der Rentenversicherungsbeitrag beträgt 2011 19,9 %.

Welche Leistungen bietet die gesetzliche Rentenversicherung?

Die Leistungen der gesetzlichen Rentenversicherung sind sehr weit reichend und beschränken sich nicht nur auf die Rente im Alter. Die Rentenversicherung ist beispielsweise auch in der Gesundheitsaufklärung, in der Forschung (z. B. bei Berufskrankheiten) oder bei Maßnahmen zur Rehabilitation aktiv.

Die meisten Ausgaben erfolgen für die Altersrenten. Um die Altersrente in Anspruch nehmen zu können, um also „in Rente" gehen zu können, müssen jedoch bestimmte Voraussetzungen erfüllt sein. Eine Rente aus der gesetzlichen Rentenversicherung kann nur gezahlt werden, wenn der Versicherte der Versicherung eine bestimmte Zeit angehört hat. Diese Mindestversicherungszeit nennt man Wartezeit. Die allgemeine Wartezeit beträgt fünf Jahre. Bei der Berechnung der Wartezeit werden Beitragszeiten und eventuelle Ersatzzeiten berücksichtigt.

Als Beitragszeiten werden nicht nur die Zeiten angerechnet, für die Beiträge gezahlt worden sind, sondern auch Kindererziehungszeiten und (ab April 1995) Zeiten einer

Pflegetätigkeit sowie Zeiten, in denen Lohnersatzleistungen (also beispielsweise Arbeitslosengeld) bezogen wurden.

Versicherte haben Anspruch auf die Regelaltersrente, wenn sie das 65. Lebensjahr vollendet und die allgemeine Wartezeit von 5 Jahren erfüllt haben. Zudem gibt es weitere Möglichkeiten, die Rente früher in Anspruch zu nehmen, dann allerdings kann sich die monatliche Rente stark vermindern.

Der Generationenvertrag

Die gesetzliche Rentenversicherung beruht seit ihrer Gründung auf dem so genannten Generationenvertrag. Dieser ist zwar nirgends aufgeschrieben und keine Generation hat bisher einen „Vertrag" mit einer anderen Generation geschlossen. Gleichwohl beschreibt dieser Begriff, der sich eingebürgert hat, recht gut die tatsächliche Situation.

Merke **Generationenvertrag bedeutet, dass die arbeitende Generation der „Renten"-Generation die Rente finanziert.**

Die von der arbeitenden Generation gezahlten Versicherungsbeiträge werden dazu verwendet, die Renten und sonstigen Leistungen für die jeweiligen Rentenbezieher zu finanzieren. Die jetzigen Rentenbezieher haben also ihre Beiträge für die Generation ihrer Eltern bezahlt. Die heutigen Jugendlichen werden einmal in zehn bis zwanzig Jahren gemäß dem Generationenvertrag durch ihre Versicherungsbeiträge die Rente ihrer Eltern bezahlen.

Probleme der gesetzlichen Rentenversicherung

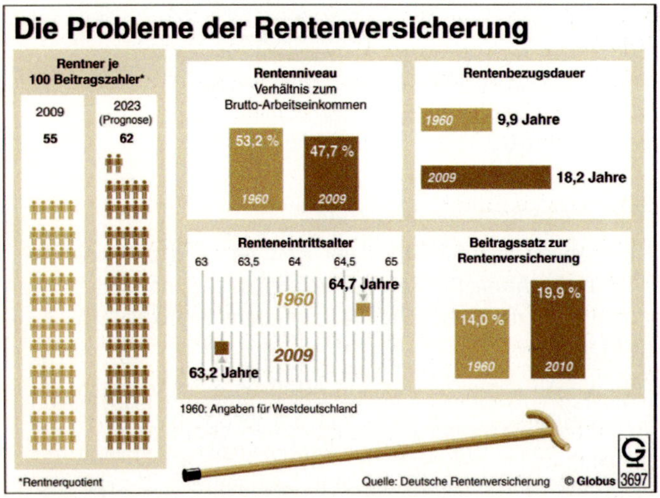

Das Problem der gesetzlichen Rentenversicherung ist, dass die Bevölkerung immer älter wird und immer weniger Beitragszahler für immer mehr Rentenbezieher aufkommen müssen (die Geburten in Deutschland sind rückgängig). Das Geld, das in die Rentenkasse kommt, kann also nicht Gewinn bringend angelegt werden und sich vermehren, wie es bei einer privaten Rentenversicherung der Fall ist. Geht ein Arbeitnehmer in 20 Jahren in Rente, bekommt er sogar viel weniger, als er eigentlich eingezahlt hat. Seine monatliche Rentenabgabe muss sofort wieder an die Rentner ausgezahlt werden. Und trotzdem reichen diese Einnahmen nicht aus, um alle Renten zu bezahlen.

7.5 Die gesetzliche Unfallversicherung

Information

Wer ist versichert?

In der gesetzlichen Unfallversicherung sind folgende Personen versichert:

- **alle Arbeitnehmer und manche Selbstständige** auf dem direkten Hinweg zur Arbeit und auf dem Rückweg sowie während der Arbeitszeit
- **Kinder, Schüler, Studenten** auf dem direkten Hin- und Rückweg vom Kindergarten, der Schule oder Universität sowie während des Besuchs dieser Einrichtungen
- **Lebensretter** während ihrer Hilfeleistung

Sind die Hin- und Rückwege durch private Dinge unterbrochen, z. B. einem Einkauf im Supermarkt, greift die Unfallversicherung nicht. Auch Unfälle, die durch Alkoholgenuss oder Drogenmissbrauch verursacht werden, sind nicht versichert.

Merke **Nur der direkte Heimweg von der Schule oder vom Arbeitsplatz ist durch die gesetzliche Unfallversicherung abgedeckt.**

Wer sind die Träger der gesetzlichen Unfallversicherung?

Die gesetzlichen Berufsgenossenschaften sind Träger der gesetzlichen Unfallversicherung. Für Unfallrisiken in den Gebietskörperschaften, also beispielsweise den Städten oder Gemeinden, gibt es spezielle Versicherungsträger.

Wie hoch sind die Beiträge?

Die Beiträge werden ausschließlich von den Arbeitgebern gezahlt. Sie richten sich zum einen danach, wie hoch die Wahrscheinlichkeit von Unfällen in einem Betrieb ist. Ein Chemieunternehmen, in dem ständig mit teils gefährlichen Chemikalien gearbeitet wird, hat beispielsweise eine höhere Unfallgefährdung als ein Reisebüro. Zum anderen richtet sich die Höhe der Beiträge nach dem Verdienst des Arbeitnehmers und nach der Schwere, der Anzahl und den Kosten der Unfälle in einem Betrieb.

Welche Leistungen bietet die Unfallversicherung?

Die Unfallversicherung tritt für die Unfallverhütung ein. Sie erlässt Unfallverhütungsvorschriften, an die sich Arbeitgeber und Arbeitnehmer halten müssen. Der Arbeitgeber muss den Betrieb so ausstatten, dass ein möglichst hoher Schutz gegen Unfälle und Berufskrankheiten besteht. Die Unfallversicherung unterstützt Maßnahmen zur Früherkennung von Berufskrankheiten. Außerdem leistet sie finanzielle Hilfe nach Unfällen. Dazu gehören die Übernahme von Kosten für Heilbehandlungen (z. B. Arztbesuche, Medikamente), Umschulungen, Kuren, Pflegekräfte und die Zahlung von Verletztengeld, Übergangsgeld, Renten oder Sterbegeld.

7.6 Die gesetzliche Pflegeversicherung

Die Pflegeversicherung ist die fünfte Säule der Sozialversicherung. Sie wurde erst 1995 eingeführt und ergänzt die Arbeitslosen-, Renten-, Kranken- und Unfallversicherung. Die Versicherung soll die Versorgung Pflegebedürftiger sicherstellen.

Wer ist versichert?

Jeder, der in der gesetzlichen Krankenkasse pflichtversichert ist, ist auch für die Pflegeversicherung versicherungspflichtig und wird ohne Antrag mitversichert. Automatisch mitversichert sind Kinder und nicht berufstätige Ehepartner. Ist man freiwillig in einer gesetzlichen Krankenkasse versichert, kann man zwischen einer sozialen oder einer privaten Pflegeversicherung wählen. Bei der gesetzlichen Krankenkasse muss man dafür einen Antrag stellen. Wenn jemand privat krankenversichert ist, muss er eine private Pflegeversicherung abschließen.

Wer sind die Träger der gesetzlichen Pflegeversicherung?

Anders als bei den übrigen Säulen der Sozialversicherung gibt es bei der Pflegeversicherung keine eigenen Träger. Vielmehr sind hier die gesetzlichen und privaten Krankenkassen zuständig.

Wie hoch sind die Beiträge?

Die Beiträge für die Pflegekasse zahlen Arbeitnehmer und Arbeitgeber je zur Hälfte. Beim aktuellen Beitragssatz von 1,95 % zahlen beide Seiten je 0,975 % des Bruttolohnes des Arbeitnehmers. Auch Rentner zahlen den vollen Beitragssatz. Arbeitslose erhalten die Beiträge von der Bundesagentur für Arbeit.

Seit dem 01.01.2005 gilt in der Pflegeversicherung ein Beitragszuschlag für Kinderlose. Diese müssen auf die 0,975 % einen Zuschlag von 0,25 % bezahlen, ihr Beitrag steigt damit auf 1,225 %. Der Arbeitgeberanteil bleibt jedoch bei 0,975 %. Diese Regelung gilt für kinderlose Beitragszahler, die über 23 Jahre alt sind und nach dem 31.12.1939 geboren wurden. Befreit davon sind Wehr- und Zivildienstleistende sowie Empfänger des Arbeitslosengeldes II.

Beispiel

Detlef Sonntag ist 36 Jahre alt und kinderlos. Er verdient brutto 2.800,00 €. Sein Beitrag zur gesetzlichen Pflegeversicherung beträgt:

$$\frac{2.800,00\text{ €} \cdot 1,225}{100} = 34,30\text{ €}$$

Sein Arbeitgeber bezahlt:

$$\frac{2.800,00\text{ €} \cdot 0,975}{100} = 27,30\text{ €}$$

Welche Leistungen bietet die Pflegeversicherung?

Alle Menschen, die vom medizinischen Dienst der Krankenkassen in eine der drei Pflegestufen (erheblich pflegebedürftig, schwer pflegebedürftig und schwerstpflegebedürftig) eingeordnet werden, erhalten Leistungen aus der Pflegekasse. Sie sollen dadurch die Fähigkeit, sich selbst versorgen zu können, behalten. Die Leistungen richten sich nach dem Grad der Pflegestufe.

Krankheiten oder Behinderungen können beispielsweise sein: Lähmungen, Funktionsstörungen der inneren Organe, Gedächtnisstörungen, geistige Behinderungen usw.

Die Leistungen der Pflegeversicherung umfassen:

- Leistungen für häusliche Pflege
  Diese kann von Familienmitgliedern oder ambulanten Diensten übernommen werden. Gezahlt wird dafür ein Pflegegeld, gestaffelt nach der Schwere der Pflegebedürftigkeit.
- Pflegevertretung
  Kann die Pflegeperson vorübergehend die Pflege nicht übernehmen (z. B. wegen Krankheit), dann wird eine Pflegevertretung bezahlt.
- Pflegehilfsmittel
  Der Pflegebedürftige hat Anspruch auf Hilfsmittel, die zur häuslichen Pflege notwendig sind, wie zum Beispiel einen Rollstuhl.
- Stationäre Pflege
  Muss der Pflegebedürftige in ein Pflegeheim, werden die Kosten komplett oder zum Teil übernommen.

Zusammenfassung

Frage: Was bringt uns eigentlich der Sozialstaat? Er kostet doch nur sehr viel Geld?

Antwort: Der Sozialstaat versucht zu große Unterschiede im Wohlstand der Bevölkerung zu vermeiden. Damit soll der soziale Frieden gesichert werden. Die Vergangenheit hat gezeigt, dass die Verarmung eines großen Teils der Bevölkerung dazu führt, dass radikale und antidemokratische Parteien Zulauf bekommen (z. B. während der Zeit des so genannten Dritten Reiches).

Frage: Ich bin noch Schüler, bin ich da eigentlich auch in der gesetzlichen Krankenversicherung?

Antwort: Das hängt davon ab, wie Ihre Eltern versichert sind. Sind Ihre Eltern berufstätig und Mitglieder der gesetzlichen Krankenversicherung, dann sind Sie automatisch mitversichert. Ist Ihr Vater privat versichert, weil er sehr viel verdient oder Beamter ist, dann kann er auch seine Kinder privat krankenversichern.

Frage: Kann eigentlich derjenige, der mehr in die Krankenkasse einbezahlt, auch mehr Medikamente oder Arztbesuche in Anspruch nehmen als derjenige, der nur wenig einzahlt?

Antwort: Nein, auch in der Krankenversicherung herrscht das Solidaritätsprinzip. Das bedeutet, dass derjenige, der mehr verdient, auch mehr einbezahlt. Die Leistungen der gesetzlichen Krankenkassen sind jedoch für alle gleich, unabhängig von der Höhe des Einkommens.

Frage: Was hat das damit zu tun, wie viel man verdient?

Antwort: Die Krankenversicherungsbeiträge werden wie die anderen Beiträge zur Sozialversicherung prozentual vom Gehalt berechnet.

Frage: Warum kümmert sich die Krankenkasse auch um die Vorbeugung von Krankheiten?

Antwort: Die Vorbeugung von Krankheiten ist nicht nur für den einzelnen Menschen sehr wichtig, auch rein finanziell ist es für die Krankenkassen um einiges günstiger, Vorbeugungsprojekte zu betreiben (z. B. kostenlose Wirbelsäulengymnastik), als später die hohen Kosten der Behandlung zu tragen.

Frage: Wenn ich nach der Berufsfachschule keine Lehrstelle oder keinen Arbeitsplatz finde, bekomme ich dann gleich Arbeitslosengeld?

Antwort: Nein, Arbeitslosengeld erhält nur derjenige, der bereits gearbeitet hat und eine Zeit lang in die Arbeitslosenversicherung einbezahlt hat.

Frage: Werden die Beiträge, die ich in die Rentenversicherung einzahle, irgendwo bei einer Bank angelegt und bringen Zinsen?

Antwort: Nein, die gesetzliche Rentenversicherung ist nach dem Prinzip des Generationenvertrags organisiert. Das heißt, das Geld, das die arbeitende Generation in die Rentenversicherung einbezahlt, wird sofort an die Rentengeneration ausbezahlt. Im Unterschied dazu wird bei der privaten Rentenversicherung das Geld angelegt, sodass es sich verzinst.

Frage: Wenn ich schon in eine gesetzliche Rentenversicherung einbezahle, wieso wird mir dann empfohlen, auch noch eine private Rentenversicherung abzuschließen?

Antwort: Aufgrund des Geburtenrückgangs gibt es immer weniger Menschen im erwerbstätigen Alter, die in die Rentenversicherung einbezahlen, aber immer mehr, die aus der Rentenversicherung eine Rente beziehen. Aus diesem Grund wird die Rente immer weiter abgesenkt werden, damit dieses Geld reicht. Deshalb wird allgemein geraten, selbst für das Alter etwas anzusparen. Eine private Rentenversicherung funktioniert wie ein Sparbuch, je mehr ich darauf einzahle, umso mehr Geld habe ich später zur Verfügung.

Wissensfragen

1. Was bedeutet der Begriff „soziale Sicherung“?
2. Warum wurde die Sozialversicherung Ende des 19. Jahrhunderts von Bismarck eingeführt?
3. Was sind die fünf Säulen der Sozialversicherung?
4. Was bedeutet das Solidaritätsprinzip?
5. Wie hoch sind die einzelnen Beitragssätze der Versicherungszweige?
6. Was bedeutet der Begriff Beitragsbemessungsgrenze?
7. Wer ist in der gesetzlichen Krankenversicherung versichert?
8. Welche Leistungen bieten die Krankenkassen?
9. Welche Leistungen bietet die Arbeitslosenversicherung?
10. Welche Leistungen bietet die gesetzliche Rentenversicherung?

11. Was bedeutet der Generationenvertrag?
12. Wo liegt das Problem der Rentenversicherung?
13. Für wen gilt die gesetzliche Unfallversicherung?
14. Von wem werden die Beiträge für die Unfallversicherung gezahlt?
15. Welche Leistungen bietet die Unfallversicherung?
16. Wer ist in der gesetzlichen Pflegeversicherung versichert?
17. Welche Leistungen bietet die gesetzliche Pflegeversicherung?

Übungsaufgaben

1. Präsentationstechnik

Notieren Sie sich zu den einzelnen Versicherungsarten einige Stichworte. Bereiten Sie in Partnerarbeit eine Präsentation zum Thema „Gesetzliche Sozialversicherungen" vor. Präsentieren Sie Ihre Arbeit gemeinsam vor der Klasse.

Einstieg

Stellen Sie sich kurz selbst vor: Name, Alter, Wohnort. (Ihre Mitschüler kennen Sie zwar bereits, aber Sie wollen ja schließlich für die Praxis üben.)

↓

Gliederung der Präsentation

Nennen Sie die Reihenfolge der Punkte, über die Sie sprechen werden. Beschreiben Sie zunächst ganz allgemein, um was es sich bei der gesetzlichen Sozialversicherung handelt.

↓

Hauptteil

Stellen Sie die einzelnen Versicherungen vor:

- gesetzliche Krankenversicherung
- gesetzliche Rentenversicherung
- Arbeitslosenversicherung
- gesetzliche Unfallversicherung
- gesetzliche Pflegeversicherung

Halten Sie sich bei jeder Versicherung nur kurz auf. Sie wollen schließlich nur einen Überblick geben. Erläutern Sie nur die wesentlichen Punkte: Wer ist versichert, wie hoch ist der Beitrag, was wird geleistet.

↓

Schluss

Fassen Sie Ihren Vortrag noch einmal kurz zusammen. Bedanken Sie sich bei den Zuhörern und geben Sie die Möglichkeit für Fragen.

2. Fragen zum Text entwickeln

Formulieren Sie fünf W-Fragen, auf die der Text Antwort gibt. Halten Sie sich an die folgenden Fragewörter:

- Was ...?
- Wie ...?
- Warum ...?
- Wie viel ...?
- Wann ...?

Um die allgemeinen wirtschaftlichen Grundlagen in der Gesellschaft und den sozialen Frieden innerhalb der Bevölkerung zu sichern, verwirklicht Bismarck 1881 auf Grundlage der so genannten Kaiserlichen Botschaft die Sozialversicherung. Bereits seit 1883 gibt es die gesetzliche Krankenversicherung, ein Jahr später folgt die Unfallversicherung. Heute gliedert sich die Sozialversicherung in fünf Zweige: Kranken-, Unfall-, Renten-, Arbeitslosen- und Pflegeversicherung. Die Mittel werden durch Sozialversicherungsbeiträge der Arbeitgeber und Arbeitnehmer aufgebracht. (...) Die Mitgliedschaft beruht auf der Versicherungspflicht, eine freiwillige Versicherung ist möglich.

(Quelle: www.gdv.de/von_a_bis_z/22850.htm, abgerufen am 28.02.2005)

3. Die Zeichnung zeigt Ihnen eine durchaus alltägliche Szene. Welche Problematik wird in der Zeichnung dargestellt, die auch auf die Situation in den Sozialversicherungen übertragbar ist?

4. Strukturieren

a) Erstellen Sie eine tabellarische Übersicht, in der Sie die fünf „Säulen" der Sozialversicherung darstellen und für jede Sozialversicherungsart die folgenden Punkte erläutern.

- Wer ist versichert?
- Wer ist Träger?
- Wie hoch sind die Beiträge?
- Was sind die Leistungen?

b) Arbeiten Sie nun in Vierergruppen. Übertragen Sie die Tabelle auf ein Plakat für eine Metawand. Suchen Sie in Zeitschriften nach aussagekräftigen Bildern für die einzelnen Versicherungszweige.

5. Betrachten Sie die Grafik. Welches Problem für die Sozialversicherungen wird dabei deutlich?

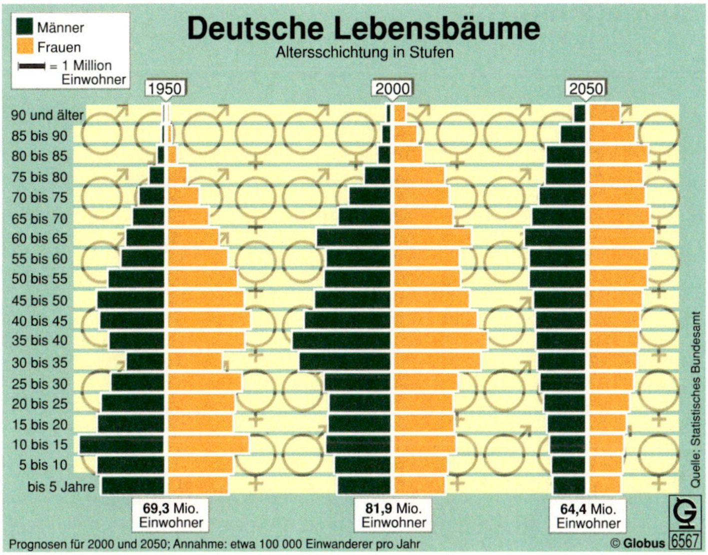

6. Mindmap erstellen

Erstellen Sie jeweils in Partnerarbeit eine Mindmap zu einem Zweig der Sozialversicherung auf einer Folie mit Folienstift. Präsentieren Sie die Folie vor der Klasse.

7. Umschreiben Sie, was mit dem Generationenvertrag gemeint ist, und entwickeln Sie Ideen für zusätzliche (auch private) Absicherungen im Alter.

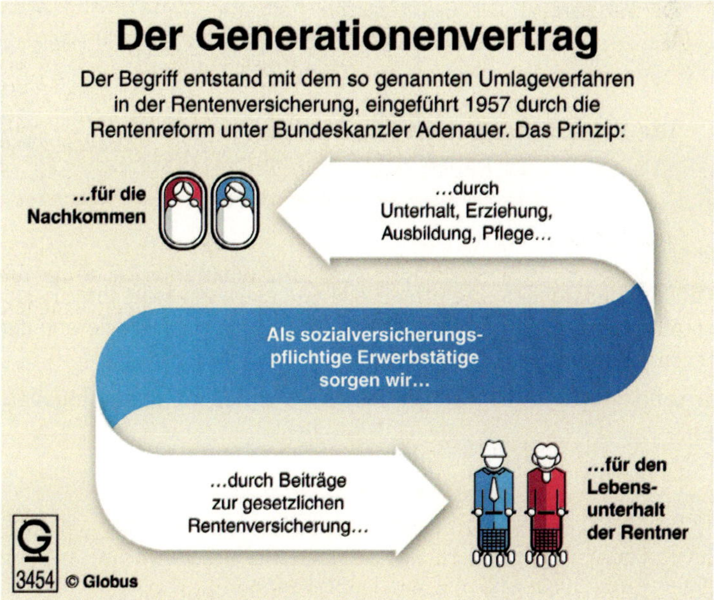

8 Steuern und Gehaltsabrechnung

8.1 Die Steuerarten

Situation

Alexandra Schmitt (20 Jahre, geboren 1989) ist geschockt, als sie ihre Gehaltsabrechnung sieht. Im Arbeitsvertrag ist vereinbart, dass sie brutto 2.100,00 € verdient. Sie hatte schon große Pläne, was sie sich mit ihrem ersten richtigen Gehalt nach der Ausbildung alles leisten wollte. Doch ihre erste Gehaltsabrechnung lässt ihre Träume schwinden.

So sieht Alexandras Gehaltsabrechnung aus:

2.100,00 €	Bruttogehalt
– 250,25 €	Lohnsteuer
– 13,76 €	SolZ 5,5 %
– 22,52 €	KSt 9 %
– 438,38 €	Soz.vers. (KV = 8,2 %, PV = 1,225 %, AV = 1,5 %, RV = 9,95 %)
= 1.375,09 €	Nettogehalt

1.375,09 € – das sind ja nicht einmal 500,00 € mehr als in ihrem dritten Lehrjahr! Und eigentlich wollte sie nun in eine größere Wohnung umziehen, öfters mal Essen gehen und so weiter.

Alexandra Schmitt schaut sich ihre Gehaltsabrechnung näher an. Ja, sie wusste, dass für die Krankenkasse Geld weggeht, schließlich will sie ja auch abgesichert sein, falls sie mal ins Krankenhaus muss. Rentenversicherung – na ja gut, im Alter braucht sie auch etwas Geld. Aber diese Lohnsteuer – 250,25 € – davon hat sie nun wirklich nichts. Wieso kann man junge Leute wie sie nicht davon verschonen? Irgendwie findet sie das ungerecht. Und überhaupt – wo geht das Geld denn hin?

Leitfragen

- Wer bekommt die Lohnsteuer?
- Was wird mit dem Geld gemacht?

8.1.1 Die Einnahmequellen des Staates

Information

Was sind Steuern?

Steuern sind Geldleistungen, die öffentliche Gemeinwesen kraft ihrer Finanzhoheit von den Steuerpflichtigen ohne unmittelbare Gegenleistung zur Finanzierung der kollektiven Bedarfsdeckung erheben.

Der Staat verlangt von seinen Bürgern Steuern, um damit seine Aufgaben finanzieren zu können.

Beispiel

Der Bau einer Schule wird durch Steuergelder finanziert, ebenso kommen die Gehälter der Lehrer aus dem Steuertopf. Würde die Schule nicht durch Steuergelder finanziert werden, müssten die Kosten von den Eltern der Schüler aufgebracht werden. Dies könnten dann durchaus 1.000,00 € pro Monat für jeden Schüler bedeuten.

Durch den Umweg über die Steuerfinanzierung wird im Prinzip jeder mit den Kosten einer Schule belastet, da letztlich auch die ganze Gesellschaft von guten Schulen profitiert.

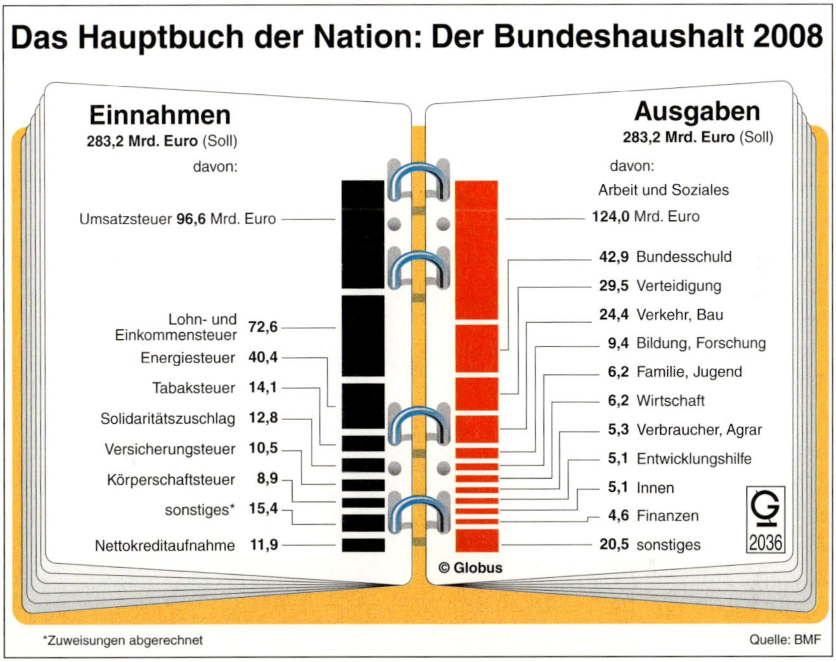

Merke

Steuern werden vom Staat erhoben, ohne dass eine direkte Gegenleistung erfolgt. Durch Steuern werden die Aufgaben des Staates finanziert, die dem Allgemeinwohl dienen.

Beispiel

Nicht nur die Schulen werden durch Steuern finanziert. Auch die Straßen, auf denen wir täglich fahren, die Polizei, die für Sicherheit und Ordnung sorgt, das Kindergeld, die Sozialhilfe, der Fußballplatz, das Museum, das Hallenbad, die Universitäten usw. – dies alles wird mithilfe von Steuern bezahlt.

Weitere Einnahmequellen des Staates

Neben Steuern nimmt der Staat noch Geld durch Gebühren ein. Gebühren werden erhoben, wenn der Bürger vom Staat bestimmte Dienstleistungen in Anspruch nimmt (z. B. Patent-, Beurkundungs- oder Beglaubigungsgebühren, Gebühr für Passaustellung usw.).

Merke

Gebühren sind Abgaben für Dienstleistungen des Staates.

Beiträge werden vom Staat erhoben, um öffentliche Einrichtungen zu finanzieren. Meist werden die Beiträge von den Bürgern bezahlt, die auch einen direkten Vorteil von der staatlichen Leistung erwarten können. So zahlen zum Beispiel Unternehmen einer bestimmten Region an die für diese Region zuständige Industrie- und Handelskammer einen Beitrag. Die Industrie- und Handelskammer ist wiederum auf vielen Gebieten tätig, die den Unternehmen dieser Region zugute kommen (beispielsweise macht die IHK Werbung für den jeweiligen Wirtschaftsraum, überwacht die Ausbildungsbetriebe, führt Abschlussprüfungen für Auszubildende durch).

Zudem hat der Staat auch Einkünfte aus eigener Erwerbstätigkeit. Es gibt viele staatliche Unternehmen, sie gehören also dem Staat. Die Gewinne dieser staatlichen Unternehmen fließen direkt in die Staatskasse.

8.1.2 Was für Steuern gibt es?

Die Steuern können nach verschiedenen Gesichtspunkten eingeteilt werden. Eine Einteilung der Steuern nach dem, was besteuert wird, zeigt diese Grafik.

Sie zeigt auch, welche Bedeutung die einzelnen Steuerarten für die Gesamtsumme an Steuern haben, die dem Staat zufließt.

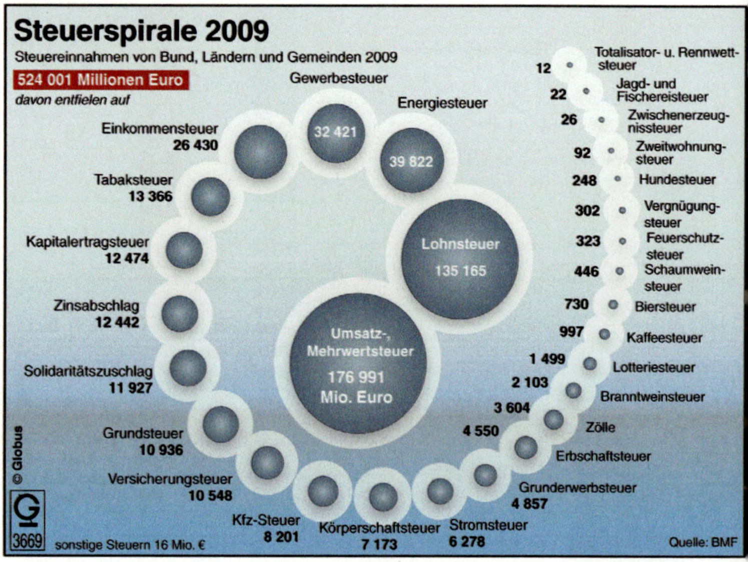

Diese Einteilung der Steuern nach dem, was besteuert wird, nennt man Einteilung nach dem Steuergegenstand. Es gibt dazu drei Hauptgruppen:

Einteilung der Steuern nach dem Steuergegenstand		
Besitzsteuern	**Verkehrsteuern**	**Verbrauchsteuern**
Einkommensteuer	Kraftfahrzeugsteuer	Tabaksteuer
Grundsteuer (Besteuerung von Grundstücken)	Grunderwerbsteuer	Mineralölsteuer
Gewerbesteuer	Umsatzsteuer	Kaffeesteuer
...	...	...

Betrachten wir einige der Steuerarten etwas genauer.

Besitzsteuern: Der Besitz von Sachen wird besteuert.

Beispiel

Grundstücks-, Haus- oder Wohnungseigentümer müssen jährlich an die Gemeinde eine Grundsteuer zahlen.

Verkehrsteuern: Wirtschaftlich-rechtliche Vorgänge werden besteuert. Ein wirtschaftlich-rechtlicher Vorgang liegt vor, wenn Sachen verkauft werden. Besteuert wird dabei der Umsatz, der bei dem Verkauf erzielt wird.

Merke

Beim Verkauf von Waren fällt Umsatzsteuer an.
Beim Kauf eines Grundstückes muss Grunderwerbsteuer entrichtet werden.

Auch das In-den-Verkehr-Bringen eines Kraftfahrzeuges (z. B. eines Autos) unterliegt einer Verkehrsteuer, nämlich der Kfz-Steuer, die jährlich zu entrichten ist.

Beispiel

BüroFix e. K. verkauft einen Computer für 1.000,00 €. In dem Verkaufspreis sind 19 % Umsatzsteuer eingerechnet, die von BüroFix e. K. an das Finanzamt zu entrichten sind.

Verbrauchsteuern: Verbrauchsteuern werden für den Verbrauch von bestimmten Gütern erhoben. Eine der bekanntesten Verbrauchsteuern ist die Mineralölsteuer. Weitere Verbrauchsteuern sind beispielsweise die Kaffee-, Tabak- oder Schaumweinsteuer. Sie entstehen immer dann, wenn der Endverbraucher diese Güter erwirbt.

Beispiel

Harald tankt seinen Sportwagen an der Tankstelle mit bleifreiem Superbenzin für 65,00 € voll. Von diesen 65,00 € geht ein größerer Teil in Form der Mineralölsteuer an das Finanzamt.

8.1.3 Die Steuern als politisches Instrument

Information

Der Grundsatz der Besteuerung

Der Staat kann nicht willkürlich Steuern von seinen Bürgern verlangen. Hierzu müssen Gesetze durch die gesetzgebende Gewalt (Bundestag und Bundesrat, Landtag oder Gemeinderat) beschlossen werden.

Werden Steuern per Gesetz beschlossen, so müssen verschiedene Grundsätze beachtet werden. Insbesondere sollte darauf geachtet werden, dass die Steuern gerecht auf die Menschen verteilt werden. Zum Beispiel wäre es ungerecht, dass Arbeitgeber in Deutschland keine Steuern, dafür aber die Arbeitnehmer umso mehr Steuern bezahlen müssten. Auch sollten die persönlichen Verhältnisse des Steuerzahlers berücksichtigt werden. Insbesondere Familien mit Kindern und nur einem Einkommen sollten weniger Steuern bezahlen müssen, da sie einen großen Teil des Geldes für ihre eigene Existenz benötigen.

Werden die Steuern erhöht oder neue Steuern eingeführt, so entsteht in der Öffentlichkeit meist eine heftige Debatte darüber, wie gerecht bzw. ungerecht diese Steuer ist. Politiker müssen deshalb darauf achten, dass die Bürger das Gefühl haben, dass die Steuerlast gerecht verteilt ist.

Steuern als politisches Instrument

Der Staat versucht über die Steuereinnahmen seine politischen Ziele zu erreichen. Ein Ziel ist z. B. der Umweltschutz. So werden umweltschädliche Autos mit einer höheren Kfz-Steuer belastet, während für sparsame und umweltfreundlichere Autos eine niedrigere Kfz-Steuer bezahlt werden muss. Ein weiteres Ziel ist z. B., die Standortsicherung für Unternehmen in Deutschland zu gewährleisten durch niedrigere Steuersätze.

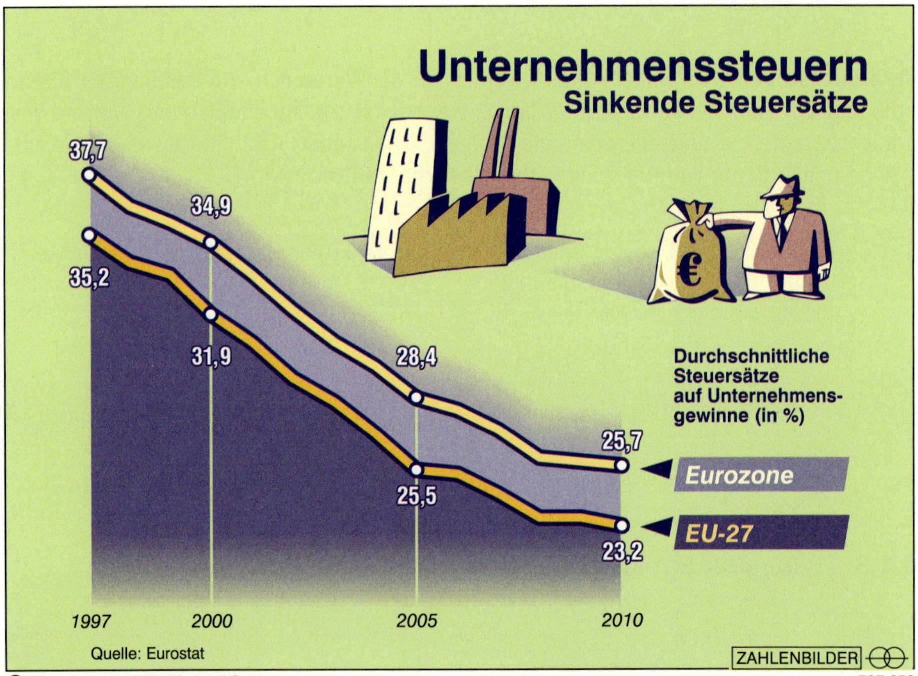

725 273

8.2 Die Einkommensteuer

Information

Was ist die Einkommensteuer?

Einkommensteuer müssen Personen zahlen, die auf irgendeine Weise Geld verdienen und in der Bundesrepublik Deutschland wohnen (ausgenommen sind Personen, die einen Minijob haben). Bei Personen, die als Arbeitnehmer in einem Beschäftigungsverhältnis stehen, heißt diese Steuer Lohnsteuer, da sie vom Lohn berechnet wird. Die Einkommensteuer ist allerdings nicht nur auf Arbeitnehmer beschränkt, auch Unternehmer müssen diese Steuer zahlen. Besteuert wird dann nicht der Lohn, da Unternehmer keinen Lohn erhalten, sondern der Gewinn, den sie mit ihrem Unternehmen erzielen. Das gleiche gilt für Landwirte. Sie erhalten ebenfalls keinen Monatslohn, sondern müssen ihren landwirtschaftlichen Betrieb so bewirtschaften, dass er Gewinn abwirft.

Beispiel

Der Möbelhändler Meier handelt mit Schulmöbeln. Er verkauft an eine Berufsschule 500 Tische zu je 20,00 €. Er macht also einen Umsatz von 10.000,00 €. Die Tische hat er für 10,00 € je Stück bei einer Möbelfabrik eingekauft. Sein Aufwand beträgt also 5.000,00 €. Er macht somit einen Gewinn von 5.000,00 €. Dieser Gewinn muss nun mit der Einkommensteuer versteuert werden.

Insgesamt wird zwischen sieben verschiedenen Einkunftsarten unterschieden, die von der Einkommensteuer besteuert werden.

Einkünfte aus ...	**Beispiele**
1. nicht selbstständiger Arbeit	Löhne, Gehälter, Ausbildungsvergütung (werden mit der Lohnsteuer besteuert)
2. + selbstständiger Arbeit	Gewinn, den ein Steuerberater oder Rechtsanwalt mit seiner Kanzlei erzielt; Gewinn, den ein Arzt, Krankengymnast usw. mit seiner Praxis erzielt; Einkünfte von Schriftstellern, Künstlern usw.
3. + Gewerbebetrieb	Gewinne, die mit einem Unternehmen erzielt werden, z. B. Industrieunternehmen, Handelsunternehmen oder auch Handwerksbetriebe.
4. + Land- und Forstwirtschaft	Gewinn, der von Landwirten oder Forstwirten (Wald) erzielt wird. Hierunter fallen auch Winzer und Fischereibetriebe.
5. + Kapitalvermögen	Einkünfte, die durch Geldanlagen (Sparbuch, Sparbrief, Fonds, Aktien usw.) erzielt werden.
6. + Vermietung und Verpachtung	Einkünfte, die durch Vermietung oder Verpachtung von Grundstücken, Wohnungen und Häusern erzielt werden.
7. + sonstige Einkünfte	Einkünfte aus einer Rente aus der gesetzlichen Rentenversicherung oder Einkünfte aus privaten Veräußerungsgeschäften

Von der Summe der Einkünfte werden die Freibeträge (Kinderfreibetrag, Haushaltsfreibetrag u. a.) abgezogen.

Beispiel

Hans Neureich ist ein fleißiger Mann. Er arbeitet in einer Beratungsfirma und erhält dort ein Gehalt von 3.000,00 € monatlich. Er besitzt zudem einen kleinen Bauernhof, der ihm dieses Jahr einen Gewinn von 10.000,00 € beschert hat. Auf dem Bauernhof hat er einen Ausstellungsraum, in dem er Antiquitäten aller Art verkauft. Damit hat er dieses Jahr einen Gewinn von 6.000,00 € gemacht. Auf dem Bauernhof hat er eine Wohnung vermietet: Gewinn pro Jahr 3.000,00 €.

Sein Geld hat er auf der Bank gut angelegt und bekommt jährlich Zinsen von 6.000,00 € gutgeschrieben. Außerdem hat er noch ein Buch über Steuertricks geschrieben; der Verlag zahlt ihm dafür 5.000,00 €.

Sein gesamtes Einkommen im Jahr beträgt also:

Einkünfte aus ...		
1. nicht selbstständiger Arbeit	36.000,00 €	Gehalt Beratungsfirma
2. + selbstständiger Arbeit	5.000,00 €	Buch
3. + Gewerbebetrieb	6.000,00 €	Antiquitätenhandel
4. + Land- und Forstwirtschaft	10.000,00 €	Bauernhof
5. + Kapitalvermögen	6.000,00 €	Bank
6. + Vermietung und Verpachtung	3.000,00 €	Wohnung
Summe:	66.000,00 €	

Die 66.000,00 € sind das gesamte Einkommen von Hans Neureich. Hans Neureich hat noch die Möglichkeit, von diesem Betrag sämtliche Freibeträge (z. B. für Kinder) abzuziehen. Erst der Endbetrag wird letztlich durch die Einkommensteuer belastet.

Wie wird die Steuerschuld ermittelt?

Der Steuerpflichtige muss nach Ablauf eines Kalenderjahres seine Einkünfte dem Finanzamt durch eine Einkommensteuererklärung mitteilen. In dieser Einkommensteuererklärung gibt der Steuerpflichtige zunächst alle Einkünfte an (z. B. aus selbstständiger Arbeit und aus Kapitalvermögen). Er kann aber auch in der Einkommensteuererklärung seine Ausgaben angeben, die er machen musste, damit er überhaupt das Einkommen erzielen konnte. Diese Ausgaben werden von der Gesamtsumme des Einkommens abgezogen. Erst der Endbetrag wird dann besteuert.

8.3 Die Lohnsteuer

Information

Die Lohnsteuer als Teil der Einkommensteuer

Die Lohnsteuer ist eine Steuer, die Einkünfte aus nicht selbstständiger Arbeit besteuert. Deshalb ist sie für zukünftige Auszubildende von besonderer Bedeutung. Aus diesem Grund liegt der Schwerpunkt bei den folgenden Informationen auch auf der Lohnsteuer.

Die Grundlage für die Lohnsteuer

Wie viel Lohnsteuer monatlich bezahlt werden muss, hängt davon ab, wie viel man brutto verdient. Dies ist das Bruttogehalt. Der Begriff „brutto" kommt aus dem Italienischen und heißt übersetzt „insgesamt" oder „ohne Abzug". Mit Bruttogehalt ist also das Gehalt gemeint, das auf der Lohnabrechnung des Arbeitnehmers steht, bevor Steuern oder Sozialabgaben abgezogen wurden.

Die Höhe der Lohnsteuer ist zudem abhängig vom Familienstand (verheiratet oder ledig), der Anzahl der Kinder und von bestimmten Freibeträgen. Zurzeit wird auf die Lohnsteuer noch ein Solidaritätszuschlag von 5,5 % hinzugerechnet, der dem Aufbau der neuen Bundesländer zugute kommen soll.

Die Lohnsteuer wird nicht vom Arbeitnehmer monatlich selbst bezahlt, sondern der Arbeitgeber behält sie zusammen mit der Kirchensteuer und dem Solidaritätszuschlag ein und führt sie bis zum jeweils 10. des Folgemonats an das Finanzamt ab.

Lohnsteuerfrei sind beispielsweise das Arbeitslosengeld, das Krankengeld oder die Sozialhilfe.

Die Lohnsteuerklassen

Lohnsteuer müssen alle Arbeitnehmer, also Arbeiter, Angestellte und Beamte, bezahlen. Diese so genannten Lohnsteuerpflichtigen werden in Steuerklassen eingeteilt. Steuerklassen sind für die Höhe der Lohnsteuer besonders wichtig. Die Einteilung in die Steuerklassen I bis VI erfolgt danach, ob der Arbeitnehmer verheiratet ist und Kinder hat.

Es gibt die folgenden Steuerklassen:

Steuerklasse I:	Hierunter fallen Arbeitnehmer, die ledig oder geschieden sind. Auch wenn der Arbeitnehmer verheiratet ist und seine Ehegattin im Ausland oder dauernd getrennt lebt, bekommen beide diese Steuerklasse. Wenn die Ehegattin oder der Ehegatte im vorletzten Jahr verstorben ist, erhält der Arbeitnehmer/die Arbeitnehmerin ebenfalls die Steuerklasse I.
Steuerklasse II:	Arbeitnehmer werden in die Steuerklasse II eingeteilt, wenn sie ledig, verwitwet oder geschieden sind und mit mindestens einem minderjährigen Kind in einer gemeinsamen Wohnung wohnen.
Steuerklasse III:	In dieser Klasse sind alle Arbeitnehmer, die verheiratet sind und von denen ein Ehegatte entweder keinen Arbeitslohn bezieht oder freiwillig der Steuerklasse V angehört.

Steuerklasse IV:	Arbeitnehmer sind in der Steuerklasse IV, wenn sie verheiratet sind und beide Ehegatten Arbeitslohn beziehen.
Steuerklasse V:	Die Steuerklasse V wird bei verheirateten Eheleuten einem Ehegatten auf Antrag gewährt, damit der andere Ehegatte der Steuerklasse III zugeordnet werden kann.
Steuerklasse VI:	In die Steuerklasse VI werden die Arbeitnehmer eingeteilt, die aus mehr als einem Arbeitsverhältnis Arbeitslohn beziehen.

Merke **Die Einteilung in die Steuerklassen I bis VI erfolgt danach, ob der Arbeitnehmer verheiratet ist und Kinder hat.**

Ermittlung der Lohnsteuer

Die Höhe der Lohn- und Kirchensteuer sowie des Solidaritätszuschlages wird seit 2004 mithilfe eines gesetzlich vorgeschriebenen, stufenlosen Formeltarifs bestimmt. So bietet beispielsweise das Bundesfinanzministerium einen interaktiven Abgabenrechner an, in dem die individuelle Lohnsteuer ermittelt werden kann (www.abgabenrechner.de).

Vor 2004 wurden dafür offiziell noch Lohnsteuertabellen verwendet. Heute stellen die Lohnsteuertabellen nur noch eine ergänzende Alternative zur maschinellen Lohnsteuerberechnung nach dem stufenlosen Formeltarif dar.

Um Ihnen einen Einblick geben zu können, wie die Höhe der Lohnsteuer von der Lohnhöhe und der Steuerklasse abhängt, soll hier noch die Lohnsteuertabelle verwendet werden (siehe auch Seite 115).

(Ausschnitt aus:)

Lohnsteuertabellen 2010 (Monat)

(Mit Kirchensteuer 9 %)

Lohn (ab)		LSt	Ohne Kifb.		Kifb: 0,5	
	StKl		KiSt	SolZ	KiSt	SolZ
	IV	**46,58**	4,19		1,77	
	V	**175,16**	15,76	9,63		
	VI	**208,66**	18,78	11,47		
1.215,00	I	**47,08**	4,23			
	II	**26,50**				
	III	**0,00**				
	IV	**47,08**	4,23		1,80	
	V	**176,25**	15,86	9,69		
	VI	**209,75**	18,87	11,53		
1.218,00	I	**47,58**	4,28			
	II	**26,91**				
	III	**0,00**				
	IV	**47,58**	4,28		1,84	
	V	**177,33**	15,96	9,75		
	VI	**210,75**	18,96	11,59		

Die Lohnsteuerkarte

Bis in das Jahr 2010 gab es Lohnsteuerkarten in Papierform, die als Grundlage für die Lohnsteuerberechnung dienten. Auf der Lohnsteuerkarte waren die Steuerklasse, die Anzahl der Kinder und eventuell Freibeträge eingetragen. Die Lohnsteuerkarten werden ab 2012 durch ein papierloses elektronisches Verfahren ersetzt, das zur Erhebung der Lohnsteuer dient. Der Arbeitnehmer hat seinem Arbeitgeber zu Beginn des Arbeitsverhältnisses seine Steuer-Identifikationsnummer sowie den Tag seiner Geburt zu nennen. Mit diesen Daten kann der Arbeitgeber in einer Datenbank die Merkmale aufrufen, wie sie früher auf der Lohnsteuerkarte eingetragen waren.

Freibeträge

Freibeträge mindern das zu versteuernde Einkommen. Sie dienen zum einen dazu, die persönliche Situation des Steuerzahlers in gerechter Weise zu berücksichtigen (Steuergerechtigkeit). Zum anderen wird dadurch das Verfahren zur Feststellung der Höhe der Einkommensteuer vereinfacht. In die Lohnsteuertabelle ist bereits ein Grundfreibetrag von 8.004,00 € pro Jahr eingearbeitet (Stand 2010). Das bedeutet, dass jemand, der 8.004,00 € oder weniger pro Jahr an Einkommen hat, keine Lohnsteuer bezahlt. Bei Verheirateten gilt der doppelte Betrag, also 16.008,00 €.

Beispiel

Heinz Müller hat eine Halbtagsstelle als Hausmeister und verdient monatlich brutto 1.200,00 €. Seine Ehefrau arbeitet nicht. Sie sind in der Steuerklasse III veranlagt und haben ein gemeinsames Jahreseinkommen von 14.400,00 €. Sie bezahlen keine Lohnsteuer und damit folglich auch keine Kirchensteuer und keinen Solidaritätszuschlag, da sich dieser von der Lohnsteuer berechnet.

Der Freibetrag ist in die Monatstabelle der Lohnsteuer eingearbeitet, wie in der nebenstehenden Tabelle erkennbar ist.

Ein weiterer Freibetrag, den alle Arbeitnehmer erhalten, ist der Arbeitnehmerpauschbetrag in Höhe von 920,00 €.

Arbeitnehmer haben Aufwendungen, damit sie ihren Beruf überhaupt ausüben können. Diese Aufwendungen nennt man Werbungskosten.

Lohnsteuertabellen 2010 (Monat)
(Mit Kirchensteuer 9 %)

Lohn (ab)	StKl	LSt	Ohne Kifb. KiSt	SolZ
	V	**169,91**	15,29	9,34
	VI	**203,33**	18,30	11,18
1.200,00	I	**44,58**	4,01	0,00
	II	**24,25**		
	III	**0,00**	0,00	0,00
	IV	**44,58**	4,01	0,00
	V	**171,00**	15,39	9,40
	VI	**204,41**	18,39	11,24
1.203,00	I	**45,08**	4,05	0,00
	II	**24,75**		
	III	**0,00**	0,00	0,00
	IV	**45,08**	4,05	0,00

Merke

Werbungskosten sind Aufwendungen, die der Arbeitnehmer hat, damit er seinen Beruf ausüben kann.

Dies können z. B. Aufwendungen sein für:

- das Pendeln zwischen Arbeitsplatz und Wohnung,
- die eigene Fortbildung (IHK-Kurs usw.),
- Berufskleidung (ein Vertreter braucht beispielsweise einen neuen Anzug) usw.

Diese Aufwendungen können bei der Berechnung der Einkommensteuer geltend gemacht werden. Aus Vereinfachungsgründen hat der Gesetzgeber für jeden Arbeitnehmer einen pauschalen Betrag von 920,00 € angesetzt. Man geht davon aus, dass jeder Arbeitnehmer im Durchschnitt pro Jahr 920,00 € benötigt, um seine Ausgaben, die er allein durch seinen Beruf hat, zu decken. Für diese 920,00 € muss der Arbeitnehmer keinerlei Belege nachweisen. Für Arbeitnehmer ist in die Lohnsteuertabelle bereits ein Pauschalbetrag von 920,00 € eingearbeitet. Hat jemand also überhaupt keine Aufwendungen, die mit der Ausübung seines Berufes zusammenhängen, hat er Steuern gespart.

Beispiel

Markus Orth, Verkäufer bei BüroFix e. K., wohnt 300 m von seinem Arbeitsplatz entfernt. Er geht immer zu Fuß zur Arbeit. Eine aufwändige Arbeitskleidung braucht er nicht. Fortbildungsveranstaltungen besucht er ebenfalls keine. Von seinem Jahreseinkommen wird trotzdem der Arbeitnehmerpauschbetrag von 920,00 € abgezogen.

Erstattung zu viel bezahlter Lohnsteuer (Einkommensteuererklärung)

Arbeitnehmer, die von einem Arbeitgeber Lohn beziehen, brauchen in der Regel keine Einkommensteuererklärung abzugeben. Für den Arbeitnehmer kann es jedoch von Vorteil sein, nach Ablauf eines Kalenderjahres eine Einkommensteuererklärung abzugeben, da der Arbeitgeber während des Jahres die Lohnsteuer vom Monatslohn einbehält. In der Einkommensteuererklärung kann der Arbeitnehmer zeigen, dass beispielsweise seine Werbungskosten den Pauschalbetrag übersteigen. Da der Arbeitgeber diese Werbungskosten bei seiner Berechnung der Lohnsteuer nicht berücksichtigt, kommt er auf eine höhere monatliche Lohnsteuer. Am Ende des Jahres kann der Arbeitnehmer in der Einkommensteuererklärung also nachweisen, dass er zu viel Steuern bezahlt hat. Das Finanzamt überprüft diese Einkommensteuererklärung und überweist letztlich die zu viel bezahlte Steuer an den Arbeitnehmer zurück.

Neben den Werbungskosten hat der Arbeitnehmer noch weitere Möglichkeiten, sein zu versteuerndes Einkommen zu mindern. Darunter fallen beispielsweise die außergewöhnlichen Belastungen (die z. B. bei einer Krankheit oder Behinderung vorkommen können) sowie die Sonderausgaben. Für den Arbeitnehmer lohnt es sich eigentlich immer eine Einkommensteuererklärung am Ende des Jahres abzugeben!

Schema zur Ermittlung der Einkommensteuerschuld:
Einnahmen aus nicht selbstständiger Arbeit
– Werbungskosten
– Sonderausgaben
– Vorsorgeaufwendungen
– außergewöhnliche Belastungen
= Einkommen
– Altersentlastungsbetrag
= zu versteuerndes Einkommen

Der Begriff „zu versteuerndes Einkommen" bedeutet, dass in der Regel nicht das gesamte Einkommen versteuert wird, sondern nur ein Teil davon.

Merke **Zu versteuerndes Einkommen = Teil des Einkommens, für das Einkommensteuer bezahlt werden muss.**

8.4 Die Kirchensteuer

Die Erhebung von Kirchensteuern steht jeder Religions- und Weltanschauungsgemeinschaft zu, die als Körperschaft öffentlichen Rechts anerkannt ist. Nur wer Mitglied einer Kirche ist, muss Kirchensteuern entrichten. Die Steuern sind somit vergleichbar mit einer Art Mitgliedsbeitrag. Sie werden nur für den Zeitraum erhoben, in dem ein Mitglied über ein Mindesteinkommen verfügt und somit finanziell abgesichert ist. Kinder, Jugendliche oder Studenten, Rentner, Arbeitslose, Hausfrauen oder Sozialhilfeempfänger zahlen als Kirchenmitglieder im Normalfall keine Kirchensteuern.

Die Kirchensteuer wird vom Staat eingezogen, ihre Einnahmen stehen jedoch den Kirchen zu. Sie dienen den verschiedenen steuererhebungsberechtigten Kirchen zur Erfüllung ihrer kirchlichen Aufgaben.

Die Kirchensteuer wird im Allgemeinen bei der Veranlagung zur Einkommensteuer von den Finanzämtern festgesetzt und erhoben. Bei den Lohnsteuerpflichtigen berechnet der Arbeitgeber die Kirchensteuer nach dem am Wohnsitz des Arbeitnehmers geltenden Steuersatz und führt sie zusammen mit der Lohnsteuer an das Finanzamt ab.

8.5 Der Solidaritätszuschlag

Zur Finanzierung der Einheit Deutschlands wird seit dem 1. Januar 1995 ein Zuschlag zur Lohn-, Einkommen- und Körperschaftsteuer von allen Steuerpflichtigen erhoben. Der Solidaritätszuschlag beträgt derzeit 5,5 %.

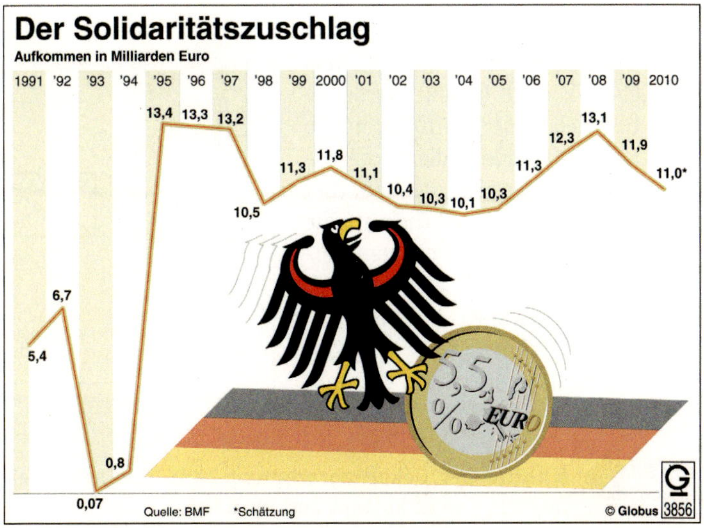

8.6 Die Gehaltsabrechnung

Situation

Alexandra Schmitt ist immer noch geschockt. Auf ihrer Gehaltsabrechnung hat sich ihr Gehalt fast halbiert. Sie will nun genau wissen, wie die Gehaltsabrechnung aufgebaut ist und wie sich die Beträge errechnen.

2.100,00 €	Bruttogehalt
– 250,25 €	Lohnsteuer
– 13,76 €	Solidaritätszuschlag (SolZ) 5,5 %
– 22,52 €	Kirchensteuer (KSt) 9 %
– 438,38 €	Sozialversicherungen (KV = 8,2 %, PV = 1,225 %, AV = 1,5 %, RV = 9,95 %)
= 1.375,09 €	Nettogehalt

Leitfrage: Wozu dient die Gehaltsabrechnung?

Information

Was ist eine Gehaltsabrechnung?

Jeder, der in einem geregelten Arbeitsverhältnis steht, erhält am Ende des Monats eine Gehaltsabrechnung. Auf der Gehaltsabrechnung steht das Bruttogehalt, also das Gehalt, das dem Arbeitnehmer zunächst vor Abzug von Steuern oder Versicherungen zusteht. Zum Bruttogehalt gehören auch Zahlungen für Überstunden oder z. B. das Urlaubs- oder Weihnachtsgeld.

Mithilfe der Gehaltsabrechnung kann der Arbeitnehmer überprüfen, ob ihm das Gehalt korrekt bezahlt wurde. Er kann beispielsweise kontrollieren, ob ihm alle Überstunden, die er geleistet hat, auch vergütet wurden. Der Arbeitgeber ist dazu verpflichtet, die Gehaltsabrechnung im Einzelnen darzustellen. Er darf also nicht einfach nur dem Arbeitnehmer den Nettobetrag nennen, sondern muss ihm zeigen, was er alles vom Bruttolohn abgezogen hat.

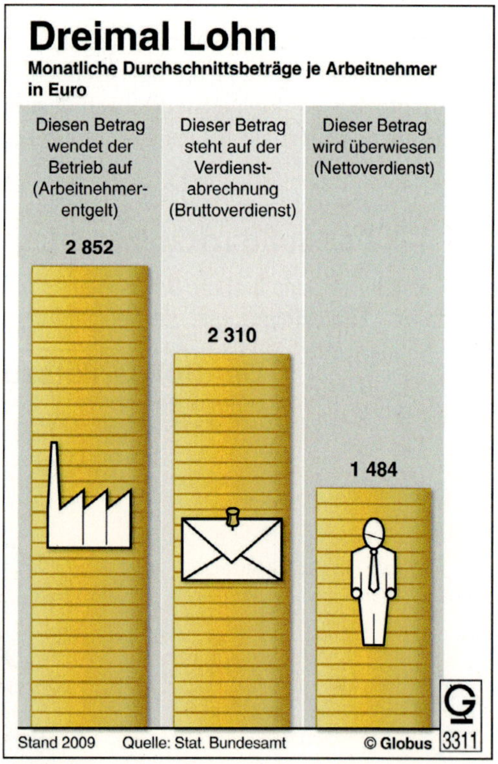

Merke: **Mithilfe der Gehaltsabrechnung kann der Arbeitnehmer überprüfen, ob ihm das Gehalt korrekt bezahlt wurde.**

Wie errechnet sich die Lohnsteuer in der Gehaltsabrechnung?

In der Gehaltsabrechnung steht zunächst das Bruttogehalt an oberster Stelle. Davon werden zunächst die Lohnsteuer, der Solidaritätszuschlag sowie die Kirchensteuer ermittelt. Die Beträge findet man in Lohnsteuertabellen oder man kann sie mithilfe des stufenlosen Formeltarifes oder Abgabenrechners ermitteln. Anhand von Lohnsteuertabellen kann der Arbeitnehmer auch kontrollieren, ob ihm der richtige Betrag an Lohnsteuer abgezogen wurde. Er muss bei der Gehaltsabrechnung besonders darauf achten, dass alle Daten stimmen (z. B. die richtige Lohnsteuerklasse). Die Lohnsteuer wird vom Arbeitgeber einbehalten und direkt an das Finanzamt abgeführt.

Beispiel 1

Matthias Krüger (23 Jahre, geboren 1986) ist Industriekaufmann und verdient brutto 2.031,00 €. Er ist ledig und hat keine Kinder, deshalb gehört er der Lohnsteuerklasse I an. Die Lohnsteuer, die von seinem Bruttogehalt (im Jahr 2010) abgezogen wird, beträgt laut Tabelle: 233,75 €.

Lohnsteuertabellen 2010 (Monat)
(Mit Kirchensteuer 9 %)

Lohn (ab)	StKl	LSt	Ohne Kifb. KiSt	Ohne Kifb. SolZ	Kifb: 0,5 KiSt	Kifb: 0,5 SolZ
	V	**459,00**	41,31	25,24		
	VI	**488,33**	43,95	26,85		
2.028,00	I	**233,08**	20,97	12,81	14,05	8,58
	II	**203,83**			11,58	7,07
	III	**45,50**	4,09	0,00	0,00	0,00
	IV	**233,08**	20,97	12,81	17,46	10,67
	V	**460,00**	41,40	25,30		
	VI	**489,33**	44,04	26,91		
2.031,00	I	**233,75**	21,03	12,85	14,11	8,62
	II	**204,50**			11,64	7,11
	III	**46,00**	4,14	0,00	0,03	0,00
	IV	**233,75**	21,03	12,85	17,52	10,71

Beispiel 2

Tatjana Müller (geboren 1978) ist Buchhalterin, verheiratet, aber ohne Kinder. Ihr Mann arbeitet nicht, deshalb ist sie in der Lohnsteuerklasse III. Sie bekommt einen Bruttolohn von 2.775,00 €. Entsprechend der Lohnsteuertabelle beträgt die Lohnsteuer 195,33 €.

Lohnsteuertabellen 2010 (Monat)
(Mit Kirchensteuer 9 %)

Lohn (ab)	StKl	LSt	Ohne Kifb. KiSt	Ohne Kifb. SolZ	Kifb: 0,5 KiSt	Kifb: 0,5 SolZ
	VI	**752,66**	67,74	41,39		
2.775,00	I	**421,91**	37,97	23,20	30,11	18,40
	II	**388,75**			27,28	16,67
	III	**195,33**	17,58	6,66	11,46	0,00
	IV	**421,91**	37,97	23,20	33,99	20,77
	V	**720,25**	64,82	39,61		
	VI	**753,75**	67,83	41,45		
2.778,00	I	**422,75**	38,04	23,25	30,18	18,44

An den Beispielen können Sie erkennen, welcher Unterschied sich bei den Lohnsteuerklassen ergibt. Obwohl Matthias Krüger weniger verdient als Tatjana Müller, muss er mehr Lohnsteuer bezahlen, da er in der Lohnsteuerklasse I und nicht wie Frau Müller in der Lohnsteuerklasse III ist.

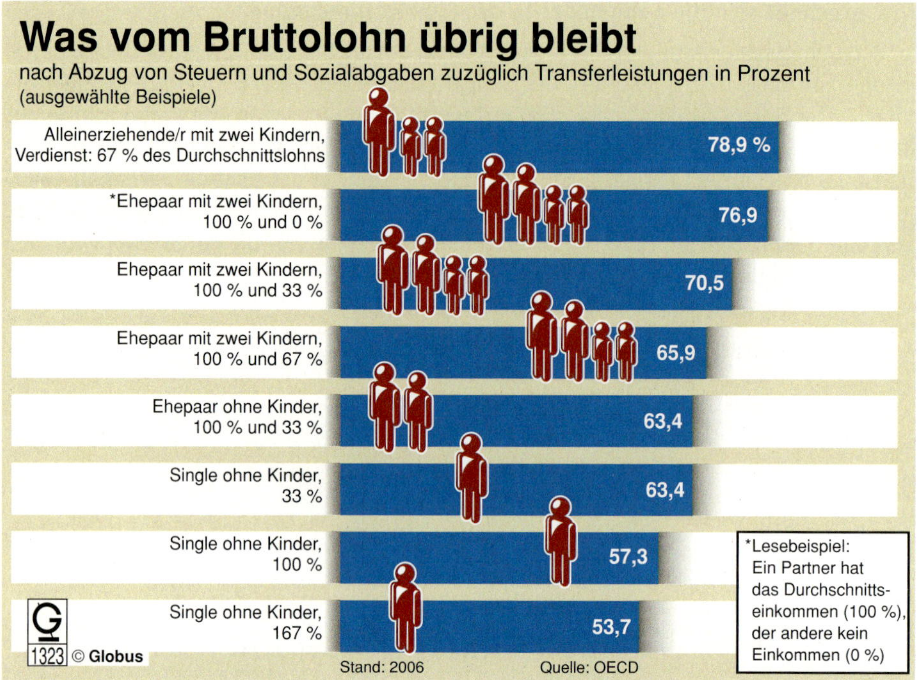

Wie werden Solidaritätszuschlag und Kirchensteuer berechnet?

Der Solidaritätszuschlag und die Kirchensteuer können in der Lohnsteuertabelle abgelesen bzw. über den Abgabenrechner ermittelt werden.

Lohn (ab) StKl	LSt	Ohne Kifb. KiSt	Ohne Kifb. SolZ	Kifb: 0,5 KiSt	Kifb: 0,5 SolZ
IV	419,50	37,75	23,07	33,78	20,64
V	717,00	64,53	39,43		
VI	750,41	67,53	41,27		
2.769,00 I	420,25	37,82	23,11	29,97	18,31
II	387,16			27,15	16,59

Beispiel

Matthias Krüger muss für sein Bruttogehalt von 2.031,00 € Kirchensteuer von 21,03 € und einen Solidaritätszuschlag von 12,85 € bezahlen (vgl. Lohnsteuertabelle auf Seite 107, Beispiel 1).

Wie werden die Sozialversicherungsbeiträge errechnet?

Vom Bruttogehalt werden die Sozialversicherungsbeiträge abgezogen. Die Sozialversicherungsbeiträge setzen sich zusammen aus Beiträgen für die Rentenversicherung, die Arbeitslosenversicherung, die Krankenversicherung und die Pflegeversicherung. Die Beiträge errechnen sich jeweils prozentual vom Bruttogehalt. Da der Arbeitgeber die Hälfte des jeweiligen Sozialversicherungsbeitrages für den Arbeitnehmer bezahlt, ist auf der Gehaltsabrechnung nur der Betrag ausgewiesen, den der Arbeitnehmer zu tragen hat. Der Arbeitnehmer muss den Betrag aber nicht selbst an die Versicherung bezahlen. Die Sozialversicherungsbeiträge werden wie die Lohnsteuer vom Arbeitgeber einbehalten und direkt an die Versicherungsträger überwiesen.

Beispiel

Karin Schewe (geboren 1980) ist ledig und hat keine Kinder. Sie verdient als Einzelhandelskauffrau brutto 1.710,00 €. Davon werden ihr neben der Lohnsteuer noch die Sozialversicherungsbeiträge abgezogen. Die Hälfte der Sozialversicherungsbeiträge trägt ihr Arbeitgeber. Diese Beiträge tauchen auf der Gehaltsabrechnung nicht auf. Auf der Abrechnung ist nur ihr Anteil ausgewiesen:

Karin Schewes Gehaltsabrechnung:

Bruttobetrag:	1.710,00 €		
Lohnsteuer:	156,83 €		
Solidaritätszuschlag:	8,62 €		
Kirchensteuer:	14,11 €	Sozialversicherungs-beiträge, die der Arbeitgeber trägt:	Beitrags-satz
Sozialversicherungs-beiträge, die Karin trägt:			
Krankenversicherung:	140,22 € (8,2 % vom Bruttogehalt*)	124,83 € (7,3 % vom Bruttogehalt)	15,5 %
Pflegeversicherung:	20,95 € (1,225 % vom Bruttogehalt**)	16,67 € (0,975 % vom Bruttogehalt)	1,95 %
Rentenversicherung:	170,15 € (9,95 % vom Bruttogehalt)	170,15 € (9,95 % vom Bruttogehalt)	19,9 %
Arbeitslosenversicherung:	25,65 € (1,5 % vom Bruttogehalt)	25,65 € (1,5 % vom Bruttogehalt)	3,0 %
Nettobetrag:	1.173,47 €		

* 0,9 Prozentpunkte Mehrzahlung für Zahnersatz und Krankengeld

** 0,25 Prozentpunkte Mehrzahlung für Kinderlose

Wie hoch sind die Beitragsbemessungsgrenzen bei den Sozialversicherungsbeiträgen?

Für die Berechnung der Sozialversicherungsbeiträge gibt es Beitragsbemessungsgrenzen. Beitragsbemessungsgrenze bedeutet, dass der Beitrag nur bis zu einer bestimmten Höhe des Lohnes berechnet wird. Das darüber liegende Einkommen wird nicht in die Beitragsberechnung einbezogen (vgl. Seite 81).

Ab Januar 2011 gelten für die Sozialversicherung folgende monatlichen Beitragsbemessungsgrenzen:

	alte Bundesländer	**neue Bundesländer**
Krankenversicherung:	3.712,50 €	3.712,50 €
Pflegeversicherung:	3.712,50 €	3.712,50 €
Rentenversicherung:	5.500,00 €	4.800,00 €
Arbeitslosenversicherung:	5.500,00 €	4.800,00 €

Beispiel

Fritz Thomas (geboren 1975, ledig und kinderlos) ist Marketingleiter eines Stuttgarter Unternehmens. Er verdient monatlich 5.800,00 € brutto. Seine Sozialversicherungsbeiträge berechnen sich wie folgt:

Bruttogehalt:	5.800,00 €
Krankenversicherung:	304,43 €
	(8,2 % von 3.712,50 € Beitragsbemessungsgrenze)
Pflegeversicherung:	45,48 €
	(1,225 %* von 3.712,50 € Beitragsbemessungsgrenze)
	* 0,25 Prozentpunkte Zuschlag, da kinderlos und älter als 23 Jahre
Rentenversicherung:	547,25 €
	(9,95 % von 5.500,00 € Beitragsbemessungsgrenze)
Arbeitslosenversicherung:	82,50 €
	(1,5 % von 5.500,00 € Beitragsbemessungsgrenze)

Zusammenfassung

Frage: Warum muss der Staat von seinen Bürgern Steuern erheben?

Antwort: Mit den Steuern finanziert der Staat seine Aufgaben. Viele Menschen schimpfen zwar darüber, dass sie Steuern zahlen müssen, andererseits sind sie auch froh, wenn die Schulen gut ausgestattet sind, die Straßen keine Schlaglöcher haben und es eine Polizei gibt, die die Verbrecher jagt – all dies wird durch Steuergelder finanziert.

Frage: Steuern sind auch ein politisches Instrument. Was bedeutet das genau?

Antwort: Ein politisches Instrument ist eine Maßnahme, die beispielsweise der Staat benutzt, um seine Ziele zu erreichen. Über Steuern kann der Staat die Bürger ein Stück weit „erziehen“. Verteuert er z. B. das Benzin über die Mineralölsteuer sehr stark, kann dies zur Folge haben, dass weniger Auto gefahren wird. Damit kann der Staat seinem Ziel Umweltschutz näher kommen.

Frage: Was bedeutet Steuergerechtigkeit?

Antwort: Steuergerechtigkeit bedeutet, dass die persönliche Situation des Steuerzahlenden berücksichtigt wird. Hat jemand z. B. eine fünfköpfige Familie zu ernähren, muss er prozentual von seinem Einkommen weniger Steuern bezahlen als jemand, der Single ist.

Frage: Wäre es nicht gerechter, dass jeder das Gleiche bezahlt?

Antwort: Nein, wie bei den Sozialversicherungen gilt das Prinzip, dass die stärkeren Schultern die schwereren Lasten tragen sollen.

Frage: Warum teilt man die Arbeitnehmer in Steuerklassen ein?

Antwort: Die Einteilung erfolgt aufgrund der Steuergerechtigkeit. Bei der Einteilung wird der Familienstand des Steuerpflichtigen berücksichtigt. Die einzelnen Steuerklassen unterscheiden sich in der Höhe der Lohnsteuer, die bei gleichem Einkommen zu zahlen ist.

Frage: Ist es immer so, dass ich automatisch keine Kirchensteuer und auch keinen Solidaritätszuschlag bezahlen muss, wenn ich keine Lohnsteuer bezahle?

Antwort: Ja, Kirchensteuer und Solidaritätszuschlag berechnen sich prozentual von der Lohnsteuer. Ist diese gleich Null, so ist natürlich auch die Kirchensteuer und der Solidaritätszuschlag gleich Null.

Frage: Müssen Arbeitslose eigentlich auch Lohnsteuer bezahlen?

Antwort: Nein, Arbeitslosengeld ist lohnsteuerfrei.

Frage: Warum gibt es eigentlich die Lohnsteuertabellen? Berechnet sich die Steuer nicht prozentual?

Antwort: Prinzipiell wird die Lohnsteuer prozentual berechnet. Dies ist allerdings eine recht komplizierte Formel, in die noch Freibeträge und Progressionsstufen eingebaut sind. Die Lohnsteuertabellen haben den Vorteil, dass sie mit etwas Übung sehr leicht anwendbar sind.

Frage: Warum bekommt jeder Arbeitnehmer monatlich eine Gehaltsabrechnung? Würde es nicht reichen, einfach das Geld zu überweisen?

Antwort: Nein, anhand der Gehaltsabrechnung kann der Arbeitnehmer genau überprüfen, ob er korrekt bezahlt wurde. Es ist ein Beleg, der im Ernstfall auch als Beweismittel vor Gericht dient – deshalb sollte man die Gehaltsabrechnungen gut sortiert in einem Ordner aufbewahren.

Wissensfragen

1. Was sind Steuern?
2. Warum müssen in einem Staat Steuern erhoben werden?
3. Nennen Sie neben den Steuern weitere Einnahmequellen des Staates.
4. Inwiefern können Steuern dazu dienen, dass der Staat seine politischen Ziele erreicht (z. B. im Umweltschutz)?
5. Nennen Sie sieben verschiedene Einkunftsarten und beschreiben Sie diese.
6. Wie wird die Steuerschuld eines Steuerpflichtigen ermittelt?
7. Wonach erfolgt die Einteilung in die Lohnsteuerklassen?
8. Welchen Zweck hat eine Einkommensteuererklärung?
9. Was sind Werbungskosten?
10. Was ist der Solidaritätszuschlag?
11. Welchen Zweck hat die Gehaltsabrechnung?

Übungsaufgaben

1. Rechenaufgabe

Ermitteln Sie anhand des Schaubildes auf Seite 96 „Steuerspirale 2009“ die vier Steuerarten mit dem höchsten Aufkommen und berechnen Sie deren prozentualen Anteil am gesamten Steueraufkommen.

2. Beurteilen Sie die Aussage des Bauarbeiters vor dem Hintergrund der Einkommensteueraufteilung, die in dem Schaubild dargestellt ist.

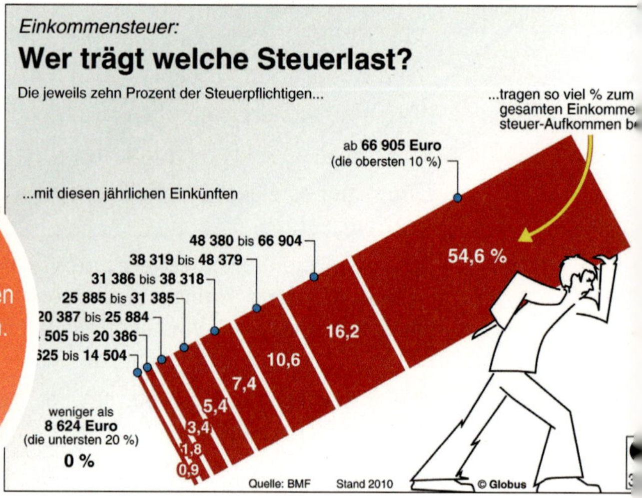

3. Praxisfälle entscheiden

Entscheiden Sie bei den geschilderten Fällen, um welche Art von Einkünften es sich handelt.

a) Klaus Schneider macht mit seinem Unternehmen BüroFix e. K. einen Gewinn von 100.000,00 € im Jahr. Er hat zudem einen Weinberg, den er bewirtschaftet. Den Wein verkauft er von seinem Winzerhof. Nach Abzug aller Ausgaben erzielt er damit einen Erlös von 10.000,00 €.
b) Sven Hausmann lebt davon, dass er ein Mehrfamilienhaus vermietet.
c) Markus Orth hat als Verkäufer bei BüroFix e. K. einen Monatslohn von 2.100,00 €.
d) Markus Orth baut in seiner Freizeit noch Computer zusammen, die er selbst verkauft. Damit hat er dieses Jahr noch zusätzlich 3.000,00 € verdient.

4. Zuordnen

In welche Lohnsteuerklasse sind die folgenden Arbeitnehmer eingeteilt?

a) Olaf Meisen, verheiratet, 1 Kind
b) Christiane Eble, ledig, 1 Kind (14 Jahre, bei ihr wohnhaft)
c) Karsten Müller, verheiratet, seine Frau ist ebenfalls berufstätig
d) Alex Satz, ledig, verlobt

5. Lückentext

Lesen Sie zunächst den Lückentext, ohne zu versuchen die Lücken auszufüllen. Damit erschließen Sie sich den Inhalt des Textes. Füllen Sie dann den Lückentext mit den folgenden Begriffen in Partnerarbeit aus, sodass sich ein sinnvoller Text ergibt. Schreiben Sie den Begriff zusammen mit dem jeweiligen Buchstaben der Lücke in Ihr Heft.

persönlichen / Vollständigkeit / Erstattungsbetrag / Pension / Mitglied / Unterstützung / Vermietung / Gesetzen und Verordnungen / Kosten / Kapitalvermögen / Arbeitslohn / Unterlagen / steuermindernden / fehlerhaften

Geld sparen durch die Beratung der Lohnsteuerhilfevereine

Ein Drittel der Bescheide ist laut Finanzverwaltung fehlerhaft

Der Lohnsteuer Hilfe-Ring Deutschland e. V. mit Sitz der Hauptverwaltung in Darmstadt wurde bereits 1969 gegründet. Ziel des Vereins ist es, seinen Mitgliedern zu helfen, sich mit den immer komplizierter werdenden ... (a) zur Einkommensteuer zurecht zu finden. Das ganze Jahr über können Mitglieder des Lohnsteuerhilfevereins ... (b) in Lohn- und Einkommensteuersachen ohne zusätzliche ... (c) in Anspruch nehmen. Die Beratungsbefugnis erstreckt sich auf die Einkünfte aus nicht selbstständiger Arbeit, das ist ... (d) oder die ... (e) von Berufssoldaten oder Beamten und die Einkünfte aus Renten. Arbeitnehmer, Pensionäre und Rentner, die daneben noch Einkünfte haben aus ... (f) oder aus ... (g) von Immobilien, können die Hilfeleistung in Anspruch nehmen, wenn die Einnahmen 9.000,00 € für Alleinstehende oder 18.000,00 € für zusammenveranlagte Ehegatten nicht überschreiten. Hilfeleistung erfolgt in Beratungsstellen der Lohnsteuerhilfevereine. Personen, die sich von einer solchen Beratungsstelle in ihren Steuersachen helfen lassen wollen, müssen nach den gesetzlichen Vorschriften im Lohnsteuerhilfeverein ... (h) werden. Mitglieder können die Hilfe in ihren Lohn- und Einkommensteuersachen ohne zusätzliches Entgelt in Anspruch nehmen. In der Beratungsstelle erfolgt eine gründliche Beratung, um die ... (i) Verhältnisse genau festzustellen. Nach Vorlage aller ... (j) wird die Einkommensteuererklärung erstellt und beim Finanzamt eingereicht. Außerdem erhält der Arbeitnehmer eine Vorabinformation über die Höhe der Steuererstattung oder -nachzahlung. Wenn der Steuerbescheid vom Finanzamt eingeht, wird dieser in der Beratungsstelle auf ... (k) bezüglich aller beantragten Steuervergünstigungen und auf rechnerische Richtigkeit geprüft.Gerade hier liegt die große Hilfe durch die Lohnsteuerhilfevereine. Arbeitnehmer, die ihre Steuererklärung selbst ausfüllen, freuen sich über den ... (l); wissen aber nicht, dass dieser möglicherweise hätte viel größer sein können, wenn alle ... (m) Möglichkeiten ausgeschöpft worden wären. Außerdem sind nach Aussagen der Finanzverwaltung selbst ca. ein Drittel der Steuerbescheide fehlerhaft. Die Beratungsstelle wird bei einem ...(n) Steuerbescheid Rechtsmittel einlegen. Führen diese auch nicht zum Erfolg, wird unter Umständen Klage beim Finanzgericht geführt. Diese Leistungen sind durch den Mitgliedsbeitrag abgedeckt. Es entstehen keine weiteren Kosten.

Quelle: /www.lhrd.de; in Teilen abgeändert (abgerufen am 25.12.2004)

6. Rechenaufgabe

Ingeborg Sachmann ist Industriekauffrau. Sie ist 1955 geboren, verheiratet, kinderlos und in die Steuerklasse III eingestuft, da ihr Mann nicht berufstätig ist. Folgende Gehaltsabrechnung liegt ihr vor. Vervollständigen Sie diese bitte mithilfe der folgenden Angaben. Beachten Sie auch bei der Pflegeversicherung die Regelung für Kinderlose (älter als 23 Jahre).

- Kirchensteuer = 9 %
- Krankenversicherungsbeitrag = 15,5 %
- Pflegeversicherungsbeitrag = 1,95 %
- Rentenversicherungsbeitrag = 19,9 %
- Arbeitslosenversicherungsbeitrag = 3,0 %

Gehaltsabrechnung für Ingeborg Sachmann:	
Bruttogehalt:	2.771,00 €
Lohnsteuer:	204,33 €
Solidaritätszuschlag:	8,46 €
Kirchensteuer:	(a) €
Sozialversicherungsbeiträge, die Ingeborg Sachmann trägt:	
Krankenversicherung:	(b) €
Pflegeversicherung:	(c) €
Rentenversicherung:	(d) €
Arbeitslosenversicherung:	(e) €
Nettogehalt:	(f) €

Tipp

Falls Ihnen das Prozentrechnen Schwierigkeiten bereitet, hilft Ihnen das Buch „Finanzbuchhaltung für die BF 1" weiter. Lesen Sie dort in Kapitel 13 nach.

7. Rechenaufgabe

Doris Wohlfarth erhält als Marketingleiterin ein monatliches Bruttogehalt von 3.826,00 €. Sie ist 1965 geboren, ledig und hat keine Kinder.

a) Erstellen Sie eine Gehaltsabrechnung für Doris Wohlfarth. Nehmen Sie dabei den Abgabenrechner (www.abgabenrechner.de) oder die Lohnsteuertabelle zu Hilfe. Es gelten die folgenden Sätze:

- Krankenversicherungsbeitrag = 15,5 %
- Pflegeversicherungsbeitrag = 1,95 %
- Rentenversicherungsbeitrag = 19,9 %
- Arbeitslosenversicherungsbeitrag = 3,0 %

Beachten Sie bitte die entsprechenden Beitragsbemessungsgrenzen.

Lohnsteuertabellen 2010 (Monat) (Mit Kirchensteuer 9 %)

Lohn (ab)	StKl	LSt	Ohne Kifb.		Kifb: 0,5		Kifb: 1,0		Kifb: 1,5		Kifb: 2,0		Kifb: 2,5		Kifb: 3,0	
			KiSt	SolZ	KiSt	SolZ	KiSt	SolZ	KiSt	SolZ	KiSt	SolZ	KiSt	SolZ	KiSt	SolZ
	V	**1.107,50**	99,67	60,91	–	–	–	–	–	–	–	–	–	–	–	–
	VI	**1.141,00**	102,69	62,75	–	–	–	–	–	–	–	–	–	–	–	–
3.825,00	I	**729,41**	65,64	40,11	56,45	34,49	47,67	29,13	39,33	24,03	31,40	19,19	23,88	14,59	16,80	10,27
	II	**690,66**	–	–	53,13	32,46	44,51	27,20	36,32	22,19	28,54	17,44	21,19	12,95	14,26	8,71
	III	**434,16**	39,07	23,78	32,14	19,64	25,42	15,53	18,90	9,60	12,66	–	7,18	–	2,53	–
	IV	**729,41**	65,64	40,11	60,99	37,27	56,45	34,49	52,01	31,78	47,67	29,13	43,44	26,55	39,33	24,03
	V	**1.108,75**	99,78	60,98	–	–	–	–	–	–	–	–	–	–	–	–
	VI	**1.142,16**	102,79	62,81	–	–	–	–	–	–	–	–	–	–	–	–
3.828,00	I	**730,41**	65,73	40,17	56,53	34,54	47,76	29,18	39,40	24,08	31,47	19,23	23,96	14,64	16,86	10,30
	II	**691,66**	–	–	53,21	32,51	44,59	27,25	36,39	22,24	28,62	17,49	21,26	12,99	14,33	8,75
	III	**435,00**	39,15	23,92	32,20	19,68	25,48	15,57	18,96	9,73	12,72	–	7,23	–	2,58	–
	IV	**730,41**	65,73	40,17	61,08	37,33	56,53	34,54	52,09	31,83	47,76	29,18	43,53	26,60	39,40	24,08
	V	**1.109,91**	99,89	61,04	–	–	–	–	–	–	–	–	–	–	–	–
	VI	**1.143,41**	102,90	62,88	–	–	–	–	–	–	–	–	–	–	–	–
3.924,00	I	**763,58**	68,72	41,99	59,39	36,29	50,49	30,85	42,00	25,66	33,93	20,73	26,28	16,06	19,06	11,65
	II	**724,41**	–	–	56,01	34,23	47,27	28,88	38,94	23,79	31,02	18,96	23,54	14,38	16,47	10,06
	III	**459,83**	41,38	25,29	34,38	21,01	27,58	16,85	21,00	12,83	14,62	0,10	8,86	–	3,96	–
	IV	**763,58**	68,72	41,99	64,00	39,11	59,39	36,29	54,88	33,54	50,49	30,85	46,19	28,22	42,00	25,66
	V	**1.148,66**	103,38	63,17	–	–	–	–	–	–	–	–	–	–	–	–
	VI	**1.182,08**	106,38	65,01	–	–	–	–	–	–	–	–	–	–	–	–
3.927,00	I	**764,66**	68,82	42,05	59,49	36,35	50,57	30,90	42,08	25,71	34,01	20,78	26,36	16,11	19,13	11,69
	II	**725,41**	–	–	56,10	34,28	47,35	28,93	39,02	23,84	31,10	19,00	23,61	14,43	16,54	10,11
	III	**460,50**	41,44	25,32	34,44	21,04	27,64	16,89	21,06	12,87	14,68	0,23	8,92	–	4,00	–

b) Doris Wohlfarth bekommt eine Lohnerhöhung von 100,00 € brutto. Wie viel Euro bleiben ihr davon netto nach Abzug von Steuern und Sozialversicherungsbeiträgen (es gelten die Sätze aus Übungsaufgabe a))?

9 Betriebliche Vollmachten

Situation

Klaus Schneider, Inhaber von Büro-Fix e. K., möchte sich seinen lang ersehnten Traum erfüllen – eine achtwöchige Trekkingreise durch Alaska. Das Unternehmen soll natürlich während dieser Zeit ungestört weiterlaufen. Bisher hatte Klaus Schneider alle wichtigen Geschäftsangelegenheiten selbst erledigt. Für die acht Wochen braucht er jedoch jemanden, dem er die Geschäfte anvertrauen kann, sodass sie in gewohnter Weise weiterlaufen.

Er bittet Barbara Lantz, die Personalleiterin des Unternehmens, und Peter Lehmann, den Einkaufsleiter, zu sich in sein Büro.

Klaus Schneider: „Wie Sie wissen, will ich dieses Jahr meinen Lebenstraum von einer achtwöchigen Alaskareise verwirklichen. Sie, Herr Lehmann, bekommen für diese Zeit eine allgemeine Handlungsvollmacht. Meine Tochter Barbara Lantz ist schon recht lange bei uns und kennt den Laden in- und auswendig. Dir, Barbara, erteile ich Prokura. Die Prokura gilt auch dann, wenn ich wieder zurück bin. Mit dem Handelsregister werde ich alles Notwendige veranlassen."

Leitfragen

› Was ist mit den Begriffen „Handlungsvollmacht" und „Prokura" gemeint?
› Welche Funktion hat das Handelsregister?

9.1 Die Handlungsvollmacht

Information

Warum vergibt der Chef Vollmachten an seine Mitarbeiter?

In einem Unternehmen sind täglich viele Entscheidungen zu treffen. Insbesondere der Alleinunternehmer muss alles selbst entscheiden, zum Beispiel bis zu welchem Preis er seine Waren einkaufen will, zu welchem Preis er die Waren verkaufen will oder ob er jemanden als Aushilfskraft einstellt. In einem größeren Unternehmen wäre der Eigentümer völlig überlastet, wenn er all dies selbst entscheiden müsste. Der Eigentümer des Unternehmens hat deshalb die Möglichkeit, Vollmachten auf seine Mitarbeiter zu übertragen.

Durch die Vollmacht ist zum Beispiel Peter Lehmann, Einkaufsleiter der BüroFix e. K., dazu ermächtigt, alle möglichen Entscheidungen zu fällen, die im Rahmen seiner Tätigkeit anfallen. Er kann beispielsweise Rabatte aushandeln, er kann Zulieferer auswählen und er kann Kaufverträge mit Zulieferern abschließen. Dadurch ist der Inhaber Klaus Schneider entlastet.

Grundsätzlich muss es sich bei demjenigen, der eine Vollmacht hat, um jemanden handeln, der sehr gut qualifiziert ist und dem man auch vertrauen kann.

Merke **Eine Vollmacht ist eine Befugnis, anstelle eines anderen Rechtsgeschäfte zu tätigen.**

Welche Arten von Handlungsvollmacht gibt es?

Es gibt drei verschiedene Vollmachten, die sich durch ihren Umfang unterscheiden:

- Einzelvollmacht
- Artvollmacht
- allgemeine Handlungsvollmacht

Die Einzelvollmacht

Die Einzelvollmacht ermächtigt nur für den Einzelfall. Zum Beispiel wird der Azubi ermächtigt, in einem Elektronikmarkt einen Computer für das Unternehmen zu kaufen. Bei der Einzelvollmacht müssen Geschäftsbriefe mit „i. A." (im Auftrag) unterschrieben werden.

Die Artvollmacht

Die Artvollmacht ist eine Vollmacht für einen Tätigkeitsbereich des Mitarbeiters. Zum Beispiel ermächtigt die Artvollmacht den Einkäufer zu allen Rechtsgeschäften, die im Rahmen seiner Einkäufertätigkeit anfallen. Bei der Artvollmacht werden Geschäftsbriefe in der Regel mit „i. V." (in Vertretung) unterzeichnet.

Beispiel

... Aus diesem Grund bestelle ich 50 PCs der Marke Xion.

Mit freundlichen Grüßen

i. V. Peter Lehmann

Die allgemeine Handlungsvollmacht

Die allgemeine Handlungsvollmacht erstreckt sich auf alle gewöhnlichen Geschäfte eines bestimmten Handelsgewerbes (HGB § 54). Überträgt der Eigentümer die allgemeine Handlungsvollmacht auf einen Mitarbeiter, so kann dieser alle möglichen Rechtsgeschäfte vornehmen, auch die, die über sein bisheriges Tätigkeitsfeld hinausgehen. Auch hier wird mit dem Zusatz „i. V." (in Vertretung) unterschrieben.

Beispiel

Klaus Schneider überträgt Peter Lehmann eine allgemeine Handlungsvollmacht, da er für acht Wochen in Urlaub fährt. Peter Lehmann war bisher bevollmächtigt für alle Rechtsgeschäfte, die im Bereich des Einkaufes anfielen. Durch die allgemeine Handlungsvollmacht wird er bevollmächtigt, auch in anderen Unternehmensbereichen Entscheidungen zu fällen. Er kann z. B. entscheiden, ob eine Aushilfskraft eingestellt wird oder ob ein bestimmtes Produkt als Sonderangebot in den Verkauf geht.

Es gibt Rechtsgeschäfte, die ein Handlungsbevollmächtigter nicht abschließen darf. Diese sind:

- Verkauf oder Belastung von Grundstücken
- Eingehen von Wechselverbindlichkeiten
- Aufnahme von Darlehen
- Prozessführung

Die Ladenvollmacht

Allgemein gilt, dass jeder, der in einem Laden oder in einem Lager arbeitet, dazu ermächtigt ist, Waren zu verkaufen oder zu empfangen (Ladenvollmacht nach § 56 HGB). Dies erleichtert im Geschäftsleben insbesondere die An- und Ablieferung von Waren.

Wie wird die Vollmacht erteilt?

Die allgemeine Handlungsvollmacht kann nur vom Eigentümer eines Unternehmens oder von seinem Vertreter erteilt werden, da sie eine sehr hohe Bedeutung für das Unternehmen hat.

Für die Einzelvollmacht oder die Artvollmacht gibt es keine besonderen Vorschriften. Üblicherweise kann jeder, der eine Vollmacht hat, eine untergeordnete Vollmacht vergeben. So kann jemand, der eine allgemeine Handlungsvollmacht hat, eine Artvollmacht vergeben.

Beispiel

Klaus Schneider ist **Inhaber** des Unternehmens BüroFix e. K.

➠ Er vergibt **allgemeine Handlungsvollmacht** an Peter Lehmann.

Peter Lehmann besitzt allgemeine Handlungsvollmacht.

➠ Er vergibt **Artvollmacht** an Benno Ludwig (Abteilung Verkauf und Marketing).

Benno Ludwig besitzt Artvollmacht.

➠ Er vergibt **Einzelvollmacht** an Markus Orth (Verkäufer).

Wann erlischt die Handlungsvollmacht?

Einzelvollmachten erlöschen, nachdem der Auftrag erledigt wurde.

Beispiel

Azubi Tim Neuhof hatte die Vollmacht, in einem Elektronikmarkt für das Unternehmen 20 Energiesparlampen zu kaufen. Die Vollmacht erlischt, nachdem er die Lampen gekauft hat. Soll er noch weitere Lampen kaufen, benötigt er erneut eine Vollmacht.

Allgemeine Handlungsvollmachten und Artvollmachten erlöschen spätestens dann, wenn demjenigen, der die Vollmachten hat, gekündigt wird oder wenn der Eigentümer des Unternehmens sie widerruft. Sämtliche Vollmachten erlöschen natürlich auch, wenn das Unternehmen Insolvenz anmeldet.

Beispiel

Nehmen wir an, Klaus Schneider wäre sehr unzufrieden damit, wie der Einkaufschef Peter Lehmann arbeitet. Die Zulieferer würden nicht pünktlich liefern, zudem wüsste Inhaber Schneider aus sicherer Quelle, dass seine Konkurrenz die gleichen Produkte billiger einkauft. Er könnte deshalb die Vollmacht widerrufen und den Einkauf zur Chefsache erklären, das heißt, keine Entscheidung im Einkauf könnte dann ohne den Chef gefällt werden.

9.2 Die Prokura

Das Wort Prokura kommt aus dem Lateinischen und bedeutet so viel wie „für etwas Sorge tragen" oder „etwas verwalten". Den Inhaber der Prokura nennt man „Prokurist".

Die Prokura ist eine besondere handelsrechtliche Vollmacht, die noch über die allgemeine Vollmacht hinausgeht. Sinn und Zweck der Prokura ist es, den Eigentümer eines Unternehmens zu entlasten und zwar nicht nur bei den alltäglichen, sondern auch bei außergewöhnlichen Geschäften.

Beispiel

Ein Computerhersteller bietet Laptops zum absoluten Schnäppchenpreis an. Klaus Schneider befindet sich immer noch auf seiner Alaskareise. Peter Lehmann möchte gleich 500 Stück solcher Laptops einkaufen, damit die BüroFix e. K. eine Billigaktion für Laptops starten kann. Um allerdings die Laptops einkaufen zu können, braucht das Unternehmen ein kurzfristiges Darlehen von 30.000,00 €. Das Darlehen kann nur von der Prokuristin Barbara Lantz aufgenommen werden. Zudem muss sie bei dem sehr außergewöhnlichen Einkauf von 500 Laptops zustimmen (normalerweise kauft BüroFix bei diesem Hersteller gerade mal 20 Laptops pro Monat). Die Vollmacht von Peter Lehmann reicht für diesen Vorgang nicht aus.

Wie wird die Prokura erteilt?

Nur Kaufleute können Prokura erteilen. Die Erteilung muss ausdrücklich durch den Inhaber des Handelsgeschäftes erfolgen. Die Prokura ist in das Handelsregister einzutragen und wird den Geschäftspartnern des Unternehmens meist mit einem Rundschreiben bekannt gemacht, damit diese wissen, wer in dem Unternehmen wichtige Entscheidungen treffen darf. Die Prokura wird erst mit dem Eintrag ins Handelsregister wirksam.

Welche Vollmachten umfasst die Prokura?

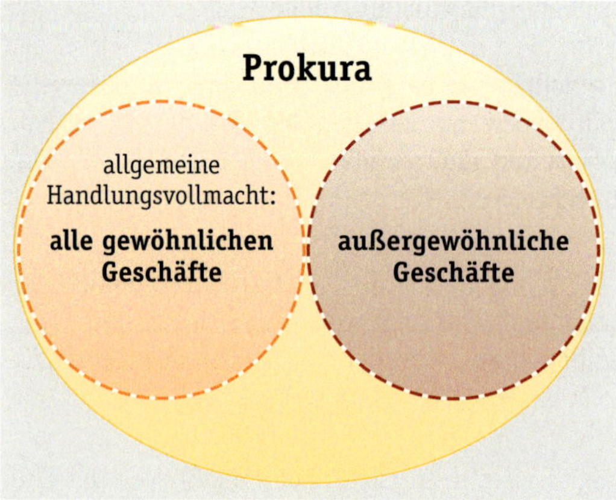

Die Prokura ist die umfangreichste Vollmacht. Sie ermächtigt zu allen gewöhnlichen und außergewöhnlichen Geschäften und Rechtshandlungen, die der Betrieb eines Handelsgewerbes mit sich bringt; das heißt, ein Prokurist kann Waren und Wertpapiere kaufen und verkaufen, Angestellte und Arbeiter einstellen und Arbeitsverträge auflösen, Kredite aufnehmen, das Unternehmen bei Gericht vertreten usw.

Gegenüber Dritten kann die Prokura rechtsgeschäftlich nicht begrenzt werden, das bedeutet, es gibt keine Prokura, die sich z. B. nur auf den Einkauf oder den Verkauf von Waren beschränkt. Sie gilt für alle Rechtsgeschäfte.

Es gibt allerdings auch Handlungen und Rechtsgeschäfte, die der Prokurist nicht vornehmen darf:

- Grundstücke veräußern
- selbst Prokura erteilen
- Insolvenz anmelden
- einen Jahresabschluss (Bilanz oder Steuererklärung) unterschreiben
- das ganze Unternehmen verkaufen

Tipp

Sie wissen nicht, was ein Jahresabschluss ist? Dann lesen Sie im Buch „Finanzbuchhaltung für die BF 1" nach. Dort wird die Bilanz näher erläutert.

Der Inhaber ist im Innenverhältnis (also innerhalb des Unternehmens) ermächtigt, die Geschäfte des Prokuristen durch Weisungen weiter einzuschränken, also z. B. festzulegen, dass der Prokurist keine Kredite aufnehmen darf. Diese Weisung ist gegenüber Außenstehenden des Unternehmens (z. B. dem Kreditinstitut gegenüber) nicht wirksam.

Beispiel

Nach dem Urlaub ist Klaus Schneider mit der Arbeit seiner Prokuristin Barbara Lantz sehr zufrieden. Nur stört ihn, dass Frau Lantz ein Darlehen für den Kauf der 500 Laptops aufgenommen hat. Klaus Schneider arbeitet nur ungern mit Banken zusammen, und wenn, dann nur persönlich. Er vereinbart deshalb mit Barbara Lantz, dass sie keine Kredite mehr für das Unternehmen aufnehmen darf. Diese Vereinbarung gilt jedoch nur im Innenverhältnis. Würde Barbara Lantz trotzdem einen Kredit für BüroFix e. K. aufnehmen, wäre dieser Kreditvertrag rechtswirksam, da die Prokura nach außen nicht beschränkbar ist.

Welche Arten von Prokura gibt es?

Es gibt verschiedene Arten der Prokura. Der Prokurist kann berechtigt sein, allein zu zeichnen. Dies wird **Einzelprokura** genannt. Möglich ist es auch, dass der Prokurist nur zusammen mit einem Geschäftsführer, einem weiteren Prokuristen oder Handlungsbevollmächtigten unterzeichnen darf. Dann wird von einer **Gesamtprokura** gesprochen. Die Einzel- oder Gesamtprokura kann auch als **Filialprokura** erteilt werden. Die Prokura ist dann auf eine von mehreren Niederlassungen des Kaufmanns begrenzt.

Beispiel

Die BüroFix e. K. eröffnet in Ludwigshafen eine Filiale, die „BüroFix Ludwigshafen". Klaus Schneider erteilt Patrick Muster, der die Filiale leiten soll, Filialprokura. Damit beschränkt sich die Prokura von Patrick Muster auf die Filiale in Ludwigshafen.

Der Prokurist unterschreibt seine Geschäftsbriefe mit dem Zusatz „per procura" (oder auch pp. oder ppa.). Bei der Gesamtprokura müssen immer beide Prokuristen unterschreiben.

Wann erlischt die Prokura?

Die Prokura erlischt, wenn das ihr zugrunde liegende Rechtsverhältnis endet, also bei Kündigung oder Auflösung des Arbeitsvertrages. Soll das Rechtsverhältnis jedoch fortbestehen und lediglich die Prokura entfallen, ist ein ausdrücklicher Widerruf notwendig. Der Widerruf wird erst dann wirksam, wenn das Erlöschen der Prokura im Handelsregister eingetragen wurde und öffentlich bekannt gemacht wurde. Weiterhin erlischt die Prokura bei Tod des Prokuristen oder bei Auflösung des Unternehmens.

Zusammenfassung

Frage: Wieso müssen bei einer Vollmacht die Geschäftsbriefe mit einem bestimmten Kürzel unterschrieben werden?

Antwort: Dies erleichtert den Geschäftsverkehr. Der Zusatz zeigt dem Geschäftspartner, welche Befugnisse der Ansprechpartner hat.

Frage: Ist es nicht gefährlich, einer Person im Betrieb eine so weit gehende Vollmacht wie die Prokura zu erteilen? Diese Person kann dann doch machen was sie will?

Antwort: Ein gewisses Risiko ist sicherlich dabei. Allerdings ernennt ein Unternehmer nur einen sehr erfahrenen und vertrauenswürdigen Mitarbeiter zum Prokuristen.

Frage: Worin unterscheiden sich der allgemein Handlungsbevollmächtigte und der Prokurist?

Antwort: Der Unterschied liegt in der Befugnis zu außergewöhnlichen Geschäften. Während der allgemein Handlungsbevollmächtigte den Unternehmer bei den alltäglichen Geschäften entlastet, ist der Prokurist wie ein direkter Vertreter des Unternehmers zu sehen. Er darf sogar im Namen des Unternehmens Prozesse vor Gericht führen.

Frage: Warum darf ein Prokurist Grundstücke nur mit Sondererlaubnis vom Chef verkaufen?

Antwort: Grundstücke haben einen sehr hohen Wert und haben einen großen Anteil an der Substanz des Unternehmens. Deshalb sollte so eine Entscheidung dem Unternehmer selbst überlassen bleiben.

Wissensfragen

1. Was ist eine Vollmacht?
2. Warum vergeben Unternehmer Vollmachten an Mitarbeiter?
3. Wie wird die Vollmacht erteilt?
4. Welche Arten von Handlungsvollmachten gibt es?
5. Wie unterscheiden sich Einzel- und Artvollmacht?
6. Wie unterscheiden sich Artvollmacht und allgemeine Handlungsvollmacht?
7. Welche Geschäfte darf jemand, der eine allgemeine Handlungsvollmacht besitzt, nicht tätigen?
8. Was ist Prokura?
9. Was ist der Unterschied zwischen der allgemeinen Handlungsvollmacht und der Prokura?
10. Wie wird die Prokura erteilt?
11. Welche Vollmachten umfasst die Prokura?
12. Wie erlischt die Prokura?

Übungsaufgaben

1. Praxisfälle entscheiden

Peter Lehmann besitzt eine allgemeine Handlungsvollmacht und tätigt in den ersten vier Wochen folgende Geschäfte:

a) Einstellen von Mitarbeitern

b) Kündigen von Mitarbeitern

c) An- und Verkauf von Büroschränken

d) Verklagen eines Zulieferers vor Gericht

e) Erteilen einer allgemeinen Handlungsvollmacht an seinen Kollegen Benno Ludwig
f) Beauftragen eines Schreiners zum Umbau seines Büros
g) Aufnahme eines Darlehens

Prüfen Sie, ob Peter Lehmann diese Geschäfte abschließen durfte.

2. Praxisfälle entscheiden

Prüfen Sie, ob die Prokuristin Barbara Lantz die folgenden Geschäfte abschließen darf:

a) Einstellen von Mitarbeitern
b) Kündigen von Mitarbeitern
c) An- und Verkauf von Schreibtischstühlen
d) Verkauf eines Grundstücks
e) Bilanz unterschreiben
f) Prokura erteilen
g) Kauf eines Oldtimers als Firmenwagen
h) Darlehen aufnehmen

3. Praxisfälle entscheiden und begründen

Prüfen Sie mithilfe der Paragrafen aus dem Handelsgesetzbuch und den Ausführungen im Kapitel zur Prokura die folgenden Fälle:

§

Handelsgesetzbuch (HGB)

§ 48 [Erteilung der Prokura; Gesamtprokura]

(1) Die Prokura kann nur von dem Inhaber des Handelsgeschäfts oder seinem gesetzlichen Vertreter und nur mittels ausdrücklicher Erklärung erteilt werden. [...]

§ 49 [Umfang der Prokura]

(1) Die Prokura ermächtigt zu allen Arten von gerichtlichen und außergerichtlichen Geschäften und Rechtshandlungen, die der Betrieb eines Handelsgewerbes mit sich bringt.

(2) Zur Veräußerung und Belastung von Grundstücken ist der Prokurist nur ermächtigt, wenn ihm diese Befugnis besonders erteilt ist.

§ 50 [Beschränkung des Umfangs]

(1) Eine Beschränkung des Umfangs der Prokura ist Dritten gegenüber unwirksam.

(2) Dies gilt insbesondere von der Beschränkung, dass die Prokura nur für gewisse Geschäfte oder gewisse Arten von Geschäften oder nur unter gewissen Umständen oder für eine gewisse Zeit oder an einzelnen Orten ausgeübt werden soll.
[...]

a) Klaus Schneider hatte Barbara Lantz in einer Besprechung, in der auch noch andere Mitarbeiter zugegen waren, Prokura erteilt. Aufgrund seiner Reisevorbereitungen nach Alaska kam er nicht mehr dazu, den Handelsregistereintrag vorzunehmen. Er wollte dies nach seinem Urlaub tun. Ab wann ist Barbara Lantz Prokuristin?

b) Barbara Lantz ist nun ausdrücklich zur Prokuristin ernannt und ins Handelsregister eingetragen. Die Prokuristin hat gute Beziehungen zu einer Winzergenossenschaft und will im Geschäft auch Sekt und Wein verkaufen. Darf Barbara Lantz veranlassen, dass zukünftig bei BüroFix e. K. auch Wein und Sekt verkauft werden kann?

c) Klaus Schneider weist Barbara Lantz an, dass sie keine Darlehen über 5.000,00 € für das Unternehmen aufnehmen darf. Barbara Lantz nimmt trotzdem ein Darlehen im Wert von 75.000,00 € auf. Ist der Darlehensvertrag für das Unternehmen bindend?

d) Die Rechnungswesenabteilung hat den Jahresabschluss für das abgelaufene Geschäftsjahr fertiggestellt. Bevor er an das Finanzamt geschickt werden kann, muss er noch unterschrieben werden. Da Klaus Schneider in Alaska verschollen ist, unterschreibt Barbara Lantz folgendermaßen:

Lantz (ppa.)

e) Barbara Lantz ernennt vor ihrem dreiwöchigen Sommerurlaub den Einkaufschef Peter Lehmann zum Prokuristen für die Zeit ihrer Abwesenheit.

f) Barbara Lantz verkauft einen Teil des unbebauten Firmengeländes an eine benachbarte Maschinenfabrik.

10 Humanisierung der Arbeit – die Gesundheit geht vor!

Situation

„Autsch, mein Rücken", stöhnt Alexandra Schmitt, als sie abends von der Arbeit nach Hause kommt, wo ihr Freund gerade Essen kocht. „Den ganzen Tag habe ich auf so einem wackligen Holzstuhl vor dem Computer gesessen. Nur weil der Chef zu geizig ist, endlich einen guten Bürostuhl zu besorgen. Und die Augen brennen mir auch. Im Geschäft verkaufen wir die tollsten Flachbildschirme und bei uns in der Buchhaltung haben wir alte Flimmerkisten – wahrscheinlich brauche ich bald wieder eine stärkere Brille!"

„Lass dich doch krank schreiben, wenn dir der Rücken so weh tut", meint Alexandras Freund.

„Ich weiß nicht, ich habe mich bisher noch nie krank schreiben lassen!", antwortet Alexandra, „die denken dann doch alle, dass ich blau mache!"
„Ach was, der Schneider soll sehen, wo er bleibt. Wenn er am Bürostuhl sparen will, dann muss er eben in Kauf nehmen, dass du ab und zu krank bist!", sagt ihr Freund. „Zudem ist das, so glaube ich, gar nicht erlaubt. Es gibt doch ein Gesetz, das vorschreibt, wie ein Arbeitsplatz gesundheitsgerecht gestaltet sein muss!"

Leitfragen

- Ist es betriebswirtschaftlich sinnvoll, dass Klaus Schneider an guten Bürostühlen spart?
- Kennen Sie Gesetze, die vorschreiben, wie ein Arbeitsplatz gesundheitsgerecht gestaltet sein muss?

10.1 Die Humanisierung der Arbeit

Information

Was bedeutet Humanisierung der Arbeit?

Das Wort „human" kommt aus dem Lateinischen und wird mit menschlich oder menschenfreundlich, auch menschenwürdig, übersetzt. Das Wort „inhuman" bedeutet dagegen unmenschlich oder menschenfeindlich. Humanisierung der Arbeit bedeutet also, dass Arbeit menschenfreundlich zu gestalten ist.

Tipp **Schlagen Sie Wörter, die Sie nicht kennen, im Fremdwörterlexikon nach.**

Merke **Humanisierung der Arbeit = die Arbeit menschenfreundlich gestalten**

Wann ist Arbeit inhuman?

Menschen sichern ihren Lebensunterhalt, indem sie arbeiten. Arbeit scheint vielen als Mühsal, sie gibt dem Leben aber auch Sinn. Viele Menschen, die arbeitslos werden, haben nicht nur Angst, dass sie nun mit sehr wenig Geld auskommen müssen, sondern sie fühlen sich ohne Arbeit nutzlos und leiden an der Arbeitslosigkeit. Aus diesem Grund ist Arbeit auf jeden Fall etwas Gutes.

Allerdings kann ein Arbeitsplatz menschenunfreundlich gestaltet sein, sodass der Mensch gesundheitliche Schäden durch diese Arbeit erleidet. Dies kann beispielsweise der Fall sein, wenn der Arbeitnehmer an seinem Arbeitsplatz ständig giftige Dämpfe einatmen muss, starkem Lärm ausgesetzt ist, sehr lange arbeiten oder ständig Angst um seinen Arbeitsplatz haben muss. Menschenfreundliche Arbeitsgestaltung heißt somit, dass die Arbeitsbedingungen den Bedürfnissen des Arbeitnehmers angepasst werden.

Beispiel Jeder Mensch hat ein Bedürfnis nach ausreichendem Schlaf (etwa 8 bis 9 Stunden). Es wäre völlig menschenfeindlich, von einem Arbeitnehmer zu verlangen, dass er 20 Stunden am Tag arbeiten solle.

Menschenfreundliche Arbeitsgestaltung ist nicht nur eine Aufgabe für die Entwicklungsländer, wo in den Fabriken oft schreckliche Zustände herrschen. Auch in den Industrieländern, wie z. B. in Deutschland, kann immer noch viel getan werden, um die Arbeitsbedingungen für Arbeitnehmer zu verbessern. In deutschen und europäischen Betrieben gelten eine Vielzahl von Gesetzen zum Arbeitsschutz. Dadurch konnte schon einiges erreicht werden. Verbesserungsmöglichkeiten gibt es aber weiterhin.

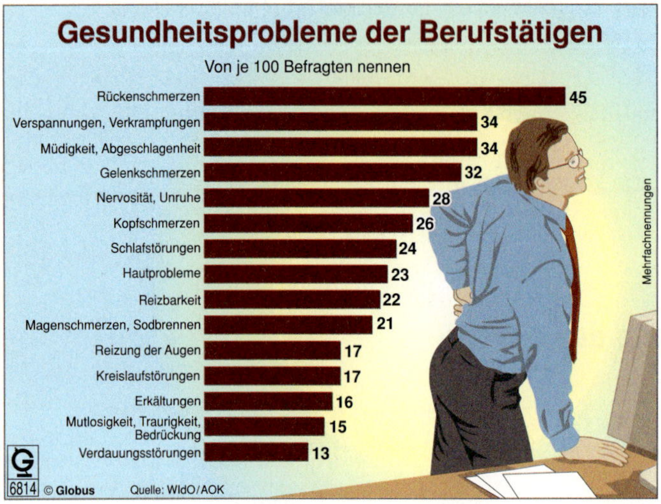

Auch Büroarbeit, die auf den ersten Blick als human anzusehen ist, da die Arbeitnehmer weder Lärm, Staub, Hitze oder ähnlichen Dingen ausgesetzt sind, kann negative Auswirkungen auf die Gesundheit haben. Die sitzende Tätigkeit über einen langen Zeitraum verursacht bei vielen Menschen schmerzhafte Rückenprobleme.

„Menschengerechte Arbeitsgestaltung" heißt konkret, dass in erster Linie die Arbeitsbedingungen dem Menschen angepasst werden. Humane Arbeitsbedingungen nutzen nicht nur dem Arbeitnehmer. Die gesundheitlichen Schäden der Arbeitnehmer gehen auch zulasten der Unternehmen. Muss ein Arbeitnehmer unter inhumanen Bedingungen arbeiten, kommt es zwangsläufig nach einiger Zeit zu Gesundheitsschäden. Der Arbeitnehmer wird krank und fällt für längere Zeit aus. Der Unternehmer muss eine Vertretung einstellen und hat dadurch höhere Lohnkosten. Der erkrankte Arbeitnehmer verursacht zudem vielerlei Kosten, die dann von der Allgemeinheit getragen werden müssen, wie z. B. Arztbesuche, Medikamente, Krankenhausaufenthalte. Allein im Jahr 2002 entstanden durch Arbeitsunfähigkeit Kosten von über 44 Mrd. €. Es ist also auch aus betriebswirtschaftlichen Gründen für Unternehmen und die Volkswirtschaft sinnvoll, auf eine humane Gestaltung der Arbeitsbedingungen zu achten.

10.2 Der Arbeitsschutz

Die Humanisierung der Arbeit wird hauptsächlich durch den Arbeitsschutz erreicht. Unter den Arbeitsschutz fallen alle Maßnahmen, die zur Verhütung von Arbeitsunfällen und arbeitsbedingten Gesundheitsgefahren dienen.

Merke **Arbeitsschutz = Maßnahmen zur Verhütung von Arbeitsunfällen und arbeitsbedingten Gesundheitsgefahren**

Der Gesetzgeber hat für viele Arbeitsbereiche Gesetze und Vorschriften erlassen, um die Arbeitsbedingungen zu verbessern.

Dabei geht es nicht nur um technische Maßnahmen, die den Arbeitnehmer schützen sollen, wie beispielsweise rückengerechte Bürostühle oder Sicherheitskleidung (den so genannten technischen Arbeitsschutz), sondern auch darum, lange Arbeitszeiten und unzureichende Ruhepausen zum Beispiel beim Krankenhauspersonal oder bei Berufskraftfahrern zu vermeiden. Diesen Bereich nennt man den sozialen Arbeitsschutz. Hierfür sind in erster Linie die staatlichen Gewerbeaufsichtsämter zuständig.

Die Arbeitsschutzgesetze lassen sich in zwei Bereiche unterteilen:

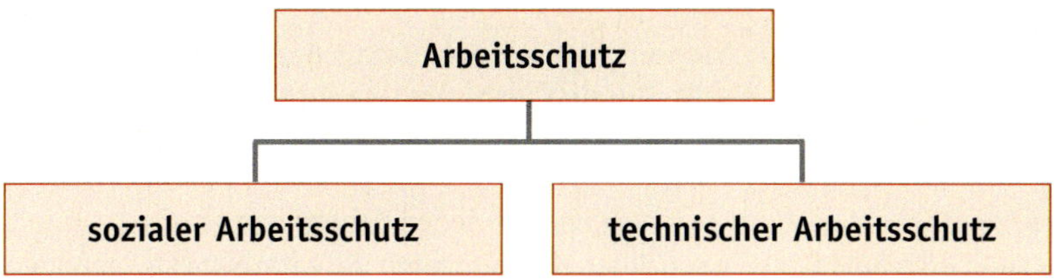

10.2.1 Der soziale Arbeitsschutz

Der soziale Arbeitsschutz wird unter anderem durch diese wichtigen Gesetze geregelt:

- Arbeitszeitgesetz
- Mutterschutzgesetz
- Jugendarbeitsschutzgesetz

Der soziale Arbeitsschutz regelt die Arbeitszeiten und beinhaltet Schutzvorschriften für bestimmte Personengruppen, wie zum Beispiel von Jugendlichen oder werdenden Müttern.

Da das Jugendarbeitsschutzgesetz gerade für Auszubildende wichtig ist, wurde es bereits im Zusammenhang mit der Berufsausbildung behandelt (siehe Kapitel 3 von Lernbereich 1). Im Folgenden wird zusätzlich auf die zwei wichtigen sozialen Arbeitsschutzgesetze, das Arbeitszeitgesetz und das Mutterschutzgesetz, eingegangen.

Merke **Sozialer Arbeitsschutz regelt die Arbeitszeiten und beinhaltet Schutzvorschriften für bestimmte Personengruppen.**

Das Arbeitszeitgesetz

Im Arbeitszeitgesetz (ArbZG) ist festgelegt, dass die werktägliche Arbeitszeit 8 Stunden nicht überschreiten soll. Werden 10 Stunden pro Tag gearbeitet, muss innerhalb von 6 Monaten ein Ausgleich erfolgen. Im Durchschnitt soll während dieser 6 Monate wieder täglich 8 Stunden gearbeitet werden. Allerdings können abweichende Regelungen im Rahmen von Tarifverträgen und Betriebsvereinbarungen getroffen werden.

Merke

Ruhepausen (§ 4 ArbZG)	**Bei einer Arbeitszeit von 6 bis 9 Stunden täglich ist eine Ruhepause von mindestens 30 Minuten vorgesehen. Es darf nicht länger als 6 Stunden ohne Pause gearbeitet werden.**
Ruhezeit zwischen Arbeitstagen (§ 5 ArbZG)	**Die Arbeitnehmer müssen nach Beendigung der täglichen Arbeitszeit eine ununterbrochene Ruhezeit von mindestens elf Stunden haben.**
Nacht- und Schichtarbeit (§ 6 ArbZG)	**Die werktägliche Arbeitszeit der Nachtarbeitnehmer darf acht Stunden nicht überschreiten.**

Das Arbeitszeitgesetz zu kennen ist wichtig für jeden Arbeitnehmer wie auch jeden Auszubildenden. Erst mit dem Wissen über die einzelnen Arbeitszeitbestimmungen lassen sich Zweifelsfälle in der Praxis lösen.

Das Mutterschutzgesetz

Für werdende Mütter gibt es ebenfalls besondere Schutzvorschriften. Schon im Grundgesetz wird der besondere Schutz von Müttern garantiert:

Grundgesetz Artikel 6

(4) Jede Mutter hat Anspruch auf den Schutz und die Fürsorge der Gemeinschaft.

Daraus ergibt sich, dass insbesondere werdende und stillende Mütter, die in einem Arbeitsverhältnis stehen, nur unter Arbeitsbedingungen arbeiten sollen, die ihnen gerecht werden. Der Arbeitsplatz muss so eingerichtet sein, dass Gelegenheit zu kurzen Pausen besteht und immer eine Sitzgelegenheit vorhanden ist. Aus diesem Grund ist beispielsweise die Fließband- oder Akkordarbeit verboten. Auch schwere körperliche Arbeiten (Heben, Tragen) sind unzulässig.

Das Mutterschutzgesetz schränkt das Arbeitszeitgesetz zusätzlich ein.

Die wichtigsten **Regelungen des Mutterschutzgesetzes** sind:

- Werdende Mütter dürfen an Werktagen höchstens 8 Stunden arbeiten, wenn sie jünger als 18 Jahre alt sind; sind sie über 18 Jahre alt, dürfen sie höchstens 8,5 Stunden arbeiten.
- Nacht- oder Schichtarbeit in der Zeit zwischen 20 Uhr und 6 Uhr ist verboten. Es gibt allerdings Ausnahmen für einzelne Branchen.
- Werdende Mütter dürfen nicht mit schweren körperlichen Arbeiten beschäftigt werden (insbesondere ist schweres Heben verboten).
- Sie dürfen keine Arbeiten verrichten, bei denen sie mit gesundheitsgefährdenden Stoffen in Kontakt kommen (Gase, Staub, Strahlen usw.).
- Am Arbeitsplatz dürfen sie nicht Hitze, Kälte, Nässe oder Lärm ausgesetzt sein.
- Akkord- und Fließbandarbeit mit vorgeschriebenem Tempo ist für sie verboten.

10.2.2 Der technische Arbeitsschutz

Der technische Arbeitsschutz umfasst alle Maßnahmen, die Arbeitsunfälle und Berufskrankheiten durch die sichere Gestaltung von Arbeitsstätten und technischen Anlagen verhindern. Arbeitsunfälle und Berufskrankheiten werden z. B. durch Lärm, giftige Dämpfe, Staub, Hitze, Kälte oder Nässe am Arbeitsplatz hervorgerufen.

Beispiel

Lärm am Arbeitsplatz

Rund fünf Millionen Arbeitnehmer in Deutschland sind während ihrer Arbeit gesundheitsgefährdendem Lärm von über 85 Dezibel ausgesetzt. Die Folge: Schwerhörigkeit ist die häufigste Berufskrankheit und die häufigste Ursache für Berufsunfähigkeit.

Berufskrankheit Schwerhörigkeit

Bereits ab Pegeln über 85 Dezibel muss der Arbeitgeber Mittel für den Gehörschutz zur Verfügung stellen. Oftmals werden diese am Arbeitsplatz aber nicht getragen, weil sonst andere wichtige akustische Signale wie die eines Funkgeräts oder eines Telefons überhört werden.

Die Folge: pro Jahr etwa 6 000 neue Fälle von „lärmbedingter Schwerhörigkeit", die als Berufskrankheit anerkannt werden.

Quelle: www.br-online.de (abgerufen am 16.11.2004)

Merke

Technischer Arbeitsschutz = Maßnahmen, die Arbeitsunfälle und Berufskrankheiten durch die sichere Gestaltung von Arbeitsstätten und technischen Anlagen verhindern

Um die technischen Bedingungen an Arbeitsplätzen zu verbessern, hat der Gesetzgeber eine Reihe von Gesetzen erlassen:

- Arbeitsschutzgesetz
- Arbeitsstättenverordnung
- Gerätesicherheitsgesetz
- Bildschirmarbeitsverordnung

Für den kaufmännischen Bereich besonders hervorzuheben ist die **Bildschirmarbeitsverordnung**. Viele kaufmännische Tätigkeiten finden mittlerweile fast ausschließlich am PC statt (z. B. die Buchhaltung). Deshalb ist es wichtig, dass die Arbeitnehmer, die den ganzen Tag vor dem Computer sitzen müssen, einen geeigneten Arbeitsplatz haben.

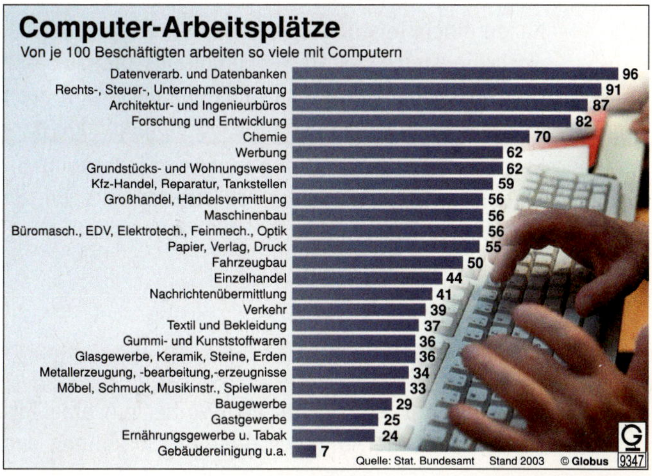

Hier einige wichtige Vorschriften aus der Bildschirmarbeitsverordnung (BildschArbV § 1 ff.):

- Bildschirmarbeitsplätze sind so einzurichten, dass Blendungen und störende Reflexionen auf dem Bildschirm und anderen Arbeitsmitteln durch Lichtquellen auch bei leicht wechselnden Arbeitshaltungen vermieden werden.
- Der Computer soll auf einem Schreibtisch so aufgestellt sein, dass schiefe Körperhaltungen und häufige Kopfdrehungen vermieden werden.
- Die verwendeten Monitore dürfen nicht flimmern oder unscharf sein.
- Der Bildschirm muss zur Anpassung an die individuellen Bedürfnisse des Arbeitnehmers/der Arbeitnehmerin leicht dreh- sowie neigbar sein.
- Die Arbeitstische müssen abgerundete Ecken und Kanten aufweisen.
- Die Tastenbeschriftung muss sich vom Untergrund deutlich abheben und auch bei leicht wechselnden Arbeitshaltungen ohne Schwierigkeiten lesbar sein.
- Nach jeweils 50 Minuten ununterbrochener Bildschirmarbeit muss eine Pause oder ein Tätigkeitswechsel im Ausmaß von jeweils mindestens 10 Minuten erfolgen.

10.3 Unternehmenskonzepte zur Humanisierung der Arbeit

Nicht allein der Staat versucht die Humanisierung der Arbeit über Gesetze voranzutreiben, auch die Unternehmen selbst haben in den letzten Jahren erkannt, dass eine Verbesserung der Arbeitsbedingungen sinnvoll ist.

So hat sich gezeigt, dass Arbeiter, die an einem Fließband ständig die gleichen Arbeitstätigkeiten verrichten müssen, häufiger Fehler bei der Arbeit machen und auch öfter krank werden. Die Arbeit ist langweilig und einseitig. Die Arbeiter haben keinen Spaß an der Arbeit und auch keine Motivation, die Arbeit besonders gut zu machen. Zudem kann die körperliche Belastung, die ein einseitiger Bewegungsablauf mit sich bringt, zu Krankheiten (z. B. Gelenkabnutzung, Sehnenscheidenentzündungen) führen. Diese Probleme verursachen dem Betrieb hohe Kosten. Deshalb wurde nach Wegen gesucht, die Monotonie der Fließbandarbeit zu umgehen.

Neben einem leistungsorientierten Lohnsystem (Akkord- oder Prämienlohn) gilt ein abwechslungsreich gestalteter Handlungsspielraum am Arbeitsplatz als wichtigster Motivationsfaktor. Der Mensch hat auch bei der Arbeit das Bedürfnis, mit all seinen Sinnen und Fähigkeiten in den Arbeitsprozess eingebunden zu werden.

Es gibt drei Konzepte, mit denen man insbesondere in der Produktion versucht der Langeweile und Monotonie am Arbeitsplatz entgegenzuwirken:

- Arbeitserweiterung
- Arbeitsbereicherung
- Arbeitsplatzwechsel

Arbeitserweiterung

An einem Arbeitsplatz, an dem vorher nur eine Tätigkeit verrichtet wurde, werden nun weitere ähnliche Aufgaben erledigt. So können zum Beispiel mehrere Montageschritte an einem Montagearbeitsplatz zusammengefasst werden. Allerdings unterscheiden sich die verschiedenen Aufgaben kaum in ihren Anforderungen, das heißt, bei den meisten Tätigkeiten wird nichts anderes als beispielsweise Muskelkraft und Konzentrationsfähigkeit abverlangt.

Beispiel

Karl Sutor arbeitet in einer Fahrradfabrik. Bisher musste er in der Montage immer nur die Bremsen montieren. Dies ist auf Dauer äußerst langweilig. Deshalb wird Karl Sutors Arbeitsplatz in der Montage erweitert. Er darf nun auch noch das Licht, die Räder und die Gangschaltung montieren, damit er etwas Abwechslung hat.

Arbeitsbereicherung

Arbeitsbereicherung bedeutet, dass einem Arbeitnehmer neue Aufgaben zugeteilt werden, die für ihn eine Bereicherung darstellen. Bei der Arbeitserweiterung wurde der Arbeitsplatz nur um ähnliche Tätigkeiten erweitert (z. B. zur Montage der Bremsen kommt die Montage der Gangschaltung hinzu). Bei der Arbeitsbereicherung kommen Aufgaben hinzu, die eine größere Abwechslung darstellen.

Beispiel

Karl Sutors Arbeitsplatz wurde um neue Aufgaben ergänzt. Er montiert nun nicht nur, sondern führt auch noch Qualitätstests bei den Montageteilen durch.

Arbeitsplatzwechsel

Für den Arbeitnehmer kann es auch motivierend sein, ab und zu den Arbeitsplatz zu wechseln.

Beispiel

Karl Sutor ist 4 Stunden pro Tag in der Montage beschäftigt. Die restlichen 4 Stunden arbeitet er im Versandlager, wo er Fahrräder für den Versand verpackt.

Automatisierung

Automatisierung bedeutet, dass Tätigkeiten, die bisher von Menschen verrichtet wurden, nun von Robotern oder Maschinen ausgeführt werden.

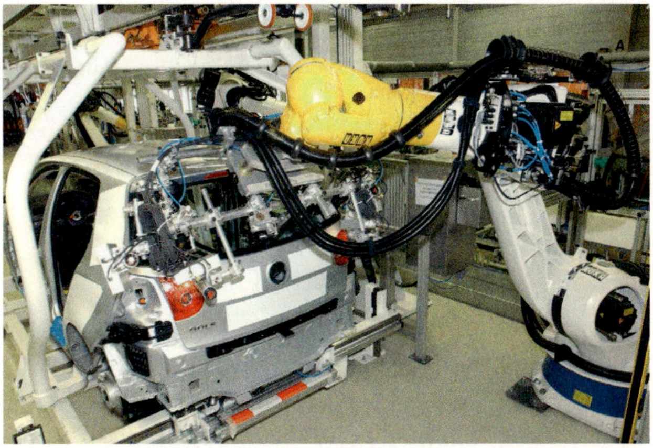

Merke **Automatisierung = Die menschliche Arbeit wird durch Roboter oder Maschinen ersetzt.**

Eine Automatisierung kostet zwar oft Arbeitsplätze, sie hat jedoch auch positive Seiten. Denn Roboter können Arbeiten verrichten, die für den Menschen gesundheitsschädlich oder gefährlich sind.

Zusammenfassung

Frage: Warum nutzen humane Arbeitsbedingungen auch dem Unternehmer?

Antwort: Ein gut gestalteter Arbeitsplatz beugt gesundheitlichen Schäden vor. Gerade Büroangestellte, die den ganzen Tag sitzen, haben oft Rückenprobleme. Für den Unternehmer ist es letztlich günstiger, wenn er in gute Bürostühle investiert, als die Kosten eines krankheitsbedingten Arbeitsausfalls tragen zu müssen.

Frage: Warum muss die Arbeitszeit gesetzlich geregelt sein?

Antwort: Der Mensch braucht Ruhephasen, um sich erholen zu können. Deshalb gibt es Vorschriften, wie lange der Arbeitnehmer arbeiten soll. Allerdings werden diese Vorschriften oft nicht eingehalten.

Frage: Warum gibt es für die Arbeit am Computer ein eigenes Gesetz?

Antwort: Immer mehr Menschen arbeiten am Computer. Da diese Form der Arbeit bestimmte gesundheitsgefährdende Risiken mit sich bringt, wurde dafür 1995 die Bildschirmarbeitsverordnung erlassen.

Frage: Warum hat die Automatisierung der Produktion auch positive Seiten, das kostet doch Arbeitsplätze?

Antwort: Wenn Roboter oder Maschinen Arbeiten übernehmen, die für den Menschen gefährlich sein können, so ist das sehr positiv.

Frage: Warum haben Unternehmen eigene Konzepte entwickelt, die Arbeit in der Produktion humaner zu gestalten?

Antwort: Es hat sich gezeigt, dass langweilige und eintönige Arbeitsgänge zu einer hohen Fehlerquote führen. Durch eine Umgestaltung des Arbeitsplatzes, indem z. B. verschiedene Tätigkeiten auszuführen sind, kann diese Fehlerquote verringert werden.

Wissensfragen

1. Was bedeutet der Begriff Humanisierung?
2. Wann ist Arbeit inhuman?
3. Was bedeutet menschengerechte Arbeitsgestaltung?
4. Warum ist eine menschengerechte Arbeitsgestaltung auch betriebswirtschaftlich sinnvoll?
5. Was regelt der soziale Arbeitsschutz?

6. Was regelt das Arbeitszeitgesetz?
7. Was regelt das Mutterschutzgesetz?
8. Was regelt der technische Arbeitsschutz?
9. Welche Unternehmenskonzepte zur Humanisierung der Arbeit gibt es?
10. Nennen Sie Beispiele für Arbeitserweiterung, Arbeitsbereicherung und Arbeitsplatzwechsel.

Übungsaufgaben

1. Praxisfälle entscheiden

Beurteilen Sie bei den folgenden Fällen, ob ein Verstoß gegen das Arbeitszeitgesetz vorliegt.

a) Christian Hauser arbeitet in einer Metallfabrik am Fließband. Er hat mit dem Dispatcher (Produktionsleiter) vereinbart, dass er 7 Stunden ohne Pause durcharbeitet und dafür früher gehen darf.

b) Christian arbeitet schon seit drei Monaten jede Nacht 9 Stunden.

2. Praxisfall lösen

Lesen Sie die Auszüge aus dem Arbeitszeitgesetz und beurteilen Sie dann den folgenden Fall.

§ 6

Nacht- und Schichtarbeit

[...]

(4) Der Arbeitgeber hat den Nachtarbeitnehmer auf dessen Verlangen auf einen für ihn geeigneten Tagesarbeitsplatz umzusetzen, wenn

a) nach arbeitsmedizinischer Feststellung die weitere Verrichtung von Nachtarbeit den Arbeitnehmer in seiner Gesundheit gefährdet oder

b) im Haushalt des Arbeitnehmers ein Kind unter zwölf Jahren lebt, das nicht von einer anderen im Haushalt lebenden Person betreut werden kann, oder

c) der Arbeitnehmer einen schwerpflegebedürftigen Angehörigen zu versorgen hat, der nicht von einem anderen im Haushalt lebenden Angehörigen versorgt werden kann,

[...]

Melanie Strand ist allein erziehende Mutter. Ihr Kind ist 6 Jahre alt und geht in die erste Klasse der Grundschule. Melanie Strand arbeitet Nachtschicht in einer Papierfabrik. Wenn sie morgens nach Hause kommt, richtet sie ihrem Kind noch das Frühstück und legt sich anschließend hin, bis das Kind von der Schule zurückkommt. Sie schläft dadurch immer nur 6 Stunden täglich. Deshalb möchte sie in die Tagesschicht wechseln. Der Betriebsleiter sagt, dass in der Tagesschicht momentan keine Stelle frei ist.

3. Praxisfälle entscheiden

Nun geht es um den Schutz werdender Mütter, die erwerbstätig sind. Nehmen Sie die Regelungen zum Mutterschutzgesetz (Kapitel 10.2.1, siehe Seite 128) für die Lösung der Fälle zu Hilfe.

a) Katrin Müller ist im fünften Monat schwanger. Sie arbeitet in einer Druckerei. Der Betriebsleiter fragt sie, ob sie nicht in der Spätschicht von 14 bis 23 Uhr arbeiten könne.

b) Katja Hagenaus ist schwanger. Sie arbeitet bei einem Autohersteller in der Lackiererei, in der sie den Dämpfen der Lackfarben ausgesetzt ist.

c) Caroline Yilmaz ist Hotelfachfrau, im sechsten Monat schwanger und arbeitet beim Hotel Sternenhof. Sie soll an der Rezeption bis 1 Uhr arbeiten.

d) Susanne Krämer arbeitet bei einem Getränkegroßhandel. Sie ist im fünften Monat schwanger. Der Chef weist sie an, Sprudelkisten aus dem Lager in das Geschäft zu räumen.

e) Klara Hausmann ist im zweiten Monat schwanger. Sie möchte im Betrieb weiterhin Akkord arbeiten, damit sie mehr Geld verdient.

4. Präsentation

Hier geht es um Mobbing am Arbeitsplatz. Sie sind aufgefordert, eine Präsentation vorzubereiten, in der Sie dieses Thema aufgreifen und vor Ihrer Klasse vortragen. Als Einstieg dient der folgende Bericht.

Mobbing am Arbeitsplatz

Rund 3,5 % aller Arbeitnehmer werden gemobbt. Mobbing kommt aus dem Englischen und bedeutet „jemanden attackieren“. Doch Mobbing am Arbeitsplatz meint keine körperliche Gewalt, sondern ist Psychoterror. Gegen einen einzelnen Mitarbeiter werden Intrigen gesponnen, es werden Lügen verbreitet und er wird schikaniert. Mobbing ist leider im deutschen Büroalltag keine Seltenheit mehr. Die betroffenen Personen leiden oft unter massiven Schlafstörungen, Magen- und Darmbeschwerden oder depressiven Verstimmungen. Meist trifft es Kollegen bzw. Kolleginnen, die noch neu in dem Unternehmen sind und somit noch nicht richtig dazugehören. Bekanntlich werden die größten Feinde zu Freunden, wenn sie gemeinsam am Stuhl eines anderen sägen können. Wissenschaftler haben herausgefunden, dass dieser Psychoterror im Durchschnitt 15 Monate dauert. Ziel des Mobbings ist, die Person von ihrem Posten zu verdrängen oder in ihrem Ansehen zu schädigen.

Mobbing läuft fast immer nach dem gleichen Schema ab. Zuerst entstehen Konflikte, die nicht richtig gelöst werden. Danach beginnt der systematische Psychoterror. Die gemobbte Person gerät dabei immer mehr in eine schwächere Position und kann sich gegen die Schikanen und Bosheiten kaum noch wehren. Oft ist die Person durch diesen Terror den beruflichen Anforderungen nicht mehr gewachsen und muss um ihren Arbeitsplatz fürchten. Die Folgen von Mobbing betreffen auch die Arbeitgeber. Fehlzeiten und die Einarbeitung von neuen Mitarbeitern lassen hohe Kosten entstehen.

a) Stellen Sie das Thema in einer Kurzpräsentation dar.

Einstieg
Stellen Sie sich kurz selbst vor.

↓

Gliederung der Präsentation
Nennen Sie die Reihenfolge der Punkte, über die Sie sprechen werden.

↓

Hauptteil

Vorstellung des Themas „Mobbing am Arbeitsplatz"
Erklären Sie, was Mobbing bedeutet und in welchem Zusammenhang es auftritt.

Problemstellung
Schildern Sie, wie Mobbing am Arbeitsplatz wahrgenommen wird und welche Konflikte sich daraus ergeben können. Zeigen Sie ein Schema auf, wie Mobbing abläuft, bedenken Sie dabei auch die Auswirkungen auf die Mitarbeiter.

Lösungsmöglichkeiten
Zeigen Sie Möglichkeiten auf, wie die Konflikte gelöst werden könnten und Mobbing zu vermeiden ist.

↓

Schluss
Fassen Sie Ihren Vortrag noch mal kurz zusammen. Bedanken Sie sich bei den Zuhörern und geben Sie die Möglichkeit für Fragen.

b) Eine Zeitung hat ein Interview mit einer Diplom-Psychologin über das Thema Mobbing geführt. Die Fragen, die an die Psychologin gestellt wurden, sowie ihre Antworten darauf stehen allerdings recht unvermittelt auf Zetteln nebeneinander. Sie als Azubi bei dieser Zeitung werden von dem zuständigen Redakteur aufgefordert, Fragen und Antworten korrekt zuzuordnen. Versuchen Sie es!

Die Fragen an die Psychologin:

a) Was raten Sie Arbeitnehmern, die unter Mobbing zu leiden haben?
b) Passiert es oft, dass Arbeitnehmer wegen Mobbing zu Ihnen kommen?
c) Wie kann man aus dem Teufelskreis ausbrechen?
d) Geben die Leute offen zu gemobbt zu werden oder gilt dies eher als Schwäche, über die man lieber schweigen möchte?
e) Wissen die Mobbingopfer, dass sie gesundheitliche Probleme bekommen können?

Hier ihre Antworten darauf:

1) Mitarbeiter kommen immer häufiger zu mir und sprechen von Mobbing. Im Laufe des Gespräches stellt sich dann aber heraus, dass es sich oft nur um einen normalen Streit handelt. Aber in einigen Fällen handelt es sich tatsächlich um Mobbing.
2) Dies ist den meisten bewusst. Wie groß diese Probleme aber werden können, ist den wenigsten Mobbingopfern bewusst.
3) Mitarbeiter, die unter Mobbing leiden, kommen oft sehr spät zu mir. Meist glauben sie, dass sie mit der Situation irgendwie selbst fertig werden, und wollen sich die Kränkung nicht anmerken lassen. Es ist jedoch viel besser, sich rechtzeitig professionellen Rat einzuholen.
4) Man muss aktiv werden und die Sozialberatung im Betrieb aufsuchen. Die Personalabteilung kann Auskunft über rechtliche Fragen geben. Sinnvoll ist es auch, eine Selbsthilfegruppe aufzusuchen.
5) Streit und Konflikte gibt es immer. Der beste Schutz gegen Mobbing ist eine direkte und offene Kommunikation. Mobbingopfer sollten die Täter direkt zur Rede stellen. Geht dies nicht, sollte man sich fachliche Unterstützung von außen holen.

6026136

1 Unternehmensziele

1.1 Unternehmerische Zielsetzungen

Situation

Es ist Januar, der Beginn eines neuen Geschäftsjahres. Klaus Schneider, der Inhaber der BüroFix e. K., sitzt mit seinen Abteilungsleitern im Besprechungszimmer und diskutiert die Ziele für das neue Jahr.

Klaus Schneider: „So, meine Damen und Herren, im neuen Jahr beginnt ein neues Spiel und neues Glück – nein, im Ernst. Ich möchte mich heute über die Ziele unterhalten, die wir dieses Jahr erreichen können. Das letzte Jahr blieb etwas hinter unseren Erwartungen zurück. Ich hoffe, dass wir es dieses Jahr schaffen, unsere Ziele zu erreichen. Wir sind ehrgeizig, wir müssen aber auch realistisch sein. Wir können nicht das Unmögliche schaffen. Ich habe mir die Zahlen des vergangenen Jahres genau angeschaut. Ich denke, eine Umsatzsteigerung von 10 % müsste für dieses Jahr drin sein. Was meinen Sie, Herr Meier? Sie sind als Leiter des Rechnungswesens immer ganz nah dran an den Fakten."

Ingo Meier: „Mit der Eröffnung des Büro-Discounters CheapOffice bei Speyer ist letztes Jahr unser Umsatz eingebrochen. Doch da der Service von CheapOffice sehr schlecht ist, kommen viele Kunden zu uns zurück. Eine Umsatzsteigerung von 10 % im Vergleich zum Vorjahr müsste auf jeden Fall möglich sein."

Peter Lehmann: „Wir müssen versuchen den Computerabsatz auf 800 Stück zu steigern. Dann bekämen wir nämlich vom Hersteller einen dicken Rabatt auf die Einkaufspreise!"

Klaus Schneider: „Das ist eine Sache des Marketings. Herr Ludwig, was meinen Sie dazu, können wir dieses Absatzziel erreichen?"

Benno Ludwig: „Ich denke schon; wir müssten ordentlich die Werbetrommel rühren und auch etwas billiger werden. Unsere Computer sind selbst für ein Fachgeschäft sehr teuer."

Klaus Schneider: „Dann haben wir uns ja noch den Umweltschutz auf die Fahnen geschrieben. Dieses Jahr dachte ich an eine großzügige Spende an den Naturschutzverein. Zudem wollen wir die Mülltrennung im Betrieb verbessern. Ich habe ein Beratungsunternehmen beauftragt, das ein Konzept für uns erarbeitet. Außerdem möchte ich auch dieses Jahr wieder fünf Ausbildungsplätze für die Kinder unserer Mitarbeiter anbieten."

Leitfrage

Es wird oft davon gesprochen, dass Unternehmen als einziges Ziel anstreben ihre Gewinne zu steigern.

- Welche Ziele verfolgt die BüroFix e. K.?
- Entsprechen die in dem Dialog angesprochenen Ziele dieser Annahme?

Information

Was sind Ziele?

Ein **Ziel** ist ein bestimmter, erwünschter Zustand in der Zukunft, den man erreichen will.

Denken Sie an Ihre ganz persönlichen Ziele. Könnten das vielleicht Ziele sein wie: in der nächsten BWL-Arbeit eine 2,0 zu schreiben oder in die Berufsfachschule 2 zu wechseln, möglicherweise 1 000 m unter 3 Minuten zu laufen? Meistens muss man hart arbeiten, um die gesteckten Ziele zu erreichen.

Auch jedes Unternehmen hat seine eigenen Ziele, auf die alle Mitarbeiter im Unternehmen hinarbeiten sollen.

Merke **Ziel = ein bestimmter, erwünschter Zustand in der Zukunft, den man erreichen will**

Was ist ein Unternehmensleitbild?

Der Begriff **Unternehmensleitbild** bezeichnet die grundsätzlichen Werte und Ziele eines Unternehmens. Dieses Leitbild wird von der Geschäftsführung ausformuliert und soll allen Zielentscheidungen zugrunde liegen.

Merke **In einem Unternehmensleitbild werden die wichtigsten Ziele und Grundwerte des Unternehmens schriftlich festgelegt.**

Herr Schneider hat für die BüroFix e. K. folgendes Leitbild formuliert, das an alle Mitarbeiter, Lieferanten und Großkunden verteilt wurde.

Unser Leitbild

BüroFix e.K. Bürobedarf

Wir sind für den Raum Vorderpfalz der kompetenteste Ansprechpartner in Sachen Büroausstattung und Computertechnik. Unser Service übertrifft die Kundenerwartungen bei weitem. Wir liefern und verkaufen nur Produkte, von deren Qualität wir 100%ig überzeugt sind. Unsere Mitarbeiter werden dafür regel mäßig geschult. Die Mitarbeiter führen eine offene Kommunikation im Unternehmen. Man spricht nicht übereinander, sondern miteinander!

Den Kindern von Mitarbeitern wird bei entsprechender Eignung ein Praktikum oder eine Ausbildungsstelle angeboten. Wir verstehen uns als eine große Familie.

Auch der Umweltschutz liegt uns am Herzen. Verpackungsmaterial wird getrennt gesammelt und recycled. Wir kaufen nur von Herstellern, die sich an bestimmte Umweltauflagen halten.

Herzlichst
Ihr Klaus Schneider
Inhaber BüroFix e. K.

Was sind Unternehmensziele?

Ein Unternehmen muss, bevor es handelt, klare Ziele festlegen, die sich am Leitbild des Unternehmens orientieren sollten. Will ein Schuhhersteller beispielsweise immer Schuhe mit höchster Qualität produzieren, so kann er nicht plötzlich billiges, schlecht verarbeitetes Leder kaufen, nur um das Ziel der Gewinnsteigerung zu erreichen. Der Schuhhersteller muss also andere Möglichkeiten zur Gewinnsteigerung finden. Beispielsweise kann er eine Maschine kaufen, die fünfmal mehr Schuhe in der gleichen Zeit produziert, als dies vorher der Fall war. So können mehr Schuhe ausgeliefert und verkauft werden.

Beispiel

Klaus Schneider gibt als Unternehmensziel vor 10 % bei den Personalkosten zu sparen. Ingo Meier, der Leiter des Rechnungswesens, schlägt vor die Serviceschulungen für das Verkaufspersonal einzuschränken, um Geld zu sparen. Klaus Schneider ist gegen diesen Vorschlag, da es dem Leitbild des Unternehmens, in dem der Service ausdrücklich betont wurde, widerspricht. Stattdessen wird bei den Lagerkräften eine Stelle gestrichen. Dies schmälert den Service von Büro-Fix e. K. nicht und das Ziel der Personalkostensenkung kann trotzdem erreicht werden.

Je näher das Unternehmen an seine gesteckten Ziele herankommt, umso erfolgreicher ist es. Die Ziele müssen klar formuliert sein, sodass sie für jeden Mitarbeiter verständlich sind. Jeder Einzelne ist für die Zielerreichung mit verantwortlich.

Es werden wirtschaftliche, ökologische und soziale Ziele unterschieden.

Was sind wirtschaftliche Unternehmensziele?

Das wohl bekannteste wirtschaftliche Unternehmensziel ist: „Wir wollen unseren Gewinn steigern!" Hier handelt es sich um ein so genanntes **Ertragsziel**. Ertragsziele lassen sich in Geldeinheiten, also in Euro, oder in Prozent ausdrücken. Sie können allgemein formuliert sein oder auch einen festgesetzten Wert beinhalten, zum Beispiel eine Umsatzsteigerung um 10 % oder eine Senkung der Kosten um 50.000,00 € im nächsten Jahr.

Typische **wirtschaftliche Ziele** sind:

- Gewinnsteigerung
- Umsatzsteigerung (Umsatz = verkaufte Menge · Preis; z. B. 100 Computer werden zu je 500,00 € verkauft, Umsatz = 100 St. · 500,00 €, also 5.000,00 €)
- Absatzsteigerung (Absatz = verkaufte Menge, also 100 Computer)
- Kostensenkung (z. B. Senkung der Personalkosten um 10 %)

Merke

Ein Ertragsziel lässt sich immer in Geldeinheiten (Euro) ausdrücken. Es kann aber auch in Prozent ausgedrückt werden.

Beispiel

Im neuen Geschäftsjahr diskutiert Klaus Schneider, Chef von BüroFix e. K., die Ziele mit seinen Abteilungsleitern. Er gibt vor, dass der Umsatz um 10 % gesteigert werden soll. Zudem soll der Absatz von Computern, von denen im letzten Jahr insgesamt nur 600 Stück verkauft wurden, stark angekurbelt werden. Im neuen Jahr sollen mindestens 800 Computer verkauft werden. Dann gibt es vom Hersteller nämlich einen Einkaufsrabatt. Benno Ludwig, der Verkaufsleiter, muss sich nun Möglichkeiten überlegen, wie er die Zielvorgaben erreichen kann. Eine Möglichkeit wäre in der Lokalzeitung intensiver Werbung für die Computer zu machen. Eine weitere Möglichkeit wäre alle zwei Monate eine Schnäppchenaktion zu starten, bei der die Computer zum Sonderpreis angeboten werden.

Ziele können sich auch nach bestimmten Leistungen richten (**Leistungsziele**).

Beispiel

Herr Schneider sagt in der ersten Besprechung im neuen Geschäftsjahr zum Leiter des Verkaufs, Benno Ludwig: „Letztes Jahr gab es insgesamt 70 Reklamationen von Großkunden in unserer Hauptgeschäftsstelle in Speyer. Im neuen Jahr müssen wir sorgfältiger arbeiten. Ich will, dass es höchstens 40 Reklamationen gibt. Bitte weisen Sie das Verkaufspersonal entsprechend ein."

Andere Leistungsziele wären zum Beispiel das Erreichen eines bestimmten Qualitätsstandards oder die Erhaltung der Produktion am heimischen Standort, also keine Verlagerung ins „billigere" Ausland.

Über die **Marktziele** bestimmt ein Unternehmen seine Stellung, die es am Markt und gegenüber der Konkurrenz halten oder erreichen will.

Wirtschaftliche Unternehmensziele stecken in folgenden Aussagen:

- „Wir wollen unseren Marktanteil um 10 % erhöhen."
- „Wir wollen zufriedene Kunden, deshalb nehmen wir Beschwerden ernst und steigern unseren Kundenservice."
- „Wir wollen auf Auslandsmärkten Fuß fassen."

Die wirtschaftlichen Ziele werden erreicht, indem das ökonomische Prinzip beachtet wird.

Das ökonomische Prinzip

Ökonomisch sinnvoll handeln bedeutet aus einer gegebenen Gütermenge den größtmöglichen Erfolg zu erzielen oder ein bestimmtes Ziel mit einem möglichst geringen Einsatz von Mitteln zu erreichen. Dieser Grundsatz gilt für jede wirtschaftliche Tätigkeit. Er wird auch als **ökonomisches Prinzip** bezeichnet.

Handelt man nach dem ökonomischen Prinzip, so kommt es darauf an, welches Ziel man verfolgt. Möchte man mit einem möglichst geringen Einsatz von knappen Gütern ein bestimmtes (vorgegebenes) Ziel erreichen, so spricht man vom **Minimalprinzip**. Verfügt man über eine bestimmte (gegebene) Menge an knappen Gütern, so handelt man nach dem ökonomischen Prinzip, wenn damit versucht wird das größtmögliche (maximale) Ziel zu erreichen (dies ist das so genannte **Maximalprinzip**).

Merke

Minimalprinzip = **mit möglichst geringem Einsatz von Produktionsfaktoren ein gegebenes Ziel erreichen**

Maximalprinzip = **mit gegebenem Einsatz von Produktionsfaktoren ein maximales Ziel erreichen**

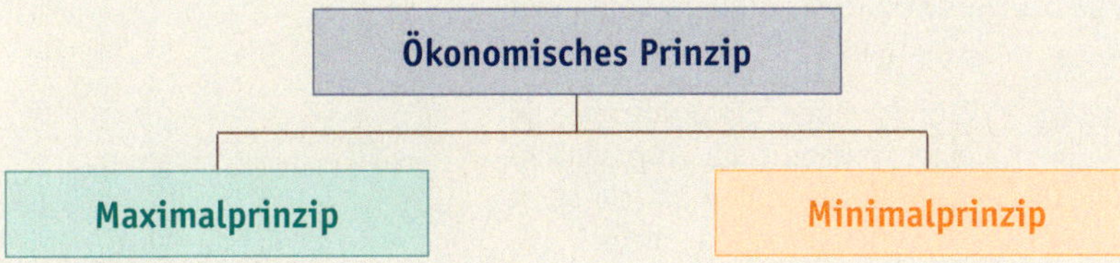

Beispiele

- Die Hobel KG soll 10 Aktenschränke aus Mahagoniholz fertigen. Da das Holz sehr teuer ist, wird versucht die Bretter so zu sägen, dass möglichst wenig Abfall anfällt und wenig Material verbraucht wird (➔ **Minimalprinzip**).
- Die Hobel KG fertigt Büromöbel. Sie hat im Lager noch 5 mal 10 m^2 schwarz lackierte Pressspanplatten, mit denen Eckcomputertische hergestellt werden sollen. Der Tischlerei wird ein vom Computer errechneter Sägeplan gegeben, der genau angibt, wie gesägt werden muss, damit die maximal mögliche Zahl an Tischplatten aus diesen Platten gesägt werden kann (➔ **Maximalprinzip**).

Hier einige Beispiele aus dem Privatleben. Stellen Sie sich vor:

- Sie sind auf der Autobahn und stellen fest, dass Ihr Tank nur noch 12 Liter Benzin enthält. Die nächste Tankstelle ist allerdings 200 km entfernt. Sie wissen, dass Ihr Auto mit 5 Liter auf 100 km am sparsamsten fährt, wenn Sie exakt 100 km/h fahren. Sie fahren also so, dass sie möglichst wenig Sprit verbrauchen, um die nächste Tankstelle zu erreichen (➔ **Minimalprinzip**).
- Sie sind mit dem Fahrrad unterwegs zur Schule und sind schon etwas spät dran. In der ersten Stunde schreiben Sie eine BWL-Arbeit. Sie fahren nun so schnell sie können, um die Schule möglichst bald zu erreichen (maximale Zeitersparnis ➔ **Maximalprinzip**).

Das ökonomische Prinzip dient nicht nur der Erreichung der wirtschaftlichen Ziele. Es dient auch der Erreichung ökologischer Ziele, wenn mit Materialien und Rohstoffen sparsam umgegangen wird.

Was sind ökologische Unternehmensziele?

Umweltschutz wurde in den letzten Jahren für Unternehmen immer wichtiger, da das Umweltbewusstsein der Bevölkerung zugenommen hat. Damit ein Unternehmen also auch weiterhin erfolgreich sein kann und seine Produkte gekauft werden, muss es auf diesen Zug aufspringen und Umweltverschmutzung vermeiden. Dies bedeutet in erster Linie Abfallvermeidung oder Recycling bzw. eine entsprechende Entsorgung von Abfällen, falls diese nicht wieder verwendet werden können.

Dies betrifft vor allem die Industriebetriebe. Bei der Produktion werden Schadstoffe ausgestoßen, es entstehen Produktionsabfälle und es wird viel Energie verbraucht. Die Industriebetriebe müssen dafür sorgen, dass der Ausstoß von Schadstoffen gering gehalten wird, gesundheitsschädliche Stoffe in der Produktion ersetzt werden und Abfall vermieden wird. So lassen viele Betriebe mittlerweile bei ihren Produkten unnötige Umverpackungen weg, um Abfall zu vermeiden.

Beispiel

Früher wurde die Zahncreme in einer zusätzlichen Pappschachtel verkauft, heute hat sie meist keine Umverpackung mehr.

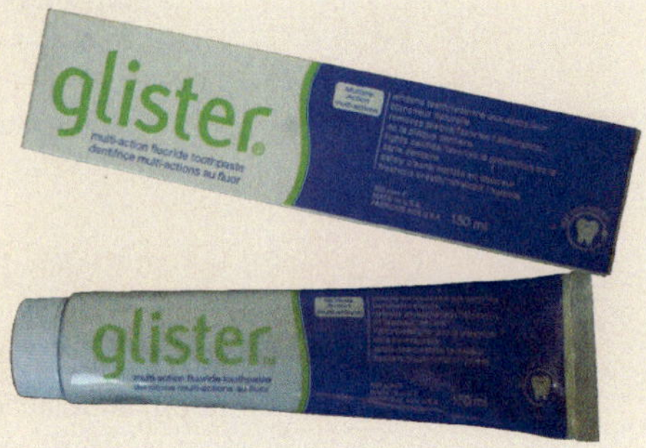

Eine wichtige Maßnahme für den Umweltschutz ist das **Recycling** von Abfällen. Recycling bedeutet, dass aus Abfällen neue Produkte und Rohstoffe hergestellt werden. Am bekanntesten ist die Wiederverwendung von Glasflaschen, entweder als Pfandflaschen oder in Glascontainern gesammelt. Auch Umverpackungen mit dem grünen Punkt werden recycelt und Grünabfälle können zu Biogas umgewandelt werden. Ist Recycling nicht möglich oder zu teuer, muss das Unternehmen dafür sorgen, dass die Abfälle umweltgerecht entsorgt, also z. B. auf spezielle Deponien gebracht werden.

Ökologische Unternehmensziele finden sich in folgenden Äußerungen wieder:

- „Wir wollen unseren Schadstoffausstoß im nächsten Jahr um die Hälfte senken."
- „Wir wollen nach neuen Verpackungsmöglichkeiten suchen und so Verpackungen reduzieren bzw. Mehrwegverpackungen einführen."
- „Wir wollen im Laufe der nächsten zwei Jahre mindestens 50 % unserer Verpackungen recycelbar machen."

Beispiel

Klaus Schneider hat den Umweltschutz als ein Unternehmensziel der Büro-Fix e. K. festgelegt. Im Lager werden deshalb von den Lagerkräften die Verpackungsmaterialien der Lieferungen fein säuberlich in verschiedenen Containern getrennt gesammelt (Plastik, Papier usw.).
Damit die Kunden auch etwas vom Umweltschutz bei BüroFix e. K. mitbekommen, spendet Klaus Schneider zudem medienwirksam 10.000,00 € an den örtlichen Naturschutzverein.

Was sind soziale Unternehmensziele?

Auch in Bezug auf das Wohlergehen der Mitarbeiter müssen sich Betriebe Ziele setzen. Sind die Mitarbeiter zufrieden, werden sie gute Arbeit leisten und das Unternehmen in der Öffentlichkeit positiv darstellen. Dies wirkt sich dann wiederum positiv auf die Erreichung der wirtschaftlichen Ziele aus.

Soziale Unternehmensziele können so formuliert sein:

- „Wir sichern für das nächste Jahr zu, dass es keinen Stellenabbau geben wird."
- „Wir erstellen ab kommendem Geschäftsjahr eine monatlich erscheinende Mitarbeiterzeitung, um unsere Mitarbeiter regelmäßig rund um das Unternehmen zu informieren."

Beispiel

Klaus Schneider legt großen Wert auf seine Mitarbeiter. Er weiß, dass er auf motiviertes und gut ausgebildetes Personal angewiesen ist. Deshalb bietet er ihnen regelmäßig Fortbildungsmöglichkeiten an. Zudem können die Kinder von Mitarbeitern ein Praktikum bei der BüroFix e. K. absolvieren und bei Eignung haben sie dort eine Ausbildungsstelle sicher.

1.2 Zielkonflikte und Zielharmonien

Situation

Klaus Schneider hat sich für das neue Geschäftsjahr vorgenommen, einerseits den Umsatz der BüroFix e. K. um 10 % zu steigern und anderseits die Kosten für Werbemaßnahmen zu senken. Ihm sind die hohen Werbekosten schon länger ein Dorn im Auge, denn sie schmälern seinen Gewinn.

Leitfrage

Lassen sich beide Ziele, die Klaus Schneider anstrebt, gleichzeitig erreichen?

Information

Was ist eine Zielharmonie?

Ein Unternehmen setzt sich immer mehrere Ziele, die es erreichen will. Diese können unterschiedliche Bereiche betreffen. Verfolgt das Unternehmen ein bestimmtes Ziel und wird durch diese Zielverfolgung zusätzlich ein anderes Ziel positiv beeinflusst, spricht man von einer **Zielharmonie**.

Beispiel

Die Büro Fix e. K. will im nächsten Jahr den Umsatz steigern (Ziel 1) und neue Großkunden gewinnen (Ziel 2). Der Umsatz wird also auch dadurch gesteigert, dass neue Kunden gewonnen werden, da diese ja den Verkauf ankurbeln. Es besteht eine Zielharmonie.

Was ist ein Zielkonflikt?

Wenn ein Unternehmen zwei oder mehrere Ziele verfolgt, die sich gegenseitig hemmen, besteht ein **Zielkonflikt**.

Beispiel

Die BüroFix e. K. will ihre Kosten senken (Ziel 1) und neue Kunden durch mehr Werbung gewinnen (Ziel 2). Wird mehr Werbung geschaltet und werden Werbegeschenke verteilt, werden zwar Kunden gewonnen, aber auch die Ausgaben erhöht. Es entsteht ein Zielkonflikt.

Zielkonflikte im Unternehmen entstehen dadurch, dass die Beteiligten des Unternehmens verschiedene Ziele verfolgen:

- Geschäftsleitung (→ Ziel: Gewinn)
- Arbeitnehmer (→ Ziel: möglichst hoher Lohn)
- Kapitalgeber (Banken, Gesellschafter) (→ Ziel: möglichst hohe Zinsen)
- Großkunden, Privatkunden (→ Ziel: möglichst niedrige Verkaufspreise, guter Service)
- Lieferanten (→ Ziel: hohe Preise, lange Lieferfristen)
- Öffentlichkeit (→ Ziel: Umweltschutz, Arbeitsplätze)

Beispiel 1

Die Arbeitnehmer bei BüroFix e. K. sind unruhig. Sie wissen, dass ein äußerst erfolgreiches Jahr hinter ihnen liegt, noch nie war der Umsatz so hoch wie dieses Jahr. Das war auch ihr Verdienst. Sie wollen deshalb eine Prämie, die ihre Arbeit honoriert.

Klaus Schneider ist auch sehr zufrieden mit dem Geschäftsjahr. Seiner Meinung nach lag das allerdings hauptsächlich an der allgemein guten Stimmung in der Wirtschaft. Das Personal habe nur wenig dazu beigetragen. Er will deshalb keine Prämie zahlen, da dies seinen Gewinn schmälert.

Zwischen Inhaber und seinen Mitarbeitern besteht ein Zielkonflikt.

Beispiel 2

Die BüroFix e. K. verhandelt über die Lieferung von Büroeinrichtungen mit dem Hersteller von Büroschreibtischen. BüroFix e. K. möchte einen möglichst hohen Rabatt aushandeln, damit die Einkaufskosten gesenkt werden. Dadurch kann das Gewinnziel erreicht werden (Gewinn = Umsatz – Kosten). Der Hersteller der Büroschreibtische will einen möglichsten hohen Preis für seine Tische aushandeln, da er ja selbst auch ein Gewinnziel verfolgt.

Zwischen den Geschäftspartnern besteht ein Zielkonflikt.

Zusammenfassung

Frage: Unternehmen wollen doch hauptsächlich Gewinne machen. Was bringt ihnen dann das Ziel „Umweltschutz"?

Antwort: Der Umweltschutz ist ein sehr wichtiges Thema der heutigen Zeit, vor dem sich auch Unternehmen nicht verschließen können. Gerade da sie oft durch ihre Produktion die Umwelt erheblich belasten, ist es wichtig, dass Unternehmen Umweltschutz betreiben. Unternehmer legen den Umweltschutz oft aus zwei Gründen als Unternehmensziel fest, zum einen, weil sie für die Umwelt Verantwortung übernehmen wollen, zum anderen weil sich dadurch das Ansehen des Unternehmens in der Bevölkerung und bei den Kunden verbessert. Dies dient letztlich auch dem Gewinnziel, wenn mehr Leute aus Umweltschutzgründen die Produkte des Unternehmens kaufen.

Frage: Wieso braucht ein Unternehmen ein Unternehmensleitbild?

Antwort: Das Unternehmensleitbild gibt der Geschäftsführung, aber auch Mitarbeitern und Kunden Orientierung, auf welcher Grundlage es seine Entscheidungen fällen soll. Das Unternehmensleitbild sollte aber auch wirklich gelebt werden. Es wirkt unglaubwürdig, wenn ein Unternehmen in seinem Leitbild den Umweltschutz betont, aber durch Umweltverschmutzung in der Presse auffällt.

Frage: Besteht zwischen wirtschaftlichen Zielen und den sozialen oder ökologischen Zielen immer ein Zielkonflikt?

Antwort: Ein Zielkonflikt besteht, wenn die Erreichung des einen Zieles der Erreichung des anderen Zieles im Wege steht. Dies ist beispielsweise der Fall, wenn das Gewinnziel im Vordergrund steht, aber für viel Geld teure Filteranlagen eingebaut werden, um auch dem ökologischen Ziel gerecht zu werden. Beide Ziele können aber harmonieren, wenn gerade die Verbraucher aufgrund des ökologischen Ziels verstärkt die Produkte des Unternehmens kaufen und damit den wirtschaftlichen Zielen (Gewinn, Umsatz) dienen.

Wissensfragen

1. Was sind Ziele?
2. Was ist ein Unternehmensleitbild?
3. Was sind Unternehmensziele?
4. Nennen Sie drei wirtschaftliche Unternehmensziele.
5. Was versteht man unter dem Minimalprinzip? Geben Sie dazu ein Beispiel.
6. Was versteht man unter dem Maximalprinzip? Geben Sie dazu ein Beispiel.
7. Was sind ökologische Unternehmensziele?
8. Nennen Sie zwei Beispiele für soziale Unternehmensziele.
9. Was ist ein Zielkonflikt?
10. Was bedeutet der Begriff „Zielharmonie"?

Übungsaufgaben

1. Zuordnen

Welche der folgenden Zielformulierungen lassen sich als wirtschaftliches, als ökologisches und als soziales Ziel definieren?

a) Der Gewinn soll um 20 % gesteigert werden.
b) Es sollen drei Ausbildungsstellen mit Azubis besetzt werden.
c) Der Umsatz muss um 5 % gesteigert werden.
d) Im Mai müssen mindestens 50 Faxgeräte verkauft werden.
e) Altbatterien sollen fachgerecht entsorgt werden.
f) Die Arbeitsplätze sollen auf jeden Fall erhalten bleiben.
g) Der Verpackungsmüll soll getrennt werden.
h) Junge Mütter sollen die Möglichkeit zur Teilzeitarbeit haben.
i) Unsere Mitarbeiter sollen sich mit dem Unternehmen identifizieren.

2. Entscheiden und begründen

Lesen Sie die folgenden fünf Zielformulierungen eines großen Industrieunternehmens.
Zwischen welchen Zielen besteht Zielharmonie und zwischen welchen Zielen besteht ein Zielkonflikt? Ordnen Sie diese Zielpaare in die folgende Tabelle. (Übertragen Sie die Tabelle in Ihr Heft.) Jedes Ziel kann mehrmals vorkommen.

Zielharmonie	Zielkonflikt
Zielpaar	Zielpaar
...	...

Ziel 1	„Wir wollen unseren Gewinn um 10 % steigern."
Ziel 2	„Wir wollen im nächsten Geschäftsjahr 30 Mitarbeiter einstellen und niemanden entlassen."
Ziel 3	„Wir wollen nur recycelbare Verpackungsmaterialien verwenden."
Ziel 4	„Wir müssen bei unseren Außenvertretern und Verkäufern Kosten einsparen."
Ziel 5	„Wir werden unser Abwasser wegen des Wasserschutzes aufwändig reinigen. Dazu muss eine betriebseigene Kläranlage gebaut werden."

Ziel 6 „Der Absatz unseres Produktes soll um 20 % steigen."

Ziel 7 „ Wir müssen unsere Personalkosten um 30 % senken.

Ziel 8 „Jeder Mitarbeiter soll im nächsten Jahr mindestens eine Fortbildungsveranstaltung angeboten bekommen."

Ziel 9 „Wir wollen mehr für den Umweltschutz tun."

3. Textarbeit und PowerPointpräsentation

Die BüroFix e. K. hat sich den Umweltschutz als ökologisches Unternehmensziel auf die Fahnen geschrieben. Klaus Schneider hat ein Beratungsunternehmen beauftragt ein Konzept für einen verbesserten Umweltschutz im Büro zu erarbeiten.

Stellen Sie sich vor, Sie würden bei dem Beratungsunternehmen arbeiten und sollen nun bei Klaus Schneider eine Kurzpräsentation über das Umweltschutzkonzept für seine Büroverwaltung halten. Als Hilfe dazu dient Ihnen der unten stehende Infotext.

a) Lesen Sie sich zunächst den Text komplett durch.
b) Erstellen Sie eine PowerPointpräsentation mithilfe dieser Informationen.
c) Halten Sie die Präsentation vor der Klasse.

Bauen Sie Ihre Präsentation wieder nach dem folgenden Schema auf (dies gilt auch für die PowerPointpräsentation):

Einstieg
Stellen sie sich kurz selbst vor.

↓

Gliederung der Präsentation
Nennen Sie die Reihenfolge der Punkte, über die Sie sprechen werden.

↓

Hauptteil
Vorstellung des Umweltschutzkonzeptes: Erläutern Sie die einzelnen Punkte.

↓

Schluss
Fassen Sie Ihren Vortrag noch mal kurz zusammen. Bedanken Sie sich bei den Zuhörern und geben Sie die Möglichkeit für Fragen.

Merke

Sollten Sie keine Möglichkeit zur Gestaltung einer PowerPointpräsentation haben, so genügt es auch, wenn Sie die Präsentation frei halten und die Gliederungspunkte auf eine Folie schreiben.

INFOTEXT

Umweltschutz im Büro

Papierwaren

Die verwendeten Papierwaren im Büro (z. B. Schreib-/Kopierpapier (auch farbiges), Schreibblocks, Kalender) sollen aus Recyclingpapier bestehen und mit dem Umweltschutzzeichen (100 % Altpapier) gekennzeichnet sein.

Büromaterialien

Bei der Beschaffung von Büromaterialien finden verschiedene Umweltaspekte Beachtung:

Umweltaspekt	Maßnahme
Innenraumbelastung durch Lösemittelemissionen	Es sollen nur noch lösemittelfreie Produkte gekauft werden.
Verwertung von Altstoffen	Es sollen nur noch Recyclingprodukte eingesetzt werden.
Abfalleigenschaften	Einsatz von wiederbefüllbaren Langzeitprodukten, keine Einwegprodukte, (Sonder-)Müllentsorgung
Vermeidung von Kunststoffprodukten	Einsatz von Recycling-Papier/-Karton

Druckerverbrauchsmaterialien

Die leeren Druckerverbrauchsmaterialen sollen in speziellen Behältern gesammelt und zur Wiederbefüllung (Refill) an den Lieferanten zurückgegeben werden. Tintenpatronen oder Tonerkartuschen, die nicht dem Refill-Verfahren zugeführt werden können, werden von dem Lieferanten ordnungsgemäß entsorgt.

Kopiergeräte

Mögliche Umweltbelastungen durch Kopiergeräte sind der Energieverbrauch, die Lärmemissionen, die Freisetzung von Schadstoffen und der Problemabfall.
Bei der Beschaffung sollen diese Punkte beachtet werden. Durch die Verwendung von Zeitschaltuhren kann der Energieverbrauch der Geräte weiter reduziert werden.

Faxgeräte

Bei dem größten Teil der heute eingesetzten Faxgeräte handelt es sich um so genannte Tintenstrahl- und Lasergeräte. Diese Geräte arbeiten mit Recyclingpapier und sind daher empfehlenswert.

Bei den verwendeten Tintenpatronen und Tonerkartuschen sollten wiederbefüllbare Produkte gewählt werden (so genannte Refill-Produkte).

EDV-Ausstattung

Monitore:

Alle Geräte verfügen über so genannte Energiesparfunktionen (Energy – EPA Pollution preventer). Das bedeutet, dass sowohl die elektrostatische Aufladung als auch der Stromverbrauch wesentlich reduziert wurde.

Drucker:

Nahezu flächendeckend werden Laserdrucker der „Laserklasse 1“ eingesetzt, das heißt, der Ausstoß an Ozon ist bei diesen Druckern gegen null reduziert.

4. Brainstorming

Überlegen Sie, welche weiteren Maßnahmen in einem Betrieb wie der BüroFix e. K. unternommen werden können, um das Ziel des Umweltschutzes zu verwirklichen. Sammeln Sie in 4er-Gruppen mindestens 12 Argumente.

Bedenken Sie dabei die Regeln des Brainstormings:

- Äußern Sie Ihre Ideen spontan.
- Jede Idee ist erlaubt.

Überlegen Sie erst anschließend, welche Ideen wohl realisierbar sind.

2 Unternehmensarten und Wertschöpfungsprozess

Situation

Die BüroFix ist ein Groß- und Einzelhandelsunternehmen für Büroausstattung, Büroartikel und Bürotechnik. Es berät zudem Unternehmen in Fragen der Büroausstattung und Computertechnik. Die Büroschreibtische kauft BüroFix e. K. bei dem Möbelhersteller Hobel KG. Die Schreibtische sind aus Buchenholz gefertigt. Die Hobel KG kauft das Buchenholz bei der Sägerei Holzmann. Die Sägerei Holzmann kauft die Buchenstämme beim Waldbauern Huber im Pfälzer Wald.
Der Bürotisch nimmt also den folgenden Weg.

Der Weg von der Buche zum Schreibtisch

Waldbauer Huber → **Sägerei Holzmann** → **Möbelhersteller Hobel KG** → **BüroFix e. K.** → **Endkunde**

Leitfrage Alle genannten Unternehmen haben mit dem Büroschreibtisch zu tun. Worin unterscheiden sie sich?

2.1 Die Unternehmensarten

Information

Was ist ein Unternehmen?

Im täglichen Leben begegnen uns Unternehmen in den unterschiedlichsten Formen. Dies können zum Beispiel sein: Industrieunternehmen, Handelsunternehmen, Banken, Versicherungen, Bergbauwerke, Handwerksbetriebe, landwirtschaftliche Betriebe usw. Die Unternehmen weisen Unterschiede auf und zeichnen sich dennoch durch eine Gemeinsamkeit aus: Sie erstellen Produkte und Dienstleistungen, vermarkten diese und dienen damit der Befriedigung von Bedürfnissen.

Dabei verfolgen sie das Ziel, ihren Gewinn zu maximieren. Dies muss nichts Schlechtes sein, denn Unternehmen können nur überleben, wenn sie regelmäßig Gewinne erwirtschaften. Macht ein Unternehmen über mehrere Jahre Verluste, geht es pleite und viele Arbeitsplätze gehen verloren.

Merke **Unternehmen müssen Gewinne machen, um ihr Überleben langfristig zu sichern.**

Beispiel Ein Existenzgründer startet ein Unternehmen mit einem Anfangskapital von 100.000,00 €. Er macht fünf Jahre lang pro Jahr 20.000,00 € Verlust. Im fünften Jahr hat er dann folglich keinen Cent mehr übrig und muss sein Unternehmen schließen.

Unternehmensarten

Bis ein Produkt an den Endverbraucher gelangt, muss es verschiedene Unternehmensarten aus verschiedenen Wirtschaftszweigen durchlaufen. Es ist kaum möglich, dass ein und dasselbe Unternehmen alles leistet. So kann zum Beispiel die BüroFix e. K. nicht alle Produktionsbereiche abdecken, also die Rohmaterialien für den Bau von Holzschreibtischen bearbeiten (Abholzen und Weiterverarbeiten des Holzes, Herstellen von Leim und Nägeln), die Schreibtische selber bauen und auch noch im eigenen Ladengeschäft verkaufen. Jedes Unternehmen ist auf bestimmte Produkte und Tätigkeiten spezialisiert und verkauft diese weiter an nachfolgende Unternehmen bzw. an den Endverbraucher. Gehen Produkte von Unternehmen in die Produktion eines anderen Unternehmens ein, so nennt man diese Produkte Vorleistungen.

Merke **Vorleistungen sind Produkte von Unternehmen, die in der Produktion von anderen Unternehmen weiterverarbeitet werden.**

Beispiel Die Sägerei Holzmann sägt Bretter aus Buchenstämmen, die sie vom Waldbauer Huber erworben hat. Diese Bretter werden an den Möbelhersteller Hobel KG weiterverkauft, der daraus Büroschreibtische fertigt. Die Bretter sind damit Vorleistungen, die in die Produktion bei der Hobel KG eingehen. Auch der Strom oder die Maschinen, die für die Produktion der Schreibtische benötigt werden, sind Vorleistungen, da diese ja nicht von der Hobel KG selbst hergestellt werden, sondern von anderen Unternehmen.

Die **Unternehmensarten** können grob in Produktions- und Dienstleistungsunternehmen unterteilt werden.

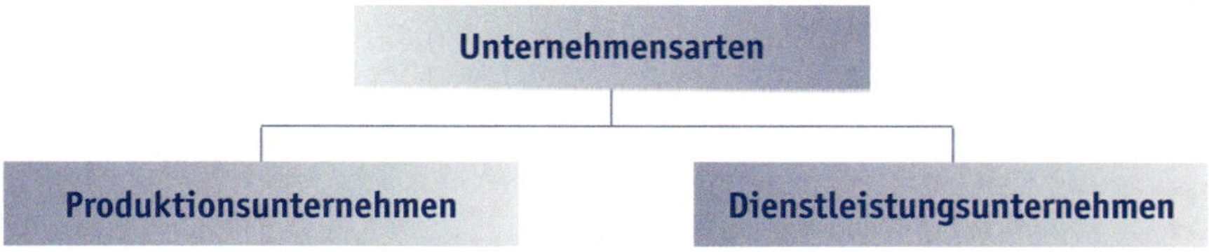

Welche Unternehmensarten gehören zu den Produktionsunternehmen?

Zu den **Produktionsunternehmen** zählen die Unternehmen, deren Kernaufgabe die Herstellung von Gütern ist. Für die Güterproduktion werden Rohstoffe benötigt. Die Rohstoffe werden von den so genannten Urproduktionsunternehmen gewonnen. Hierzu zählen die land- und forstwirtschaftlichen Betriebe, die durch Anbau Rohstoffe gewinnen (Raps für Biodiesel, Zuckerrüben für Zucker usw.) und die Bergwerke, Kiesgruben oder Steinbrüche, die durch Abbau Rohstoffe hervorbringen.

Merke

Urproduktionsunternehmen sind Unternehmen, die die Rohstoffe durch Anbau oder Abbau hervorbringen.

Die Rohstoffe werden von Produktionsunternehmen weiterverarbeitet. Hier kann zwischen zweierlei Unternehmen unterschieden werden. Dies sind zum einen Unternehmen, die für andere Unternehmen Vorleistungen, wie zum Beispiel Maschinen, Werkzeuge, Werkstoffe, produzieren. Diese Unternehmen produzieren **Investitionsgüter**. Aus diesem Grund nennt man sie Investitionsgüterunternehmen.

Merke

Investitionsgüter sind Güter, in die Unternehmen investieren, um selbst produzieren zu können.

Beispiel

Die Hobel KG kauft sich von der Maschinenbau AG eine neue Lackiermaschine, um die Büroschreibtische mit einem feuerfesten Belag beschichten zu können. Die Lackiermaschine ist ein Investitionsgut.

Zum anderen werden die Rohstoffe auch von Unternehmen weiterverarbeitet, die direkt für den Endverbraucher produzieren. Typisches Beispiel dafür sind Lebensmittelbetriebe. Diese Unternehmen stellen **Konsumgüter** her, das heißt, die Güter werden direkt an den Konsumenten (Endverbraucher) weitergegeben. Diese Unternehmen werden Konsumgüterunternehmen genannt.

Merke **Konsumgüter sind Güter, die direkt an den Endverbraucher gehen.**

Beispiel: Die Eis AG kauft Molkereierzeugnisse direkt bei den Landwirten der Region und stellt daraus Speiseeis her. Das Eis kann direkt oder über den Handel vom Endkunden bei der Eis AG erworben werden. Es existiert kein nachgelagertes Unternehmen, das das Eis noch weiterverarbeitet.

Welche Unternehmensarten gehören zu den Dienstleistungsunternehmen?

Dienstleistungsunternehmen zeichnen sich dadurch aus, dass sie keine Güter herstellen, sondern Dienste erbringen. Sie können in folgende Bereiche eingeteilt werden:

Dienstleistungsunternehmen	
Logistik	Spedition: › Kurierdienst › Post
Handel	Groß- und Einzelhandel
Verkehr	Taxi, Eisenbahn
Finanzierung	Banken, Sparkassen
Versicherung	Krankenversicherung
Beratung	Rechtsanwalt, Arztpraxis
allgemeiner Personalservice	Reinigung, Bedienung

Beispiel: BüroFix e. K. ist ein Dienstleistungsunternehmen. Der Verbraucher muss nicht direkt zu einem Möbelunternehmen fahren, wenn er einen Schreibtisch kaufen will, sondern er bekommt bei BüroFix e. K. ein ganzes Sortiment von verschiedenen Herstellern angeboten und kann bequem auswählen. Zudem wird der Verbraucher bei BüroFix e. K. hinsichtlich seiner Wünsche kompetent beraten.

6026152

2.2 Der Produktionsprozess als Wertschöpfungsprozess

Information

Die Produktionsfaktoren

In der Betriebswirtschaftslehre wird **Produktion** als Kombination von Produktionsfaktoren definiert. **Produktionsfaktoren** sind Arbeitskraft, Betriebsmittel und Werkstoffe. Durch sie ist die Produktion von Produkten erst möglich.

Betriebswirtschaftliche Produktionsfaktoren

Arbeitskraft	Betriebsmittel	Werkstoffe
Arbeiter Angestellte	Gebäude Maschinen usw.	Rohstoffe Holz Öl usw.

Beispiel

Die Montage eines Kühlschrankes beinhaltet verschiedene Faktoren wie Arbeitskraft, Betriebsmittel (Werkzeug, Förderband usw.) und Werkstoffe (Stahl, Aluminium, Kunststoffe usw.).

Der Begriff **Arbeitskraft** meint alle Arbeiter und Angestellten, die an der Produktion beteiligt sind.

Der Begriff **Betriebsmittel** umfasst alle langfristig in der Produktion nutzbaren Güter. Zu den Betriebsmitteln zählen sowohl materielle Güter wie Grundstücke, Gebäude, Maschinen usw., aber auch immaterielle Güter wie Patente, Lizenzen oder Software.

Der Begriff **Werkstoffe** umfasst sämtliche Stoffe, die im Produktionsprozess verbraucht werden.

Der Wertschöpfungsprozess

Die Maximierung des Gewinns ist das Hauptziel unternehmerischer Tätigkeit. Um dieses Ziel zu erreichen, werden in einem Unternehmen ständig Produktionsfaktoren (Rohstoffe, Arbeitskraft, Maschinen usw.) eingesetzt, um neue Produkte zu schaffen, die über den Absatz an den Märkten Erträge für das Unternehmen erbringen. Auf dem Beschaffungsmarkt werden die Produktionsfaktoren eingekauft. Typische Beschaffungsmärkte sind der Arbeitsmarkt (Produktionsfaktor menschliche Arbeitskraft) oder die Rohstoffmärkte (Produktionsfaktor Werkstoffe wie Öl, Stahl, usw.).

Der Wertschöpfungsprozess des Büromöbelherstellers Hobel KG, der die BüroFix e. K. beliefert, umfasst im Groben die Prozesse Anschaffung der Rohmaterialien, Lagerung der Materialien, Verarbeitung in der Produktion (zu Schränken, Tischen, Stühlen usw.), Lagerung der Fertigwaren, Qualitätskontrolle und Absatz (Verkauf) auf den Abnehmermärkten.

Phasen des betrieblichen Produktions- und Wertschöpfungsprozesses:

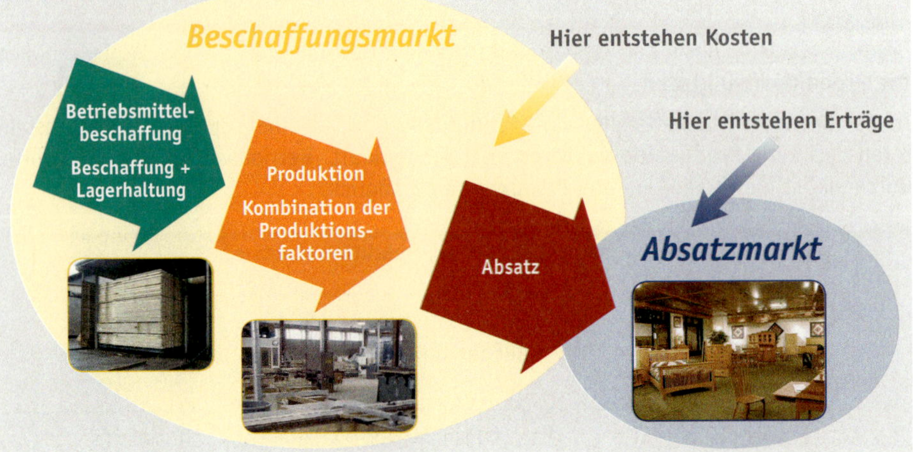

Bei der Herstellung der Produkte entstehen Kosten. Arbeitskräfte, Maschinen und Rohstoffe kosten Geld. Doch nur wer produziert, kann dann auch Geld verdienen, Kosten sind damit die Voraussetzung für Erträge. Kosten sind die Basis für die Produktpreisberechnung. Letztlich müssen die Produktpreise mindestens alle Kosten des Unternehmens decken, damit keine Verluste gemacht werden.

Der Produktpreis

Durch den Verkauf der hergestellten Erzeugnisse (beispielsweise eines Schreibtisches) sollen die Kosten gedeckt und ein angemessener Gewinn erwirtschaftet werden.

Kosten (Material, Löhne je Schreibtisch usw.)
+ Gewinnzuschlag
Produktpreis

Der Wert des Produktes ergibt sich durch die Summe sämtlicher Kosten des Produktes und einem Gewinnaufschlag des Unternehmens.

Die Wertschöpfung des Unternehmens entsteht dadurch, dass Materialien, die das Unternehmen beschafft, in ein höherwertiges Produkt umgewandelt werden. So können zum Beispiel Buchenholzbretter zu einem Schreibtisch verarbeitet werden.

Merke **Wertschöpfung ist ein Prozess, bei dem ein Unternehmen durch die Weiterverarbeitung eines Produktes einen zusätzlichen Wert schafft.**

Der Mehrwert, den z. B. die Hobel KG durch die Produktion geschaffen hat, ergibt sich, indem von dem Verkaufspreis des Schreibtisches die Kosten für die Buchenholzbretter abgezogen werden. Der Unterschiedsbetrag ist der Wert, den das Unternehmen durch die Verarbeitung des Holzes geschaffen hat.

Merke ***Mehrwert* = Verkaufspreis des Produktes – Einkaufspreis der Rohstoffe**

Beispiel Eine Raffinerie stellt aus Rohöl (0,1 €/l) hochwertiges Benzin her, das zu 0,5 €/l weiterverkauft wird. Der Mehrwert, den die Raffinerie je Liter geschaffen hat, liegt damit bei 0,4 €/l.

Viele Produkte legen einen langen Weg von der Urerzeugung über die Weiterverarbeitung, den Groß- und Einzelhandel bis zum Endverbraucher zurück.

Beispiel ***Automobilindustrie***

Urerzeuger:	Stahl- und Kunststoffindustrie
↓	
Weiterverarbeitende Industrie:	Automobilindustrie, Zulieferer
↓	
Großhandel:	Autogroßhandel
↓	
Einzelhandel:	Autohäuser

Da die meisten Produkte bis zum Endverbraucher mehrere Unternehmensarten durchlaufen, spricht man auch von einer **Wertschöpfungskette**. Den Wert, der bei jeder einzelnen Stufe der Wertschöpfungskette geschaffen wird, bezeichnet man auch als Mehrwert. Dieser Mehrwert wird mit der Mehrwertsteuer belegt, weshalb sie auch so genannt wird. Aus kaufmännischer Sicht spricht man von der Umsatzsteuer (USt).

Merke ***Mehrwert je Warenwegstufe*** **= Verkaufspreis des Produktes – Einkaufspreis des Vorproduktes**

Mehrwertsteuer: **Jeder Unternehmer hat von dem auf seiner Wertschöpfungsstufe hinzugefügten Mehrwert eine Steuer an das Finanzamt zu zahlen, das heißt, der Staat besteuert diesen „Mehr"-Wert. Die Umsatzsteuer (der Betrag, der tatsächlich an das Finanzamt abzuführen ist) ist die Zahllast.**

Tipp **Nähere Details zur Umsatzsteuer finden Sie in dem Buch „Finanzbuchhaltung für die BF 1" in Kapitel 7.**

Beispiel Die Herstellung eines Schreibtisches erfolgt entlang dieser Wertschöpfungskette:

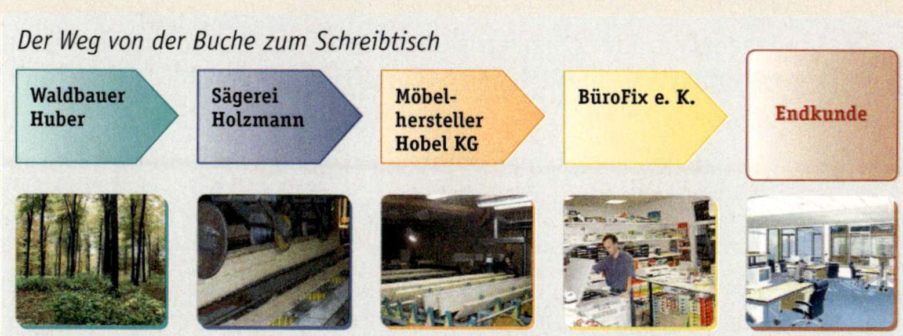

Waldbauer Huber fällt Buchenbäume und verkauft das Holz für 2.000,00 € an die Sägerei Holzmann. Im Verkaufspreis sind die Kosten und ein Gewinnzuschlag enthalten. Die Sägerei verarbeitet das Holz der Buchenbäume zu Brettern und verkauft diese für 4.000,00 € an den Möbelhersteller, die Hobel KG. Es wurde damit ein Mehrwert von 2.000,00 € geschaffen.

Beispiel

Der Möbelhersteller Hobel KG kauft das Holz (Vorprodukt) und stellt daraus 20 hochwertige Büroschreibtische her. Die Hobel KG verkauft diese an die BüroFix e. K. für 10.000,00 €. Der Mehrwert ist das, was ein Unternehmen dem eingekauften Gut an Wert hinzufügt (in diesem Falle 6.000,00 €). BüroFix e. K. verkauft die Schreibtische für insgesamt 15.000,00 € an ein Bürohaus. Der Mehrwert, der durch BüroFix e. K. geschaffen wurde, beträgt 5.000,00 €.

Umsatzstufen	**Verkaufspreis**	**– Einkaufspreis**	**= Mehrwert**
Rohstofferzeugung Waldbauer	2.000,00 €		2.000,00 €
Sägerei Holzmann	4.000,00 €	2.000,00 €	2.000,00 €
Möbelhersteller Hobel KG	10.000,00 €	4.000,00 €	6.000,00 €
BüroFix e. K.	15.000,00 €	10.000,00 €	5.000,00 €
Endverbraucher zahlt: 15.000,00 €			

Zusammenfassung

Frage: Gibt es Unternehmen, die sich nicht das Ziel setzen den Gewinn zu maximieren?

Antwort: Ja, es gibt auch Unternehmen, die ausdrücklich erklären, dass sie Gewinnmaximierung nicht zum Ziel haben. Diese Unternehmen nennt man auch Non-Profit-Unternehmen. Sie erscheinen oft in der Form von privaten, allgemein nützlichen Organisationen (z. B. Greenpeace). Aber auch diese Unternehmen müssen wirtschaften und dürfen sich keine hohen Verluste erlauben. Ihr Ziel ist es dann, zumindest kostendeckend zu arbeiten.

Frage: Was sind Produktionsunternehmen?

Antwort: Produktionsunternehmen stellen Güter her. Sie können eingeteilt werden in Urpoduktionsunternehmen, Investitionsgüterunternehmen und Konsumgüterunternehmen.

Frage: Was ist der Unterschied zwischen Urpoduktionsunternehmen und Investitionsgüterunternehmen?

Antwort: Urpoduktionsunternehmen bauen Rohstoffe an (z. B. die Landwirtschaft) oder Rohstoffe ab (der Bergbau). Diese Rohstoffe gehen unverarbeitet an andere Unternehmen. Investitionsgüterunternehmen erstellen fertige Produkte, die in der Produktion von anderen Unternehmen zur Herstellung ihrer Produkte benötigt werden (z. B. Roboter oder Maschinen).

Frage: Was sind Dienstleistungsunternehmen?

Antwort: Dienstleistungsunternehmen stellen keine Produkte her, sondern bieten Dienste an.

6026156

Frage: Gibt es Unternehmen, die beides machen: Güter produzieren und auch Dienstleistungen anbieten?

Antwort: Natürlich, gerade große Unternehmen bieten beides an. Die Siemens AG beispielsweise stellt Elektromotoren her, bietet aber auch Dienstleistungen im Elektronikbereich an (Wartung und Pflege usw.).

Frage: Warum ist die Produktion in einem Betrieb ein Wertschöpfungsprozess?

Antwort: Die Produktion in einem Unternehmen hat die Herstellung von Produkten zum Ziel. Aus Rohstoffen oder vorgefertigten Materialien, wie Blechteilen, wird ein höherwertiges Produkt geschaffen, z. B. eine Autokarosserie. Bei der Produktion entsteht durch diese Verarbeitung ein zusätzlicher Wert.

Frage: Wie berechnet sich der Mehrwert?

Antwort: Ein Produktionsunternehmen verarbeitet einen Rohstoff zu einem Endprodukt. Der Mehrwert, den es dadurch geschaffen hat, berechnet sich so:

Mehrwert = Verkaufspreis des Produktes – Einkaufspreis der Rohstoffe

Wissensfragen

1. Nennen Sie verschiedene Gruppierungen, die Einfluss auf Unternehmen haben können, und erklären Sie diese.
2. Was sind Vorleistungen?
3. Was kennzeichnet Produktionsunternehmen?
4. Was sind Investitionsgüter?
5. Was sind Konsumgüter?
6. Nennen Sie typische Dienstleistungsunternehmen.
7. Was sind Produktionsfaktoren?
8. Nennen Sie typische Beispiele für Betriebsmittel.
9. Wie wird der Produktpreis ermittelt?
10. Was versteht man unter dem Mehrwert?
11. Was ist eine Wertschöpfungskette?

Übungsaufgaben

1. Entscheiden Sie bei den folgenden Unternehmen, um welche Art von Unternehmen es sich handelt. Schreiben Sie Ihre Lösungen in Ihr Heft. Zum Beispiel so:

Brauerei ➜ *Konsumgüterunternehmen*

a) Bäckerei
b) Schreibwarengeschäft
c) Friseur
d) Hersteller von Drehmaschinen
e) Bio-Bauernhof
f) Bank

g) Kohlebergwerk
h) Hersteller von Fertigsuppen
i) Hersteller von Fertigungsrobotern
j) Tankstelle mit Autowaschanlage
k) Kanzlei für Arbeitsrecht

2. Betrachten Sie das folgende Schaubild, das etwas darüber aussagt, in welchen Bereichen die Menschen in Deutschland arbeiten.

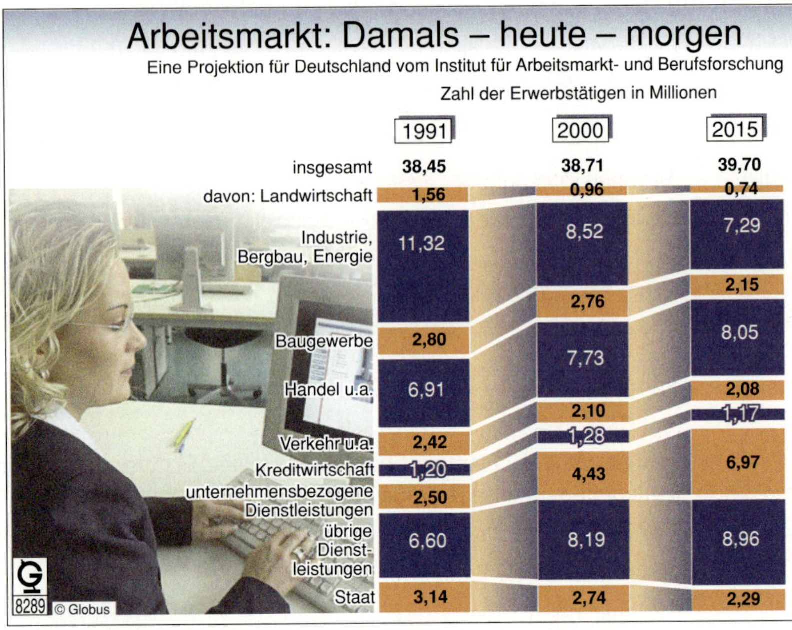

Welche Unternehmensarten werden bis zum Jahr 2015 in Deutschland zunehmen, welche abnehmen?

3. Zuordnen

Ordnen Sie die folgenden Sachverhalte bei der Hobel KG, einem Möbelhersteller, den drei grundlegenden Produktionsfaktoren Arbeitskraft, Betriebsmittel und Werkstoffe zu.

a) Die Hobel KG stellt drei neue Schreiner ein.
b) Die Hobel KG kauft Eichenholz vom Waldbauer Huber.
c) Sie setzt eine neue Sägemaschine ein.
d) Die Hobel KG stellt eine Putzfrau für den Fertigungsbereich ein.
e) Schmierstoffe für die Schleifmaschinen werden geliefert.
f) Die Hobel KG baut eine neue Produktionshalle.

4. Struktur legen

Übertragen Sie das folgende Schaubild in Ihr Heft und ordnen Sie dann die folgenden Begriffe zu:

[ ] Investitionsgüterunternehmen
[ ] Konsumgüterunternehmen

[✔] **Schokoladenhersteller**
[ ] Fischerei
[ ] Bergbauunternehmen
[ ] Landwirtschaftlicher Betrieb
[ ] Computerspieleproduzent
[ ] Hersteller von Baumaschinen

Produktionsunternehmen

Urproduktionsunternehmen	a)	f)
z. B.		
– b)	– e)	– g) Schokoladenhersteller
– c)		– h)
– d)		– ...

5. Rechenaufgabe

Berechnen Sie folgenden Produktpreis. Zur Herstellung eines Schreibtisches wird Holz im Wert von 50,00 € benötigt. Der Arbeitslohn des Schreiners beläuft sich je Schreibtisch auf 60,00 €. Die Maschinen kosten anteilig 20,00 € je Schreibtisch. Wie hoch ist der Verkaufspreis, wenn das Unternehmen mit einem Gewinnaufschlag von 20 % kalkuliert?

6. Rechenaufgabe

Ein landwirtschaftlicher Betrieb erzeugt eine bestimmte Menge an Hopfen und Malz und verkauft diese für 2.000,00 € an eine Brauerei. Im Verkaufspreis sind die Kosten und ein Gewinnzuschlag enthalten.

Die Brauerei kauft diese Vorprodukte für 2.000,00 € und verkauft Bier im Wert von 6.500,00 € an den Großhandel. Der Großhandel verkauft dieses Bier an den Einzelhandel für 10.000,00 €. Der Endverbraucher bezahlt für diese Menge Bier insgesamt 15.000,00 €.

Berechnen Sie den Mehrwert, der auf jeder Stufe des Wertschöpfungsprozesses geschaffen wird. Übertragen Sie dazu die unten stehende Tabelle in Ihr Heft und füllen Sie sie dann in Ihrem Heft aus.

Umsatzstufen	Verkaufspreis – Einkaufspreis = Mehrwert
Rohstofferzeugung ↓	
Industrie ↓	Lösung ins Heft!
Großhandel ↓	
Einzelhandel ↓	
Endverbraucher trägt und zahlt:	

7. Beschreiben Sie ausführlich die Wertschöpfungskette vom Urerzeuger bis zum Endkunden für die folgenden Produkte:

a) Tafel Schokolade

b) Zeitung

c) Brot

3 Standortfaktoren und Standortentscheidung

Situation

Bei BüroFix e. K. findet wieder eine Sitzung der Geschäftsleitung statt. Klaus Schneider eröffnet die Besprechung.

Klaus Schneider: „Meine Damen und Herren, wie Sie wissen, haben wir Großes vor. Entweder in Neustadt, Hassloch oder Kaiserslautern soll eine Filiale eröffnet werden. Herr Ludwig, Sie haben sich als Leiter des Marketings bereits über die Standorte erkundigt. Bitte berichten Sie."

Benno Ludwig: „Jeder Standort hat seine positiven und seine negativen Seiten. Ich habe Ihnen mal ein Handout zusammengestellt, bei dem die Vor- und Nachteile jedes Standorts für unsere Filiale aufgelistet sind."

Neustadt

Pro:
- hohe Einwohnerzahl
- belebte Innenstadt
- viel Laufkundschaft

Contra:
- bereits ein Bürogeschäft in der Innenstadt
- hohe Ladenmieten
- relativ wenige Industriebetriebe am Ort

Hassloch

Pro:
- geringe Ladenmieten
- einige Industriebetriebe am Ort

Contra:
- bereits ein Bürogeschäft in der Innenstadt
- wenig Laufkundschaft
- Kleinstadt

Kaiserslautern

Pro:
- hohe Einwohnerzahl
- belebte Innenstadt
- viel Laufkundschaft
- billiges Personal, da viele Studenten am Ort wohnen
- viele Unternehmen am Ort

Contra:
- hohe Ladenmieten in der Innenstadt
- bereits zwei Bürogeschäfte in der Innenstadt

Klaus Schneider: „Hmm, das ist wirklich nicht einfach zu entscheiden."

Leitfragen

› Welchen Standort für eine Filiale der BüroFix e. K. halten Sie am geeignetsten?
› Welche Kriterien des Handouts halten Sie für sehr wichtig, welche sind weniger wichtig?

Information

Was bedeutet die Standortwahl für ein Unternehmen?

Der Standort eines Unternehmens ist der Ort, an dem sich das Unternehmen niederlässt. Die Standortwahl hat eine langfristige Wirkung. Gesucht wird der Standort, der für das Unternehmen die meisten Vorteile bietet. Trotzdem wird es immer auch Nachteile geben. Bei der Suche müssen viele Faktoren berücksichtigt werden, die miteinander in Konkurrenz stehen können. Die Wahl muss gut überlegt werden, da es schwierig und teuer ist, eine Standortentscheidung zurückzunehmen.

Beispiel: Bei BüroFix e. K. wird nun fieberhaft überlegt, welcher Standort für eine Filialeröffnung am geeignetsten sein könnte. Kaiserlautern bietet den Vorteil, dass Studenten im Geschäft als Aushilfskräfte beschäftigt werden könnten. Dies ergäbe einen entscheidenden Vorteil bei den Personalkosten. Andererseits gibt es in der Innenstadt bereits zwei Bürogeschäfte. Das ist wiederum ein Nachteil.

Was sind Standortfaktoren?

Entscheidend für die Wahl eines Standortes sind die jeweiligen **Standortfaktoren.**

Standortfaktoren sind Umstände, die für das Unternehmen bei der Standortwahl eine Rolle spielen können.

Merke: **Standortfaktor = Umstand, der bei einer Standortwahl eine Rolle spielt**

Grundsätzlich gibt es die folgenden Standortfaktoren:

› **Rohstoffvorkommen**
Das Unternehmen wählt einen Standort, an dem Rohstoffe leicht zu bekommen sind, weil sie dort naturgemäß vorkommen. Es nutzt die klimatischen Bedingungen, die Nähe zu Rohstoffen, Wassermenge und Wasserqualität u. a.

Beispiel: Die Stahlindustrie befindet sich dort, wo die notwendigen Rohstoffe für die Stahlgewinnung vorkommen, nämlich in den Kohleabbaugebieten (diese befanden sich früher zum Beispiel im Ruhrgebiet oder in Nordengland).

› **Arbeitskräfte**
Das Unternehmen lässt sich dort nieder, wo viele und möglichst qualifizierte Arbeitskräfte vorhanden sind (zum Beispiel in dicht besiedelten Gebieten) und wo die Löhne niedrig sind. Die Anzahl sowie die Qualität der Arbeitskräfte, aber auch die Höhe der Durchschnittslöhne sind hier entscheidend.

Beispiel: Ein Unternehmen verlegt seinen Sitz ins Ausland, weil dort die Löhne niedriger sind.

› **Abgabenhöhe**
Der Unternehmensstandort wird in Regionen verlegt, in denen die wenigsten Steuern bezahlt werden müssen.

Beispiel: Die Maschinen AG verlegt ihren Sitz von München nach England, weil dort das Unternehmen weniger Steuern bezahlen muss.

› **Grundstücke und Gebäude**
Wichtig ist auch, ob das Unternehmen am Standort geeignete Gebäude und Grundstücke vorfindet und die Grundstückspreise nicht zu hoch sind.

Beispiel: Die Möbel KG verlegt ihren Sitz in ein neues Gewerbegebiet, da das Unternehmen dort mehr Platz hat und die Produktionshallen erweitern kann.

› **Verkehrsanbindung**
Damit Transportkosten möglichst gering gehalten werden, sollte das Unternehmen Zugang zu geeigneten Verkehrswegen haben, beispielsweise durch Anbindungen an Autobahnen, günstige Eisenbahn- und Flughafenverbindungen, eventuell auch Zugang zu Wasserwegen usw.

Beispiel: Ein Speditionsunternehmen siedelt sich in der Nähe des Hamburger Hafens an, um die dort ankommenden Güter gleich abholen zu können.

› **Absatzmöglichkeiten**
Besonders Handelsbetriebe sind auf einen Standort angewiesen, an dem es viele Einwohner und Passanten gibt. Für den Handel ist die Absatzorientierung eines der wichtigsten Standortfaktoren.

Beispiel: Die BüroFix e. K. eröffnet ein Geschäft direkt gegenüber dem Kaiserslautener Hauptbahnhof. Dort laufen täglich sehr viele Menschen am Geschäft vorbei.

› **Nähe zu anderen Unternehmen**
Die Nähe von Zulieferbetrieben bzw. weiterverarbeitenden Betrieben bietet dem Unternehmen Vorteile.

Beispiel: Im Großraum München hat ein Softwarehersteller einen Standortvorteil durch die Nähe zu anderen großen Unternehmen, die als Käufer der Software infrage kommen.

Zusammenfassung

Frage: Warum ist der Standort für Unternehmen so wichtig?

Antwort: Ein bestimmter Standort kann für ein Unternehmen große Wettbewerbsvorteile mit sich bringen. Denken Sie an einen Zeitungskiosk; liegt dieser in einer abgelegenen Seitenstraße, wird der Besitzer wohl kaum etwas verkaufen. Liegt er aber direkt vor dem Hauptbahnhof, wird der Umsatz florieren.

Frage: Es wird oft davon gesprochen, dass der Standort Deutschland für Industrieunternehmen nicht mehr interessant sei und Betriebe deshalb ins Ausland abwandern. Stimmt das?

Antwort: Im internationalen Vergleich sind die Löhne und Gehälter in Deutschland sehr hoch. Hinzu kommen noch die Sozialabgaben an die Sozialversicherungen, die die Lohnkosten weiter in die Höhe treiben. Zudem gibt es nach Meinung von Unternehmen zu viele Gesetze, die die unternehmerische Freiheit einschränken wie zum Beispiel das Arbeitszeitgesetz. In diesen Punkten hat Deutschland gegenüber europäischen Nachbarländern einen Nachteil. Allerdings hat der Standort Deutschland auch Vorteile zu bieten. Die hohe Kaufkraft reizt gerade Handelsunternehmen, in Deutschland zu investieren. Die Arbeitnehmer sind sehr gut ausgebildet und Deutschland liegt in der Mitte Europas (Verkehrsanbindung).

Wissensfragen

1. Was sind Standortfaktoren?
2. Warum ist eine gute Standortwahl für Unternehmen sehr wichtig?
3. Nennen Sie die wichtigsten Standortfaktoren und geben Sie dazu Beispiele.

Übungsaufgaben

1. Für viele Unternehmen ist ein bestimmter Standortfaktor ganz entscheidend. Es wird grundlegend zwischen den folgenden Standortfaktoren unterschieden:

- Rohstoffvorkommen
- Arbeitskräfte
- Abgabenhöhe
- Grundstücke und Gebäude
- Verkehrsanbindung
- Absatzmöglichkeiten
- Nähe zu anderen Unternehmen

Überlegen Sie für die folgenden Unternehmen, welche Standortfaktoren für die Standortwahl entscheidend sein können.

a) Die Sägerei Holzmann will ein neues Werk eröffnen.
b) Die Autovermietung LuxCar will Filialen eröffnen.
c) Die Tankstellenkette Sprit will neue Tankstellen einrichten.
d) Erwin Müller will während der Weihnachtszeit an einem Stand Glühwein verkaufen.
e) Der Autozulieferer Zündel KG will ein neues Werk für Zündkerzen bauen.

2. Textarbeit

Die Gemeinde Betzdorf ist auf ihrer Internetseite als idealer Wirtschaftsstandort beschrieben. Lesen Sie zunächst den Text.

Wirtschaftsstandort Betzdorf

Die Verbandsgemeinde Betzdorf mit ihren ca. 18 000 Einwohnern liegt im geografischen Mittelpunkt Deutschlands und ist ein bedeutender Wirtschaftsstandort im Drei-Länder-Eck Rheinland-Pfalz – Nordrhein-Westfalen – Hessen. Mit der strategisch günstigen Lage zwischen den Ballungszentren Rhein-Main und Rhein-Ruhr und den günstigen Anbindungen an das Straßen-, Schienen- und Luftverkehrsnetz erfüllt der Standort Betzdorf alle Anforderungen in logistischer Hinsicht. International bekannte Unternehmen, wie z. B. die Firma „Wolf-Garten“ und einer der größten europäischen Versandhändler von Bürobedarf, „SSI-Schäfer-Shop International“, beliefern von hier aus die in- und ausländischen Märkte.

Die Stadt Betzdorf ist im Sinne des Landesentwicklungsprogrammes der Landesregierung Rheinland-Pfalz ein „verdichteter Raum“ und übt somit eine Entlastungsfunktion der Ballungszentren aus. Als „Mittelzentrum“ verfügt der Standort Betzdorf über Einrichtungen der allgemeinen und beruflichen Aus- und Weiterbildung, wie Gymnasium, Realschulen, Grundschulen, Duale Oberschulen, Berufsbildende Schulen, Berufsbildungszentrum und Erwachsenenbildungseinrichtungen, Einrichtungen im Sozial- und Gesundheitsbereich, Fachärzte, Altenzentrum sowie größere Anlagen im Bereich von Freizeit und Sport. Darüber hinaus sind weitere Dienstleistungseinrichtungen wie zahlreiche Behörden, Gericht oder Banken, spezialisierte Handwerksbetriebe und städtebaulich integrierte Einkaufszentren vorhanden. Betzdorf ist ein wichtiger Verknüpfungspunkt des öffentlichen Personenverkehrs.

Betzdorf hat zahlreiche, den Anforderungen an einen leistungsfähigen Wirtschaftsstandort genügende Gewerbeflächen anzubieten und wird in naher Zukunft noch weitere attraktive Ansiedlungsmöglichkeiten schaffen. So ist beabsichtigt, größere Teilflächen des derzeitigen Güterbahnhofes der Ansiedlung von Gewerbe- und Industrieunternehmen zugänglich zu machen, um den Unternehmen die hervorragenden Schienenverkehrsverbindungen des Eisenbahnknotenpunktes Betzdorf unmittelbar zu erschließen. [...] Kennzeichen der heimischen Wirtschaft ist vor allem die mittelständische Strukturierung mit Unternehmen aus allen Handwerks- und Handels- und Dienstleistungssparten.

Betzdorf ist eine beliebte und florierende Einkaufsstadt mit breit gefächertem Branchenmix und einem Einzugsbereich von mehr als 100 000 Menschen. Weitläufige Fußgängerzonen und ein reichhaltiges Parkplatzangebot mit rd. 1 300 Stellplätzen bilden die Grundlage für diese Attraktivität. Der größte Wochenmarkt in der Region lockt jeweils dienstags und freitags rund 15 000 Besucher in die Stadt.

www.betzdorf.de/wirtschaft/wirtschaftsstandort.htm

a) Auf welche Standortfaktoren weist die Gemeinde Betzdorf besonders hin?

b) Die Küchen AG ist ein Hersteller von hochwertigen Elektroküchengeräten. Das Unternehmen möchte in Betzdorf ein Werk errichten, in dem Elektrogeräte hergestellt werden sollen. Zudem will die Küchen AG in Betzdorf die Forschungsabteilung für die Erfindung neuer Küchengeräte aufbauen. Hierfür werden Spezialisten aus ganz Deutschland benötigt. Warum könnte gerade Betzdorf dafür ein geeigneter Standort sein?

3. Betrachten Sie bitte die folgende Grafik:

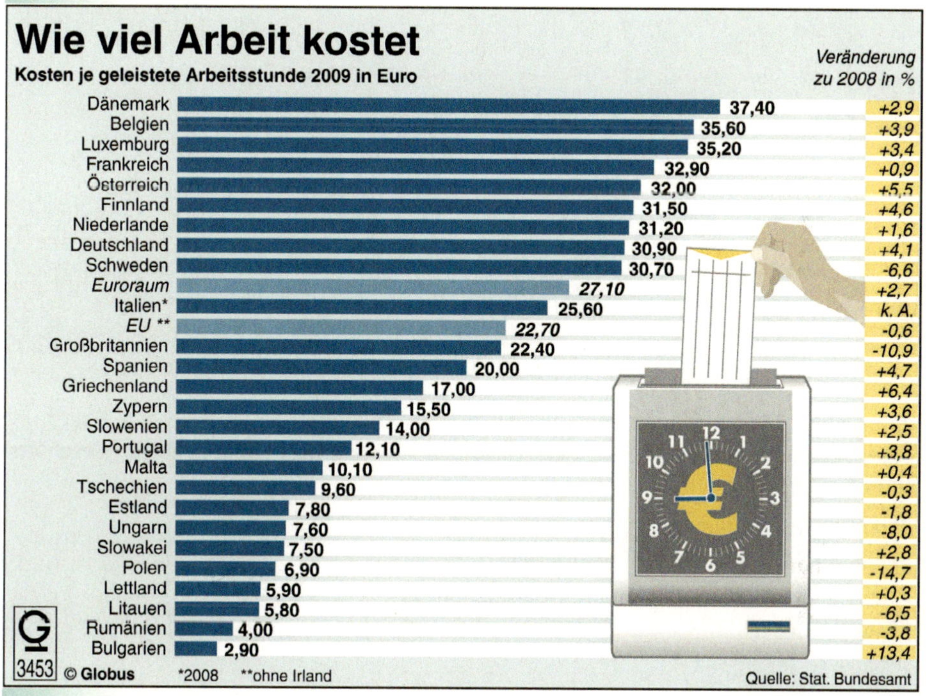

Welcher Nachteil für den Standort Deutschland wird hier deutlich?

4. Überlegen Sie, ob und welche Standortfaktoren Ihre Stadt oder Gemeinde für folgende Unternehmen zu bieten hat.

a) Sägerei

b) großer Supermarkt

c) Spedition

d) Zuliefererbetrieb für Autohersteller

4 Rechtsgrundlagen und Rechtsformen eines Unternehmens

4.1 Der Kaufmann

Situation

Das Modellunternehmen in diesem Buch heißt **BüroFix e. K.** Die Abkürzung „e. K." bedeutet „eingetragener Kaufmann".

Leitfragen

› Was ist mit dem Begriff „eingetragener Kaufmann" gemeint?
› Wann ist jemand ein Kaufmann?

Information

Was ist ein Kaufmann?

Laut HGB (Handelsgesetzbuch = Gesetzessammlung für Kaufleute) ist jeder ein Kaufmann, der ein Handelsgewerbe betreibt.

Unter **Handelsgewerbe** versteht man jede selbstständige, planmäßige, auf Dauer und Gewinnerzielung angelegte Tätigkeit, die einen kaufmännisch eingerichteten Geschäftsbetrieb erfordert.

Merkmale des kaufmännisch eingerichteten Geschäftsbetriebes sind:

- die Notwendigkeit einer Buchführung
- das Erreichen einer bestimmten Umsatzhöhe
- mehrere Beschäftigte
- mehrere Produkte

Beispiel

Die BüroFix e. K. hat ein umfangreiches Buchführungssystem, da sie einen Jahresumsatz von 2,6 Millionen Euro in ihren Filialen erzielt. Sie hat insgesamt 33 Mitarbeiter und bietet ein breites Sortiment für Bürobedarf und Büroausrüstung an. Die BüroFix e. K. ist in das Handelsregister eingetragen.

Nicht als Handelsgewerbe im Sinne des Gesetzes gelten Kleinbetriebe und die freien Berufe. Freie Berufe sind beispielsweise Rechtsanwälte, Ärzte mit eigener Praxis, Wirtschaftsprüfer und Steuerberater. Sie zählen laut Gesetz nicht als Handelsgewerbe, obwohl sie umfangreiche Dienstleistungen anbieten, oft mehrere Personen beschäftigen und hohe Umsätze machen können. Kleinbetriebe und Freiberufler brauchen deshalb auch keine Gewerbesteuer bezahlen.

Was ist das Handelsregister?

Das Handelsregister wird vom Registergericht des zuständigen Amtsgerichts geführt und ist ein amtliches Verzeichnis, in dem alle Kaufleute eines Amtsgerichtsbezirks erfasst sind. Das Handelsregister unterrichtet die Öffentlichkeit über wichtige Tatbestände, wie zum Beispiel die Firma, die Inhaber, die Haftungsverhältnisse, den Geschäftssitz und die Prokura. Jeder Kaufmann ist zu dieser Eintragung verpflichtet. Er muss seine Firma und den Ort seiner Handelsniederlassung bei dem Gericht, in dessen Bezirk sich die Niederlassung befindet, in das Handelsregister eintragen (§ 29 HGB).

Merke Das Handelsregister dient vor allem der Sicherheit des Geschäftsverkehrs, indem darin wichtige Fakten zum Unternehmen aufgeführt sind (Inhaber, Prokura usw.).

Eintragungspflichtig sind die folgenden Punkte:

- der Name des Unternehmens (Firma) und der Ort der Niederlassung
- eine Unterschrift als Muster
- Änderung der Firma oder der Inhaber
- Erteilung und Widerruf der Prokura

Handelsregisterauszug der BüroFix e. K.

	Amtsgericht Speyer				HR A 273
Nr. der Eintragung	a) Firma b) Ort der Niederlassung (Sitz der Gesellschaft) c) Gegenstand des Unternehmens (bei juristischen Personen)	Geschäftsinhaber Persönlich haftende Gesellschafter Abwickler	Prokura	Rechtsverhältnisse	a) Tag der Eintragung und Unterschrift b) Bemerkungen
1	a) BüroFix e. K. b) Speyer	Klaus Schneider 11. August 1954 Speyer	...	...	a) 17. Januar 1993 Hauke b) ...
2	...	...	Barbara Lantz, geb. Schneider, in Speyer ist Einzelprokura erteilt.	...	a) 14. Juli 2009 Baader b) Bl. 45 d. A.

Was im Handelsregister eingetragen ist, hat für den Geschäftsverkehr Rechtsgültigkeit. Dies bedeutet, dass das Handelsregister den gutgläubigen Dritten weitgehend schützt. Die Eintragungen genießen öffentlichen Glauben.

Beispiel

Bei der Media-Art e. K. wird der Angestellten Freya Devrier die Prokura entzogen. Der Widerruf der Prokura war in das Handelsregister eingetragen und bekannt gemacht worden. Freya Devrier nimmt trotzdem für das Unternehmen ein Darlehen auf. Der Darlehensgeber hat in diesem Fall lediglich Anspruch gegen Freya Devrier. Das Unternehmen ist zu nichts verpflichtet. Wäre der Widerruf nicht eingetragen und bekannt gemacht worden, so wäre das Unternehmen dem Darlehensgeber verpflichtet, es sei denn, der Widerruf der Prokura wäre dem Darlehensgeber mitgeteilt worden.

Merke

Jeder kann Einsicht in die Eintragungen beim Handelsregister nehmen. Damit sollen die Rechtsverhältnisse von Handelsgewerben der Öffentlichkeit bekannt gemacht werden.

Was ist ein Istkaufmann?

Wenn der Geschäftsumfang, also das Unternehmen eines Gewerbetreibenden so groß ist, dass er seine Einnahmen und Ausgaben durch Buchführung dokumentieren muss und einen kaufmännisch eingerichteten Geschäftsbetrieb benötigt, um seine Arbeit zu bewältigen, so ist er ein **Istkaufmann**. Das bedeutet, dass er auf alle Fälle die Daten seines Unternehmens (z. B. Ort, Unternehmensart) ins Handelsregister eintragen muss.

Der Eintrag in das Handelsregister hat nur deklaratorische Wirkung, das heißt, durch den Eintrag wird die Kaufmannseigenschaft öffentlich bekannt gemacht. Die Kaufmannseigenschaft besteht allerdings schon vor der Eintragung.

Merke

Istkaufmann = Kaufmann, der einen in kaufmännischer Weise eingerichteten Gewerbebetrieb betreibt

Beispiel

Die BüroFix e. K. ist in das Handelsregister eingetragen. Klaus Schneider ist Istkaufmann.

Was ist ein Kannkaufmann?

Auch wenn ein Gewerbetreibender nur ein kleines Unternehmen führt, kann er sich ins Handelsregister eintragen lassen, wenn er das möchte. Dann ist er ein **Kannkaufmann**. Er wird also erst zum Kaufmann, wenn er sich in das Handelsregister eingetragen hat.

Es ergeben sich für viele Unternehmen Grenzfälle. Insbesondere Existenzgründer, die anfänglich mit nur wenigen Mitarbeitern auskommen und nur einen geringen Umsatz machen, könnten zunächst als Kleingewerbetreibende eingestuft werden. Das bringt einige Vorteile mit sich. Zum Beispiel finden die Gesetze des HGB auf Kleingewerbetreibende keine Anwendung. So entfällt etwa die Buchführungspflicht. Lässt sich allerdings ein Kleingewerbetreibender ins Handelsregister eintragen, so erlangt er damit die Kaufmannseigenschaft (§1 (2) HGB). Er muss sich dann an die Gesetzesvorschriften des HGB halten.

Gerade für Existenzgründer, die einen größeren Betrieb aufbauen wollen, ist die Eintragung ratsam, da sie z. B. bei den Banken damit Vertrauen wecken.

Merke

Kannkaufmann = Gewerbetreibender, der durch Eintragung seines Gewerbes in das Handelsregister zum Kaufmann wird

Beispiel

Heinz Müller betreibt eine Computerwerkstatt. Er hat keine Buchführung und nur einen Angestellten. Er möchte trotzdem einen Handelsregistereintrag, damit sein Kleinunternehmen professioneller wirkt, da er bald expandieren will.

Auch land- und forstwirtschaftliche Betriebe, die nach Art und Umfang einen in kaufmännischer Weise eingerichteten Geschäftsbetrieb erfordern, gelten als Handelsgewerbe, wenn die Firma des Unternehmens in das Handelsregister eingetragen ist. Die Eintragung ist freiwillig.

Was ist ein Formkaufmann?

Ein Formkaufmann ist eine Kapitalgesellschaft (z. B. eine GmbH oder AG), da diese sozusagen auch als Person ins Handelsregister eingetragen werden muss. Alle Kapitalgesellschaften sind Kaufleute aufgrund ihrer Rechtsform. Dabei ist zu beachten, dass weder der Geschäftsführer noch der Vorstand noch der Gesellschafter Kaufmann wird, sondern allein die Gesellschaft als juristische Person.

Merke

Formkaufmann = Kapitalgesellschaft, die durch ihre Rechtsform Kaufmannseigenschaften erwirbt.

Der Formkaufmann erlangt die Kaufmannseigenschaft erst, wenn er im Handelregister eingetragen ist.

4.2 Die Rechtsform eines Unternehmens

4.2.1 Ein Überblick zu den Rechtsformen

Information

Was ist die Rechtsform eines Unternehmens?

Will man ein Unternehmen gründen, muss man sich auch für die Rechtsform entscheiden, die es haben soll. Jede Rechtsform beinhaltet bestimmte Regeln, an die sich das Unternehmen halten muss. Diese gelten innerhalb des Unternehmens (z. B. hinsichtlich Unternehmensleitung, Gewinnverteilung), aber auch nach außen hin (z. B. hinsichtlich der Art der Haftung). Die Entscheidung über die Rechtsform muss gut überdacht werden, da ein Wechsel meist teuer und aufwändig ist.

Welche Rechtsformen gibt es?

Normalerweise stehen privaten Unternehmen folgende Gesellschaftsformen zur Auswahl:

- Einzelunternehmen
- Gesellschaftsunternehmen (in Form von Personen- und Kapitalgesellschaften)

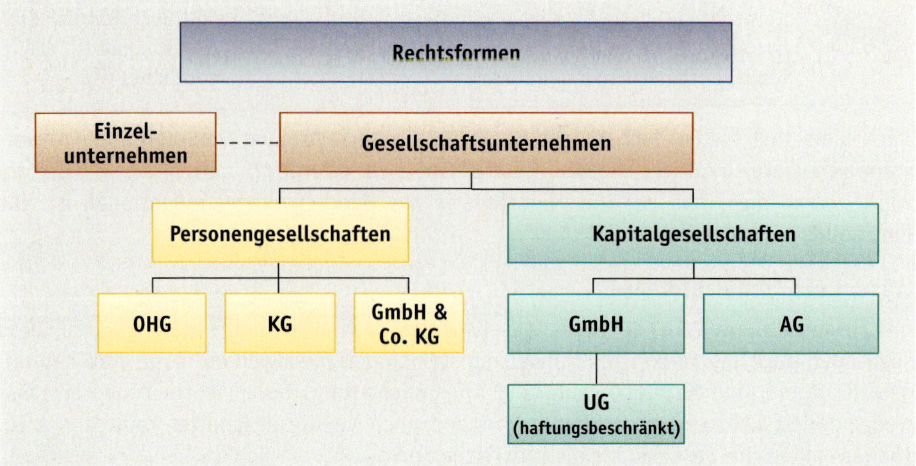

Bei **Personengesellschaften** stehen die natürlichen Personen, die Gesellschafter, im Vordergrund. Merkmale sind dabei deren persönliche Haftung und Mitarbeit. Die rechtlichen Vorschriften über die OHG und die KG sind im Handelsgesetzbuch (HGB) niedergelegt. Etwa 6 % der Unternehmungen in der Bundesrepublik Deutschland haben die Rechtsform der OHG oder KG. Die durchschnittliche Zahl der Beschäftigten je Unternehmung liegt bei knapp 50 Personen.

Die **Kapitalgesellschaften** haben eine eigene Rechtspersönlichkeit, das heißt, es handelt sich um juristische Personen. Gehaftet wird demnach nur mit dem Vermögen der Gesellschaft, an der die Gesellschafter mit einem Geschäftsanteil (z. B. Aktien) beteiligt sind. Als Kapitalgesellschaften gelten insbesondere die Gesellschaft mit beschränkter Haftung (GmbH), die Unternehmergesellschaft (UG, haftungsbeschränkt) und die Aktiengesellschaft (AG).

4.2.2 Das Einzelunternehmen

Situation

Klaus Schneider, Inhaber der BüroFix e. K., bittet seine Abteilungsleiter zu einer Besprechung in das Konferenzzimmer. Er hat Überlegungen angestellt, sein Einzelunternehmen in eine andere Gesellschaftsform zu ändern.

Klaus Schneider: „Meine Damen und Herren. BüroFix soll weiterhin expandieren. Bisher bin ich als Einzelunternehmer sehr gut gefahren. Wie Sie schon oft bemerkt haben, treffe ich meine Entscheidungen gerne allein und schnell. Jetzt aber, da BüroFix größer werden soll, benötigen wir zusätzliches Geld – allerdings keine Kredite. Zudem wird mir das Risiko zu groß; die Investitionen werden ja immer höher."

Benno Ludwig: „Sie wollen also eine Personengesellschaft gründen?"

Klaus Schneider: „Ja, das schwebt mir vor. Ich muss zudem langsam die Frage meiner Nachfolge regeln. In fünf Jahren will ich mich zur Ruhe setzen. Meine Tochter kann unmöglich hier allein die Chefin spielen – dazu fehlt ihr noch die Erfahrung. Ich brauche einen kompetenten Teilhaber an meiner Seite."

Leitfragen

- Was ist ein Einzelunternehmen?
- Warum war Klaus Schneider bisher als Einzelunternehmer zufrieden?
- Wieso möchte er die BüroFix e. K. in eine Personengesellschaft umwandeln?

Information

Was ist ein Einzelunternehmen?

Die meisten Unternehmen sind Einzelunternehmen. Oft handelt es sich dabei um Kleinbetriebe mit durchschnittlich fünf Beschäftigten, wie Einzelhandelsläden oder Handwerksbetriebe. Das Einzelunternehmen wird von einer einzelnen Person gegründet. Diese Person ist Eigentümer und leitet normalerweise das Unternehmen. Der Eigentümer ist voll verantwortlich für das Unternehmen und haftet mit seinem Gesamtvermögen für die Schulden. Da nur der Eigentümer am Unternehmen beteiligt ist, ist im Gegensatz zu den anderen Rechtsformen auch kein Gesellschaftervertrag notwendig.

Beispiel

Die BüroFix e. K. ist ein Einzelunternehmen. Eigentümer ist Klaus Schneider. Er ist für das, was bei BüroFix e. K. passiert, allein verantwortlich. Macht sein Unternehmen hohe Schulden, muss er dafür auch mit seinem Privatvermögen haften.

Welche Firmenbezeichnung ist zu wählen?

Unter **Firma** versteht man im Juristendeutsch nicht das Unternehmen, sondern den Namen, unter dem ein Unternehmen im Handelsregister eingetragen ist.

Merke

Firma = Name des Unternehmens (z. B. BüroFix e. K.)

Den Unternehmen ist es weitgehend freigestellt, welche Firma sie wählen. Allerdings gibt es ein paar Grundsätze, die zu beachten sind:

- Unterscheidbarkeit:
  Die Firma muss sich von den anderen Firmenbezeichnungen unterscheiden.
- Wahrheit und Klarheit:
  Die Firma darf nicht über die Art und den Zweck des Unternehmens täuschen.

Das Einzelunternehmen kann als Personenfirma (z. B. Erich Schneider e. Kfm.), aber auch als Sachfirma (z. B. Bürobedarf e. K.), Fantasiefirma (z. B. BüroFix e. K.) oder Mischfirma (z. B. Bürobedarf Erich Schneider e. K.) auftreten. Wichtig ist nach § 19 Abs. 1 Nr. 1 HGB der Rechtsformzusatz „eingetragener Kaufmann“ bzw. „eingetragene Kauffrau“ oder eine Kurzform dieser Bezeichnung wie z. B. „e. Kfm.“, „e. K.“ oder „e. Kffr.“.

Wer leitet das Einzelunternehmen und wer haftet?

Die Leitung hat der Inhaber des Einzelunternehmens. Er hat jedoch die Möglichkeit, Handlungsvollmachten zu erteilen und so einige Aufgaben abzugeben.

Beispiel

Klaus Schneider leitet als Inhaber die BüroFix e. K. Barbara Lantz, seine Tochter, hat Prokura. Sie entlastet ihn bei den Leitungsaufgaben. Peter Lehmann hat Handlungsvollmacht für den Bereich Einkauf.

Tipp

Sie wissen nicht mehr genau was Prokura bedeutet? Lesen Sie in Lernbereich 1, Kapitel 9.2 nach.

Der Inhaber haftet grundsätzlich voll, allein und unbeschränkt mit seinem gesamten Betriebs- und Privatvermögen.

Beispiel

Könnte die BüroFix e. K. eines Tages ihre Kredite nicht mehr abbezahlen, so müssten auch das Privathaus von Klaus Schneider, seine private Kunstsammlung oder seine Autos zur Deckung der Geschäftsschulden herhalten.

Wer finanziert das Einzelunternehmen?

Die Finanzierung erfolgt durch Einlagen des Inhabers aus seinem Privatvermögen und/oder durch eine Kreditaufnahme. Die Kreditaufnahme hängt von der Kreditwürdigkeit des Inhabers ab. Grundsätzlich sind die Finanzierungsmöglichkeiten eher beschränkt.

Beispiel

Klaus Schneider erbt von seiner Großtante 100.000,00 €. Das Geld investiert er in sein Unternehmen, um die Filialeröffnung in Kaiserslautern finanzieren zu können.

Was sind die Vorteile des Einzelunternehmens?

Das Einzelunternehmen hat gegenüber anderen Gesellschaftsformen einige wichtige Vorteile:

- Der Inhaber muss den Gewinn nicht mit anderen teilen.
- Er kann schnell Entscheidungen treffen, da er sich mit niemandem abstimmen muss.
- Da der Inhaber das Unternehmen allein führt, kann es vor Entscheidungen nicht zu Streitigkeiten kommen.
- Die Gründungsformalitäten und Gründungskosten sind gering.

Was sind die Nachteile des Einzelunternehmens?

- Der Inhaber trägt das alleinige Risiko, da er auch allein mit seinem ganzen Vermögen haftet.
- Es ist nicht immer einfach, Kredite zu bekommen, da das Kapital und damit die Sicherheit bei Einzelunternehmen geringer sind als bei Gesellschaftsunternehmen.
- Der Inhaber steht unter einer starken Arbeitsbelastung, da er die Unternehmensführung allein bewältigen muss.
- Der Inhaber benötigt Fachwissen in allen Bereichen der Unternehmensführung.

Die Vor- und Nachteile müssen gegeneinander abgewogen werden. Oft ergibt sich die Wahl der Einzelunternehmung aus einer Zwangssituation, wenn beispielsweise kein Partner bei der Unternehmensgründung vorhanden ist oder das notwendige Kapital zur Gründung einer Kapitalgesellschaft fehlt.

4.2.3 Die Personengesellschaften OHG und KG

Information

Was sind Personengesellschaften?

Um eine Personengesellschaft zu gründen, sind mindestens zwei Personen erforderlich. Diese finanzieren das Unternehmen durch ihr Eigenkapital, haften gemeinsam mit ihrem Privat- und Geschäftsvermögen und leiten das Unternehmen gemeinsam. Die bekanntesten Personengesellschaften sind die Offene Handelsgesellschaft (OHG) und die Kommanditgesellschaft (KG). Die rechtlichen Vorschriften über die OHG und die KG sind im Handelsgesetzbuch (HGB) niedergelegt.

Situation

Klaus Schneider ist auf seiner Suche nach einem Gesellschafter für sein Unternehmen BüroFix e. K. fündig geworden. Diplom-Kaufmann Ernst Meierhof, lange Zeit Geschäftsführer eines großen Elektronikmarktes, möchte den Sprung in die Selbstständigkeit wagen. Aus der BüroFix e. K. wird nun die BüroFix OHG.

Klaus Schneider freut sich auf die Zusammenarbeit. Ernst Meierhof hat sehr gute Branchenkenntnisse, da er Geschäftsführer im Einzelhandel gewesen ist. Er wird sich hauptsächlich um die Sortimentserweiterung beim Computerzubehör kümmern. Zudem bringt er eine Kapitaleinlage von 400.000,00 € in das Unternehmen mit ein, damit ist auch die neue Filiale in Kaiserslautern gesichert – und das, ohne einen Kredit bei einer Bank aufnehmen zu müssen.

Als Klaus Schneider seiner Frau begeistert von dem neuen Gesellschafter erzählt, lacht diese nur. „Du und Teamarbeit? Seit fast 25 Jahren bist du Alleinherrscher bei BüroFix gewesen, jetzt willst du alles mit deinem neuen Partner absprechen? Mit so jemandem ist es anders als mit einem Angestellten, der hat seine eigenen Ideen."

Klaus Schneider ist durch die Worte seiner Frau etwas beunruhigt.

Leitfragen

- Welche Vorteile bringt der neue Gesellschafter?
- Auf welches Problem weist Frau Schneider hin?

Information

Was ist eine Offene Handelsgesellschaft (OHG)?

Bei der OHG schließen sich mindestens zwei Personen zusammen, um ein Handelsgewerbe unter einer gemeinsamen Firma zu betreiben. Die Gesellschafter haften unbeschränkt, also mit ihrem gesamten Privat- und Geschäftsvermögen. Bleibt nur noch ein Gesellschafter übrig, gilt die OHG als aufgelöst.

Für die Entstehung einer OHG muss ein Handelsgewerbe vorliegen.

Was ist ein Gesellschaftsvertrag?

Bei Gründung des Unternehmens schließen die Gesellschafter einen Gesellschaftsvertrag. Ein Gesellschafter ist Miteigentümer des Unternehmens. Im Gesellschaftsvertrag sollten wichtige Dinge zur Zusammenarbeit im Unternehmen geregelt sein, wie zum Beispiel die Vertretungsbefugnisse oder die Gewinnverteilung.

Merke **Ein Gesellschafter ist Miteigentümer des Unternehmens.**

Bei Personengesellschaften ist man grundsätzlich an keine bestimmte Form gebunden. Eine Personengesellschaft kann also mündlich, schriftlich oder notariell beurkundet sein. Zur Sicherheit sollte der Vertrag jedoch schriftlich geschlossen werden. Es gibt keine Vorschriften über die Inhalte von Gesellschaftsverträgen. Gegen Gesetzesvorschriften darf dabei jedoch nicht verstoßen werden, sonst ist der Vertrag ungültig.

Der Gesellschaftsvertrag enthält normalerweise den Namen und Standort der Firma, die Höhe des eingebrachten Kapitals jedes Gesellschafters, die Gewinn- und Verlustverteilung an die Gesellschafter sowie die Rechte und Pflichten der Gesellschafter.

Beispiel

Gesellschaftsvertrag der BüroFix OHG

durch die Gesellschafterversammlung
am 01.09.20.. in 67346 Speyer, Industriestr. 55, festgelegt

§ 1 Die Firma der Gesellschaft lautet BüroFix OHG.

§ 2 Der Geschäftssitz der Gesellschaft ist Industriestr. 55 in 67346 Speyer.

§ 3 Die Gesellschaft handelt mit Büroausstattung, Bürobedarf und Computertechnik.

§ 4 Das Warensortiment des Vertriebs kann nach einstimmigem Beschluss verändert werden.

§ 5 Das Stammkapital der Gesellschaft beträgt 1.000.000,00 €.

§ 6 Das Stammkapital wird aufgebracht:
Gesellschafter Klaus Schneider 600.000,00 €
Gesellschafter Ernst Meierhof: 400.000,00 €
Die Kapitaleinlagen der Gesellschafter sind mit der Eintragung in das Handelsregister in voller Höhe fällig.

§ 7 Der Gewinn der Gesellschaft wird auf folgende Weise verteilt:
Das Stammkapital der Gesellschafter wird am 31.12. des laufenden Geschäftsjahres mit 5 % verzinst. Ein verbleibender Restgewinn wird entsprechend dem Verhältnis der Einlagen auf alle Gesellschafter verteilt. Ein Verlust der Gesellschaft wird gemäß dem Verhältnis der Einlagen aufgeteilt.

§ 8 Geschäftsführung und Vertretung
Jeder Gesellschafter ist zur Geschäftsführung und Vertretung allein berechtigt.
Kredite ab einer Höhe von 10.000,00 € dürfen nur gemeinsam aufgenommen werden.

§ 9 Jeder Gesellschafter kann aus einem wichtigen Grund den Austritt aus der Gesellschaft erklären. Bei Austritt hat er ein Recht auf die volle Auszahlung seiner Kapitaleinlage und der bis zum Zeitpunkt des Austritts erfolgten Verzinsung. Der Austritt eines Gesellschafters hat nicht die Auflösung der Gesellschaft zur Folge. Die anderen Gesellschafter sind berechtigt das Geschäft zu übernehmen und unter der bisherigen Firma fortzuführen.

§ 10 Stirbt ein Gesellschafter, so sind seine Erben berechtigt, als Gesellschafter an seine Stelle zu treten.

§ 11 Zuständiges Gericht für alle Streitigkeiten aus diesem Vertrag ist das Gericht am Sitz der Gesellschaft.

§ 12 Der Vertrag wurde von den Gesellschaftern eigenhändig wie folgt gegengezeichnet.

Klaus Schneider	Ernst Meierhof
Klaus Schneider	Ernst Meierhof

Was ist bei Gründung einer OHG zu beachten?

Zur Gründung sind mindestens zwei Gesellschafter erforderlich. Die Form des Gesellschaftsvertrages ist nicht vorgeschrieben. Die Eintragung ins Handelsregister muss vorgenommen werden. Ein Mindesthaftungskapital ist nicht vorgeschrieben.

Welcher Firmenname ist zu wählen?

Die OHG kann eine Personenfirma (z. B. Schneider & Meierhof OHG), Sachfirma (z. B. Bürobedarf OHG), Fantasiefirma (z. B. BüroFix OHG) oder eine Mischform (z. B. Bürobedarf Schneider & Meierhof OHG) sein. Die Firmenbezeichnung muss jedoch die Zusätze „Offene Handelsgesellschaft" oder „OHG" beinhalten.

Wer leitet die OHG?

Bei der Unternehmensleitung muss zwischen den Bereichen Geschäftsführung und Vertretung unterschieden werden. Diese Bereiche sollten immer in einem Gesellschaftervertrag geregelt sein. Die Geschäftsführung beinhaltet das Recht, innerhalb des Unternehmens Geschäftshandlungen vornehmen zu können. Man spricht auch von der Leitung des Unternehmens im Innenverhältnis.

Beispiel

Ernst Meierhof ist Geschäftsführer. Er weist Ingo Meier, den Leiter des Rechnungswesens, an Mahnungen früher zu verschicken. Zudem werden auf seine Anordnung neue Verkäufer eingestellt.

Bei außergewöhnlichen Geschäften besteht in der OHG jedoch das **Gesamtgeschäftsführungsrecht.** Das bedeutet, dass außergewöhnliche Entscheidungen nur von allen Gesellschaftern gemeinsam getroffen werden können.

Beispiel

Ernst Meierhof möchte sämtliche Büromöbel aus dem Sortiment nehmen, da sie sich seiner Meinung nach nicht lohnen. Diese außergewöhnliche Entscheidung kann er nur zusammen mit Klaus Schneider treffen.
Ernst Meierhof möchte Benno Ludwig Prokura erteilen. Auch dies kann er nur gemeinsam mit Klaus Schneider entscheiden.

Eine **Vertretung** ist die Leitung des Unternehmens im Außenverhältnis. Hierbei geht es um sämtliche Rechtsgeschäfte mit Außenstehenden (Einstellung von Personal, Verkauf, Einkauf). Jeder Gesellschafter hat alleinige Vertretungsmacht.

Beispiel

Ernst Meierhof kauft einen Lkw für 100.000,00 €. Klaus Schneider erfährt erst im Nachhinein, dass Ernst Meierhof diesen Kauf getätigt hat. Er ist überhaupt nicht damit einverstanden; dies hat allerdings auf den Kauf keine Auswirkung. Der Kaufvertrag zwischen der OHG und dem Lkw-Verkäufer kam zustande.

Alle Gesellschafter haften unmittelbar (jeder Gesellschafter kann persönlich in Anspruch genommen werden), unbeschränkt (auch mit dem Privatvermögen) und gemeinsam (jeder Gesellschafter haftet für die gesamten Schulden der Gesellschaft).

Beispiel

Angenommen, die BüroFix OHG ginge pleite und sie hätte noch bei vielen Zulieferern und Banken Schulden. Ernst Meierhof wäre untergetaucht. Klaus Schneider müsste dann für die Schulden allein aufkommen.

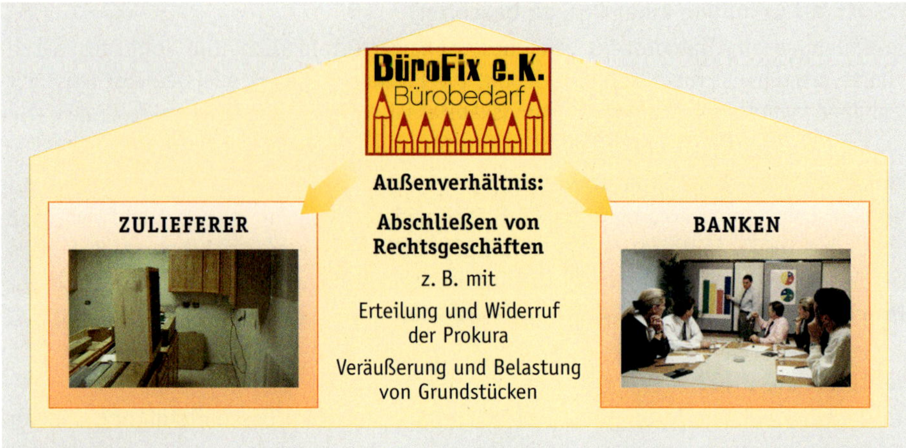

Wer finanziert die OHG?

Die OHG wird finanziert durch Einlagen der Gesellschafter aus ihrem Privatvermögen oder durch Kreditaufnahme. Die Kreditaufnahme hängt davon ab, wie kreditwürdig die Inhaber sind. Da aber mehrere Personen Vollhafter sind, hat die OHG im Allgemeinen eine hohe Kreditwürdigkeit.

Wie wird der Gewinn bei der OHG verteilt?

Falls im Gesellschaftsvertrag nichts geregelt ist, richtet sich die Gewinnverteilung nach den Vorschriften des HGB.

Es wird zunächst die Kapitaleinlage jedes Gesellschafters mit 4 % verzinst. Anschließend wird der restliche Gewinn nach Köpfen verteilt, das heißt, der Restbetrag wird einfach durch die Anzahl der Gesellschafter geteilt. Durch die Verzinsung wird derjenige Gesellschafter belohnt, der mehr Geld als Einlage der Gesellschaft zur Verfügung gestellt hat.

Beispiel

Die BüroFix OHG hat im abgelaufenen Geschäftsjahr einen Gewinn von 100.000,00 € erwirtschaftet. Der Gewinn wird nun folgendermaßen verteilt:

	Klaus Schneider Einlage = 600.000,00 €	Ernst Meierhof Einlage = 400.000,00 €
Verzinsung 4 %	24.000,00 €	16.000,00 €
Restbetrag Gewinn: 60.000,00 € Verteilung nach Köpfen:	30.000,00 €	30.000,00 €
Gewinnanteil gesamt	54.000,00 €	46.000,00 €

Im Gesellschaftsvertrag kann jedoch auch etwas anderes bestimmt sein, so wie bei der BüroFix OHG.

Beispiel

Ausschnitt aus dem Gesellschaftsvertrag:

§ 7 Der Gewinn der Gesellschaft wird auf folgende Weise verteilt:
Das Stammkapital der Gesellschafter wird am 31.12. des laufenden Geschäftsjahres mit 5 % verzinst. Ein verbleibender Restgewinn wird entsprechend dem Verhältnis der Einlagen auf alle Gesellschafter verteilt. Ein Verlust der Gesellschaft wird gemäß dem Verhältnis der Einlagen aufgeteilt.

Es wurde ein Gewinn von 100.000,00 € im abgelaufenen Geschäftsjahr erwirtschaftet.

Gewinnverteilung entsprechend dem Gesellschaftsvertrag:

	Klaus Schneider Einlage = 600.000,00 €	Ernst Meierhof Einlage = 400.000,00 €
Verzinsung 5 %	30.000,00 €	20.000,00 €
Restbetrag Gewinn: 50.000,00 € Verteilung nach dem Kapitalverhältnis (6:4):	30.000,00 €	20.000,00 €
Gewinnanteil gesamt	60.000,00 €	40.000,00 €

Tipp

Decken Sie die Tabelle ab und versuchen Sie das Beispiel selbstständig nachzurechnen.

Was sind die Vorteile der OHG?

- Die einzelnen Gesellschafter haben unterschiedliches Fachwissen, das sie gemeinsam in die Geschäftsführung mit einbringen können.
- Die OHG bekommt leichter Kredite von Banken als ein Einzelunternehmen, da sie meist kapitalstärker ist und mindestens zwei Gesellschafter voll haften.
- Das Risiko trägt nicht eine Person allein, sondern alle Gesellschafter gemeinsam.
- Die Arbeit wird zwischen den Gesellschaftern geteilt.

Was sind die Nachteile der OHG?

- Der Gewinn muss zwischen den Gesellschaftern geteilt werden.
- Ein Gesellschafter haftet auch für Fehlentscheidungen, die ein anderer getroffen hat.
- Streitigkeiten können die Gesellschaft gefährden. Bleibt nach Kündigung nur ein Gesellschafter übrig, so löst sich die OHG auf.
- Die Haftung ist unbeschränkt, also mit Privat- und Geschäftsvermögen.

Was ist eine Kommanditgesellschaft (KG)?

Die Kommanditgesellschaft ist wie die OHG eine Personengesellschaft mit dem Zweck, ein Handelsgewerbe unter gemeinschaftlicher Firma zu betreiben. Der Unterschied zur OHG besteht darin, dass neben den Vollhaftern auch Teilhafter Gesellschafter des Unternehmens sind. Ein Teilhafter haftet nur bis zur Höhe seiner Kapitaleinlage. Bei der KG wird der **Vollhafter Komplementär**, der **Teilhafter Kommanditist** genannt. Die Anforderungen an Firma und Gründung entsprechen sonst der OHG. Sie wird finanziert durch Einlagen der Gesellschafter aus ihrem Privatvermögen oder durch eine Kreditaufnahme.

Merke **Teilhafter (Kommanditist) = Die Haftung dieses Gesellschafters ist auf die Höhe seiner Kapitaleinlage beschränkt, er haftet nicht mit seinem Privatvermögen.**

Wer leitet die Kommanditgesellschaft?

Nur die Komplementäre (Vollhafter) sind zur Geschäftsführung und Vertretung der KG nach außen berechtigt. Sie haften wie die Gesellschafter einer OHG voll und persönlich, also mit ihrem Geschäfts- und Privatvermögen.

Beispiel Wenn die BüroFix KG pleite ginge und bei Zulieferern und Banken noch Schulden hätte, dann würden Klaus Schneider und Ernst Meierhof voll haften, das heißt, auch das private Sportboot oder der private Pkw könnten dazu herangezogen werden, die Schulden des Unternehmens zu begleichen. Die Haftung des Kommanditisten wäre lediglich auf seine Kapitaleinlage beschränkt.

Der Kommanditist haftet nur mit seiner Kapitaleinlage und hat nur ein Kontrollrecht.

Was sind die Vorteile der KG?

- Die Kommanditisten kontrollieren die Komplementäre, sodass diese nicht tun und lassen können, was sie wollen.
- Die KG bekommt leichter Kredite von Banken, denn sie ist meist kapitalstark, da oft mehrere Personen Vollhafter sind.
- Das Risiko trägt nicht eine Person allein, sondern mehrere Gesellschafter, auch wenn die Kommanditisten nur in Höhe ihrer Einlage am Verlust beteiligt sind.

Was sind die Nachteile der KG?

- Gibt es nur einen Komplementär, so muss dieser die gesamte Arbeit der Geschäftsführung übernehmen.
- Bestimmte Entscheidungen können in die Länge gezogen werden, wenn die Kommanditisten oft auf ihrem Kontrollrecht bestehen.
- Die Haftung ist zumindest hinsichtlich des Komplementärs unbeschränkt, das heißt, er haftet mit Privat- und Geschäftsvermögen.

4.2.4 Die Kapitalgesellschaften AG und GmbH

Situation

Klaus Schneider und Ernst Meierhof sitzen wieder einmal zusammen im Büro und beraten sich. Das Unternehmen war in letzter Zeit sehr erfolgreich und hat weiterhin expandiert. Allerdings ist der Markt schwieriger geworden. Immer mehr Unternehmen und Verbraucher kaufen ihren Bürobedarf über das Internet oder bei Discountern ein.

Klaus Schneider möchte von der persönlichen Haftung loskommen. Auch Ernst Meierhof gefällt der Umstand nicht, dass bei hohen Verlusten sein gesamtes Privatvermögen draufgehen könnte. Sie überlegen deshalb, die Rechtsform von BüroFix in eine AG oder in eine GmbH umzuwandeln.

Leitfragen

- Was ist eine AG?
- Was ist eine GmbH?

Information

Was sind Kapitalgesellschaften?

Kapitalgesellschaften sind juristische Personen, das heißt, sie werden rechtlich wie eine natürliche Person behandelt. Sie können somit wie eine natürliche Person alle Rechtsgeschäfte im eigenen Namen abschließen. Sie können auch vor Gericht klagen oder verklagt werden. Kapitalgesellschaften werden entweder als Gesellschaft mit beschränkter Haftung (GmbH), als Unternehmergesellschaft (haftungsbeschränkt) oder als Aktiengesellschaft (AG) gegründet.

Merke **Kapitalgesellschaften sind juristische Personen.**

Was ist eine Gesellschaft mit beschränkter Haftung (GmbH)?

Die GmbH ist die häufigste Form der Kapitalgesellschaften. Mindestens ein Gesellschafter ist zur Gründung notwendig. Als juristische Person hat die GmbH Rechte und Pflichten. Sie kann Verträge schließen, als Eigentümer ins Grundbuch eingetragen werden, klagen oder verklagt werden. Durch das **Gesetz zur Modernisierung des GmbH-Rechts und zur Bekämpfung von Missbräuchen** (MoMiG) vom 23. Oktober 2008 wurde das deutsche GmbH-Recht von Grund auf reformiert. Eines der Hauptziele des Gesetzes ist, Unternehmensgründungen zu beschleunigen und zu vereinfachen. So ist nun auch die Gründung einer sogenannten **Unternehmergesellschaft UG (haftungsbeschränkt)** möglich (§ 5a GmbHG). Dieses wird auch auch als Mini-GmbH oder Ein-Euro-GmbH bezeichnet.

Was ist bei Gründung der GmbH zu beachten?

Zur Gründung ist mindestens eine Person erforderlich. Der Gesellschaftsvertrag muss schriftlich und notariell beurkundet sein. Die GmbH muss beim Amtsgericht ins Handelsregister eingetragen werden. Gründer und Gesellschafter einer GmbH können natürliche oder juristische Personen oder Personengesellschaften sein. Die GmbH kann auch von nur einer Person gegründet werden. Ihr Gesellschaftsvertrag ist zugleich die Satzung der GmbH. Sie enthält Regelungen über Firma, Sitz, Gegenstand, Stammkapital und Stammeinlage und muss notariell beurkundet werden. Durch § 2 Abs. 1a GmbHG besteht nun jedoch die Möglichkeit zur Gründung von GmbH bzw. UG im vereinfachten Verfahren. In der Anlage zun GmbhG gibt es dazu zwei Musterverträge für die Einpersonen- sowie Mehrpersonen-Gründung. Werden diese von den Gesellschaftern übernommen, bedarf es zwar trotz allem einer notariellen Beurkundung. Diese ist jedoch bei Gründung einer UG kostengünstiger.

Die GmbH wird jedoch erst mit Eintragung in das Handelsregister zur juristischen Person (§ 11 Abs. 1 GmbHG).

Die Geschäftsführer müssen bereits benannt sein, bevor die GmbH in das Handelsregister eingetragen wird, damit sie bei der Eintragung mitwirken können.

Beispiel

Die bisherige BüroFix KG wird nun in eine GmbH umgewandelt. Dadurch wird sie zur juristischen Person. Das bedeutet beispielsweise, dass jemand direkt die BüroFix GmbH verklagen kann und nicht die Person Klaus Schneider.

Welcher Firmenname ist zu wählen?

Die Firma kann eine Personenfirma (z. B. Klaus Schneider GmbH), Sachfirma (z. B. Büroartikel GmbH), Fantasiefirma (z. B. BüroFix GmbH) oder Mischfirma (z. B. Büroartikel Schneider GmbH) sein. Sie muss die Bezeichnung „Gesellschaft mit beschränkter Haftung" oder die entsprechende Abkürzung (GmbH) enthalten. Im Falle der UG muss der Zusatz „UG (haftungsbeschränkt)" angehängt werden.

Wer leitet die GmbH und wer haftet?

Die Geschäftsführung und Vertretung wird von einem oder mehreren Geschäftsführern ausgeübt. Die Geschäftsführer können selbst Gesellschafter sein; auch andere (dritte) Personen können die Geschäftsführung ausüben. Alle Geschäftsführer werden ins Handelsregister eingetragen.

Bei Schulden haftet nur das Gesellschaftsvermögen. Der einzelne Gesellschafter riskiert also nur seine Stammeinlage, nicht sein Privatvermögen wie bei den Personengesellschaften.

Beispiel

Angenommen, die BüroFix GmbH ginge pleite und hätte noch hohe Schulden bei Banken und Zulieferern. Das Privatvermögen von Ernst Meierhof und Klaus Schneider würde jedoch in diesem Fall nicht angetastet, da die Haftung des Unternehmens auf das Gesellschaftsvermögen beschränkt ist.

Wer finanziert die GmbH?

Das Stammkapital muss mindestens 25.000,00 € betragen. Die Gesellschafter müssen Einlagen von mindestens je 500,00 € einbringen. Eine UG kann mit einem Stammkapital von 1,00 € bis 24.999,00 € gegründet werden. Allerdings müssen 25 % des Gewinns so lange angespart werden, bis 25.000,00 € erreicht sind. Dann kann die UG auch zu einer GmbH umfirmieren. Bei der Kreditfinanzierung sind Banken bei einer GmbH vorsichtiger. Besonders bei Neugründungen werden persönliche Bürgschaften verlangt, da nur mit dem Gesellschaftsvermögen gehaftet wird.

Was sind die Vorteile der GmbH?

- Bei mehr als 500 Beschäftigten oder bei Eintragung in die Satzung kontrolliert ein Aufsichtsrat die Geschäftsführung.
- Die Gesellschafter haften nicht mit ihrem Privatvermögen; sie tragen also ein geringeres Risiko.
- Zur Gründung der GmbH ist nur eine Person notwendig.

Was sind die Nachteile der GmbH?

- Banken vergeben ungern Kredite, da die GmbH nur mit dem Gesellschaftsvermögen haftet.
- Zur Gründung muss ein Mindestkapital von 25.000,00 € aufgebracht werden.

Was ist eine Aktiengesellschaft?

Die Aktiengesellschaft (AG) hat wie die GmbH eine eigene Rechtspersönlichkeit, ist also eine juristische Person. Ihr Kapital ist in Aktien zerlegt, die von Aktionären erworben werden. Diese erhalten dadurch einen Anteil am Unternehmen. Die Aktiengesellschaft gilt auch dann als Handelsgesellschaft, wenn sie kein Handelsgewerbe betreibt (§ 3 AktG). Sie ist Formkaufmann, das heißt Kaufmann wegen ihrer Rechtsform.

Beispiel

Wenn Sie eine Aktie der BASF an der Börse kaufen, bedeutet das, dass Sie Miteigentümer der BASF sind, ihnen also die BASF zu einem ganz kleinen Teil gehört. Die Aktie berechtigt Sie dann auch zur Teilnahme an der Hauptversammlung.

Was ist bei Gründung der AG zu beachten?

Zur Gründung ist mindestens eine Person erforderlich. Die Satzung muss schriftlich vorgenommen und notariell beurkundet werden. Die Gründer müssen alle Aktien notariell beurkunden lassen.

Bei Gründung einer AG ist ein bestimmtes Grundkapital aufzubringen. Die Höhe des Grundkapitals muss in der Satzung festgelegt werden und mindestens 50.000,00 € betragen. Das Grundkapital einer Aktiengesellschaft dient unter anderem der Ermittlung des Anteils am Gesellschaftsvermögen, den die einzelne Aktie darstellt.

Welcher Firmenname ist zu wählen?

Die Firma kann eine Personenfirma (z. B. Karl Müller AG), Sachfirma (Baumaschinen Aktiengesellschaft), Fantasiefirma (Fidibus AG) oder Mischfirma (Karl Müller Baumaschinen AG) sein. Sie muss die Bezeichnung „Aktiengesellschaft" oder die Abkürzung „AG" enthalten.

Wer leitet die AG und wer haftet?

Die AG hat drei Organe: den Vorstand, den Aufsichtsrat und die Hauptversammlung. Der Vorstand wird durch den Aufsichtsrat für maximal fünf Jahre einberufen. Der Vorstand leitet die AG. Er muss dem Aufsichtsrat regelmäßig Bericht erstatten. Der Aufsichtsrat überwacht und berät den Vorstand. Zudem überprüft er den Jahresabschluss.

Für die Verbindlichkeiten des Unternehmens haftet nur das Gesellschaftsvermögen. Der einzelne Anteilseigner/Aktionär riskiert nur seine Kapitaleinlage in Form der Aktien.

Was sind die Vorteile der AG?

- Ein Aufsichtsrat überwacht den Vorstand.
- Durch die Ausgabe von Aktien können hohe Mengen an Eigenkapital beschafft werden.
- Kapitalanleger können sich am Unternehmen beteiligen, ohne zusätzliche Pflichten zu übernehmen und ohne sich dauerhaft an das Unternehmen zu binden.

Was sind die Nachteile der AG?

- hohe Gründungskosten
- erhöhter organisatorischer Aufwand, da drei Gremien (Vorstand, Aufsichtsrat, Hauptversammlung) nebeneinander arbeiten

Zusammenfassung

Frage: Warum müssen sich Kaufleute in das Handelsregister eintragen?

Antwort: Das Handelsregister dient vor allem der Sicherheit des Geschäftsverkehrs, indem darin gewisse tatsächliche und rechtliche Verhältnisse eingetragen werden. Es unterrichtet die Öffentlichkeit über wichtige Tatbestände, wie z. B. die Firma, Inhaber, Haftungsverhältnisse, den Geschäftssitz und die Prokura, und schafft klare Rechtsverhältnisse. Jeder Kaufmann ist deshalb zu dieser Eintragung verpflichtet.

Frage: Was ist der Vorteil für den Kannkaufmann, wenn er sich in das Handelsregister eintragen lässt?

Antwort: Der Handelsregistereintrag ist ein Ausdruck von Seriosität. Allerdings verpflichtet er auch dann dazu, dass eine Buchführung betrieben werden muss, der Unternehmer also einen höheren Aufwand bei Verwaltungsaufgaben hat.

Frage: Welche Gründe sprechen für ein Einzelunternehmen, obwohl ein Unternehmer doch mit einer OHG oder KG mehr Kapital zur Verfügung hätte und das Risiko auf mehrere Schultern verteilen könnte?

Antwort: Ein Unternehmer kann sich für die Rechtsform Einzelunternehmung entscheiden, wenn er alle Entscheidungen im Unternehmen lieber allein fällen will. Er kann jedoch auch zu einem Einzelunternehmen gezwungen sein, wenn er keine geeigneten Partner für die Gründung einer OHG oder KG findet.

Frage: Warum gründen Unternehmer nicht gleich eine GmbH oder eine AG, bei der die Haftung auf das Gesellschaftsvermögen beschränkt ist?

Antwort: Die Gründung einer GmbH oder einer AG ist zum einen kostspieliger (Notarkosten usw.) und zudem an strengere Auflagen gebunden. Besonders die AG hat Kontrollorgane wie die Hauptversammlung und den Aufsichtsrat, die dem Unternehmer „hineinreden“ können.

Frage: Wie findet man die optimale Rechtsform für sein Unternehmen?

Antwort: Bei Gründung eines Unternehmens kann man nicht einfach irgendeine Rechtsform wählen. Die Unternehmensgründer müssen sich klar machen, wie stark sie in ihrem Unternehmen eingebunden sein wollen (z. B. hauptberuflich als Geschäftsführer oder nur als Kapitalgeber mit möglichst wenig Risiko). Außerdem gibt es gesetzliche Beschränkungen. Die Wahl der Rechtsform hängt von wichtigen Kriterien ab, wie zum Beispiel vorhandenes Kapital, Höhe der Haftung, Zahl der Personen, Zweck der Unternehmung,

Gewinnverteilung, Höhe der Gründungskosten, Unternehmensführung. Es gibt nie die einzig „richtige" Rechtsform für ein Unternehmen. Man versucht deshalb, die Rechtsform zu wählen, die am günstigsten für das Unternehmen erscheint. Erst nach sorgfältiger Abwägung aller Kriterien sollte die Entscheidung für die Rechtsform fallen. Meist lohnt es sich, sich vom Steuerberater oder von der Bank beraten zu lassen. Klein- und Mittelbetriebe werden in der Regel als Einzelunternehmen, Personengesellschaft oder auch als GmbH betrieben. Für Großbetriebe eignet sich wegen der einfachen Kapitalbeschaffung die Aktiengesellschaft besonders gut.

Wissensfragen

1. Was unterscheidet den Istkaufmann vom Kannkaufmann?
2. Was unterscheidet den Istkaufmann vom Formkaufmann?
3. Wozu dient das Handelsregister?
4. Was sind die Vor- und Nachteile des Einzelunternehmens?
5. Was sind die Finanzierungsmöglichkeiten des Einzelunternehmens?
6. Was sind Personengesellschaften?
7. Was sind Kapitalgesellschaften?
8. Was versteht man unter einer OHG? Nennen Sie Merkmale.
9. Was ist der Unterschied der KG zur OHG?
10. Was sind die wesentlichen Merkmale der AG und der GmbH in Bezug auf die Haftung und die Geschäftsführung?

Übungsaufgaben

1. Struktur legen

Die folgende Tabelle soll Ihnen zu jeder Kaufmannsart die entsprechenden Charakteristika übersichtlich darstellen. Die Tabelle ist jedoch noch nicht fertig. Übertragen Sie die Tabelle in Ihr Heft und vervollständigen Sie sie mithilfe der jeweiligen Nummern!

Kaufmannsart	a) *Beispiel: Nichtkaufmann (im Sinne von Kleingewerbetreibendem)*	Kannkaufmann	d)	e)
Charakteristika	b) unterbliebene Eintragung ins Handelsregister (freiwillig)	nach Art oder Umfang keine kaufmännische Einrichtung erforderlich c)	nach Art oder Umfang kaufmännische Einrichtung erforderlich verpflichtende Eintragung ins Handelsregister	Rechtsform der Kapitalgesellschaft f)

1. Formkaufmann
2. Istkaufmann
3. *Nichtkaufmann* ✔
4. nach Art oder Umfang keine kaufmännische Einrichtung erforderlich
5. freiwillige Eintragung ins Handelsregister
6. verpflichtende Eintragung ins Handelsregister

2. Praxisfälle entscheiden

Entscheiden Sie bei den folgenden Fällen, ob ein Handelsregistereintrag zwingend notwendig ist:

a) Herr Krüger, Unternehmer mit 150 Mitarbeitern, produziert und verkauft mit seinem Unternehmen jährlich 3 000 Großküchen zu einem Preis von jeweils 25.000,00 €.

b) Herr Wurster betreibt allein einen kleinen Würstchenstand.

c) Die Eltern von Herrn Wurster betreiben eine größere Landwirtschaft mit kaufmännischer Organisation. Sind sie eintragungspflichtig?

d) Ein Unternehmer ohne kaufmännische Organisation, der bislang nicht im Handelsregister eingetragen war, gründet eine AG.

3. Unter den folgenden Bedingungen soll die optimale Rechtsform für ein junges Unternehmen gefunden werden:

› Jeder Gründungspartner möchte direkt in das Tagesgeschäft des Unternehmens eingebunden sein (geschäftsführende Tätigkeit).
› Jeder Gründungspartner möchte am Gewinn beteiligt sein, auf die Zahlung fester Gehälter soll zunächst verzichtet werden.
› Jeder Gründungspartner ist bereit auch mit dem Privatvermögen für das Unternehmen zu haften.
› Die Gründungskosten sollen möglichst gering gehalten werden (das bedeutet möglichst keinen Notar hinzuziehen).

Welche Rechtsform würden Sie den Jungunternehmern vorschlagen?

4. Praxisfälle in Partnerarbeit lösen

Die Ausführungen im Kapitel zur OHG sowie die folgenden Paragrafen des HGB sollen Ihnen helfen die folgenden Fälle zu lösen. Überfliegen Sie zunächst die Paragrafen und lösen Sie dann die einzelnen Fälle.

§

Handelsgesetzbuch (HGB):

§ 116 (Umfang der Geschäftsführungsbefugnis)

(1) Die Befugnis zur Geschäftsführung erstreckt sich auf alle Handlungen, die der gewöhnliche Betrieb des Handelsgewerbes der Gesellschaft mit sich bringt.

(2) Zur Vornahme von Handlungen, die darüber hinausgehen, ist ein Beschluss sämtlicher Gesellschafter erforderlich.

(3) Zur Bestellung eines Prokuristen bedarf es der Zustimmung aller geschäftsführenden Gesellschafter, [...].

§ 126 (Umfang der Vertretungsmacht)

(1) Die Vertretungsmacht der Gesellschafter erstreckt sich auf alle gerichtlichen und außergerichtlichen Geschäfte und Rechtshandlungen einschließlich der Veräußerung und Belastung von Grundstücken sowie der Erteilung und des Widerrufs einer Prokura.

(2) Eine Beschränkung des Umfanges der Vertretungsmacht ist Dritten gegenüber unwirksam; dies gilt insbesondere von der Beschränkung, dass sich die Vertretung nur auf gewisse Geschäfte oder Arten von Geschäften erstrecken oder dass sie nur unter gewissen Umständen oder für eine gewisse Zeit oder an einzelnen Orten stattfinden soll.

Bearbeiten Sie die unten stehenden Aufgaben und Fälle in Partnerarbeit.

Zuerst eine Schilderung der Situation:

Tony Hirsch betreibt als Einzelunternehmer das Computerservice-Unternehmen „Hirsch Computer e. K.". Da die Geschäfte gut laufen, hat er bereits acht Mitarbeiter eingestellt. Obwohl er von kaufmännischen Dingen nicht besonders viel versteht, erledigt Tony Hirsch die kaufmännischen Tätigkeiten wie Lohnbuchhaltung, Bestellwesen, Rechnungsschreibung usw. selbst und arbeitet nebenher auch noch im Kundendienst mit. Mit dem derzeitigen Zustand ist Tony Hirsch nicht mehr zufrieden; er träumt davon, seinen Betrieb auszuweiten und seine Arbeitsbelastung zu reduzieren. Aufgrund seiner guten Geschäftslage kann er seine ehemaligen Schulfreunde Klaus Brand und Markus Loser davon überzeugen, als Gesellschafter in sein Unternehmen einzusteigen. Alle drei sind bereit auch mit ihrem Privatvermögen für Verbindlichkeiten des Unternehmens unbeschränkt zu haften.

a) Nennen Sie allgemeine Gründe, die einen Einzelunternehmer bewegen könnten sein Einzelunternehmen in ein Gesellschaftsunternehmen umzuwandeln.

b) Welche Rechtsform kommt in diesem Fall infrage?

c) Nennen Sie zwei Möglichkeiten der gemeinschaftlichen Firma (Namen des Unternehmens).

d) Bereits nach zwei Jahren seit der Gründung und Eintragung des Unternehmens im Handelsregister ist die Zahl der Mitarbeiter auf 42 angestiegen. Tony Hirsch möchte daher den Computertechniker Harald Kadel zum Prokuristen berufen. Klaus Brand ist damit jedoch nicht einverstanden.

   Kann Tony Hirsch den Computertechniker Kadel gegen den Willen von Klaus Brand zum Prokuristen ernennen (wenn sich im Gesellschaftsvertrag keine Bestimmung dazu findet)?

e) Markus Loser möchte das Unternehmen um ein Geschäftsfeld erweitern und in den An- und Verkauf von Computerzubehör über das Internet einsteigen. Tony Hirsch und Klaus Brand sind damit nicht einverstanden. Sie meinen, dass sich das neue Geschäftsfeld aufgrund der hohen Konkurrenz nicht lohnen werde. Kann Markus Loser mit dem Unternehmen in das neue Geschäftsfeld einsteigen?

f) Im Gesellschaftsvertrag ist vereinbart, dass Markus Loser nicht befugt ist Bankkredite aufzunehmen. Während der Abwesenheit von Tony Hirsch und Klaus Brand nimmt Markus Loser jedoch einen Kredit von 20.000,00 € bei der E-Bank auf. Tony Hirsch teilt daraufhin der Bank mit, dass der Kreditvertrag zwischen der OHG und der Bank ungültig sei, da Markus Loser keine Berechtigung zur Aufnahme von Kreditverträgen habe.

Wie ist die Rechtslage?

g) Im ersten Geschäftsjahr haben die Unternehmer einen Gewinn von 88.600,00 € erwirtschaftet. Der Anteil von Tony Hirsch am Kapital des Unternehmens beträgt 160.000,00 €. Klaus Brand hält einen Kapitalanteil von 100.000,00 €. Und der Anteil von Markus Loser beträgt 120.000,00 €.

Nehmen Sie die Verteilung des Gewinns aufgrund der gesetzlichen Regelung vor, da der Gesellschaftsvertrag hierzu keine Bestimmungen enthält. Übertragen Sie die Tabelle in Ihr Heft.

Gesellschafter	Kapitalanteil (€)	Gewinnverteilung mit … %	nach Köpfen	Gewinnanteil gesamt (€)

Tipp **Bearbeiten Sie die Gewinnverteilung mit dem Excel-Programm.**

5. Praxisfälle in Partnerarbeit lösen

Die Ausführungen im Kapitel zur KG sowie die folgenden Paragrafen des HGB sollen Ihnen helfen die folgenden Fälle zu lösen. Überfliegen Sie zunächst die Paragrafen und lösen Sie dann die einzelnen Fälle.

§

Handelsgesetzbuch (HGB):

§ 164 (Geschäftsführung; Kommanditisten)

Die Kommanditisten sind von der Führung der Geschäfte der Gesellschaft ausgeschlossen; sie können einer Handlung der persönlich haftenden Gesellschafter nicht widersprechen, es sei denn, dass die Handlung über den gewöhnlichen Betrieb des Handelsgewerbes der Gesellschaft hinausgeht. […]

§ 170 (Vertretung der KG)

Der Kommanditist ist zur Vertretung der Gesellschaft nicht ermächtigt.

§ 171 (Haftung des Kommanditisten)

(1) Der Kommanditist haftet den Gläubigern der Gesellschaft bis zur Höhe seiner Einlage unmittelbar; die Haftung ist ausgeschlossen, soweit die Einlage geleistet ist.

Nehmen wir an, dass BüroFix für diesen Fall die Rechtsform der KG besitzt.

a) Bei der BüroFix KG gibt es Unstimmigkeiten. Klaus Schneider und Ernst Meierhof (Komplementäre) möchten die Personalcomputer aus dem Produktsortiment nehmen, da sich dies ihrer Meinung nach nicht lohnt. Der Kommanditist der KG, Wolfram Hartberg, ist zu Besuch in Speyer. Er hört von dem Vorhaben der beiden Herren Schneider und Meierhof und ist strikt dagegen.

Kann Klaus Schneider das Produktangebot der KG auch ohne Einverständnis von Wolfram Hartberg erweitern?

b) Wolfram Hartberg kann in Norddeutschland bei einem Insolvenzverkauf einen großen Posten Druckerpapier ersteigern. Klaus Schneider ist von dem Kauf trotz des guten Preises alles andere als begeistert, da die Papierqualität nicht den Qualitätsmaßstäben der BüroFix KG entspricht.

Konnte Wolfram Hartberg diesen Kauf rechtskräftig für die KG tätigen?

c) Die Geschäfte laufen in letzter Zeit schlechter. BüroFix KG hat bei einem Lieferanten von Bürostühlen noch eine Rechnung über 3.000,00 € offen. Der Lieferant wendet sich nun an Wolfram Hartberg und möchte, dass dieser die Rechnung innerhalb von 8 Tagen begleicht. Muss Wolfram Hartberg die Rechnung bezahlen?

d) Nehmen Sie die Gewinnverteilung bei der KG vor.

> Ausschnitt aus dem Gesellschaftsvertrag:
>
> § 7 Der Gewinn der Gesellschaft wird auf folgende Weise verteilt:
> Das Stammkapital der Gesellschafter wird am 31.12. des laufenden Geschäftsjahres mit 5 % verzinst. Ein verbleibender Restgewinn wird entsprechend dem Verhältnis der Einlagen auf alle Gesellschafter verteilt. Ein Verlust der Gesellschaft wird gemäß dem Verhältnis der Einlagen aufgeteilt.

Die BüroFix KG hat im abgelaufenen Geschäftsjahr einen Gewinn von 200.000,00 € erwirtschaftet. Der Gewinn wird nun folgendermaßen verteilt:

	Klaus Schneider Einlage = 600.000,00 €	Ernst Meierhof Einlage = 400.000,00 €	Wolfram Hartberg Einlage = 200.000,00 €
Verzinsung 5 %			
Restbetrag Gewinn: Verteilung nach Anteilen:			
Gewinnanteil gesamt			

Lösungen ins Heft!

Tipp **Erstellen Sie die Gewinnverteilung im Excel-Programm.**

6. Praxisfälle in Partnerarbeit lösen

Die Ausführungen im Kapitel zur GmbH sowie die folgenden Paragrafen des GmbHG sollen Ihnen helfen die folgenden Fälle zu lösen. Überfliegen Sie zunächst die Paragrafen und lösen Sie dann die einzelnen Fälle.

GmbH-Gesetz (GmbHG):

§ 5 [Stammkapital; Stammeinlage; Sacheinlagen]

(1) Das Stammkapital der Gesellschaft muss mindestens fünfundzwanzigtausend Euro [...] betragen.

[...]

§ 13 [Rechtliche Stellung der GmbH als juristische Person]

(1) Die Gesellschaft mit beschränkter Haftung als solche hat selbstständig ihre Rechte und Pflichten; sie kann Eigentum und andere dingliche Rechte an Grundstücken erwerben, vor Gericht klagen und verklagt werden.

[...]

§ 37 [Eingeschränkte Vertretungsbefugnis]

(1) Die Geschäftsführer sind der Gesellschaft gegenüber verpflichtet die Beschränkungen einzuhalten, welche [...] durch den Gesellschaftsvertrag [...] festgesetzt sind.

(2) Gegen dritte Personen hat eine Beschränkung der Befugnis der Geschäftsführer, die Gesellschaft zu vertreten, keine rechtliche Wirkung. Dies gilt insbesondere für den Fall, dass die Vertretung sich nur auf gewisse Geschäfte oder Arten von Geschäften erstrecken oder nur unter gewissen Umständen oder für eine gewisse Zeit oder an einzelnen Orten stattfinden soll [...].

Karl Fleischer und Andrea Rohrbach möchten zusammen ein Taxiunternehmen gründen. Sie wählen die Rechtsform der GmbH für ihr Unternehmen.

a) Nennen Sie Gründe, die die beiden Unternehmer dazu bewogen haben könnten, als Rechtsform eine GmbH zu gründen.

b) Nennen Sie zwei Möglichkeiten für die Wahl einer gemeinschaftlichen Firma.

c) Welche Kaufmannseigenschaft hat das Taxiunternehmen? Muss das Unternehmen in das Handelsregister eingetragen werden?

d) In das zu gründende Unternehmen könnte Karl Fleischer 3.000,00 € (als Geldeinlage) sowie zwei ältere Pkw im Wert von jeweils 6.000,00 € einbringen. Andrea Rohrbach könnte 8.000,00 € (als Geldeinlage) und Büromöbel im Wert von 10.000,00 € in die GmbH einbringen.

   Reichen die Geldeinlagen zur Gründung aus?

   Können bzw. müssen auch die Sachwerte eingebracht werden?

e) Im Gesellschaftsvertrag ist weiterhin festgehalten, dass Andrea Rohrbach nur Einkäufe bis zu 1.000,00 € allein tätigen kann. Andrea Rohrbach kauft nach ordnungsgemäßer Aufnahme des Geschäftsbetriebs einen Kleinbus für 25.000,00 € auf Kredit.

   Wie ist die Rechtslage?

7. Antworten schriftlich formulieren

Klaus Schneider und Ernst Meierhof überlegen, das Unternehmen BüroFix in eine AG umzuwandeln, und wenden sich an eine professionelle Unternehmensberatung. Sie sind ein erfahrener Unternehmensberater und sollen nun den Herren Schneider und Meierhof einige Fragen bezüglich der Gründung einer AG beantworten.

Klaus Schneider und Ernst Meierhof haben in einer E-Mail die Fragen aufgelistet. Schreiben Sie eine Antwort-E-Mail, in der die Fragen beantwortet werden.

Von: schneider-meierhof@buerofix-wvd.de
Betreff: Gründung einer AG
Datum: 31. Mai 20..
An: Unternehmensberater@BF1.de

Sehr geehrter Herr Berater, sehr geehrte Frau Beraterin,

aufgrund Ihres Fachwissens, das Sie sich in der BF 1 „Wirtschaft und Verwaltung“ erworben haben, bitten wir Sie uns die folgenden Fragen zur Gründung einer AG zu beantworten:

1. Welche Firmennamen kommen für BüroFix infrage?
2. Wie viele Gründungsmitglieder werden benötigt?
3. Wie hoch muss das Grundkapital rechtlich sein?
4. Was sind die Vor- und Nachteile einer AG?

Mit freundlichen Grüßen
Klaus Schneider & Ernst Meierhof (BüroFix OHG)

8. Multiple Choice – Wissen überprüfen

Finden Sie zu den Fragen die geeignete Antwort. In einigen Fällen kann mehr als eine Antwort richtig sein.

1. Welche Aussage trifft auf die Offene Handelsgesellschaft zu?
   a) Zur Gründung sind mindestens 2 Personen erforderlich.
   b) Das vorgeschriebene Mindestkapital beträgt 25.000,00 €.
   c) Die Firma muss den Zusatz „Offene Handelsgesellschaft“ oder eine Abkürzung davon enthalten.
   d) Die Haftung der Gesellschafter beschränkt sich auf die geleistete Einlage.
   e) Die OHG muss nicht ins Handelsregister eingetragen werden.
2. Eine Unternehmung wird unter dem Namen „Schreibtisch KG“ gegründet. Um welche Unternehmensform handelt es sich?
   a) Kapitalgesellschaft
   b) Personengesellschaft
   c) die Gesellschafter sind Aktionäre
   d) natürliche Person
   e) juristische Person

3. Worin unterscheidet sich die Haftung bei einer OHG von der bei einer KG?
   a) Die OHG hat nur Teilhafter.
   b) Die OHG hat Voll- und Teilhafter.
   c) Die OHG hat nur Vollhafter.
4. Eine Gesellschaft hat als Organe einen Vorstand, einen Aufsichtsrat und eine Hauptversammlung. Welche Rechtsform liegt vor?
   a) GmbH
   b) KG
   c) AG
   d) OHG
   e) e. K.
5. Welche Aussage zur Aktiengesellschaft trifft zu?
   a) Die Aktionäre haften auch mit ihrem Privatvermögen.
   b) Die Aktionäre bestellen den Vorstand.
   c) Die Anteilseigner besitzen selbst das Recht der Geschäftsführung.
   d) Sie ist eine juristische Person.

5 Betriebliche Grundfunktionen

5.1 Der Leistungserstellungsprozess in einem Industrieunternehmen

Situation

Die Hobel KG ist ein Hersteller von hochwertigen Büromöbeln, die auf Wunsch auch nach Maß angefertigt werden. Der Geschäftsführer der Hobel KG, Detlef Jansen, hat die Idee, Möbel im Stil des vorigen Jahrhunderts zu fertigen und als Einzelstücke zu verkaufen.

Leitfragen

- Welche Arbeitsschritte müssen bei der Hobel KG unternommen werden, bis solch ein Möbelstück verkauft werden kann?
- In welche allgemeinen Bereiche könnte man diese Arbeitsschritte unterteilen?

Information

Die Grundfunktionen eines Industrieunternehmens

Die Grundfunktionen jedes Industrieunternehmens liegen in den drei großen Bereichen:

- Beschaffung,
- Produktion (Leistungserstellung),
- Absatz/Marketing.

Beispiel

Der Leistungserstellungsprozess des Büromöbelherstellers Hobel KG umfasst die Prozesse:

1. Anschaffung der Rohmaterialien (Holz, Klebstoffe, Lackstoffe, Nägel usw.)
2. Lagerung der Materialien
3. Verarbeitung in der Produktion zu Schränken, Tischen, Stühlen usw.
4. Lagerung im Fertigwarenlager
5. Qualitätskontrolle
6. Absatz auf den Abnehmermärkten

5.1.1 Beschaffung

Information

Der Beschaffungsprozess

Die Beschaffung umfasst alle Vorgänge, die dazu beitragen, dass für die Produktion genügend Materialien (z. B. Rohstoffe) und Betriebsmittel (Maschinen) zur Verfügung stehen.

Dieser Beschaffungsprozess beginnt damit, dass der Beschaffungsmarkt erforscht wird, um beispielsweise den günstigsten Lieferanten zu finden oder den Lieferanten, der die beste Qualität liefert. Die Angebote von Lieferern werden verglichen, um den besten auswählen zu können. Die Abteilung Einkauf kauft dann bei diesen Lieferanten ein. Es muss darauf geachtet werden, dass pünktlich und zuverlässig geliefert wird.

Und so sieht der Beschaffungsprozess aus:

Erforschung des Beschaffungsmarktes → **Vergleich der verschiedenen Angebote** → **Auswahl des besten Angebotes** → **Einkauf** → **regelmäßige Qualitätskontrolle**

Folgende **Materialien** werden beschafft:

› Rohstoffe: Stoffe, die unmittelbar als wesentlicher Bestandteil in das Fertigprodukt eingehen

- Hilfsstoffe: Stoffe, die zwar ebenfalls in das Fertigprodukt eingehen, die dessen Funktion jedoch lediglich verstärken (z. B. Farben, Lacke)
- Betriebsstoffe: Stoffe, die nicht unmittelbar in das Fertigprodukt eingehen, sondern im Fertigungsprozess verbraucht werden bzw. diesen ermöglichen (z. B. Energie, Schmiermittel, Reinigungsmaterial, Büromaterial)
- Halbfabrikate: fremdbezogene Teile, die durch Montage in das Fertigprodukt eingehen (z. B. Schrauben, Motoren, Reifen)

Die Materialien müssen so ausgewählt werden, dass sie den Wünschen der Kunden an das spätere Produkt auch entsprechen.

Beispiel

Das Produktentwicklungsteam der Hobel KG überlegt sich, aus welchem Rohstoff ein neues Modell für einen Büroschreibtisch bestehen soll. Die Hobel KG fertigt hauptsächlich Möbel für die obere Preiskategorie, also für Kunden, die großen Wert auf die Qualität beim Möbelstück legen. Dementsprechend muss auch das Holz von sehr guter Qualität sein.

Die Ziele der Beschaffung

Folgende Ziele werden bei der Beschaffung von Materialien und Betriebsmitteln verfolgt:

1. **Kostensenkung**
   Bezugskosten für die Beschaffungsgüter, Lagerhaltungs-, Transportkosten usw.
2. **Qualitätssicherung**
   Sicherstellung der vom Kunden gewünschten Qualität
3. **richtige Lagermenge**
   Es soll nicht zu viel im Lager aufbewahrt werden, da dies Geld bindet. Es darf allerdings auch nicht zu wenig gelagert werden, um die Produktion nicht zu gefährden.
4. **Umweltschutz**
   umweltorientierte Beschaffung und Entsorgung, z. B. umweltschonende Materialien, Recycling des Abfalls

5.1.2 Produktion

Information

Die **Produktion** ist im Leistungserstellungsprozess eng eingebunden zwischen der Beschaffung und dem sich anschließenden Absatz. Bei der Produktion werden aus den beschafften Materialien Güter hergestellt, die dann wieder verkauft werden (Absatz).

Merke **Produktion = Herstellung von (materiellen und immateriellen) Gütern**

Die Ziele der Produktion

- **wirtschaftliche Produktion**
  Bei der Produktion muss darauf geachtet werden, dass möglichst geringe Kosten verursacht werden, also wirtschaftlich produziert wird.
- **hohe Qualität der Produkte**
  Es muss versucht werden, dass die Produkte einen hohen Qualitätsstandard erreichen. Dies ist gut für den Ruf des Unternehmens, zudem wird die Zahl der Reklamationen eingeschränkt, die hohe Kosten verursachen können.
- **menschengerechte Produktion**
  Die Arbeitsplätze sollen so gestaltet sein, dass die Gesundheit der Arbeitskräfte nicht gefährdet wird (z. B. keine giftigen Dämpfe).
- **umweltfreundliche Produktion**
  Bei der Produktion sollte zudem versucht werden die Schadstoffbelastung für die Umwelt gering zu halten.

Verschiedene Produktionstypen

Die Produktion von verschiedenen Industriebetrieben kann danach unterschieden werden, in welchen Mengen die Produkte hergestellt werden.

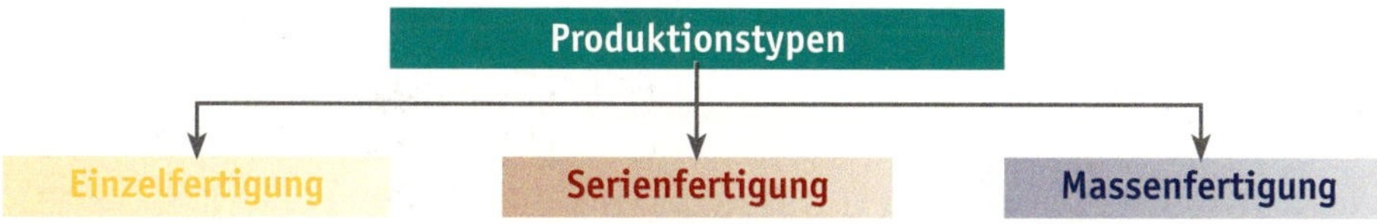

Unter **Einzelfertigung** versteht man die Produktion einer Einheit eines bestimmten Produkts. Dieser Produktionstyp kommt hauptsächlich im Handwerk vor, doch auch in der Industrie gibt es Einzelfertigung (z. B. Schiffe, Spezialmaschinen).

Beispiel Der Büromöbelhersteller Hobel KG fertigt Büromöbel nach Maß. Dies ist eine typische Einzelfertigung.

Serienfertigung liegt vor, wenn ein Produkt in einer größeren Stückzahl hergestellt wird. Je nach Anzahl der gefertigten Produkte unterscheidet man dabei zwischen Groß- und Kleinserienfertigung.

Beispiel Die Hobel KG fertigt Bürostühle in Serie. Die verschiedenen Modelle werden jeweils zu 100 Stück gefertigt und gehen dann in den Absatz.

Von **Massenfertigung** spricht man, wenn ein gleichartiges Produkt in einem sich stets wiederholenden gleichen Fertigungsprozess in großen Mengen über eine lange Zeit gefertigt wird.

Beispiel Die Schoko AG stellt vollautomatisch Schokoladentafeln her. Diese werden unablässig in großer Stückzahl (zu tausenden) produziert.

Wie ist der Produktionsprozess organisiert?

Wie produziert wird, muss sorgfältig geplant werden, um möglichst wirtschaftlich zu arbeiten. Dabei ist es von großer Bedeutung, wie die Maschinen angeordnet sind, um ein Produkt herzustellen.

Beispiel

Denken Sie daran, wie Sie vorgehen würden, wenn Sie sich beispielsweise ein Mittagessen kochen, also etwas produzieren. Angenommen, ihre Lebensmittelvorräte befinden sich alle im Keller. Dann ist es natürlich sinnvoll, dass Sie sich zunächst genau überlegen, was Sie für das Essen brauchen, um anschließend alles aus dem Keller zu holen. Unwirtschaftlich wäre es, einfach mit dem Kochen zu beginnen und dann wegen jeder einzelnen Zutat in den Keller zu laufen. Ähnlich muss auch der Produktionsprozess in einer Fabrik genau überlegt sein.

Die Organisationstypen unterscheiden sich nach Einsatz und Anordnung der Maschinen.

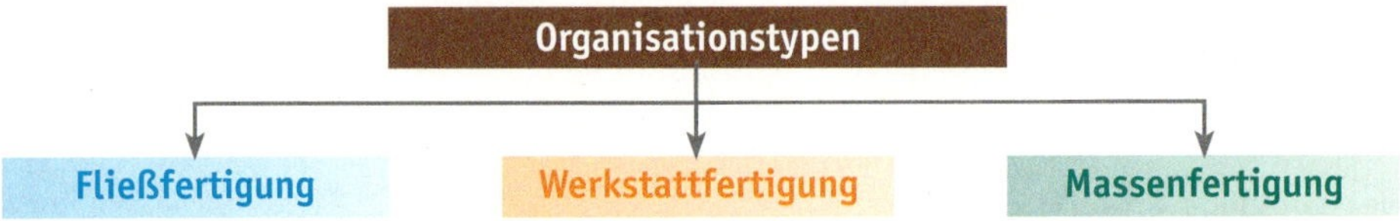

Von **Fließfertigung** spricht man, wenn die Arbeitsplätze und Maschinen in der Reihenfolge angeordnet sind, wie es der Herstellungsvorgang erfordert.

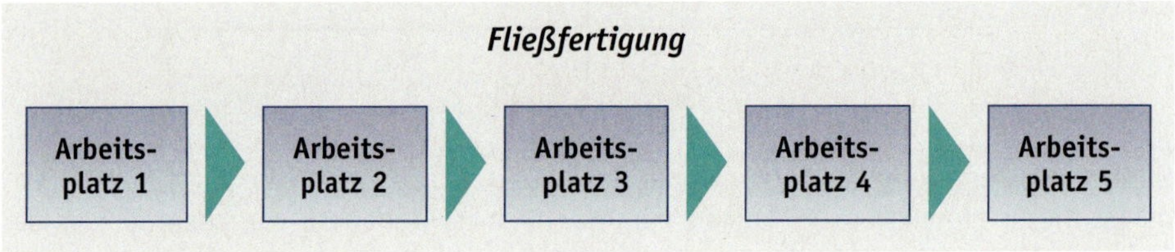

Beispiel

Normale Schreibtische werden in Fließfertigung produziert. Die erste Maschine schneidet die Bretter zu. Dann werden die Bretter lackiert. An einer dritten Station wird der Tisch zusammengebaut. Zum Schluss wird geprüft, ob die Qualität der Tische in Ordnung ist.

Unter **Werkstattfertigung** versteht man die Unterteilung des Betriebs in einzelne Werkstätten. Dabei wird das Werkstück von einer Bearbeitungsmaschine zur nächsten gereicht. Dieser Organisationstyp eignet sich besonders für die Einzelfertigung.

Beispiel

Bei der Hobel KG ist die Produktionshalle für Möbel nach Maß in einzelne Werkstätten unterteilt, in der die Möbel gefertigt werden.

Wird die Produktion teilweise in Werkstattfertigung und teilweise in Fließfertigung realisiert, so spricht man von **Gruppenfertigung.** Bestimmte gleichartige Verrichtungen werden in Werkstätten vorgenommen, andere Produktionsschritte werden an hintereinander liegenden Arbeitsplätzen durchgeführt.

Beispiel

Bestimmte Teile, die für alle Möbel gleich sind, werden in der Fließfertigung vorgenommen, z. B. die Lackierung und das Zusägen der Bretter. Der Zusammenbau der Möbel nach Maß erfolgt dann in den Werkstätten.

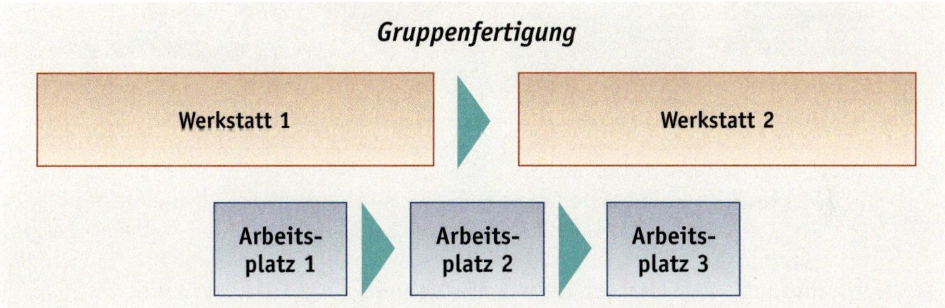

Merke

Organisationstypen der Produktion:

- **Fließfertigung:** Anordnung der Betriebsmittel und der Arbeitsplätze wird durch den Produktionsablauf bestimmt.
- **Werkstattfertigung:** Das Produkt wird in einzelnen Werkstätten hergestellt.
- **Gruppenfertigung:** Kombination der Fließ- und Werkstattfertigung

5.1.3 Absatz und Marketing

Information

Was macht das Marketing?

Ziel jedes Unternehmens ist es, seine Produkte zu verkaufen. Dies ist die Aufgabe des Absatzes, der letzten Phase des Leistungserstellungsprozesses. Die Produkte sollen im Absatzmarkt an die Kunden verkauft werden. Dies kann man allerdings nicht dem Zufall überlassen. Der Begriff Absatz wird häufig auch durch den Begriff Marketing ersetzt. Das Marketing muss genau untersuchen, was die Kunden für Wünsche und Bedürfnisse haben. Dies ist Aufgabe der Marktforschung, einem Teilgebiet des Marketings. Nur wenn die Produkte auch den Wünschen der Kunden entsprechen, werden sie gekauft. Durch die Marktforschung kann das Unternehmen Ideen für neue Produkte gewinnen. Marktforschung steht damit am Anfang des Produktionsprozesses.

Beispiel

Die Marktforschungsabteilung der Hobel KG ermittelt bei einer Befragung aller Kunden, dass besonders Möbel aus Tannenholz gewünscht werden. Die Marketingabteilung gibt diese Information an die Beschaffung weiter, die nun Tannenholz einkauft, damit Möbel aus Tannenholz gefertigt werden können.

Die Marketinginstrumente

Um direkt den Verkauf des Produktes anzukurbeln, stehen dem Marketing verschiedene Mittel zur Verfügung. Die einzelnen Maßnahmen werden auch Instrumentarien genannt. Es gibt dabei vier Bereiche:

- Die **Produktpolitik** zielt darauf, dass die Produkte und das Produktprogramm eines Herstellers möglichst den Wünschen der Kunden entsprechen.
- Die **Preispolitik** des Unternehmens bestimmt die Preise für die verschiedenen Produkte.
- Die **Distributionspolitik** sucht nach Absatzwegen für die Produkte. Typische Absatzwege sind zum Beispiel der Direktverkauf ab Werk, der Verkauf an den Groß- und Einzelhandel, der Verkauf über Handelsvertreter usw.
- Die **Kommunikationspolitik** versucht den Käufer durch Werbebotschaften zu beeinflussen. Typische kommunikationspolitische Maßnahmen sind die Werbung im Fernsehen, im Radio oder in Zeitschriften.

Die Marketinginstrumente werden ausführlich im Lernbereich 6 behandelt.

5.1.4 Unterstützende Funktionsbereiche

Information

Ein Überblick zu den weiteren Funktionsbereichen

Die Hauptaufgaben eines Unternehmens liegen in den Grundfunktionen Beschaffung, Produktion und Absatz bzw. Marketing. Sie werden durch weitere Funktionen unterstützt. Die meisten Unternehmen haben somit zusätzlich zu den Hauptfunktionen die unterstützenden Bereiche:

- **Lagerhaltung**
  Aufgabe der Lagerhaltung ist es, Rohstoffe und Produkte vor, während und nach der Produktion ständig zwischenzulagern.
- **Finanzierung**
  Ein Unternehmen benötigt für Investitionen manchmal mehr Geld, als es gerade in der Kasse hat. Es muss also Geld beschafft werden (z. B. durch Bankkredite).
- **Rechnungswesen**
  Es muss eine Buchführung eingerichtet sein, die alle betrieblichen Geschäftsfälle aufzeichnet und die ermittelt, ob das Unternehmen Verlust oder Gewinn macht.

[Näheres zum Rechnungswesen siehe „Finanzbuchhaltung für die BF 1"]

5.2 Der Leistungserstellungsprozess in einem Handelsunternehmen

Situation

Kehren wir zurück zu unserem Modellunternehmen in seiner ursprünglichen Unternehmensform – der BüroFix e. K. Das Unternehmen BüroFix e. K. ist kein Industriebetrieb, sondern ein Handelsunternehmen für Büroartikel, das sowohl im Einzelhandel als auch im Großhandel tätig ist. Das Sortiment besteht aus den Warengruppen

- Bürobedarf (z. B. Druckerpapier, Ordner, Schreibgeräte)
- Büromaschinen (z. B. Aktenvernichter, Kopierer, Tischrechner)
- Computer mit Bildschirmen und Drucker
- Büromöbel (z. B. Aktenschränke, Schreibtische, Bürostühle)

Ein großer Verkaufsraum von ca. 600 m^2 steht den Privat- und Geschäftskunden (Unternehmen, Behörden, Schulen) zur Verfügung, die sich dort von fünf Mitarbeitern beraten lassen oder sich aus den offen zugänglichen Regalen selbst bedienen können. In den Verkaufsraum integriert ist ein umfangreich ausgestatteter Copy-shop.

Die Geschäftskunden werden im Umkreis von ca. 100 km von zwei Außendienstmitarbeitern betreut.

Leitfragen

- Überlegen Sie, was die betrieblichen Grundfunktionen eines Handelsunternehmens sind.
- Wie unterscheiden sie sich vom Industrieunternehmen?

Information

Leistungserstellung beim Handelsunternehmen

Handelsunternehmen zählen von der Unternehmensart her zu den Dienstleistungsunternehmen. Während beim Industrieunternehmen die Leistungserstellung darin besteht, dass Güter hergestellt werden, besteht die Leistungserstellung des Handelsunternehmens aus den folgenden Bereichen:

1. Verteilung der Waren

Der Handel verteilt die Güter der Industrie an die Verbraucher.

Beispiel

Stellen Sie sich vor, es gäbe keine Geschäfte, sondern Sie müssten alles, was sie brauchen, direkt bei den erzeugenden Industrieunternehmen kaufen. Dann müssten Sie z. B. für eine Tafel Schokolade nach Aachen fahren, wo die Schokoladenfabrik steht.

Der Handel bietet durch sein enges Netz an Geschäften den Vorteil, dass Waren aus aller Welt für den Verbraucher bequem erreichbar sind.

2. Zusammenstellung eines kundenorientierten Sortiments

Ein gutes Lebensmittelgeschäft zeichnet sich dadurch aus, dass ein Konsument seinen kompletten Bedarf an Lebensmitteln darin abdecken kann. Er muss nicht mehrere Geschäfte ablaufen, um seine Einkaufsliste abzudecken.

3. Lagerhaltung

Der Handel hält viele Produkte das ganze Jahr über auf Vorrat für den Kunden bereit, obwohl diese nur zu einer bestimmten Zeit von der Industrie hergestellt werden. Dies gilt insbesondere für Lebensmittel.

Die weiteren Grundfunktionen bei Handelsunternehmen

Die weiteren Grundfunktionen von Handelsunternehmen – Beschaffung und Absatz/ Marketing – gleichen denen bei Industriebetrieben. Allerdings beschafft ein Handelsunternehmen keine Rohstoffe, um diese weiterzuverarbeiten, sondern kauft fertige Ware, die es in sein Sortiment aufnimmt.

Auch der Absatz hat ähnliche Funktionen wie beim Industriebetrieb. Durch Marktforschung muss auch ein Handelsunternehmen untersuchen, welche Waren die Kunden im Sortiment wünschen. Diese Information ist für den Einkauf wichtig, der entsprechende Waren beschafft.

Beispiel

Die BüroFix e. K. führt eine Befragung bei ihren Großkunden durch, um die Zufriedenheit mit dem Sortiment festzustellen. Als Ergebnis kommt heraus, dass die Großkunden sich ein breiteres Angebot an PCs wünschen, um eine größere Auswahl zu haben. BüroFix e. K. bietet deshalb nun statt drei verschiedenen PC-Systemen neun verschiedene PCs an.

Durch die **marketingpolitischen Instrumentarien** (Preispolitik, Distributionspolitik, Kommunikationspolitik und Produktpolitik; vgl. Lernbereich 6, Kapitel 2.3) versucht auch die BüroFix e. K. ihren Absatz an Waren anzukurbeln.

Beispiel

Die BüroFix e. K. eröffnet in der Vorderpfalz mehrere Filialen (Distributionspolitik). Sie lockt mit Sonderangeboten, um den Verkauf anzukurbeln (Preispolitik). Sie schaltet in der Zeitung große Anzeigen (Kommunikationspolitik) und bietet ein breites Sortiment an Bürotechnik an (Produktpolitik).

Zusammenfassung

Frage: Gibt es die drei Grundfunktionen Beschaffung, Produktion, Absatz/Marketing wirklich bei jedem Industrieunternehmen?

Antwort: Ja, deshalb werden sie auch Grundfunktionen genannt. Industrieunternehmen sind dadurch gekennzeichnet, dass sie Güter herstellen (produzieren). Dafür benötigen sie Vorprodukte oder Rohstoffe; diese müssen beschafft werden (Beschaffung). Jedes Unternehmen muss natürlich auch die Produkte verkaufen können. Sonst würde es kein Geld verdienen. Dies geschieht über den Absatz.

Frage: Wird in der Beschaffung vor jedem Einkauf zunächst einmal der ganze Beschaffungsmarkt erforscht?

Antwort: Nein, dies geschieht nicht bei jedem Beschaffungsvorgang. Unternehmen haben in der Regel einen festen Zuliefererstamm, von dem sie die Rohstoffe oder Vorprodukte beziehen. Für Unternehmen ist es aber wichtig, den Beschaffungsmarkt gut im Auge zu behalten, um nicht überteuerte Preise zu bezahlen. Denn wer teuer einkauft, muss auch teuer verkaufen, was ein Nachteil gegenüber den Konkurrenten sein kann.

Frage: Was ist eigentlich ein Marketing-Mix?

Antwort: Die vier Instrumente des Marketings haben Sie kennen gelernt (Produkt-, Preis-, Distributions- und Kommunikationspolitik). Diese Maßnahmen müssen aufeinander abgestimmt werden. So muss beispielsweise ein Sonderangebot (Preispolitik) auch kräftig beworben werden (Kommunikationspolitik).

Frage: Wieso kommt der Lagerhaltung so eine große Bedeutung zu?

Antwort: Eine gut geplante Lagerhaltung ist sehr wichtig für das Unternehmen. Wenn es z. B. bestimmte Rohstoffe nicht auf Lager hat, kann es auch nicht produzieren. Wenn es nichts produziert, kann es anschließend auch nichts verkaufen. Die Lagerhaltung ist also mitentscheidend dafür, dass das Unternehmen Geld verdienen kann.

Frage: Hat jedes Unternehmen ein Rechnungswesen?

Antwort: Ja, jedes Unternehmen, das als Handelsgewerbe gilt, muss Bücher führen. Das heißt, alle Geschäftsfälle wie beispielsweise der Verkauf von Waren müssen aufgezeichnet werden. Dies ist ein wesentlicher Teil des Rechnungswesens.

Wissensfragen

Die Wissensfragen können auch im Rahmen eines Klassenquiz bearbeitet werden.

1. Was sind die drei Grundfunktionen eines Industriebetriebes?
2. Nennen Sie die verschiedenen Materialien, die von Industrieunternehmen beschafft werden.
3. Beschreiben Sie die einzelnen Schritte des Beschaffungsprozesses.
4. Was ist die Aufgabe der Produktion?
5. Was sind die Ziele der Produktion?
6. Welche Produktionstypen können entsprechend der Fertigungsmenge unterschieden werden?
7. Wie kann der Produktionsprozess organisiert sein?
8. Was ist die Aufgabe des Marketings?
9. Was sind die verschiedenen Instrumente des Marketings?
10. Was sind die Aufgaben der Lagerhaltung?
11. Wie unterscheidet sich das Handelsunternehmen bei der Leistungserstellung vom Industrieunternehmen?

Übungsaufgaben

1. Zuordnen

Ordnen Sie die folgenden Arbeiten, die bei dem Möbelhersteller Hobel KG anfallen, den betrieblichen Funktionen Beschaffung, Produktion, Absatz, Lagerhaltung, Finanzierung und Rechnungswesen zu.

a) Herr Maier kontrolliert die angelieferten Buchenholzbretter auf ihre Qualität.
b) Frau Schneider sortiert Rechnungen in einen Ordner ein.
c) Herr Lausitz holt sich von verschiedenen Zeitungen die Preise für Werbeanzeigen ein.
d) Herr Obst lackiert die Bretter mit einer feuerfesten Glasur.
e) Herr Müller baut aus den Brettern einen Schrank zusammen.
f) Herr Maier surft im Internet und sucht nach Lieferanten für Eichenholz.
g) Frau Oster telefoniert mit verschiedenen Handelsunternehmen für Büroausstattung und preist die neue Generation von Bürostühlen der Hobel KG an.
h) Herr Jansen verhandelt mit der Bank über einen langfristigen Baukredit, mit dem eine neue Lagerhalle gebaut werden soll.
i) Herr Kraft stapelt die lackierten Bretter in einem Trockenraum.

2. Lesen und Erörtern

Lesen Sie den folgenden Zeitungsartikel und stellen sie dar, welches Problem sich für den gesamten Leistungserstellungsprozess bei den Autoherstellern aufgrund der fehlerhaften Benzinpumpen von Bosch ergibt.

Fehlerhafte Benzinpumpen von Bosch führen zu erster Rückrufaktion

Stuttgart – Wegen fehlerhafter Dieselpumpen vom Automobilzulieferer Bosch ruht die Produktion im spanischen Daimler-Chrysler-Werk in Vitoria. Ein Sprecher des Autokonzerns sagte, bereits seit dem vergangenen Donnerstag würden dort keine Modelle der Baureihe Vito/Viano mehr gefertigt. Gleichzeitig teilte der Münchner Autokonzern BMW mit, dass wegen der fehlerhaften Pumpe weltweit 21 500 Autos in die Werkstätten zurückgerufen würden. Daimler-Chrysler will sich nicht zu der Zahl der Rückrufe äußern.

Der Stuttgarter Konzern will bis zum heutigen Donnerstag eine neue Lieferung von Bosch-Hochdruckdieselpumpen auf Fehlerfreiheit testen und dann über das weitere Vorgehen entscheiden. An dem Produktionsstopp im Daimler-Chrysler-Werk Sindelfingen am Montag und Dienstag werde aber festgehalten. Bei BMW soll im Werk Dingolfing die Faschings-Auszeit von zwei Tagen auf fünf Tage ausgedehnt werden.

In einem Bericht der „Stuttgarter Zeitung“ hieß es, der Produktionsstopp könnte einen knapp dreistelligen Millionenbetrag kosten, den die Hersteller Bosch in Rechnung stellen würden.

Artikel erschienen am Donnerstag, 3. Februar 2005 (www.welt.de)

3. Textarbeit

Die Pipeline muss laufen

Rüsselsheim, 18. Februar (AFP) – Wegen des Streiks der spanischen Fernfahrer fehlen in den Autoschmieden von Opel und VW wichtige Bauteile der Zulieferer, die Montagestraßen stehen still. Eine eigene Lagerhaltung haben Autohersteller weltweit aus Gründen der Kostenersparnis schon vor Jahrzehnten aufgegeben und auf ein Produktionssystem umgestellt, bei dem Lkws die Bauteile zur Montage „just in time“ (gerade rechtzeitig) anliefern.

„Die Just-in-time-Produktion hat die Autoindustrie verwundbar und abhängig von den Lieferanten gemacht“, räumt ein Sprecher der Adam Opel AG in Rüsselsheim ein. Nach Schätzungen von Speditionsverbänden sind täglich Tausende Lkws als rollende Lager auf bundesdeutschen Straßen unterwegs. Derzeit werden in Deutschland jährlich rund 600 Millionen Tonnen an Gütern „just in time“ zu den Abnehmern transportiert – mit steigender Tendenz.

Trotz der Streiks und Produktionsausfälle in Millionenhöhe wollen die Autofirmen an dem Produktionssystem festhalten: „Die Pipeline muss laufen“, heißt es bei VW in Wolfsburg. Damit ist das verzweigte Versorgungsnetz gemeint, das die Bandstraßen ununterbrochen mit Bauteilen versorgt. Je nach Automodell werden weit über 1 000 Teile benötigt, die oft nur wenige Stunden vor ihrer Montage angeliefert werden und in die Pipeline kommen. In Wolfsburg sind es je nach Modell bis zu 1 000 Lieferanten. Dabei kommen zumeist 50 % der Teile von deutschen Zulieferern, 40 % aus Westeuropa und der Rest aus aller Welt. Die von VW selbst produzierten Getriebe, Achsen, Motoren und Blechteile werden mit der Bahn transportiert, der Rest kommt über die Straße. Im VW-Stammwerk Wolfsburg sind es bis zu 350 Lkw, die mit tausenden Tonnen an Zulieferteilen täglich die Pipeline füttern.

Die deutsche Autoindustrie kann schon aus Wettbewerbsgründen auf die „Just-in-time-Produktion“ nicht mehr verzichten. Die Lagerkosten wären bedeutend höher, als es das Risiko des Produktionsausfalls durch Lieferengpässe rechtfertigen würde. Größere Produktionsrisiken sehen die Autoschmieden weniger bei der Anlieferung der nötigen Bauteile, sondern vielmehr im so genannten „Single Sourcing“, der Anhängigkeit von nur einem einzigen Zulieferer. Die Teileproduktion in der Hand nur eines Zulieferers führt einerseits zu höchster Wirtschaftlichkeit und Rendite. Die negativen Folgen des „Single Sourcing“ bekam der japanische Autobauer Toyota Anfang Februar drastisch zu spüren. Weil ein Feuer das Werk des Bremsenzulieferers Aisin Seiki zerstört hatte, mussten die fünf Toyota-Werke in Japan die Automontage tagelang einstellen und waren noch in der zweiten Woche nach dem Brand nur zu 60 % ausgelastet.

(...) Der Geschäftsführer des Gesamtbetriebsrats von VW, Hans-Jürgen Uhl, präsentierte indes einen Vorschlag, um die Anfälligkeit des Systems zumindest gegen Streiks in anderen Staaten zu verringern. Die Zulieferer sollten sich verstärkt im Umfeld der Fabriken ansiedeln, „damit man von solchen Störungen frei ist“, sagte Uhl am Dienstag im Saarländischen Rundfunk.

Quelle: www.rhein-zeitung.de/old/97/02/19/topnews/justintime.html

Fragen zum Text:

a) Was bedeutet Just-in-time-Lieferung?

b) Warum haben viele Autohersteller eine eigene Lagerhaltung aufgegeben? Welche Probleme bringt das mit sich?

c) Beschreiben Sie, wie das Volkswagenwerk in Wolfsburg beliefert wird.

d) Warum will die deutsche Autoindustrie trotz der Lieferprobleme auf just in time nicht mehr verzichten?

e) Welche Vorschläge gibt es, die Risiken der Just-in-time-Lieferung zu verringern?

f) Fassen Sie die Aussage des Textes in genau fünf Sätzen zusammen.

4. Nehmen Sie zu der folgenden Aussage Stellung:

„Der Handel ist völlig unnötig. Er verteuert nur die Ware. Man sollte alles beim Erzeuger kaufen.“

6 Aufbau- und Ablauforganisation

Situation

Bei BüroFix e. K. gibt es Streit. Benno Ludwig, der Verkaufsleiter, kommt aus dem Urlaub zurück und merkt, dass sein Kollege, Paul Kober, nicht an seinem Platz in der Verkaufsabteilung sitzt. Er erfährt, dass der Leiter des Einkaufs, Peter Lehmann, während seiner Abwesenheit den Verkäufer Paul Kober als persönlichen Assistenten in die Einkaufsabteilung geholt hat. Benno Ludwig ist über dieses Vorgehen sehr verärgert. Er stellt Peter Lehmann zur Rede:

Benno Ludwig: „Guten Morgen, Herr Lehmann! Mit Ihnen muss ich dringend sprechen. Sie haben doch tatsächlich Herrn Kober aus dem Verkauf abgezogen; der soll nun bei Ihnen arbeiten? So geht das aber nicht."

Peter Lehmann: „Wieso nicht? Der hat sich im Verkauf sowieso gelangweilt. Während Sie im Verkauf einen Haufen Leute haben, muss ich bei mir im Einkauf alles alleine machen."

Benno Ludwig: „Das überschreitet Ihre Kompetenzen. Sie können doch nicht einfach meine Leute für andere Aufgaben einsetzen. Die sind bei mir fest eingeplant."

Peter Lehmann: „Natürlich kann ich das. Ich bin Abteilungsleiter, Herr Kober ist ein einfacher Verkäufer. Da kann ich dem doch noch sagen, was er tun soll!"

Benno Ludwig: „Herr Kober ist aber mir unterstellt und nicht Ihnen!"

Peter Lehmann: „So viel ich weiß, haben Abteilungsleiter das Recht, allen Angestellten zu sagen, wo es lang geht. Und Herr Kober bleibt jetzt bei mir – ich habe sehr viel Arbeit für ihn."

Benno Ludwig: „Welche Arbeiten macht er denn?"

Peter Lehmann: „Alles, was anfällt."

Der Dialog setzt sich ergebnislos fort. Benno Ludwig bittet Paul Kober zu einem Gespräch.

Benno Ludwig: „Herr Kober, Sie waren jetzt während meiner vierwöchigen Abwesenheit bei Herrn Lehmann eingesetzt."

Paul Kober: „Das ist richtig."

Benno Ludwig: „Was sollten Sie denn da machen?"

Paul Kober: „Also, das ist nicht ganz klar. An einem Tag sollte ich Ware kontrollieren, am nächsten Tag im Internet nach Lieferanten suchen. Oft haben Herr Lehmann und ich aus Versehen auch Arbeiten doppelt gemacht. So hat er mit Lieferanten telefoniert, während ich die gleichen per E-Mail angeschrieben habe – ohne dass wir es wussten."

Benno Ludwig: „Das ist aber ziemlich chaotisch."

Paul Kober: „Ja, zudem wusste ich sowieso nicht, dass Herr Lehmann mich herumkommandieren darf. Ich bin doch eigentlich Ihnen zugeteilt. Er wollte übrigens auch Herrn Ohler und Frau Deuter zur Wareneingangskontrolle bewegen. Die waren aber zum Glück im Verkauf völlig zugedeckt mit Arbeit."

Leitfrage Welches Problem besteht bei BüroFix e. K.?

Information

Was bedeutet Organisation?

Das Geschäft von BüroFix besteht im Verkauf von Waren rund um den Bürobedarf. Diese große Aufgabe kann Klaus Schneider, Inhaber von BüroFix e. K., unmöglich allein bewerkstelligen. Er hat deshalb eine Reihe von Mitarbeitern eingestellt, die ihm helfen. Damit das Unternehmen aber reibungslos funktioniert und auch jeder Mitarbeiter weiß, was er zu tun hat, muss das Unternehmen gut organisiert sein.

Die Organisation eines Unternehmens lässt sich grundlegend aus zwei Perspektiven betrachten: der Aufbauorganisation und der Ablauforganisation. Was ist damit gemeint?

Die **Aufbauorganisation** zeigt, welche Organisation (Struktur) das Unternehmen hat, wie es z. B. in Abteilungen und einzelne Stellen aufgebaut ist, welche Aufgaben und Zuständigkeiten die Mitarbeiter haben.

Die **Ablauforganisation** macht deutlich, wie die (Geschäfts-)Abläufe innerhalb des Unternehmens organisiert sind und funktionieren, wie also die einzelnen Prozesse (Tätigkeiten und Arbeitsabläufe) ineinander greifen und ablaufen.

Merke

Unter *Organisation* versteht man alle Regelungen und Arbeitsanweisungen, die den Betriebsaufbau und die Betriebsabläufe strukturieren.
Die *Aufbauorganisation* regelt Aufgaben und Befugnisse der Mitarbeiter; die *Ablauforganisation* regelt die dazugehörigen Arbeitsabläufe.

Anfallende Aufgaben werden dabei in Teilaufgaben aufgeteilt und den Mitarbeitern zugewiesen.

6.1 Die Aufbauorganisation

Information

Was ist eine Aufbauorganisation?

Die Aufbauorganisation bestimmt dauerhaft, wie die Aufgaben im Unternehmen verteilt werden. Arbeitsteilung, Zuständigkeiten und Anordnungsbefugnisse der einzelnen Mitarbeiter werden bei der Aufbauorganisation festgelegt. Dadurch entstehen verschiedene Stellen und Abteilungen, die wiederum untereinander koordiniert werden müssen, da in einem Unternehmen die einzelnen Aufgaben ja miteinander in Zusammenhang stehen.

Beispiel

Bei BüroFix e. K. ist festgelegt, dass Peter Lehmann den Einkauf tätigt. Er kann deshalb alle alltäglichen Handlungen, die mit dem Einkauf zu tun haben, selbst vornehmen. Er hat dazu Handlungsvollmacht. Dies entlastet den Inhaber Klaus Schneider; er muss sich um den Einkauf nicht mehr kümmern. Der Einkauf muss eng mit dem Verkauf zusammenarbeiten. Der Verkauf meldet dem Einkauf, wann bestimmte Waren nicht mehr vorrätig sind und wieder neu bestellt werden müssen. Der Einkauf wiederum meldet dem Verkauf, wenn bestimmte Ware eingetroffen ist, damit diese an den Kunden weitergegeben werden kann.

Wie entsteht eine Aufbauorganisation?

Um ein Unternehmen leiten zu können, müssen die jeweiligen Aufgaben verteilt werden. Zuerst wird die Gesamtaufgabe des Unternehmens in verschiedene **Teilaufgaben** zerlegt. Die entstehenden Teilaufgaben werden gegliedert.

Dies kann nach verschiedenen Gesichtspunkten geschehen, zum Beispiel:

- nach Rangstufen der einzelnen Mitarbeiter (bei BüroFix e. K. im Bereich Verkauf nach Verkaufsleiter, Verkäufer usw.),
- nach Warengruppen (bei BüroFix e. K. nach Schreibgeräten/Papier, Büromöbel usw.),
- nach Verrichtungen (im Bereich Warenbeschaffung der BüroFix e. K. nach Bestellung, Lagerverwaltung) oder
- nach Phasen (im Bereich Marketing der BüroFix e. K. nach Werbeplanung, Werbedurchführung, Werbekontrolle).

Beispiel

Bei BüroFix e. K. wird die große Unternehmensaufgabe „Handel mit Bürobedarf" in folgende Teilaufgaben zerlegt:

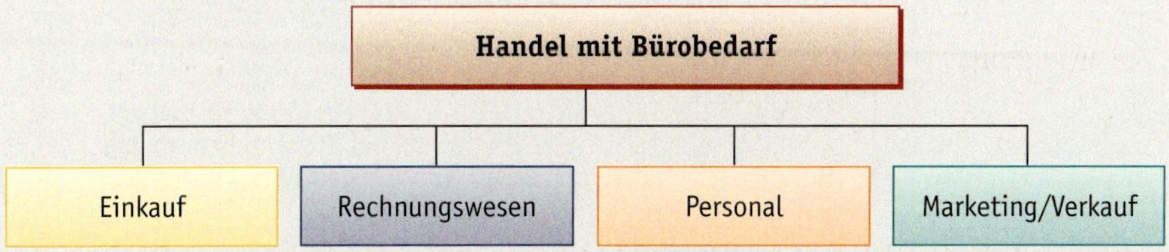

Die Teilaufgaben können noch weiter zerlegt werden.
Hier am Beispiel Einkauf:

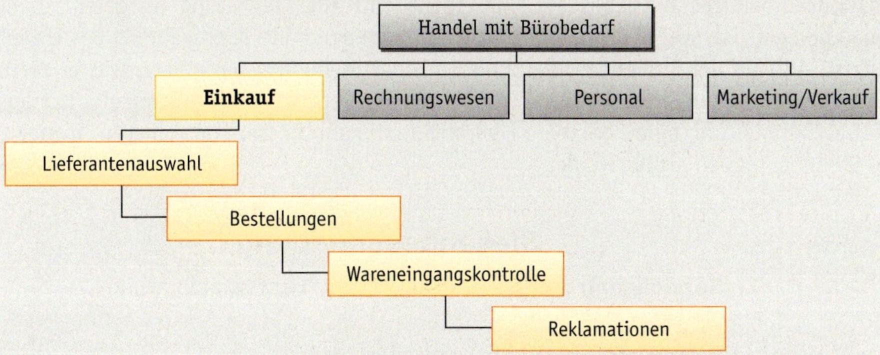

6.1.1 Die Stellenbeschreibung

Information

Wie werden Stellen gebildet?

Aus den verschiedenen kleineren Teilaufgaben lassen sich Arbeitsstellen für Mitarbeiter bilden. Damit es keine Missverständnisse gibt, sollte die Stelle für Mitarbeiter klar in einer Stellenbeschreibung beschrieben sein.

Beispiel

Benno Ludwig leitet bei BüroFix e. K. die Abteilung Marketing und Verkauf. Ihm sind fünf Verkäufer unterstellt sowie zwei Außendienstmitarbeiter. Diese Mitarbeiter leitet er an, er ist ihr direkter Vorgesetzter. Zudem hat er die Aufgabe, Marktforschung zu betreiben, Werbekampagnen zu entwerfen, die Umsatzzahlen zu kontrollieren und das Verkaufspersonal zu schulen. Dies ist in einer Stellenbeschreibung festgelegt.

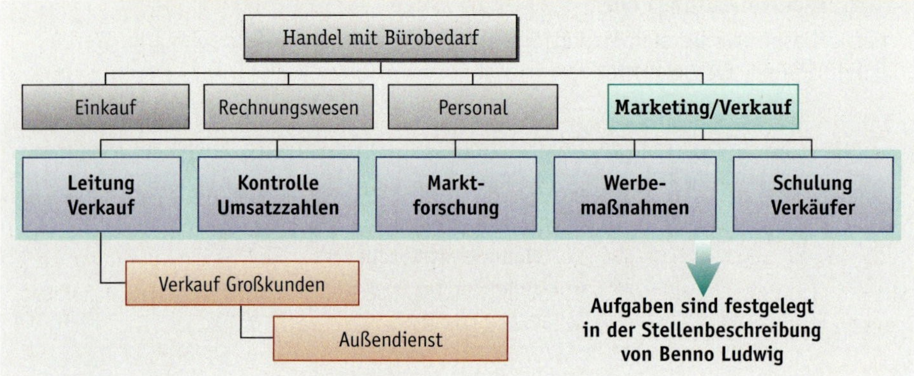

Was beinhaltet eine Stellenbeschreibung?

Die Stellenbeschreibung dient der genauen Einordnung einer Stelle. Sie enthält Aufgaben und Kompetenzen des Mitarbeiters, die Ziele der Stelle, die Anforderungen, die an den Stelleninhaber gestellt werden, und sie gliedert die Stelle in den gesamten Organisationsaufbau des Betriebes ein. Außerdem wird eine Vertretung festgelegt, damit genau geregelt ist, wer den Stelleninhaber im Krankheitsfalle oder während des Urlaubs vertritt. Anhand der Stellenbeschreibung weiß der Stelleninhaber genau, was er zu tun hat, was von ihm erwartet wird und wer seine Vorgesetzten sind. Andererseits hat auch die Geschäftsleitung einen besseren Überblick und kann besser kontrollieren, inwieweit die Stellenaufgaben erfüllt werden.

Beispiel

Stellenbeschreibung

I. **Bezeichnung der Stelle:** Leiter/Leiterin der Hauptabteilung Marketing/Verkauf

Dienstrang: Hauptabteilungsleiter/-leiterin
Vorgesetzter: Klaus Schneider (Inhaber)
Stellvertreterin: Barbara Lantz

	Unmittelbar untergeordnete Stellen: Verkauf und Außendienstmitarbeiter
II.	**Ziele der Stelle:** alle Maßnahmen einleiten, die zur Erhaltung und Erweiterung des Verkaufsumsatzes erforderlich sind
III.	**Aufgaben, Kompetenzen:** 1. Leitung des Personals Verkauf und Außendienst 2. Beratung der Geschäftsführung in Vertriebsfragen, Analyse der Umsatzentwicklung 3. Kontrolle der verkaufsabhängigen Kosten, Koordinierung und Umsatzplan 4. Entwicklung von Werbemaßnahmen 5. Schulung der Vertriebskräfte, Vertreterschulung 6. Marktforschung
IV.	**Anforderungen:** Fachkenntnisse (Ausbildung, Erfahrung): Abitur, Fachschule erwünscht; Kenntnisse in Englisch; 5 bis 7 Jahre kaufmännische Tätigkeit, dabei 4 Jahre im Vertrieb, davon 2 Jahre als Vorgesetzte(r) Sonstige Anforderungen: Verhandlungsgeschick, Fähigkeit zur Menschenführung

Wie wird eine Stelle besetzt?

Um eine Stelle zu besetzen, werden die Mitarbeiter ausgesucht, die zur Erfüllung der Stellenanforderungen am geeignetsten erscheinen. Entweder werden Mitarbeiter ausgesucht, die bereits im Unternehmen arbeiten, oder die Personalabteilung stellt jemanden neu ein. Eine Stelle sollte längerfristig mit der gleichen Person besetzt sein, da sonst immer wieder Kosten für die Einarbeitung anfallen.

Wie werden die Abteilungen gebildet?

In einer Abteilung werden die Stellen zusammengefasst, die der gleichen betrieblichen Funktion zugeordnet werden.

Beispiel

Alle Stellen, die mit dem Einkauf und der Beschaffung von Waren zu tun haben, werden der Abteilung „Einkauf" zugeordnet.

Zu jeder Abteilung gehören ausführende Stellen, also Mitarbeiter, die nicht weisungsbefugt sind (z. B. Verkäufer bei BüroFix e. K.), und leitende Stellen, also Mitarbeiter, die Anweisungen erteilen können (z. B. Abteilungsleiter bei BüroFix e. K.). Diese Abteilungen unterstehen wiederum einer übergeordneten Instanz (z. B. dem Filialleiter).

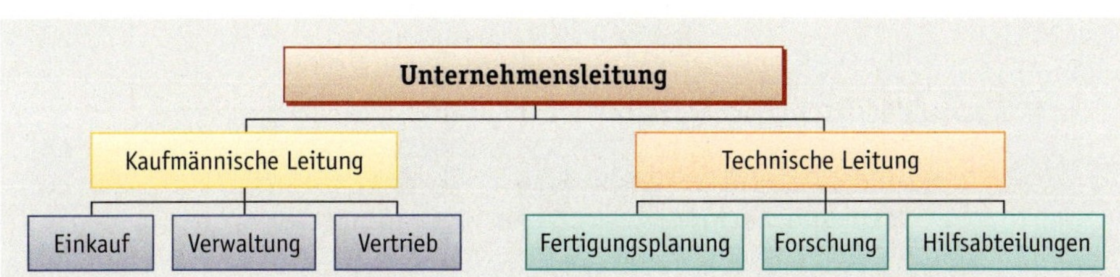

Es werden somit zusätzliche Instanzen eingerichtet, die nun ihrerseits jeweils mehrere der bisher nachgeordneten Instanzen koordinieren.

Im Schaubild (auf Seite 207) stellen die kaufmännische und die technische Leitung Hauptabteilungen dar. Ihnen sind wiederum mehrere Abteilungen im Sinne der Aufgabenteilung unterstellt.

Die Kompetenzen und die Rangordnung müssen klar abgegrenzt sein, damit keine Missverständnisse entstehen. In **Abteilungsplänen** sind die Aufgaben und Rangordnungen innerhalb der Abteilungen und ihre Beziehungen zueinander dargestellt.

In einem **Organisationsplan** werden wiederum alle Stellen- und Abteilungspläne des Unternehmens zusammengefasst. Er beinhaltet den gesamten organisatorischen Unternehmensaufbau.

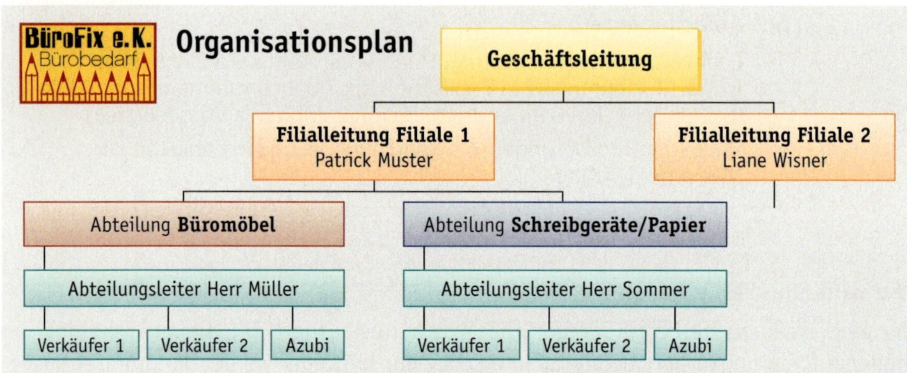

6.1.2 Das Weisungssystem

Information

Was ist ein Weisungssystem?

Im Unternehmen gibt es eine Rangordnung, durch die die Befugnisse und Weisungsberechtigungen der einzelnen Stelleninhaber festgelegt sind. Es gibt Mitarbeiter, die nur Aufgaben ausführen dürfen (z. B. die Verkäufer bei BüroFix e. K.), und es gibt Mitarbeiter, die Aufgaben vergeben dürfen (z. B. die Abteilungsleiter bei BüroFix e. K.). Letztere haben somit Weisungsberechtigung und eine Leitungsfunktion. Dabei gibt es unterschiedliche **Leitungsebenen**.

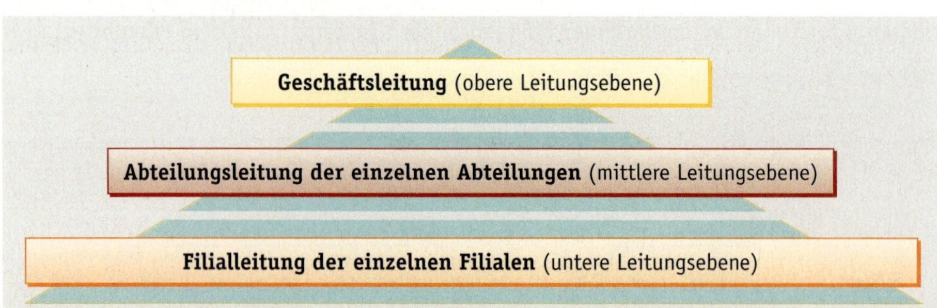

Die Weisungssysteme können unterschiedlich aufgebaut sein. Beispielhaft wird hier das Ein-Linien-System dargestellt.

Wie funktioniert ein Ein-Linien-System?

Beim Ein-Linien-System werden Weisungen immer entlang der Rangordnung, also entlang einer Linie, gegeben (man spricht hier vom so genannten Dienstweg). Diese Linie verläuft von oben nach unten.

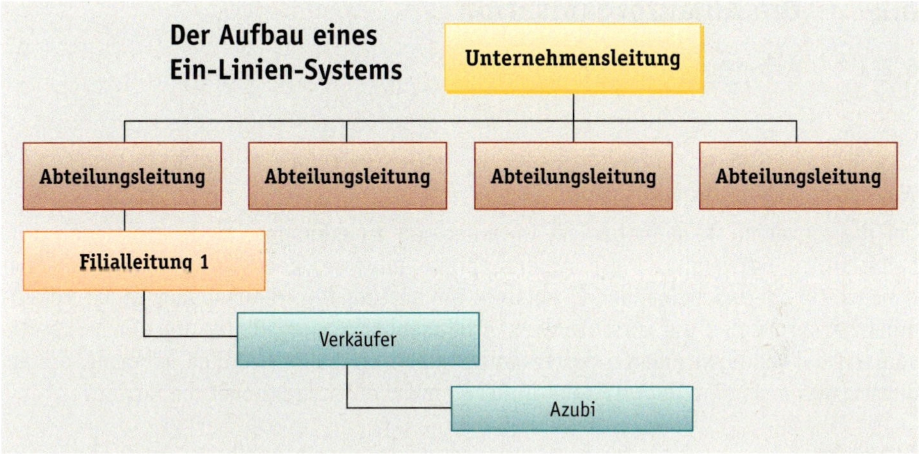

Beispiel

Der Verkäufer in der Abteilung Büromöbel bei BüroFix e. K. erhält nur Anweisungen von seinem direkten Vorgesetzten, dem Filialleiter. Dieser untersteht wiederum direkt Benno Ludwig, Abteilungsleiter Marketing/Verkauf. Der ist wiederum Klaus Schneider unterstellt.

Was sind die Vorteile des Ein-Linien-Systems?

Die Kompetenzen der einzelnen Mitarbeiter und Vorgesetzten sind eindeutig geklärt. Jeder weiß, von wem er Anordnungen erhält und an wen er sich wenden kann. Diese Übersichtlichkeit erleichtert auch die Kontrolle.

Was sind die Nachteile des Ein-Linien-Systems?

Die Führung kann möglicherweise überlastet sein, da sie weitgehend allein entscheiden und die Verantwortung übernehmen muss. Außerdem können lange Dienstwege entstehen, wenn eine Anordnung von der Unternehmensleitung bis zum Verkäufer weitergegeben werden muss. Dieser große Aufwand kann dazwischen gelagerte Instanzen zusätzlich belasten. Es besteht auch die Gefahr, dass Mitarbeiter, die Mitsprache und Mitentscheidung wollen, an Motivation verlieren.

Beispiel

Ein Großkunde möchte vom Verkäufer Paul Kober wissen, ob er 10 % Rabatt bekommt, wenn er statt 5 gleich 10 Büroschreibtische bestellt. Paul Kober kann dies nicht entscheiden und wendet sich deshalb an den Filialleiter. Der Filialleiter hat dazu ebenfalls nicht die Befugnis, da es sich um einen Großkunden handelt. Er fragt deshalb bei Benno Ludwig an, dem Leiter des Verkaufs bei BüroFix e. K. Da aber Klaus Schneider Großkundengeschäfte zur Chefsache erklärt hat, muss Benno Ludwig wiederum Klaus Schneider fragen. Die Anfrage des Kunden geht damit über vier Stationen. Dies nimmt einen längeren Zeitraum in Anspruch. Bis dahin hat der Kunde vielleicht schon längst bei der Konkurrenz gekauft.

6.2 Die Ablauforganisation

6.2.1 Arbeitsabläufe im Betrieb

Information

Was ist eine Ablauforganisation?

Um die einzelnen Teilaufgaben im Unternehmen zu erledigen, sind verschiedene Arbeitsschritte notwendig. Diese Arbeitsschritte müssen geordnet ablaufen, entweder gleichzeitig oder nacheinander. Es entsteht ein bestimmter Arbeitsablauf. In der Ablauforganisation werden die verschiedenen Arbeitsabläufe geregelt. Die für einen Arbeitsvorgang notwendigen Arbeitsschritte werden dabei in die Reihenfolge gebracht, die am günstigsten erscheint, zum Beispiel in Bezug auf die Zeitdauer oder die Kosten.

Merke **Die Ablauforganisation regelt die Arbeitsabläufe im Unternehmen.**

Was bezweckt die Ablauforganisation?

Die Organisation der Arbeitsabläufe im Unternehmen soll vermeiden, dass beispielsweise Produktionspausen entstehen oder dass sich mehrere Arbeitsschritte gegenseitig behindern. Es wird kontrolliert, ob die Qualität der Arbeit gleich bleibend ist und ob die Termine eingehalten werden. Ebenso sollen arbeitsrechtliche Bestimmungen eingehalten werden, um die Arbeitszufriedenheit der Mitarbeiter zu erhalten.

Wie wird der Arbeitsablauf untergliedert?

Das Vorgehen in der Ablauforganisation ist in etwa vergleichbar mit dem Vorgehen bei der Stellenbildung. In einem ersten Schritt wird in einer Arbeitsanalyse der Aufgabenkatalog festgelegt, der in die einzelnen Teilaufgaben zergliedert wird.

Beispiel

Bei BüroFix e. K. geht eine große Kundenbestellung ein: drei Schreibtische, fünf Aktenschränke und verschiedene Schreibmaterialien sowie Ordner. Diese Kundenbestellung (Gesamtprozess) wird zunächst grob in zwei **Teilprozesse** zerlegt, und zwar in die schriftliche Bearbeitung der Bestellung und in die Auslieferung.

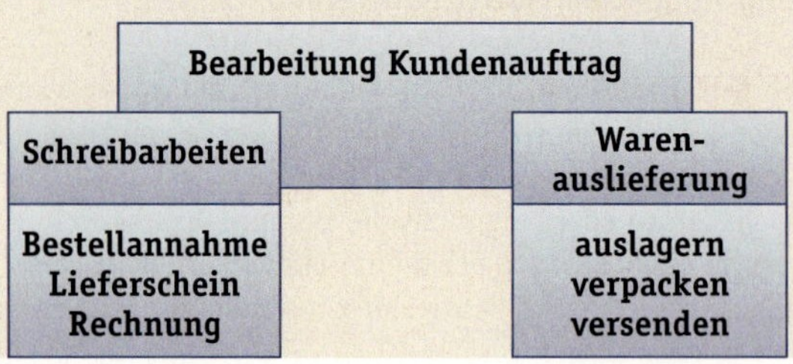

Die einzelnen **Prozessschritte** der **schriftlichen Bearbeitung** sind:

1. die schriftliche Bestellannahme
2. das Ausfüllen des Lieferscheins
3. die Rechnung

Die einzelnen **Prozessschritte** der **Warenauslieferung** sind:

1. das Zusammenstellen der Waren
2. das Verpacken
3. der Versand

Diese Prozessschritte können nun in noch detailliertere **Programmschritte** zerlegt werden. Bei der schriftlichen Bearbeitung sind dies das Ausstellen und die Kontrolle der jeweiligen Papiere (zu Prozessschritt 1, 2, 3). Bei der Auslieferung ist es die Auswahl und Kontrolle der Waren (zu Prozessschritt 1), beim Verpacken das Zusammenpacken und Bereitstellen der Ware (zu Prozessschritt 2) und beim Versandservice das Bestellen des Versandservices sowie das Übergeben der Ware (zu Prozessschritt 3).

Wie werden die Arbeiten zugeordnet?

Nachdem die einzelnen Arbeitsschritte nun gegliedert wurden, können diese den einzelnen Stellen zugeordnet werden, entweder einem Aufgabenträger (bei BüroFix e. K. füllt z. B. die Verkäuferin Beate Deuter alle zur Kundenbestellung notwendigen Papiere aus) oder einer Gruppe von Aufgabenträgern (z. B. könnte bei BüroFix e. K. das Ausfüllen der Papiere auch der ganzen Verkäufergruppe zugewiesen werden). Es wird dann je nach Zeit und Situation entschieden, wer die Arbeit erledigt.

Wie werden die Arbeitsabläufe zeitlich eingeordnet?

Es wird festgelegt, wann die Arbeitsschritte beginnen bzw. enden müssen. Will der Kunde die Waren beispielsweise in spätestens einer Woche haben, so muss rechtzeitig mit dem Bearbeiten der Kundenbestellung begonnen werden. Dazu muss vorher gemessen werden, wie viel Zeit für die einzelnen Arbeitsschritte benötigt wird. Diese müssen dann noch in eine Zeitfolge gebracht werden, also beispielsweise, welche Schritte gleichzeitig ablaufen können und welche nacheinander ablaufen müssen. So kann z. B. die Rechnung ausgestellt werden, während die Ware noch verpackt wird. Die Ware kann jedoch erst an den Versandservice übergeben werden, wenn vorher alle anderen Arbeitsschritte abgearbeitet wurden.

Die Zeit, die ein Geschäftsprozess mindestens benötigt, bis er zu Ende gebracht ist, wird kritischer Pfad genannt.

Merke

Krititscher Pfad = die Zeit, die ein Geschäftsprozess mindestens benötigt, bis er abgeschlossen ist.

Die Bearbeitung des Kundenauftrages von der Annahme bis hin zum Versand dauert in dem dargestellten Geschäftsprozess mindestens 24 Minuten, obwohl bestimmte Tätigkeiten parallel verlaufen können.

Wie werden die Arbeitsorte angeordnet?

Die einzelnen Arbeitsorte werden im Betrieb so angeordnet, dass die Dauer der einzelnen Arbeitsschritte gering gehalten wird und so Kosten gespart werden. Es entstehen beispielsweise unnötige Wege, die Zeit kosten und zusätzliche Arbeitskräfte erfordern, wenn das Lager, der Verpackungsraum und die Auslieferungshalle nicht nacheinander, sondern weit voneinander entfernt angeordnet werden. Außerdem werden die Arbeitsplätze in ihrer Ausstattung genau auf die Arbeiten ausgerichtet.

Der Bedarf an Arbeitsmitteln

An jedem Arbeitsort wird der Bedarf an Arbeitsmitteln (wie zum Beispiel Computer, Taschenrechner, Tesafilmrolle, Verpackungstisch usw.) ermittelt. Diese Arbeitsmittel sollen möglichst so angeordnet werden, dass sie zum einen ein effizientes Arbeiten ermöglichen und zum anderen den ergonomischen Arbeitsvorschriften entsprechen.

Beispiel Im Verkauf gibt es eine Arbeitsstelle, die für das Zusammenstellen und Verpacken von Warenbestellungen vorgesehen ist. An diesem Arbeitsplatz werden ein großer Tisch, eine Rolle mit Packpapier, Kartons, Klebebandroller, Schere sowie weitere Verpackungsmaterialien benötigt.

6.2.2 Darstellung von Geschäftsprozessen

Die Ablauforganisation behilft sich damit, dass routinemäßige Arbeitsabläufe, die so genannten Geschäftsprozesse, grafisch dargestellt werden.

Merke **Geschäftsprozesse = routinemäßige Arbeitsabläufe in einem Unternehmen**

Die Prozesse können sehr umfangreich sein. Im Folgenden werden einige typische Prozesse dargestellt.

Um die Prozesse darstellen zu können verwendet man bestimmte Symbole:

= Ereignis

= Funktion, Handlung

= Entscheidungspunkte: und, oder, oder/und

Eingang einer Kundenbestellung → Verkauf

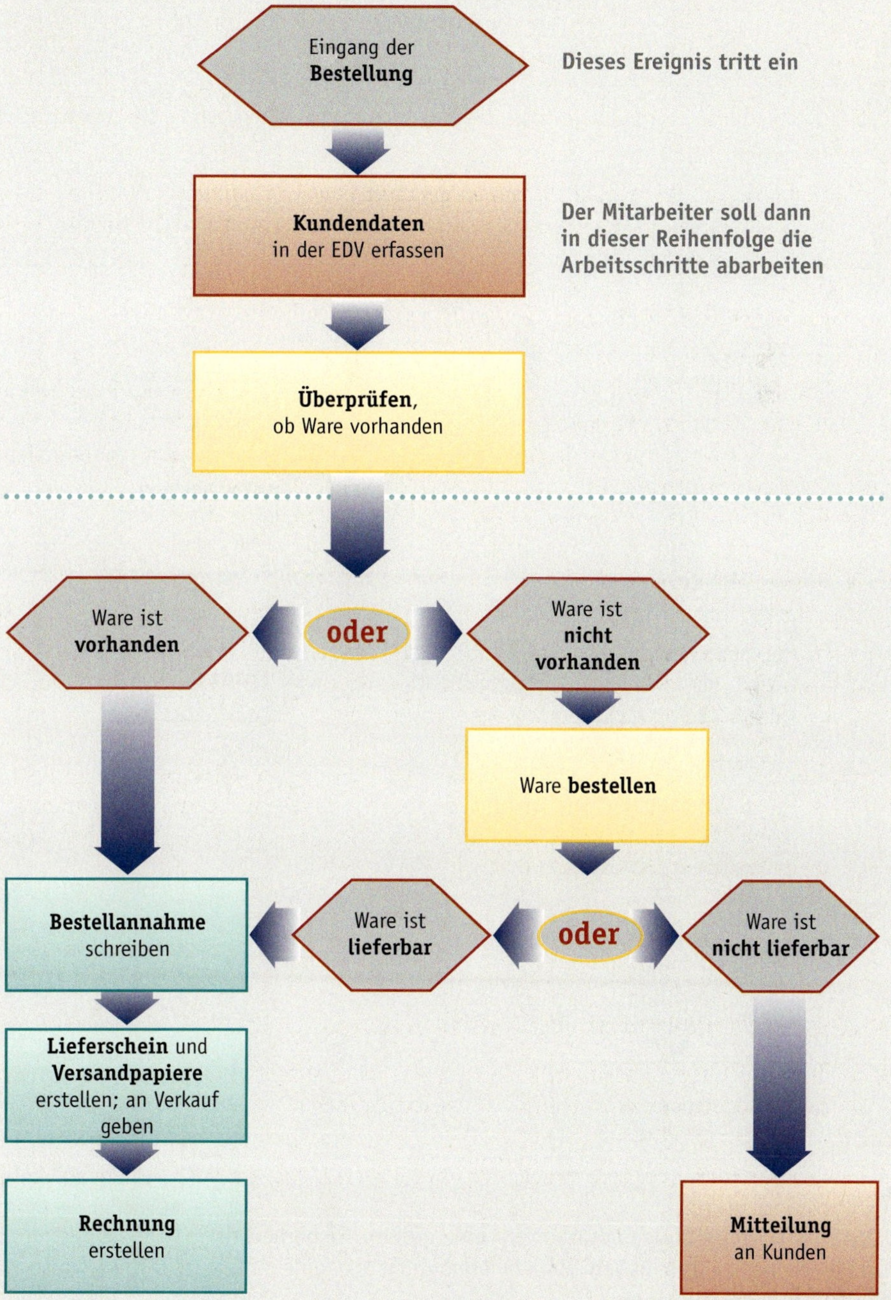

Wenn die Ware lieferbar ist, löst die Kundenbestellung im Verkauf noch einen weiteren Geschäftsprozess aus: das Verpacken und Versenden der Ware:

Eingang der Kundenbestellung → Verpacken und Versand

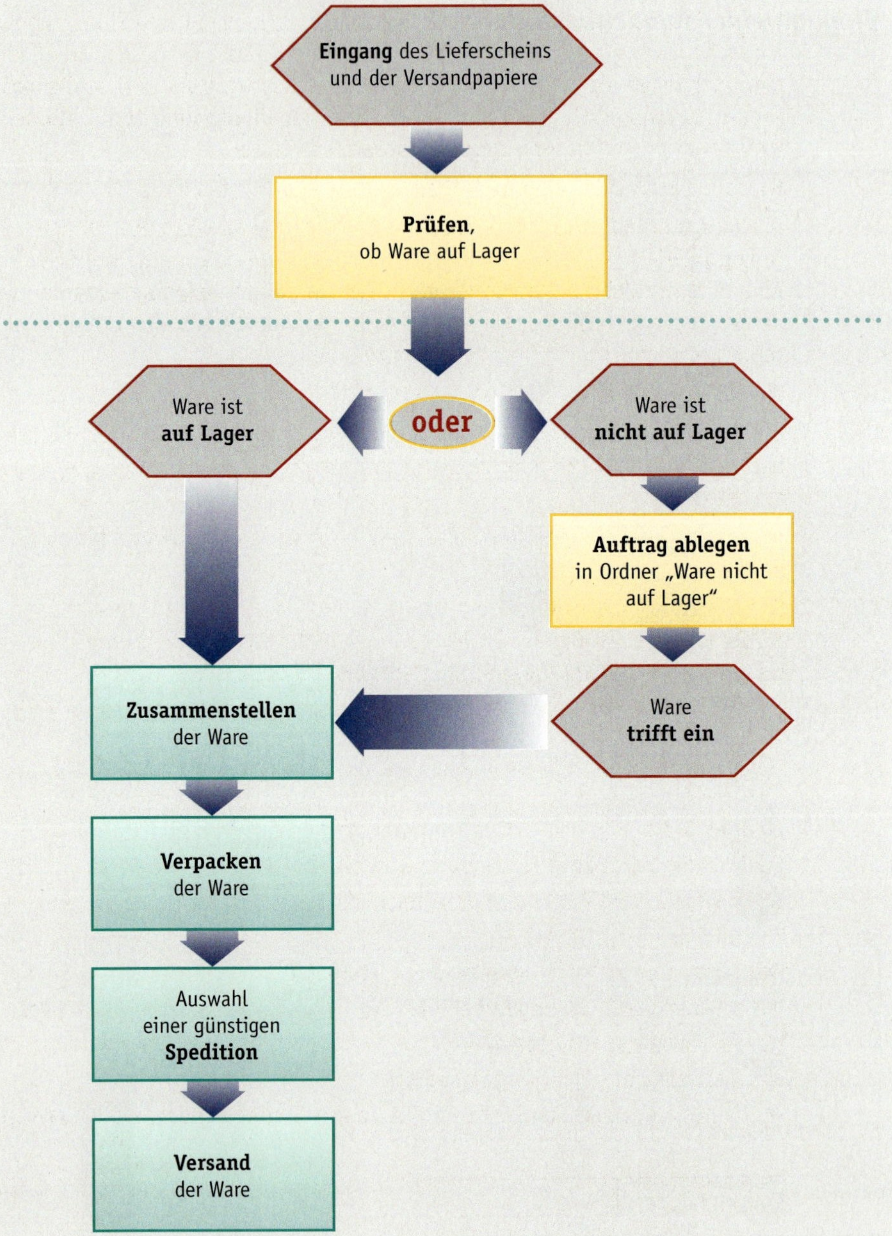

Diese Darstellung gibt den Mitarbeitern eine größere Sicherheit darin, wie sie bestimmte Vorfälle zu bearbeiten haben. Zudem ermöglicht es, eine effiziente Arbeitsweise der Mitarbeiter vorauszuplanen.

Zusammenfassung

Frage: Wieso braucht ein Unternehmen eine gute Organisation?

Antwort: In einem Unternehmen müssen die Aufgabenbereiche klar verteilt werden. Stellen Sie sich vor, Sie arbeiten in einem Unternehmen und Ihre Aufgabe ist nicht klar geregelt. Dann kann es passieren, dass Sie Aufgaben erledigen, mit denen eigentlich jemand anderes betraut ist. Oder es passiert, dass Arbeit liegen bleibt, weil sich niemand dafür zuständig fühlt. Ein Unternehmen könnte so nicht arbeiten; Chaos wäre die Folge.

Frage: Wieso unterscheidet man in Aufbau- und in Ablauforganisation?

Antwort: Die Aufbauorganisation unterteilt die Gesamtaufgabe des Unternehmens in Teilaufgaben und bildet daraus Stellen, z. B. die Stelle des Verkäufers. Die Ablauforganisation organisiert nun, wie der Verkäufer seine Arbeit an dieser Stelle zu verrichten hat, was er z. B. alles tun muss, wenn eine Kundenbeschwerde kommt.

Frage: Wie kommt es zur Abteilungsbildung?

Antwort: In einer Abteilung werden die Stellen zusammengefasst, die der gleichen betrieblichen Funktion oder dem gleichen Objekt (z. B. Warengruppe) zugeordnet werden.

Frage: Wozu ist es wichtig, bei einem Geschäftsprozess den kritischen Pfad zu kennen?

Antwort: Der kritische Pfad gibt an, wie lange die Bearbeitung eines Geschäftsprozesses mindestens dauert. Dadurch können realistische Vorhersagen gemacht werden, wie lange die Bearbeitung eines Auftrages dauern wird

Wissensfragen

1. Erklären Sie den Begriff „Aufbauorganisation“.
2. Erklären Sie den Begriff „Ablauforganisation“.
3. Wie entsteht eine Aufbauorganisation?
4. Wie entsteht eine Stelle?
5. Was wird in einer Stellenbeschreibung festgelegt?
6. Wie werden die Abteilungen gebildet?
7. Was ist ein Weisungssystem?
8. Was bezweckt die Ablauforganisation?
9. Wie können Geschäftsprozesse im Unternehmen grafisch dargestellt werden?

Übungsaufgaben

1. Stellenbeschreibung

Sie kennen sicher das Tätigkeitsfeld eines Verkäufers bzw. einer Verkäuferin. Schreiben Sie eine Stellenbeschreibung für einen Verkäufer bzw. einer Verkäuferin in einem Bekleidungsgeschäft.

2. Struktur grafisch darstellen

Zeichnen Sie mithilfe der Symbole für den Ablauf von Geschäftsprozessen (siehe Seite 213) für die beiden folgenden Geschäftsprozesse je eine grafische Darstellung in Ihr Heft.

Geschäftsprozess 1: Anlieferung von Waren/Stelle: Lagerkraft

Trifft neue Ware ein, so muss diese zunächst von der Lagerkraft auf Menge und Qualität hin überprüft werden. Der Lieferschein und die Warenpapiere sind ebenfalls zu kontrollieren, ob sie mit der angelieferten Ware übereinstimmen. Ist die Lieferung ohne Beanstandung, dann ist dem Lieferanten eine Bestellannahme auszufüllen. Zeigen sich Mängel in Qualität oder Menge bei der Lieferung, so ist zu entscheiden, ob die Lieferung als Ganzes zurückgewiesen wird oder ob lediglich auf der Bestellannahme die festgestellten Mängel vermerkt werden. Bei schweren Mängeln muss die Bestellung zurückgewiesen werden; bei leichten Mängeln wird die Bestellung angenommen. Die Mängel werden dann auf dem Bestellschein vermerkt.

Geschäftsprozess 2: Stellenausschreibung/Personalsachbearbeiter

Falls eine Abteilung den Bedarf an einer zusätzlichen Arbeitskraft anmeldet, soll der Personalsachbearbeiter in der Regionalzeitung eine Stellenanzeige aufgeben. Die eintreffenden Bewerbungen werden nach bestimmten Entscheidungsmerkmalen sortiert. Abgelehnte Bewerbungen werden zurückgeschickt. Bewerbungen, die in die engere Wahl kommen, werden im Aktenkorb 234 abgelegt. Diese Bewerber werden nochmals zusammen mit der Personalleitung gesichtet und sortiert. Erneut werden abgelehnte Bewerbungen zurückgeschickt. Die restlichen Bewerbungen erhalten eine schriftliche Einladung zu einem Bewerbungsgespräch.

3. Kritischen Pfad berechnen

Ermitteln Sie den kritischen Pfad (also die Zeit, die der Geschäftsprozess mindestens dauert) für die folgenden Geschäftsprozesse:

Bei der Hobel KG ist die Produktion eines Schrankes durch den folgenden Geschäftsprozess festgelegt. Überlegen Sie dabei genau, welche Aktionen gleichzeitig verlaufen können und welche aufeinander aufbauen.

- Zusägen der Bretter (12 Minuten)
- Grundlackierung der Seitenwände und der hinteren Schrankwand (15 Minuten)
- Trocknen der Seitenwand und der hinteren Schrankwand (20 Minuten)
- hochwertiges Lackieren der Türen (30 Minuten)
- Trocknen der Schranktüren (20 Minuten)
- Zusammenbau von Seitenwänden und hinterer Schrankwand (15 Minuten)
- Anbringen der Scharniere (5 Minuten)
- Einbau der Türen (10 Minuten)
- Qualitätskontrolle (3 Minuten)

1 Einführung in das Recht

1.1 Begriff und Aufgabe des Rechts

Information

Was ist Recht?

Was versteht man unter Recht? Was stellen Sie sich vor, wenn von Recht die Rede ist?

Man denkt an eine Fülle von Paragrafen, einzelne Gesetzesbestimmungen und Vorschriften. Man denkt aber auch daran, dass in Prozessen über das Recht gestritten wird, dass die Gerichte Recht sprechen und Verbrecher das Recht brechen.

Aber wozu sind die ganzen Paragrafen, Gesetze und Verordnungen gut? Stellen Sie sich eine Welt vor, in der es keine Gesetze gäbe. In dieser Welt würde Ihnen jemand das Auto stehlen. Sie könnten nichts machen, denn es gäbe kein Gesetz, das den Diebstahl von Autos verbietet. Oder Ihr Arbeitgeber würde Ihnen keinen Lohn zahlen. Auch hier wären Sie machtlos, denn es gäbe kein Gesetz, mit dem Sie Ihren Lohn einklagen könnten. Was Sie probieren könnten, wäre, das Auto oder den Lohn mit Gewalt zu holen. Aber mit welchem Ausgang?

Sie sehen, dass das Recht eine wichtige Funktion hat. Es regelt das Zusammenleben der Menschen, damit Friede und Ordnung in der Gesellschaft herrschen.

Merke **Das Recht hat die Aufgabe, das soziale Zusammenleben der Menschen verbindlich und auf Dauer zu regeln.**

Gesetze sind dabei wie Spielregeln. Wer sie verletzt, gefährdet den Ablauf des Spieles und schadet allen Beteiligten. Ohne Spielregeln gibt es keinen ehrlichen Gewinner. Die Gesellschaft braucht eine rechtliche Ordnung, aber auch eine Polizei, die darauf achtet, dass Regeln eingehalten werden, damit ein friedvolles Zusammenleben möglich ist.

1.2 Öffentliches Recht und Privatrecht

Information

Die Einteilung des deutschen Rechts

Grundlegend nimmt man für das deutsche Recht eine Zweiteilung in öffentliches und privates Recht vor. Diese Einteilung bildet die Basis dafür, welches Gericht zur Entscheidung über einen Rechtsstreit zuständig ist.

Was regelt das öffentliche Recht?

Das **öffentliche Recht** regelt die Beziehungen zwischen einzelnen staatlichen Institutionen („Hoheitsträgern") sowie zwischen dem Staat und seinen Bürgern („Über- bzw. Unterordnungsverhältnis"). Im öffentlichen Recht wird der einzelne Bürger den Interessen des Staates untergeordnet.

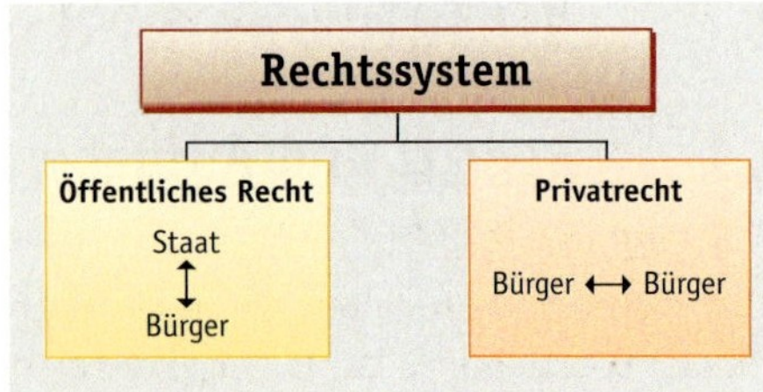

Beispiel

Klaus Schneiders Sohn erhält den Einberufungsbescheid zur Bundeswehr. Obwohl er lieber nach dem Abitur gleich studieren möchte, muss er dem Bescheid folgen.

Im Vordergrund dieser öffentlich-rechtlichen Rechtsverhältnisse zwischen der Behörde und dem Bürger steht das Interesse der Allgemeinheit. Zur Gestaltung dieser Rechtsbeziehungen verwendet die Behörde nicht Verträge, sondern hoheitliche Verwaltungsakte (Bescheide).

Das öffentliche Recht umfasst insbesondere das Europa-, Staats-, Verwaltungs-, Straf- sowie das Prozessrecht.

Was regelt das Privatrecht?

Das **Privatrecht** regelt die Beziehungen zwischen Personen, die auf gleicher Ebene stehen, wie Privatleuten, Kaufleuten und Gesellschaften mit eigener Rechtspersönlichkeit (juristischen Personen). Charakteristisch für das Privatrecht ist die Gestaltung der Rechtsbeziehungen durch einen Vertrag. Im Privatrecht gilt der Grundsatz der Vertragsfreiheit, das heißt, dass Verträge nach den eigenen Interessen der Vertragspartner gestaltet werden können.

Beispiel

Privatmann Petersen kauft bei Kaufmann Müller einen PC. Dadurch wird ein Kaufvertrag geschlossen, wobei der Kaufpreis, die Ratenzahlung usw. frei verhandelbar sind. Der Kaufvertrag zwischen den zwei Bürgern kann also frei ausgehandelt werden.

Innerhalb des Privatrechts werden die drei großen Rechtsgebiete bürgerliches Recht, Arbeitsrecht und Handels-, Wirtschafts- und Gesellschaftsrecht unterschieden.

Wenn der Staat, die Gemeinde oder eine Verwaltungsbehörde wie ein normaler Vertragspartner einem Bürger entgegentritt, etwa als Vermieter eines Hauses oder Käufer eines Grundstückes, dann richten sich solche Rechtsbeziehungen ebenfalls nur nach privatem Recht.

Beispiele

Hochschule H kauft neue PCs bei Computerhändler C.

Die Gemeinde baut eine Stadthalle und schließt einen Bauvertrag mit Bauunternehmer B.

1.3 Rechtssubjekte und Rechtsobjekte

Information

Was sind Rechtssubjekte?

Alle Rechte und Pflichten, die in der Rechtsordnung verankert sind, setzen einen Träger voraus. Dieser Träger ist immer eine Person.

Merke **Träger von Rechten und Pflichten ist immer eine Person.**

Der Begriff „Person" wird unterschieden in **natürliche** und **juristische** Person. Jeder lebende Mensch ist eine natürliche Person, gleichgültig ob er jung, alt, mündig oder unmündig ist. Tiere gelten nicht als Personen, sondern sind im Sinne des Gesetzes als „Sachen" anzusehen.

Eine juristische Person ist eine Zweckschöpfung des Rechts. Im Privatrecht soll dadurch ermöglicht werden, einem Verein von mehreren Personen oder einem rechtlich verselbstständigten Sondervermögen (Stiftung) direkt Rechte und Pflichten zuweisen zu können.

Merke **Rechtssubjekte sind Träger von Rechten und Pflichten.**

Ein Verein ist ein Zusammenschluss von mehreren Personen. Er besteht unabhängig davon, ob die Mitglieder wechseln. Er besitzt eine eigene Satzung und fungiert über Organe (Vorstand, Mitgliederversammlung). Vertreten wird ein Verein nach außen durch seinen Vorstand (BGB § 26). Ein Verein ist damit eine juristische Person. Er bildet als solche das Grundmodell für die Kapitalgesellschaften (AG, GmbH usw.).

Beispiele Gesangsverein „Liederkranz" e. V. , Daimler AG

Was sind Rechtsobjekte?

Den Rechtssubjekten dienen die Rechtsobjekte. Das sind Gegenstände im rechtlichen Sinne. Dies können Rechte (Lizenzen, Patente usw.) oder Sachen (z. B. Baumaschinen) sein.

Merke **Rechtsobjekte sind Gegenstände, die der Rechtsmacht der Rechtssubjekte unterliegen.**

Beispiel Herr Meier (Rechtssubjekt) verleiht sein Auto (Rechtsobjekt) an einen Freund.

Sachen können danach unterschieden werden, ob sie **beweglich** oder **unbeweglich** sind. Unbewegliche Sachen sind Grundstücke und Gebäude (Immobilien). Für jedes Grundstück ist im Grundbuch des zuständigen Grundbuchamtes eine besondere Akte, ein Grundbuchblatt angelegt, aus dem die rechtlichen Verhältnisse des Grundstücks hervorgehen.

Als **wesentliche Teile einer Sache** gelten die Teile, die nicht voneinander getrennt werden können, ohne dass der eine oder andere Teil zerstört oder in seinem Wesen verändert wird (BGB § 93). Dies gilt beispielsweise für ein Gebäude auf einem Grundstück. Wesentlicher Bestandteil des Grundstückes ist also das Gebäude. Dem Eigentümer des Grundstückes gehören zum Beispiel auch die darauf wachsenden Bäume.

Ein wesentlicher Bestandteil einer Sache kann nicht Gegenstand besonderer Rechte sein.

Als Zubehör einer Sache gelten alle selbstständig beweglichen Sachen, die dem Zweck der Hauptsache dienen (BGB § 97), zum Beispiel die Tastatur beim Kauf eines neuen Computers. Für die Hauptsache und das Zubehör besteht ein einheitliches Eigentum.

Bei beweglichen Sachen wird weiterhin danach unterschieden, ob es sich um vertretbare oder nicht vertretbare Sachen handelt.

Vertretbare Sachen (BGB § 91) sind bewegliche Gegenstände, die im Wirtschaftsleben nach Maß, Zahl und Gewicht bestimmt werden können. Sie sind untereinander austauschbar (Massenprodukte).

Nicht vertretbare Sachen sind einzigartig. Dies können beispielsweise ein selbst gestrickter Pullover, das berühmte Gemälde „Mona Lisa" oder antiquarische Einzelstücke sein.

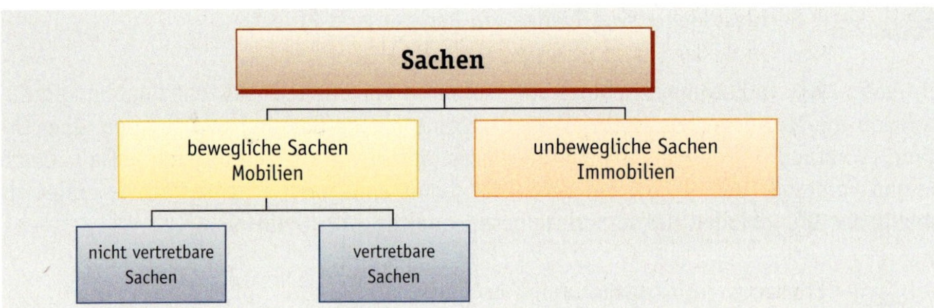

Rechte sind unkörperlich. Sie können in **absolute** und **relative Rechte** unterschieden werden. Absolute Rechte bestehen gegenüber jedermann. Sie definieren die Beziehung einer Person zu einer Sache. Man spricht bei der Gesamtheit dieser Rechte auch vom **Sachenrecht**. Im Bürgerlichen Gesetzbuch (BGB) ist das Sachenrecht in einem eigenen Buch dargestellt.

Beispiele

Herr Meier besitzt einen eigenen Porsche. Er hat somit ein Eigentumsrecht an diesem Auto. Herr Meier hat zudem ein Buch zur Steuerlehre geschrieben. Er hat damit das Urheberrecht an diesem Buch.

Zusammenfassung

Frage: Wieso unterscheidet man öffentliches und privates Recht?

Antwort: Der Unterschied besteht in den Interessenlagen. Im öffentlichen Recht nimmt der Staat den Bürger in die Pflicht. Der Bürger ist zum Beispiel verpflichtet Steuern zu bezahlen. Es liegt im Interesse der Allgemeinheit, dass jeder Bürger, der Einkommen bezieht, darauf auch die entsprechenden Steuern bezahlt. Der Staat muss im öffentlichen Recht die Interessen der Allgemeinheit wahren. Im Privatrecht stehen sich zwei Bürger auf gleicher Augenhöhe gegenüber. Wenn es Streitigkeiten aufgrund eines Vertrages zwischen diesen zwei Bürgern gibt, dann muss ein Gericht die Rechtslage klären und möglichst gerecht entscheiden.

Frage: Warum gibt es so etwas wie eine juristische Person?

Antwort: Es geht grundsätzlich darum, dass nur Personen Träger von Rechten und Pflichten sein können. Dabei ist es wichtig, dass nicht nur Menschen als Träger von Rechten und Pflichten angesehen werden, sondern auch Organisationen von Menschen, also Vereine und Unternehmen. Das führt dazu, dass Vereine und Unternehmen in eigenem Namen Rechtsgeschäfte tätigen können.

Wissensfragen

1. Warum braucht eine Gesellschaft Gesetze?
2. Was ist die Aufgabe des Rechts?
3. Was regelt das öffentliche Recht?
4. Was regelt das Privatrecht?
5. Was sind Rechtssubjekte?
6. Was sind Rechtsobjekte?

Übungsaufgaben

1. Erörtern

Der folgende Spruch stammt von Napoleon. Kommentieren Sie ihn.

„Wenn man die Menschen ruinieren will, braucht man ihnen nur alles zu erlauben!“

Napoleon I. Bonaparte

2. Zuordnen

Entscheiden Sie bei den folgenden Fällen, ob der Sachverhalt dem öffentlichen oder dem privaten Recht zugeordnet werden muss.

a) Alfred erhält einen Bescheid vom Finanzamt. Er muss 300,00 € an Steuern nachzahlen.
b) Karl vermietet seine Garage an einen Freund.
c) Christian muss zur Musterung.
d) Tanja erhält von der Schule einen Bescheid, dass sie die Berufsfachschule nicht wiederholen darf.
e) Gerda fährt in der 30 km/h-Zone mit ihrem Roller 50 Stundenkilometer und wird dabei geblitzt. Sie erhält einen Bußgeldbescheid von 60,00 €.
f) Christian kauft Druckerpapier bei BüroFix e. K.

2 Rechts- und Geschäftsfähigkeit

2.1 Die Rechtsfähigkeit

Situation

Klaus Schneider weiß, das auch er eines Tages das Zeitliche segnen wird. Er setzt deshalb sein Testament auf, um die Vermögensverteilung im Falle seines Todes zu regeln. Neben dem Erbe für seine Familie will er auch seinem treuen Schäferhund Rexo 100.000,00 € vermachen, damit der seine letzten Hundejahre genießen kann. 500.000,00 € will er zudem seinem Segelverein, Backbord Speyer e. V., vererben. Der Verein soll von dem Geld ein neues Clubheim bauen.

Leitfragen

- Kann Klaus Schneider so viel Geld an seinen Schäferhund vermachen?
- Kann Klaus Schneider so viel Geld an seinen Segelverein vererben?

Information

Die Rechtsfähigkeit

Rechtsfähigkeit ist die Fähigkeit, Träger von Rechten und Pflichten zu sein. Der Mensch ist von Geburt an Träger von Rechten und Pflichten.

Merke **Die Rechtsfähigkeit beginnt mit der Geburt eines Menschen (natürliche Person) und endet mit dem Tod.**

Rechtsfähig sind alle Rechtssubjekte, also natürliche und juristische Personen. Tiere und Sachen sind nicht rechtsfähig, sie können damit keine Träger von Rechten und Pflichten sein. Das bedeutet, dass Tiere auch nicht erben können. Als juristische Personen können Vereine und Unternehmen selbstständig Träger von Rechten und Pflichten sein. Dies bedeutet, dass zum Beispiel ein Verein in eigenem Namen jemanden verklagen bzw. selbst verklagt werden kann. Eine juristische Person ist allerdings erst dann rechtsfähig, wenn sie in ein Register eingetragen wurde (beispielsweise in das Vereins- oder Handelsregister).

Merke **Bei juristischen Personen gilt, dass die Rechtsfähigkeit mit der Gründung beginnt (Eintrag in ein Register) und mit der Auflösung endet.**

2.2 Die Geschäftsfähigkeit

Situation

Christian Schmitt (16 Jahre alt) ist Schüler der Berufsfachschule. Er möchte sich einen guten Computer kaufen, da in der Schule immer häufiger am PC gearbeitet wird. Er geht deshalb zu BüroFix und lässt sich dort vom Verkäufer Paul Kober über die verschiedenen PCs beraten. Da er auf seinem Konto 1.500,00 € angespart hat, lässt er sich nicht lumpen und sagt Herrn Kober, dass er den angepriesenen PC DataStar 5000 haben möchte. Doch es kommt anders, als er denkt.

Christian Schmitt: „Okay, dieser DataStar ist genau das, was ich brauche. Mit einer superstarken Grafikkarte, da kommt auch das Spielen nicht zu kurz. Diesen PC möchte ich kaufen."

Paul Kober: „Das geht leider nicht so schnell. Darf ich mal Ihren Ausweis sehen?"

Christian Schmitt: „Wieso das denn? Ich will hier doch keinen Alkohol kaufen, nur einen Computer!"

Paul Kober: „Das hat damit nichts zu tun. Ich kann Ihnen den PC nur verkaufen, wenn Sie über 18 Jahre alt sind oder eine Einverständniserklärung Ihrer Eltern bei sich haben. Wie alt sind Sie denn?"

Christian Schmitt: „Ich bin 16! Aber ich kaufe doch überall alleine ein. Ich habe hier erst gestern Druckerpapier gekauft – da hat doch auch keiner gemeckert."

Leitfragen

- Wieso will der Verkäufer Paul Kober den PC nicht an Christian Schmitt verkaufen?
- Wieso benötigt Christian Schmitt eine Einwilligung der Eltern für den Computerkauf?
- Wieso kann Christian Schmitt ohne Einwilligung der Eltern Druckerpapier kaufen?

Information

Was bedeutet Geschäftsfähigkeit?

Von der Rechtsfähigkeit streng zu unterscheiden ist die Geschäftsfähigkeit. Geschäftsfähigkeit ist die Fähigkeit, durch eigenes Handeln wirksam Rechtsgeschäfte abschließen zu können.

Merke

Geschäftsfähigkeit = Fähigkeit, durch eigenes Handeln wirksam Rechtsgeschäfte abschließen zu können

Wer ist geschäftsunfähig?

Ein Minderjähriger vor der Vollendung des 7. Lebensjahres ist geschäftsunfähig, das heißt, er kann keine Rechtsgeschäfte abschließen. Er darf zum Beispiel keinen Kaufvertrag abschließen. Rechtsgeschäfte, die von Geschäftsunfähigen abgeschlossen werden, gelten als nichtig. „Nichtig" bedeutet, dass das Rechtsgeschäft überhaupt nicht zu Stande gekommen ist.

Als geschäftsunfähig gilt auch, wer vorübergehend nicht im Vollbesitz seiner geistigen Kräfte ist.

Beispiel

Nach dem zehnten Glas Bier bietet Heiner Schluckspecht sein Auto, einen Porsche, dem Wirt für 10,00 € zum Verkauf an. Der Wirt gibt ihm die 10,00 € und möchte das Auto am nächsten Tag abholen. Heiner Schluckspecht erinnert sich nur noch dunkel an die Ereignisse des vorigen Abends. Der Wirt hat allerdings kein Recht auf das Auto, da das Rechtsgeschäft ungültig ist. Heiner Schluckspecht litt aufgrund des Alkohols an einer vorübergehenden Störung seiner geistigen Fähigkeiten und war damit geschäftsunfähig.

Diese Regelungen gelten übrigens auch für Geschenke. Wird jemandem etwas geschenkt, so ist auch das ein Rechtsgeschäft. Es wird ein Schenkungsvertrag zwischen dem Schenker und dem Beschenkten geschlossen. Geschäftsunfähige sind deshalb auch nicht befugt, etwas zu schenken oder ein Geschenk anzunehmen. Dies muss durch den gesetzlichen Vertreter (die Eltern) erfolgen.

Beispiel

Tante Erna möchte dem fünfjährigen Hans 1.000,00 € schenken. Die Schenkung wird erst wirksam, wenn die Eltern das Geld stellvertretend für Hans annehmen.

Kinder können jedoch als Bote Einkäufe tätigen. Wird ein Kind unter sieben Jahren mit dem Einkaufszettel zum Bäcker geschickt, so kommt der Kaufvertrag nicht zwischen dem Kind und dem Bäcker zustande, sondern zwischen der Mutter (die den Einkaufszettel geschrieben hat) und dem Bäcker.

Was ist eine beschränkte Geschäftsfähigkeit Minderjähriger?

In § 106 BGB ist festgelegt, ab wann ein Minderjähriger beschränkt geschäftsfähig ist.

BGB § 106 Beschränkte Geschäftsfähigkeit Minderjähriger

Ein Minderjähriger, der das siebente Lebensjahr vollendet hat, ist nach Maßgabe der §§ 107 bis 113 in der Geschäftsfähigkeit beschränkt.

Beschränkt geschäftsfähig bedeutet, dass ein Minderjähriger Rechtsgeschäfte in eigenem Namen abschließen kann. Er braucht dazu aber die Zustimmung der Eltern oder Erziehungsberechtigten (§ 107 BGB).

Schließt der Minderjährige ein Rechtsgeschäft ab, ohne dass die Eltern dazu ihr Einverständnis gegeben haben, so ist das Rechtsgeschäft schwebend unwirksam. „Schwebend unwirksam" bedeutet, dass der Vertrag gültig wird, sobald das Einverständnis von den Eltern gegeben wird. Erfolgt keine Einverständniserklärung von den Eltern, so wird der Vertrag ungültig (§ 108 BGB).

Beispiel

Bärbel Becker (17 Jahre alt) hat im Reisebüro eine Reise nach London gebucht. Da sie keine Einverständniserklärung der Eltern dabei hat, ist der Reisevertrag zunächst schwebend unwirksam. Am folgenden Tag bringt sie eine schriftliche Einwilligung der Eltern in das Reisebüro. Der Reisevertrag ist damit gültig geworden.

Der beschränkt Geschäftsfähige darf jedoch im Rahmen seines Taschengeldes selbstständig Einkäufe tätigen. Dies soll den Geschäftsverkehr im normalen Leben erleichtern. So ist es durchaus erlaubt, wenn ein 16-Jähriger ohne Einwilligung der Eltern sich eine CD seiner Lieblingsband kauft.

Es gilt, dass große Summen, die sich der Minderjährige extra von seinem Taschengeld angespart hat, auch nur mit der Zustimmung der Eltern ausgegeben werden dürfen.

Beispiel

Christian Schmitt hat sich das Geld für den neuen PC von seinem Taschengeld zusammengespart. Trotzdem braucht er die Zustimmung der Eltern, wenn er das Geld ausgeben will, obwohl es eigentlich sein Taschengeld ist.

Erlangt der Minderjährige durch ein Rechtsgeschäft nur einen rechtlichen Vorteil, dann braucht er dafür nicht die Zustimmung der Eltern.

Beispiel

Tante Frieda möchte ihrem Enkel, dem 14-jährigen Lukas, ein Fahrrad zum Geburtstag schenken. Dies kann Lukas auch ohne Zustimmung der Eltern annehmen.

Haben die Eltern zugestimmt, dass ihr minderjähriges Kind arbeitet, so kann der Minderjährige selbstständig, auch ohne Einwilligung der Eltern, dieses Arbeitsverhältnis auflösen.

Der Gesetzgeber will damit vermeiden, dass Eltern ihre Kinder zu einer Arbeit zwingen, die sie nicht machen möchten.

Beispiel

Tom Berk ist 16 Jahre alt und fängt mit Erlaubnis seiner Eltern einen Ferienjob in einer Möbelfabrik an. Er muss dort den ganzen Tag Bretter zusägen. Tom bemerkt, dass ihm die Arbeit gesundheitlich nicht gut tut. Sein Vater meint jedoch, dass er auch mal etwas aushalten müsse und dass er gefälligst durchhalten solle. Tom kann allerdings auch ohne die Zustimmung der Eltern das Arbeitsverhältnis auflösen.

Wann beginnt die unbeschränkte Geschäftsfähigkeit?

Die unbeschränkte Geschäftsfähigkeit beginnt erst mit dem Erreichen der Volljährigkeit (also mit 18 Jahren); so steht es im BGB § 2.

§

BGB § 2 Eintritt der Volljährigkeit

Die Volljährigkeit tritt mit der Vollendung des 18. Lebensjahres ein.

Zusammenfassung

Frage: Wieso kann ein Tier nicht erben? So etwas habe ich doch schon in der Zeitung gelesen?

Antwort: Tiere sind keine Rechtssubjekte. Erben kann nur ein Rechtssubjekt, also eine natürliche oder juristische Person. Indirekt kann ein Tier in einem Testament natürlich schon berücksichtigt werden. Es kann z. B. ein Vermögensverwalter für einen bestimmten Betrag eingesetzt werden, der dann mit diesem Geld für das Tier sorgt.

Frage: Wieso schränkt der Gesetzgeber die Geschäftsfähigkeit von Kindern und Jugendlichen ein? Das ist doch unfair.

Antwort: Im Gegenteil. Die Einschränkung der Geschäftsfähigkeit soll Kinder und Jugendliche schützen. Sie haben noch nicht genügend Lebenserfahrung, um die Folgen von bestimmten Rechtsgeschäften absehen zu können. Sinn dieser Gesetze ist also der Schutz des Schwächeren.

Frage: Wieso soll ein Rechtsgeschäft, das ein Betrunkener abschließt, ungültig sein? Der ist doch selber schuld.

Antwort: Auch hier will der Gesetzgeber wieder den Schwächeren schützen. Ist jemand nicht im Vollbesitz seiner geistigen Kräfte, kann er die Folgen des Rechtsgeschäftes nicht überblicken. Durch das Gesetz wird er quasi vor seinen eigenen Dummheiten geschützt.

Wissensfragen

1. Was ist der Unterschied zwischen Rechtsfähigkeit und Geschäftsfähigkeit?
2. Wer gilt als geschäftsunfähig?
3. Wer gilt als beschränkt geschäftsfähig?
4. Wieso wird die Geschäftsfähigkeit von Minderjährigen eingeschränkt?

Übungsaufgaben

1. Prüfen und korrigieren

Lesen Sie die folgenden Aussagen genau durch und entscheiden Sie, ob die Aussage wahr oder falsch ist. Korrigieren Sie die falschen Aussagen.

a) Juristische Personen sind zum Beispiel Richter oder Rechtsanwälte.
b) Rechtsfähigkeit ist die Fähigkeit von Personen, Träger von Rechten und Pflichten zu sein.
c) Ein eingetragener Verein ist eine juristische Person.
d) Betrunkene Menschen sind nicht rechtsfähig.
e) Beschränkt Geschäftsfähige dürfen über ihr Erspartes selbstständig verfügen.
f) Geschäftsunfähige dürfen zwar Dinge verschenken, sie dürfen allerdings nichts kaufen.
g) Unbeschränkt geschäftsfähig wird man erst mit Bestehen der Führerscheinprüfung.

2. Praxisfälle in Partnerarbeit lösen

Bearbeiten Sie die folgenden Fälle:

a) Timo (14 Jahre) kauft sich bei BüroFix eine Spindel CD-ROM für 15,00 €. Ist das Rechtsgeschäft gültig?

b) Anton (16 Jahre) will den Führerschein Klasse A machen und meldet sich bei einer Fahrschule an. Er unterschreibt den Unterrichtsvertrag in Höhe von 1.000,00 €. Ist der Vertrag gültig, wenn keine Einwilligung der Eltern vorliegt??

c) Tanja (19 Jahre) bucht ohne Einwilligung der Eltern eine Reise nach London für 800,00 €. Ist das Rechtsgeschäft gültig?

d) Philipp (5 Jahre) soll von seinem Onkel Ede Krummfinger 1.000,00 € geschenkt bekommen. Die Eltern von Philipp trauen dem Onkel nicht, da dieser schon öfter in dunkle Geschäfte verwickelt war. Sie sagen Philipp, dass er das Geld nicht annehmen darf. Können Philipps Eltern darüber bestimmen?

e) Der Patenonkel Karl schenkt seinem 12-jährigen Neffen Thomas zum Geburtstag ein Fahrrad. Der Vater, der seinen Bruder Karl nicht ausstehen kann, versagt die Zustimmung. Kann Thomas das Geschenk trotzdem annehmen?

f) Der kleine Anton, 6 Jahre alt, geht in die erste Klasse und ist leidenschaftlicher Münzensammler. Eines Tages kommt er stolz mit einer wertvollen Münze nach Hause, die er für eine wertlose eigene Münze mit einem Klassenkameraden getauscht hat. Der Vater genehmigt den Tauschvertrag sofort. Zwei Tage später bemerkt der Vater von Antons Tauschpartner jedoch den Irrtum und fordert die Münze zurück. Zu Recht?

g) Thomas, 17 Jahre, arbeitet als Aushilfe zweimal die Woche bei BüroFix. Die Eltern haben der Aushilfstätigkeit zugestimmt. Thomas hat allerdings schon nach drei Wochen keine Lust mehr. Sein Vater verbietet ihm ausdrücklich, die Arbeit hinzuschmeißen. Thomas geht trotzdem zu Herrn Schneider und sagt, dass er nicht mehr kommen werde. Wurde das Arbeitsverhältnis rechtskräftig aufgelöst?

h) Lisa Meier schickt ihren kleinen Sohn Jonas, 5 Jahre, in die benachbarte Metzgerei, wo er mit einem Einkaufszettel Aufschnitt einkaufen soll. Der Metzgermeister schickt Jonas jedoch wieder nach Hause, da er meint, er dürfe einem 5-Jährigen nichts verkaufen. Hat er Recht?

3. Arbeit mit Gesetzestexten

Lesen Sie die Paragrafen aus dem Bürgerlichen Gesetzbuch und überlegen Sie, ob die folgenden Aussagen richtig oder falsch sind.

BGB § 110 Bewirken der Leistung mit eigenen Mitteln

Ein von dem Minderjährigen ohne Zustimmung des gesetzlichen Vertreters geschlossener Vertrag gilt als von Anfang an wirksam, wenn der Minderjährige die vertragsmäßige Leistung mit Mitteln bewirkt, die ihm zu diesem Zweck oder zu freier Verfügung von dem Vertreter oder mit dessen Zustimmung von einem Dritten überlassen worden sind.

a) Tanja (16 Jahre) darf keine Rechtsgeschäfte ohne Zustimmung der Eltern abschließen.

b) Tanja darf nur Rechtsgeschäfte, die sie aus ihrem Taschengeld (eigene Mittel) begleichen kann, abschließen.

c) Tanja muss ihr Taschengeld auf dem Sparbuch ansparen.

d) Tanja darf alle Rechtsgeschäfte abschließen (z. B. Reise buchen), die sie möchte; ihre Eltern müssen diese dann bezahlen.

§

BGB § 113 Dienst- oder Arbeitsverhältnis

(1) Ermächtigt der gesetzliche Vertreter den Minderjährigen, in Dienst oder in Arbeit zu treten, so ist der Minderjährige für solche Rechtsgeschäfte unbeschränkt geschäftsfähig, welche die Eingehung oder Aufhebung eines Dienst- oder Arbeitsverhältnisses der gestatteten Art oder die Erfüllung der sich aus einem solchen Verhältnis ergebenden Verpflichtungen betreffen. [...]

e) Tom (17 Jahre) kann ohne Einwilligung der Eltern dreimal die Woche an der Tankstelle arbeiten.

f) Tom braucht für den Job an der Tankstelle zunächst die Einwilligung der Eltern.

g) Tom gefällt der Job an der Tankstelle nicht mehr. Er darf das Beschäftigungsverhältnis nur lösen, wenn seine Eltern damit einverstanden sind.

3 Deliktsfähigkeit und Strafmündigkeit

Situation

Beate Deuter ist an einem ganz normalen Dienstagvormittag wie immer im Verkauf bei BüroFix e. K. tätig. Da betritt eine Clique von Jugendlichen das Geschäft und zerstreut sich im gesamten Verkaufsraum. Frau Deuter wittert schon die Gefahr. Ein Junge mit Baseball-Mütze und einer weiten Jacke schaut verdächtig um sich. Frau Deuter tut so, als würde sie das Regal sortieren, in Wirklichkeit aber beobachtet sie den Jungen genau in einem Spiegel.

Da geschieht es! Blitzschnell fährt die Hand des Jungen in seine Jacke, ein Packen DVD ist darin verschwunden. Frau Deuter geht unauffällig zur Kasse und alarmiert dort Max Ohler, der das Treiben im Laden ebenfalls argwöhnisch beobachtet. Die Jugendlichen wollen das Geschäft wieder verlassen, doch der Weg nach draußen bleibt ihnen versperrt. Herr Ohler hat die automatische Türverriegelung betätigt.

„Hallo, Sie können hier warten. Die Polizei ist bereits unterwegs. Wir haben alles auf Video." Die Jugendlichen scheinen nicht einmal sonderlich überrascht zu sein. Nur der Jüngste von ihnen, ein Schüler im Alter von 13 Jahren, ist total verängstigt. Als die Polizei die Personalien der Jugendlichen aufnimmt, trifft sie auf alte Bekannte. „Die sind alle 16 Jahre alt und wegen Ladendiebstahl bei uns wohl bekannt. Das wird eine Sache für das Jugendgericht. Nur ein Junge ist dabei, der ist 13 Jahre alt. Der hat einen Locher mitgehen lassen."

Leitfragen

Mit welchen Strafen haben die Jugendlichen zu rechnen?

3.1 Die Deliktsfähigkeit

Information

Was ist ein Delikt?

Der Begriff „Delikt" kommt aus dem Lateinischen und bedeutet „Vergehen" oder „unerlaubte Handlung". Wer eine unerlaubte Handlung begeht, muss privatrechtliche und strafrechtliche Folgen fürchten.

Eine unerlaubte Handlung besteht, wenn das Eigentum, der Körper, die Freiheit oder ein sonstiges Recht einer anderen Person verletzt werden. Voraussetzung für eine unerlaubte Handlung ist, dass schuldhaft gehandelt wurde. Schuldhaft bedeutet, dass jemand fahrlässig oder absichtlich (vorsätzlich) gehandelt hat.

Beispiele

Vorsatz:

Tilo (12 Jahre alt) wurde vom Fußballtrainer aus der ersten Mannschaft genommen und muss nun auf der Ersatzbank sitzen. Er ist sauer und sticht deshalb seinem Trainer die Autoreifen platt. Tim hat vorsätzlich gehandelt. Er hat damit einen Schaden verschuldet und muss dafür haften.

Fahrlässigkeit:

Tilo will wieder in die erste Mannschaft und übt zu Hause, indem er den Ball gegen die Wand des Nachbarhauses spielt. In der Wand ist ein großes Fenster. Tilo trainiert, indem er versucht, immer direkt neben das Fenster zu treffen. Da passiert es – der Ball landet auf der Scheibe und diese geht zu Bruch. Tilo hat fahrlässig gehandelt. Er hätte erkennen müssen, dass so etwas passieren kann. Tilo muss für den Schaden haften.

Bei den privatrechtlichen Folgen verklagt ein Privatmann den Täter auf Schadensersatz. Im Privatrecht (auch Zivilrecht genannt) besteht die Strafe darin, dass der entstandene Schaden ersetzt werden muss. Strafrechtliche Folgen gehören zum öffentlichen Recht. Hier tritt der Staat (Staatsanwalt) als Kläger auf. Das Strafrecht ist härter als das Privatrecht. Eine strafbare Handlung kann eine Geld- oder Freiheitsstrafe zur Folge haben. Strafbare Handlungen sind solche, die gegen ein Gesetz verstoßen (zum Beispiel Körperverletzung, Diebstahl usw.).

Was bedeutet Deliktsfähigkeit?

Um privatrechtlich in die Verantwortung genommen werden zu können, muss der Täter deliktsfähig sein. Deliktsfähigkeit ist abhängig vom Alter und der Geistesverfassung des Täters. Auch für strafrechtliche Folgen gibt es vom Gesetz her vorgeschriebene Altersgrenzen.

Deliktsfähigkeit bedeutet also, dass jemand für den Schaden einer unerlaubten Handlung die Verantwortung übernehmen muss.

Merke

Deliktsfähigkeit = Verantwortung für den Schaden einer unerlaubten Handlung übernehmen

Die Stufen der Deliktsfähigkeit

Es werden drei Stufen der Deliktsfähigkeit unterschieden:

- **Deliktsunfähigkeit:**
  Personen vor Vollendung des siebten Lebensjahres sowie solche Personen, die bewusstlos sind oder sich im Zustand einer krankhaften Störung der Geistestätigkeit befinden, sind deliktsunfähig. Sie sind grundsätzlich nicht für unerlaubte Handlungen schadensersatzpflichtig.

Beispiel

Der fünfjährige Thomas spielt bei Bekannten in der Wohnung mit dem Ball und trifft eine chinesische Vase, die dabei zu Bruch geht. Thomas muss für den Schaden nicht haften, da er deliktsunfähig ist.

› **Beschränkte Deliktsfähigkeit:**

Personen, die das siebte, aber noch nicht das achtzehnte Lebensjahr vollendet haben, sind beschränkt deliktsfähig. Sie müssen nur dann für den Schaden aufkommen, wenn die geistige Reife so weit entwickelt ist, dass sie die Folgen ihrer Handlungen hätten erkennen müssen. Bei nicht vorsätzlich herbeigeführten Unfällen mit einem Kraftfahrzeug, einer Schienen- oder Schwebebahn beginnt die beschränkte Deliktsfähigkeit erst mit Vollendung des zehnten Lebensjahres (§ 828 BGB).

Beispiel

Der neunjährige Tobias wirft mit einem Stein auf eine Fensterscheibe, die dabei zu Bruch geht. Von einem Neunjährigen kann erwartet werden, dass er weiß, was passiert, wenn er einen Stein auf eine Glasscheibe wirft. Er muss für die Scheibe haften.

› **Deliktsfähigkeit:**

Alle Personen über 18 Jahre, die geistig zurechnungsfähig sind, sind deliktsfähig. Sie sind für alle unerlaubten Handlungen voll verantwortlich und schadensersatzpflichtig.

Haftung von Aufsichtspflichtigen

Aufsichtspflichtige sind Personen, die per Gesetz oder vertraglich zur Aufsicht der Kinder und Jugendlichen verpflichtet sind (zum Beispiel Eltern, Erzieher, Lehrer, Sporttrainer).

Merke

Aufsichtspflichtige sind Personen, die per Gesetz oder vertraglich zur Aufsicht der Kinder und Jugendlichen verpflichtet sind.

Der Umfang der Aufsichtspflicht richtet sich danach, wie alt die Kinder sind sowie nach den Umständen der konkreten Situation. Aufgrund des Erziehungsauftrags der Eltern gehört es mit zur Aufsichtspflicht, dass Eltern ihren Kindern den Umgang mit bestimmten Personen und Sachen verbieten. Zudem müssen Aufsichtspflichtige alles tun, um Schäden vom Kind abzuwenden, indem sie gefährliche Spielsachen, Waffen usw. wegschließen.

Vor allem im Straßenverkehr werden an die Aufsichtspflicht der Eltern hohe Anforderungen gestellt. Es reicht nicht, wenn die Eltern das Kind auf die Gefahren im Straßenverkehr hinweisen und vorbereiten. Das gilt vor allem für Kinder im Vorschulalter, da diese zu spontanem Verhalten neigen.

Eine Verletzung der Aufsichtspflicht kann sowohl zivilrechtliche (z. B. Schadensersatz, § 832 BGB) als auch strafrechtliche Konsequenzen haben. Aufsichtspflichtige haften für den Schaden, den der Minderjährige einem Dritten zufügt.

Beispiel

Eine Erzieherin macht einen Ausflug mit einer Gruppe von Kindern im Alter von 10 bis 12 Jahren. Bei der Busfahrt schläft die Erzieherin ein, während die Kinder in den hinteren Reihen die Sitzbänke beschmieren. Die Erzieherin haftet für diesen Schaden, da sie ihre Aufsichtspflicht fahrlässig verletzt hat.

Kommt die Aufsichtsperson ihrer Aufsichtspflicht jedoch umfassend nach, so haftet sie nicht, wenn trotzdem von Minderjährigen ein Schaden verursacht wird.

Beispiel

Lehrer Specht fährt mit der 9. Klasse ins Landschulheim in den Schwarzwald. Um 22 Uhr ist allgemeine Bettruhe angeordnet. Lehrer Specht geht durch alle Zimmer und vergewissert sich, dass alle Schüler anwesend sind. Nachts um drei Uhr klettern drei Schüler aus dem Fenster ihres Schlafsaales und randalieren im Hof. Sie verursachen einen Sachschaden von 150,00 €. Die Schüler müssen für diesen Schaden allein haften, da der Lehrer seiner Aufsichtspflicht nachgekommen ist.

Merke

Einen Schaden muss derjenige bezahlen, der ihn verursacht hat. Ausnahme: Kinder bis sieben Jahre und Kinder, deren Eltern nicht richtig auf sie aufgepasst haben. Diese Kinder werden, auch wenn sie den Schaden verursacht haben, nicht selbst bestraft. Sind Kinder ab 7 Jahren und Jugendliche aber geistig in der Lage, die Folgen Ihrer Handlungen abzusehen, so haften sie für den Schaden selbst.

Die private Haftpflichtversicherung

Durch den Abschluss einer privaten Haftpflichtversicherung können sich Eltern zu einem großen Teil vor Schadensersatzansprüchen schützen, die durch unerlaubte Handlungen des Kindes entstehen. Eine private Haftpflichtversicherung ist deshalb gerade für Familien sehr sinnvoll.

3.2 Die Strafmündigkeit

Information

Jugendkriminalität

Jugendliche im Alter von 14 bis 21 Jahren begehen statistisch gesehen die meisten Straftaten (Jugendkriminalität). Oft werden diese nur aus jugendlichem Leichtsinn (zum Beispiel Ladendiebstahl als Mutprobe) oder aus Unreife begangen. Trotzdem müssen auch Jugendliche und Heranwachsende bestraft werden. Dies ist gerade mit Rücksicht auf die steigende Brutalität der Jugendkriminalität notwendig, denn die Zahl der Jugendstraftaten sinkt zwar seit den achtziger Jahren, der Anteil der Gewaltdelikte daran erhöht sich jedoch weiter. Bei den Strafen für Jugendliche steht die erzieherische Rolle im Vordergrund.

Der Begriff Strafmündigkeit

Strafmündigkeit ist die Fähigkeit, strafrechtlich verantwortlich sein zu können.

Merke **Strafmündigkeit = für strafbare Handlungen muss die volle Verantwortung übernommen werden**

Der strafmündige Täter wird vom Gericht wegen eines Delikts in der Regel zu einer Geld- oder Freiheitsstrafe verurteilt. Weitere Strafarten sind zum Beispiel die Verrichtung sozialer Dienste oder der Entzug des Führerscheins.

Strafunmündigkeit

Kinder, die noch keine vierzehn Jahre alt sind, sind strafunmündig. Sie können für strafbare Handlungen nicht zur Verantwortung gezogen werden.

Bedingte Strafmündigkeit

Jugendliche im Alter von 14 bis 18 Jahren sind bedingt strafmündig. Das heißt, ein Jugendlicher (14 bis 18 Jahre) muss nur dann für seine strafbare Handlung die volle Verantwortung übernehmen, wenn zur Tatzeit seine Persönlichkeit so weit entwickelt ist, dass er das Unrecht seiner Handlung einsehen kann. Dies ist Voraussetzung für die Frage, ob der Jugendliche schuldhaft gehandelt hat. Oft muss dies durch einen Jugendpsychologen geklärt werden.

Für jugendliche Straftäter gibt es ein eigenes Strafrecht, das **Jugendgerichtsgesetz** (JGG). Es regelt ein besonderes Jugendstrafverfahren mit eigenen Rechtsfolgen für Jugendliche und deutlichen Unterschieden zum Strafverfahren gegen Erwachsene. Der erzieherische Charakter der Bestrafung steht im Vordergrund. Man will den straffälligen Jugendlichen noch zu einem aufrechten Menschen erziehen.

Die volle Strafmündigkeit

Volle Strafmündigkeit tritt mit dem 18. Lebensjahr ein. Allerdings wird bei Tätern bis zum 21. Lebensjahr geprüft, ob die Straftat jugendlichen Charakter hat (zum Beispiel eine Mutprobe). Dann kommt das Jugendstrafrecht zur Geltung. Das Ziel der Strafe liegt hier in der Erziehung des Straftäters, da durch fehlende Erziehung der Eltern immer wieder erhebliche Defizite in der Persönlichkeitsbildung vorliegen können.

Handelt es sich aber um typische Erwachsenenverbrechen (zum Beispiel die organisierte Kriminalität), dann kommt das allgemeine Strafrecht zum Zug. Insbesondere wenn das Gericht meint, dass der Jugendliche sich ohnehin nicht bessern wird, ist es das Ziel der Strafe, die Öffentlichkeit zu schützen.

Beispiel Carlos ist 19 Jahre alt. Er hat ein Auto aufgebrochen, damit eine Spritztour gemacht (ohne Führerschein) und es letztlich zu Schrott gefahren. Das Gericht muss nun entscheiden, ob für Carlos noch das (mildere) Jugendstrafrecht angewendet werden soll oder das allgemeine Strafrecht zur Anwendung kommt. Da Carlos jedoch ein großes Vorstrafenregister hat und seit seinem 14. Lebensalter durch kriminelle Handlungen aufgefallen ist (unter anderem durch Körperverletzung), sieht das Gericht keinen Anlass, das Jugendstrafrecht anzuwenden. Das Gericht ist der Meinung, dass Carlos sich sowieso nicht bessern wird.

Zusammenfassung

Frage: Wie unterscheidet sich das Privatrecht vom Strafrecht, wenn eine unerlaubte Handlung begangen wurde?

Antwort: Beim Privatrecht verklagt der Bürger, dem ein Schaden zugefügt wurde, den Täter auf Schadensersatz. Der Täter muss für den Schaden haften. Das Strafrecht, das zum öffentlichen Recht gehört, kommt zum Zug, wenn eine strafbare Handlung begangen wurde. Dann muss der Täter nicht nur für den Schaden haften (Privatrecht), sondern wird darüber hinaus auch noch bestraft (Geldstrafe, Sozialdienst, Freiheitsstrafe).

Frage: Wer bezahlt den Schaden, den ein 6-Jähriger anrichtet?

Antwort: Da ein 6-Jähriger deliktsunfähig ist, muss er für den Schaden nicht haften. Hat allerdings eine Aufsichtsperson ihre Aufsichtspflicht verletzt, dann muss sie für den Schaden haften.

Frage: Warum ist die Geistesverfassung des Täters neben dem Alter dafür entscheidend, ob jemand deliktsfähig ist?

Antwort: Gerade bei der bedingten Deliktsfähigkeit muss entschieden werden, ob der Minderjährige geistig in der Lage war, die Folgen seiner Handlung zu erfassen. Spielt beispielsweise ein 7-Jähriger am PC seines Onkels herum und löscht dabei aus Versehen die Festplatte, so muss er für den Schaden nicht einstehen, da ein 7-Jähriger noch nicht die nötigen Kenntnisse für den Umgang mit dem Computer hat.

Frage: Ein 14-Jähriger setzt mutwillig ein Auto in Brand. Kann er dann privatrechtlich und strafrechtlich belangt werden?

Antwort: Der Eigentümer des Autos wird den 14-Jährigen auf Schadensersatz verklagen (Privatrecht). Die Staatsanwaltschaft wird zudem einen Strafprozess anberaumen, wenn sie der Auffassung ist, dass der Minderjährige eine Gefahr für die Öffentlichkeit darstellt (Strafrecht). Er wird dann zusätzlich noch mit einer Geld- oder Freiheitsstrafe bestraft.

Frage: Warum wird bei 20-jährigen Straftätern manchmal noch Jugendstrafrecht angewendet, in manchen Fällen dann aber wiederum das normale Strafrecht, obwohl sie volljährig sind?

Antwort: Jugendstrafrecht kann bis zur Vollendung des 21. Lebensjahres angewendet werden. Dies hängt davon ab, ob das Gericht der Auffassung ist, dass es sich um eine typische Jugendstraftat handelt und der Straftäter sich noch zu einem rechtsbewussten Erwachsenen weiter entwickeln wird.

Wissensfragen

1. Was ist ein Delikt?
2. Erklären Sie die Begriffe „Vorsatz" und „Fahrlässigkeit".
3. Wann ist jemand deliktsunfähig?
4. Wann ist jemand bedingt deliktsfähig?

5. Wann ist jemand voll deliktsfähig?
6. Erklären Sie den Begriff „Aufsichtspflichtige“.
7. Wann haften Aufsichtspflichtige für die Schäden Minderjähriger?
8. Warum ist eine private Haftpflichtversicherung sinnvoll?
9. Wann ist jemand strafunmündig?
10. Wann ist jemand bedingt strafmündig?
11. Wann ist jemand voll strafmündig?

Übungsaufgaben

1. Praxisfälle lösen

Der sechsjährige Dominik schießt mit einer Steinschleuder von seinem Kinderzimmerfenster aus auf Radfahrer. Ein Fahrradfahrer wird getroffen, stürzt und zieht sich mehrere Prellungen zu (Arztkosten 200,00 €).

a) Muss Dominik für den Schaden aufkommen?

b) Wie ist die Haftung der Eltern, wenn sein Vater wusste, dass er mit der Steinschleuder spielt, sich aber derweil ein Fußballspiel im Fernsehen angesehen hat?

2. Der 13-jährige Thomas wird in einem Warenhaus von einem Kaufhausdetektiv auf frischer Tat beim Diebstahl einer CD ertappt. Thomas stößt bei einem Fluchtversuch ein Regal mit Weingläsern im Wert von 600,00 € um.

Welche privat- und strafrechtlichen Folgen muss Thomas nun fürchten?

3. Eine Jugendbande, die aus vier Jugendlichen im Alter von 13, 15, 17 und 19 Jahren besteht, wird von der Polizei festgenommen. Den vier Jugendlichen werden die Delikte Sachbeschädigung, Diebstahl sowie Drogengeschäfte angelastet. Der verursachte Schaden beläuft sich auf 6.000,00 €. Der 19-Jährige gilt als Kopf der Bande und ist wegen Drogenkriminalität bereits mehrfach vorbestraft.

Benennen Sie die möglichen Rechtsfolgen für jeden einzelnen Jugendlichen.

4. Der 11-jährige Markus zerkratzt aus purer Langeweile auf dem Heimweg von der Schule ein Auto (Sachschaden 1.000,00 €). Markus hat auf seinem Sparkonto 200,00 €. Die Eltern weigern sich für den Schaden aufzukommen, da sie ihre Aufsichtspflicht nicht verletzt haben. Wie wird für den Schaden gehaftet?

5. Entscheidungen fällen

Entscheiden Sie in den folgenden Fällen, ob Jugendstrafrecht (Jugendgerichtsgesetz) oder das allgemeine Strafrecht zur Anwendung kommen wird.

a) Felix, 19 Jahre, stiehlt ein Damen-Parfüm, um seiner Freundin zu imponieren.
b) Torsten, 20 Jahre, ist Angehöriger einer Mafiabande und wird beim Dealen mit Drogen erwischt.
c) Steven, 19 Jahre, bricht Autos auf und klaut die Autoradios. Schon als 14-Jähriger hat er dies gemacht.
d) Michael, 20 Jahre, stiehlt eine Designer-Jacke, da in seiner Clique alle teure Designer-Kleidung tragen. Michael gilt als Spätentwickler.

4 Rechtsgeschäfte

Situation

Peter Lehmann, der Leiter des Einkaufs bei Bürofix e. K., ist im Stress. Er muss unbedingt noch heute die Bestellungen für die neuen PCs losschicken, da diese bereits in der Zeitung für kommende Woche als Sonderangebot beworben werden. Es wäre für BüroFix e. K. sehr peinlich, wenn das Angebot groß in der Zeitung steht, es aber keine PCs bei BüroFix zu kaufen gibt. Hastig füllt Peter Lehmann das Bestellformular des Computerherstellers aus. In dem ganzen Stress bemerkt er nicht, dass er sich vertippt und statt 50 PCs des Modells Tetrabit 500 PCs dieses Typs bestellt.

Die Expresslieferung wird am Montagmorgen bei BüroFix e. K. angeliefert. Peter Lehmann staunt nicht schlecht, als ein großer Lkw statt des üblichen Lieferwagens seinen Anhänger mühsam in den Innenhof manövriert. Der Lieferschein weist die Menge von 500 PCs aus. Peter Lehmann wird kreidebleich, als er auch den Ausdruck seines Bestellformulars zu Gesicht bekommt und bemerkt, dass er für die Bestellung verantwortlich ist. „Oh mein Gott, 450 PCs zu viel, die werden wir doch nie los, der Schneider wird toben, wenn er das erfährt!"

Leitfragen

- Was könnte BüroFix e. K. Ihrer Meinung nach mit den vielen PCs tun?
- Muss BüroFix e. K. die 500 PCs abnehmen?

Information

Was sind Rechtsgeschäfte?

Rechtsgeschäfte kommen durch Willenserklärungen zustande. Sie sind Ergebnis einer oder zweier übereinstimmender Willenserklärungen.

Merke **Rechtsgeschäft = Ergebnis einer oder zweier übereinstimmender Willenserklärungen**

Ein typisches Rechtsgeschäft ist zum Beispiel der Kaufvertrag. Der Verkäufer bietet etwa 1 kg Erdbeeren für 2,00 € an. Er erklärt damit seinen Willen, Erdbeeren zu einem Kilopreis von 2,00 € zu verkaufen. Der Käufer erklärt seinen Willen, diesen Kaufpreis zu akzeptieren. Er möchte das Kilo Erdbeeren kaufen. Das Rechtsgeschäft ist zustande gekommen. In der Regel kommen Rechtsgeschäfte durch die Willenserklärungen von zwei Seiten zustande, dann nennt man dieses Rechtsgeschäft auch Vertrag. Es gibt aber auch Rechtsgeschäfte, für deren Wirksamkeit eine Willenserklärung genügt.

Einseitige Rechtsgeschäfte		
Es bedarf nur einer Willenserklärung für ihre Wirksamkeit.		
	nicht empfangsbedürftige Willenserklärung	empfangsbedürftige Willenserklärung
Beispiel	Testament: wird gültig, ohne dass der Erbe davon Kenntnis hat	Kündigung: wird erst gültig, wenn sie dem Arbeitnehmer überreicht wird

Zweiseitige Rechtsgeschäfte			
Es bedarf zweier übereinstimmender, empfangsbedürftiger Willenserklärungen. Nur ein wirksamer Vertrag kann einen Leistungsanspruch geltend machen.			
		1. Vertragspartei	2. Vertragspartei
Beispiel	Kaufvertrag	Verkäufer	Käufer
	Ausbildungsvertrag	Ausbildender	Auszubildender
	Mietvertrag	Vermieter	Mieter

Was ist eine Willenserklärung?

Um ein Rechtsgeschäft abschließen zu können (z. B. einen Kaufvertrag), muss man seinen Willen äußern, dass man diesen Vertrag abschließen möchte. Rechtsgeschäfte kommen nur durch Willenserklärungen zustande.

Merke **Die Willenserklärung ist eine bewusste Willensäußerung, mit der ein Rechtserfolg, das heißt eine rechtliche Bindung, angestrebt wird.**

Wie der Begriff Willenserklärung schon besagt, besteht diese aus zwei Komponenten: aus „Willen“ und „Erklären“. Man muss also das Rechtsgeschäft tatsächlich wollen und man muss dies auch eindeutig erklären, damit keine Missverständnisse entstehen. Die Erklärung kann durch Sprechen, aber auch schriftlich erfolgen. Schweigen gilt nie als Erklärung. Jedoch kann auch das Verhalten einer Person als Erklärung eingestuft werden. Man nennt dies „schlüssiges Verhalten“.

Formvorschriften bei Rechtsgeschäften

Die meisten Rechtsgeschäfte können mündlich, schriftlich oder durch schlüssiges Verhalten geschlossen werden. Allerdings gibt es bestimmte Rechtsgeschäfte, bei denen eine bestimmte Form vorgeschrieben ist. Dies bedeutet, dass das Rechtsgeschäft nur gültig ist, wenn beispielsweise ein schriftlicher Vertrag geschlossen wurde oder sogar ein Notar anwesend war.

Folgende Formen sind möglich:

✔ Schriftform

Folgende Verträge sind nur gültig, wenn sie in Schriftform abgefasst werden:

- Mietvertrag
- Ausbildungsvertrag
- Kündigung
- Kreditvertrag
- Ratenkauf
- Bürgschaft

✔ Öffentliche Beglaubigung

Bei der öffentlichen Beglaubigung bestätigt ein Notar die Echtheit der Unterschriften, die unter einen schriftlichen Vertrag von den Vertragspartnern gesetzt werden. Dies ist Pflicht für:

- Testamentsbeglaubigung
- Eintragung als Hypothek

✔ Öffentliche Beurkundung

Bei dieser strengsten Form weist der Notar zunächst die Vertragspartner auf Vor- und Nachteile des Vertrages hin. Dann bestätigt er die Echtheit der Unterschriften für den Vertrag. Dies ist zum Beispiel Pflicht für:

- Grundstückskaufverträge

Nichtige Willenserklärungen

Eine nichtige Willenserklärung ist rechtlich ohne Wirkung. Kommt ein Vertrag durch eine nichtige Willenserklärung zustande, wird er als von Anfang an unwirksam betrachtet. Die Folge ist, dass beide Parteien so gestellt werden müssen, als ob sie nie einen Vertrag abgeschlossen hätten.

Nichtige Willenserklärungen bei:					
Verstoß gegen Formvorschriften	gesetzlichem Verbot	Sittenwidrigkeit, Wucher	Geschäftsunfähigkeit	Scherzgeschäften	Scheingeschäften

› Verstoß gegen Formvorschriften

Ein Rechtsgeschäft ist nichtig, wenn die Formvorschrift nicht eingehalten ist.

› Gesetzliches Verbot

Ein Rechtsgeschäft, das gegen ein gesetzliches Verbot verstößt, ist nichtig.

Beispiel: Peter kauft ohne Waffenschein ein Jagdgewehr.

› Sittenwidrigkeit, Wucher

Ein Rechtsgeschäft ist nichtig, das gegen die „guten Sitten" verstößt.

Es ist jedoch schwierig, den Begriff der Sittenwidrigkeit klar abzugrenzen. Sittenwidrig sind zum Beispiel schwere Verstöße gegen die Moral des Geschäfts- und auch Familienlebens, Treuebrüche und Verstöße gegen die Wertordnung, die durch die Grundrechte gebildet wird.

Beispiel: Alfons leiht Bernd, der in Geldschwierigkeiten steckt, 10.000,00 € zu einem Jahreszins von 50 %. Nach einem Jahr zahlt Bernd die 10.000,00 € zurück, verweigert aber die Wucherzinsen von 5.000,00 €. Dieser Kreditvertrag ist nichtig, da Alfons die schwierige Lebenssituation von Bernd extrem ausgenutzt hat.

› Geschäftsunfähigkeit

Rechtsgeschäfte mit Geschäftsunfähigen sind von vornherein nichtig.

Beispiel: Der 5-jährige Anton kauft sich ein Tretauto. Als die Mutter das Auto zurückgeben will, verweigert der Verkäufer die Rückgabe des Verkaufspreises. Der Verkäufer könnte die Rückgabe nur verweigern, wenn ein wirksamer Vertrag zustande gekommen wäre. Doch die Willenserklärung des 5-Jährigen ist nichtig, denn er ist noch geschäftsunfähig.

› Scherzgeschäfte

Eine im Scherz abgegebene Willenserklärung ist nichtig, weil sie nicht ernst gemeint war und in der Erwartung abgegeben wurde, der mangelnde Ernst würde klar erkannt.

Beispiel: Der Karnevalsprinz Xaver lässt sich vom Oberbürgermeister dessen Auto schenken. Nachdem der Karneval vorbei ist, will Xaver das Auto behalten. Die Schenkung ist allerdings nichtig, da es sich um einen Scherz gehandelt hat.

› Scheingeschäfte

Ein Rechtsgeschäft, das nur zum Schein vorgenommen wird, um damit Vorteile zu erlangen, ist nichtig.

Beispiel: Ein Unternehmer schließt mit seiner Ehefrau einen Arbeitsvertrag mit einem hohen Gehalt ab, nur um Steuern zu sparen. In Wirklichkeit arbeitet die Ehefrau nicht.

Anfechtbare Willenserklärungen

Anfechtbare Rechtsgeschäfte sind bis zu der erklärten Anfechtung voll rechtswirksam. Nach einer rechtswirksamen (= gesetzlich zugelassenen und fristgemäßen) Anfechtung tritt rückwirkend eine volle Nichtigkeit der Willenserklärung ein.

Anfechtbare Willenserklärungen bei:		
Irrtum	arglistiger Täuschung	Drohung

Eine Anfechtung kann bei folgenden Ausnahmesituationen geschehen:

- Es liegt ein **Irrtum** vor.
  - Irrtum in der Erklärungshandlung
    Hier verspricht oder verschreibt sich der Erklärende.
  - Irrtum über den Erklärungsinhalt
    Der Erklärende irrt sich über den Inhalt seiner Willenserklärung.
  - Irrtum bei der Übermittlung der Willenserklärung
  - Irrtum über verkehrswesentliche Eigenschaften einer Person oder Sache

Beim Entdecken eines Irrtums muss die Anfechtung unverzüglich erfolgen, dabei ist der Anfechtende (der, der sich geirrt hat) zum Schadensersatz verpflichtet, den der andere dadurch erlitten hat, dass er auf die Gültigkeit der Erklärung vertraute.

Rechtsgeschäfte aufgrund eines Irrtums im Beweggrund oder bei bloßer Unkenntnis einer Tatsache sind nicht anfechtbar.

Beispiel

Paul Hastig bestellt kurz vor Feierabend per E-Mail bei einem Bürozubehörversand 10 Packen Druckerpapier. In seiner Hast vertippt er sich und gibt eine Bestellung für 100 Packen ab. Erst am nächsten Tag bemerkt er den Irrtum. Die Lieferung der 100 Packen erfolgt bereits. Paul Hastig kann das Rechtsgeschäft aufgrund des Tippfehlers anfechten. Er muss jedoch die Kosten für die Lieferung übernehmen.

- Es liegt **arglistige Täuschung** vor.

Das Gesetz will sicherstellen, dass der Vertragspartner sich frei und unbeeinflusst durch falsche Informationen zu seiner Willenserklärung entscheidet.

Beispiel

Karl kauft einen Teppich beim Händler Friedrich, der ihn über die Echtheit des Teppichs täuscht. Karl kann seine Erklärung anfechten, denn er ist durch Täuschung zu ihr verleitet worden.

- Es liegt eine **Drohung** vor.

Kommt ein Rechtsgeschäft durch Drohung zustande, so ist es anfechtbar.

Beispiel

Der Teppichhändler Friedrich droht dem Käufer Karl, wenn er den Teppich nicht kaufe, würde er öffentlich bekannt machen, dass Karls Sohn drogenabhängig sei. Hier kann Karl wirksam anfechten, weil er zur Abgabe seiner Willenserklärung widerrechtlich gedrängt worden ist.

Zusammengefasst kann man sagen, dass es durch eine einseitige Erklärung einer Vertragspartei zur Rückgängigmachung eines grundsätzlich wirksamen Vertrages kommen kann. Die Befugnis zu solch einem Rücktritt ergibt sich aufgrund einer vertraglichen Vereinbarung bzw. den oben aufgeführten Punkten.

Zustandekommen eines Vertrages

Ein Vertrag stellt die wichtigste Handlungsform im Privatrecht dar. Damit dieses mehrseitige Rechtsgeschäft wirksam wird, bedarf es zweier übereinstimmender, empfangsbedürftiger Willenserklärungen. Nur ein wirksamer Vertrag kann einen Leistungsanspruch geltend machen.

Merke

Ein Vertrag besteht aus zwei Willenserklärungen, wobei die zeitlich erste Willenserklärung als Angebot (Antrag) und die zweite Willenserklärung als Annahme gilt. Dabei müssen Angebot und Annahme übereinstimmen.

Beispiel

Bei BüroFix e. K. unterbreitet die Verkäuferin einem Kunden ein besonderes Angebot: Wenn er statt eines Computers gleich zwei nimmt, bekommt er beide für 900,00 €. Der Einzelpreis beträgt sonst 600,00 €. Am nächsten Tag kommt der Kunde in das Geschäft und sagt, er möchte einen Computer mitnehmen, der ihm gestern für 450,00 € angeboten wurde. In diesem Fall ist kein Kaufvertrag zustande gekommen, da sich das Angebot auf den Kauf von zwei Computern bezog, die Annahme sich jedoch nur auf einen Computer richtet.

Vertragsfreiheit

Wesentliche Bestandteile eines jeden Vertrages sind demnach stets die Parteien, die Vertragsleistung und gegebenenfalls eine Gegenleistung. Dabei herrscht der Grundsatz der Vertragsfreiheit, das heißt, jeder kann bestimmen, ob und mit wem ein Vertrag geschlossen wird und wie der Inhalt des Vertrages gestaltet wird.

Ist ein Vertrag wirksam geschlossen worden, dann sind die Vertragsparteien regelmäßig an ihn gebunden und müssen die getroffenen Vereinbarungen einhalten.

Merke

Es gilt die Regel: pacta sunt servanda (Verträge müssen eingehalten werden).

Zusammenfassung

Frage: Wie kommt ein Rechtsgeschäft zustande?

Antwort: Ein Rechtsgeschäft kommt zustande durch zwei übereinstimmende Willenserklärungen (Antrag und Annahme). In diesem Fall handelt es sich um ein zweiseitiges Rechtsgeschäft. Bei einseitigen Rechtsgeschäften genügt die Abgabe einer Willenserklärung. Bei bestimmten Rechtsgeschäften muss diese Willenserklärung dem Empfänger auch zugehen, damit es gültig ist.

Frage: Warum braucht man für bestimmte Rechtsgeschäfte (zum Beispiel einen Grundstückskauf) eine vorgeschriebene Form?

Antwort: Bestimmte Rechtsgeschäfte ziehen weit reichende Folgen nach sich. So ist ein Grundstückskauf ein Vertrag über den Verkauf eines sehr hohen Wertes. Deshalb wurde vom Gesetz vorgeschrieben, dass hier besonders sorgfältig auf die Einhaltung der Formvorschriften zu achten ist.

Frage: Worin unterscheiden sich nichtige und anfechtbare Willenserklärungen?

Antwort: Bei nichtigen Willenserklärungen ist das Rechtsgeschäft von Anfang an nichtig, das heißt, es kommt erst gar nicht zustande (zum Beispiel die Willenserklärung eines Geschäftsunfähigen).

Bei anfechtbaren Willenserklärungen kommt das Rechtsgeschäft ganz normal zustande. Danach wird es jedoch von einer Partei angefochten, das heißt, diese will das Rechtsgeschäft rückgängig machen. Es gibt im deutschen Recht den Grundsatz, dass Verträge eingehalten werden müssen. Der Gesetzgeber erlaubt deshalb nur in wenigen Ausnahmefällen die Anfechtung eines Rechtsgeschäftes. Diese Ausnahmen sind: Irrtum, arglistige Täuschung und Drohung.

Frage: Warum gilt der Grundsatz, dass Verträge stets eingehalten werden sollen?

Antwort: Verträge bedeuten Sicherheit. Wenn Sie beispielsweise einen Mietvertrag über eine Dauer von zwei Jahren für eine Wohnung abgeschlossen haben, dann kann der Vermieter nicht einfach am nächsten Tag kommen und Sie rausschmeißen. Deshalb erschwert es der Gesetzgeber, dass bestehende Verträge einfach aufgelöst werden können. Die Vertragsparteien sollen sich vor dem Abschluss gründlich Gedanken über den Vertrag machen. Ist er einmal abgeschlossen, so soll er auch eingehalten werden. Der Rücktritt vom Vertrag soll nur in Ausnahmefällen erlaubt sein.

Wissensfragen

1. Wie kommt ein Rechtsgeschäft zustande?
2. Beschreiben Sie den Unterschied zwischen einem einseitigen und einem zweiseitigen Rechtsgeschäft.
3. Was ist eine Willenserklärung?
4. Wie kommt ein Vertrag zustande?
5. Was bedeutet der Begriff „Vertragsfreiheit“?

6026242

Übungsaufgaben

1. Zuordnen

Rechtsgeschäfte werden durch Willenserklärungen abgeschlossen. Diese können in mündlicher oder schriftlicher Form oder durch schlüssiges Verhalten abgegeben werden. Prüfen Sie in den folgenden Fällen, ob ein Rechtsgeschäft zustande kam, und benennen sie, wie die Willenserklärung abgegeben wurde.

a) Die Bäckereiverkäuferin nennt Torsten den Preis für ein Stück Kuchen.

b) Susanne geht auf dem Weg zur Schule am Brezelstand vorbei. Sie legt wortlos 50 Cent hin und nimmt eine Brezel aus dem Korb.

c) Norbert will seinen Geburtstag feiern. Er bestellt deshalb bei der Bäckerei eine Sahnetorte. Er schickt ein ausgefülltes und unterschriebenes Bestellformular an die Bäckerei.

d) Der Buchversand Schlaumeier schickt Torsten aus heiterem Himmel den neuen Liebesroman von Heiner Schimmel zu. Torsten unternimmt gar nichts. Er schickt das Buch auch nicht zurück.

2. Begründen

Begründen Sie, ob und gegebenenfalls welche Formvorschriften bei den nachstehenden Rechtsgeschäften einzuhalten sind:

a) Frau Bandel kauft einen Fernseher auf Raten.

b) Bauer Häge verkauft seine Obstwiese an einen Bauträger.

c) Martina Kolb schließt einen Ausbildungsvertrag ab.

d) Der Gewerbetreibende Bender übernimmt für seine Tochter eine Bürgschaft zur Absicherung ihres Autokredits.

3. Praxisfälle lösen

Entscheiden Sie bei den folgenden Fällen, ob das Rechtsgeschäft nichtig oder anfechtbar ist!

a) Im Internet wirbt ein Kredithai mit Sofortkrediten, die ohne Kreditwürdigkeitsprüfung verfügbar sind. Der Kredit wird mit einem Zinssatz von 30 % p. a. verzinst. Harald Heker braucht äußerst dringend Geld, er nimmt einen Sofortkredit bei dem Kredithai auf.

b) Radiohändler Weiß verkauft ein gebrauchtes Fernsehgerät als fabrikneu. Dass das Gerät gebraucht ist, verschweigt er dem Käufer.

c) Der Onlineshop Print.com bietet auf seiner Homepage Druckerpatronen für Laserdrucker aufgrund eines Programmierfehlers versehentlich für 9,99 € anstatt für 89,99 € an. Sie bestellen sofort zehn dieser Patronen. Muss der Onlineshop die Druckerpatronen zu 9,99 € pro Stück liefern?

d) Herr Müller weiß, dass Herr Schulze gerne Alkohol trinkt. Er lädt ihn in eine Kneipe ein, macht ihn betrunken und handelt ihm sein Auto weit unter dem tatsächlichen Wert ab.

e) Herr Großmann verkauft sein Wochenendgrundstück über Ebay. Ein Notar wird nicht in Anspruch genommen, da die Notariatsgebühren gespart werden sollen.

f) Hans will ein neues Rennrad bei Ebay ersteigern. Er möchte ein Maximalgebot von 200,00 € eingeben. Während des Eintippens wird er abgelenkt und tippt aus Versehen 2.000,00 € ein. Es wird zu diesem Preis hoch geboten. Als er das Glückwunsch-Mail erhält, ist er in Panik. Muss er das Fahrrad abnehmen?

g) Kaufmann Bullinger droht seinem säumigen Kunden: „Wenn Sie bis übermorgen nicht zahlen, schicke ich Ihnen einen Schläger auf den Hals!"

h) Kaufmann Bullinger droht wieder einem säumigen Kunden: „Wenn Sie bis übermorgen nicht zahlen, schicke ich Ihnen den Gerichtsvollzieher auf den Hals!"

i) Der 4-jährige Tommy wird mit dem Einkaufszettel zum Bäcker geschickt. Zusätzlich zur Einkaufsliste kauft er noch eine Schachtel mit 20 Schokoküssen. 10 davon isst er auf dem Nachhauseweg. Danach ist ihm schlecht. Die Mutter von Tommy ist sehr erbost über den Bäcker und will das Geld für die 20 Schokoküsse zurückhaben.

6026244

5 Der Kaufvertrag

5.1 Die Anbahnung eines Kaufvertrages – Anfrage und Angebot

Situation

An einem Montagmorgen findet Benno Ludwig, Marketing- und Verkaufsleiter bei Büro-Fix e. K., folgendes Schreiben auf seinem Schreibtisch:

AUKTION.DE • DER SCHNÄPPCHENMARKT IM INTERNET

Auktion.de • Ludwigstraße 34 • 67134 Ludwigshafen

BüroFix e. K.
Industriestraße 55
67346 Speyer

Auktion.de
Ludwigstraße 34
67134 Ludwigshafen

Tel.: 0621 7785-0
Fax: 0621 7785-9

E-Mail: info@wvd-auktion.de
Internet: www.wvd-auktion.de

Ihre Zeichen, Ihre Nachricht vom	Unser Zeichen, unsere Nachricht vom	Telefon, Name 0621 7785-	Datum
	me	14 Frau Meeres	25.02.20..

Anfrage

Sehr geehrte Damen und Herren,

wir sind ein Tochterunternehmen des Softwarehauses Inventhouse und sind momentan im Begriff eine Auktionsplattform im Internet aufzubauen, bei der Konkursware zu Schnäppchenpreisen versteigert werden soll.

Aus diesem Grund möchten wir ein Großraumbüro mit 30 Arbeitsplätzen in Ludwigshafen einrichten. Momentan suchen wir einen Händler für Bürobedarf, der uns komplett mit dem nötigen Büromobiliar ausstattet. Durch Ihre Werbung in Fachzeitschriften sind wir auf Sie aufmerksam geworden. Wir benötigen für 30 Schreibtischarbeitsplätze eine Komplettausstattung (Schreibtisch, Schreibtischstuhl, Aktenschrank, Schreibtischcontainer). Zu unserer Firmenphilosophie gehört es, dass nur heimische Hersteller berücksichtigt werden sollen.

Bitte unterbreiten Sie uns ein entsprechendes Angebot unter Angabe sämtlicher Konditionen.

Mit freundlichen Grüßen

Auktion.de

Petra Meeres

Leitfragen

- Was bezweckt dieses Schreiben?
- Geht Auktion.de mit dem Schreiben irgendwelche rechtlichen Verpflichtungen ein?
- Wie sollte BüroFix e. K. auf das Schreiben reagieren?
- Was sollte alles in einem Angebotsschreiben genannt werden?

Information

Wie kommt der Kaufvertrag zustande?

Der Kaufvertrag ist das Rechtsgeschäft, das im täglichen Leben am häufigsten vorkommt. Kauft man morgens beim Bäcker eine Brezel, so wird ein Kaufvertrag geschlossen. Der Kauf von Kaugummis am Automaten, das Tanken an der Tankstelle, die Bestellung im Internet, der Döner um die Ecke – immer werden Kaufverträge geschlossen.

Der Kaufvertrag kommt durch Antrag und Annahme zustande. Antrag und Annahme sind rechtsverbindliche Willenserklärungen.

Merke **Der Kaufvertrag kommt durch Antrag und Annahme zustande.**

Der Antrag kann vom Verkäufer ausgehen, dann ist es ein Angebot, das der Käufer annimmt.

Beispiel

Bei BüroFix e. K. bietet die Verkäuferin Beate Deuter dem Kunden Müller einen Bürostuhl für 99,00 € an. Der Kunde hält dies für ein gutes Angebot und nimmt es sofort an. Der Kaufvertrag ist damit zustande gekommen.

Der Antrag muss nicht immer vom Verkäufer ausgehen. Bei einer Bestellung kommt zum Beispiel der Antrag vom Kunden, die Annahme vom Verkäufer.

Beispiel

Bei BüroFix e. K. geht die schriftliche Bestellung eines Großkunden ein. Er will 10 Bürostühle, allerdings zu einem Preis von 89,00 € pro Stück. Bei BüroFix e. K. überlegt man, ob man nun diesen Antrag annehmen soll. Ingo Meier, der Leiter des Rechnungswesens, kalkuliert, dass man auch bei 89,00 € noch Gewinn macht. Der Antrag wird angenommen, der Kaufvertrag kommt zustande.

Antrag: Bestellung von 10 Bürostühlen für 89,00 €/Stück durch den Käufer

(1. Willenserklärung)

Annahme der Bestellung durch den Verkäufer: 10 Bürostühle für 89,00 €/Stück

(2. Willenserklärung)

Die Anfrage

Vielen Kaufverträgen geht zunächst eine Anfrage voraus. Eine Anfrage ist eine rechtlich völlig unverbindliche Bitte um Informationen. Sie kann mündlich, schriftlich oder per E-Mail an einen Lieferanten gerichtet werden. Die Anfrage dient dem Unternehmen dazu, Informationen über den Markt zu erhalten. Wie im Falle der Eingangssituation verschickt Auktion.de Anfragen an verschiedene Bürogroßhändler, um durch deren Antworten zu erfahren, wie viel die Büroausstattung bei den einzelnen Händlern kostet.

Das Angebot (der Antrag)

Im Gegensatz zur Anfrage ist das Angebot eine verbindliche Willenserklärung. Sie ist der Antrag auf Schließung eines Kaufvertrages seitens des Verkäufers an eine bestimmte Person. Richtet sich ein Angebot nur an die Allgemeinheit, zum Beispiel in der Form einer Schaufensterauslage oder einer Zeitungsanzeige, so ist das Angebot nicht verbindlich.

Merke **Das Angebot ist eine an eine bestimmte Person gerichtete Willenserklärung, Waren zu den angegebenen Bedingungen liefern zu wollen.**

Der Anbieter kann in dem Antrag auch ausschließen, dass er an den Antrag gebunden ist. Dann muss im Angebotsschreiben erwähnt werden, dass es sich nur um ein unverbindliches Angebot handelt. Hierzu können die Klauseln „nur so lange Vorrat reicht", „ohne Gewähr" oder „unverbindlich" im Angebotsschreiben verwendet werden.

Beispiel BüroFix e. K. will die letzten 10 Laptops eines älteren Modells zu einem Sonderpreis losschlagen. Sie schreibt deshalb mehrere Großkunden an. Es handelt sich dabei um ein Angebot an eine bestimmte Person und ist prinzipiell verbindlich. Um jedoch nicht in die unangenehme Situation zu kommen, dass mehr Laptops bestellt werden, als noch vorrätig sind, erwähnt BüroFix e. K. im Angebotsschreiben, dass das Angebot nur gilt „so lange der Vorrat reicht". Dadurch ist die BüroFix e. K. nicht an das Angebot gebunden.

Die Annahme des Antrags (Angebots)

Damit ein Kaufvertrag zustande kommt, muss der Antrag angenommen werden. Ist bei dem Antrag keine Frist gesetzt, so kommt der Kaufvertrag nur zustande, wenn der Antrag sofort angenommen wird (§ 147 BGB).

Beispiel

Benno Ludwig verhandelt am Telefon mit einem Lieferanten um den Preis eines Aktenschrankes. Der Lieferant möchte 700,00 € pro Stück haben. Benno Ludwig sagt, dass er bereit ist, dafür höchstens 600,00 € zu bezahlen. Der Lieferant macht daraufhin das Angebot, den Aktenschrank für 650,00 € zu verkaufen. Auch dies ist Benno Ludwig noch zu teuer. Er bricht das Telefonat ergebnislos ab.

Am nächsten Tag hat er es sich anders überlegt. Er ruft den Lieferanten an und sagt ihm, dass er mit dem Angebot von 650,00 € einverstanden sei. Der Lieferant will aber von dem Angebot nichts mehr wissen. Er hat bereits für seine Aktenschränke einen anderen Käufer. Er ist an das Angebot nicht mehr gebunden, da Benno Ludwig es nicht sofort angenommen hat.

Wird einem Abwesenden ein Angebot gemacht, wird also beispielsweise ein Angebot per Brief oder per E-Mail unterbreitet, so gilt das Angebot nur so lange, wie unter normalen Umständen eine Antwort erwartet werden kann. Bei E-Mails gilt zum Beispiel, dass das Angebot beim Empfänger am nächsten Werktag als zugegangen gilt. Man erwartet heutzutage, dass im Geschäftsleben jeder Geschäftsmann einmal täglich seine E-Mailbox abruft. Dies gilt allerdings nur für Geschäftsleute, die auch mit einer E-Mail-Adresse werben und eine E-Mail-Adresse auf ihren Geschäftsbriefen führen.

Üblicherweise wird in solchen Angebotsschreiben eine Frist für die Annahme gesetzt. Die Annahme muss dann innerhalb dieser Frist erfolgen.

Die Inhalte eines Angebots

Das Angebot sollte alle wesentlichen Punkte enthalten, die den Käufer in seiner Kaufentscheidung beeinflussen können. Dies sind:

- Art und Güte der Ware
- Menge und Preis
- Lieferzeit und Lieferungsbedingungen
- Zahlungsbedingungen
- Erfüllungsort

Art und Güte der Ware

Das Angebot sollte die handelsübliche Bezeichnung der Ware enthalten. Es sollte zudem die handelsüblichen Bezeichnugen für Qualitätsmerkmale enthalten (z. B. Gütezeichen, Handelsklasse usw.).

Menge und Preis

Die Mengeneinheiten sollten in gesetzlichen oder handelsüblichen Maßeinheiten (kg, t, m^3) angegeben werden.

Ist der Vertragspartner selbst Gewerbetreibender, dann werden die Preise ohne die Mehrwertsteuer angegeben (Nettopreise). Ist der Käufer jedoch ein Privatmann, so muss immer der Endpreis (inklusive Mehrwertsteuer) genannt werden. Zudem muss der Preis je Mengeneinheit angegeben werden (also der Grundpreis).

Lieferungsbedingungen

Es sollte genau beschrieben sein, wie die Lieferung erfolgt und wer die Kosten der Lieferung trägt.

- **Lieferzeit:**
  Es sollte ein Lieferzeitraum oder ein Lieferdatum genannt werden. Ist nichts angegeben, so kann der Käufer sofortige Lieferung verlangen.
  Ist ein genauer Liefertermin angegeben (z. B. 11.06.20..), dann handelt es sich um einen **Fixkauf**, da der Liefertermin fix, also unveränderlich ist.
  Wird die Lieferung nur zu einem bestimmten Zweck getätigt (z. B. Nikolauskostüme für die Verkäufer zu Nikolaus), so handelt es sich um einen Zweckkauf. Der Liefertermin ergibt sich aus dem Zweck der Sache, sollte aber trotzdem immer bestimmt werden.
- **Transportkosten:**
  Nach dem Gesetz sind Warenschulden Holschulden. Wenn nichts anderes vereinbart ist, muss der Käufer die Ware beim Verkäufer abholen. Vertraglich kann allerdings auch etwas anderes vereinbart sein. Dabei gibt es unterschiedliche Stufungen, wie die Transportkosten vom Verkäufer zum Käufer zwischen den zwei Parteien aufgeteilt werden. Es gibt dabei die folgenden Vereinbarungen:

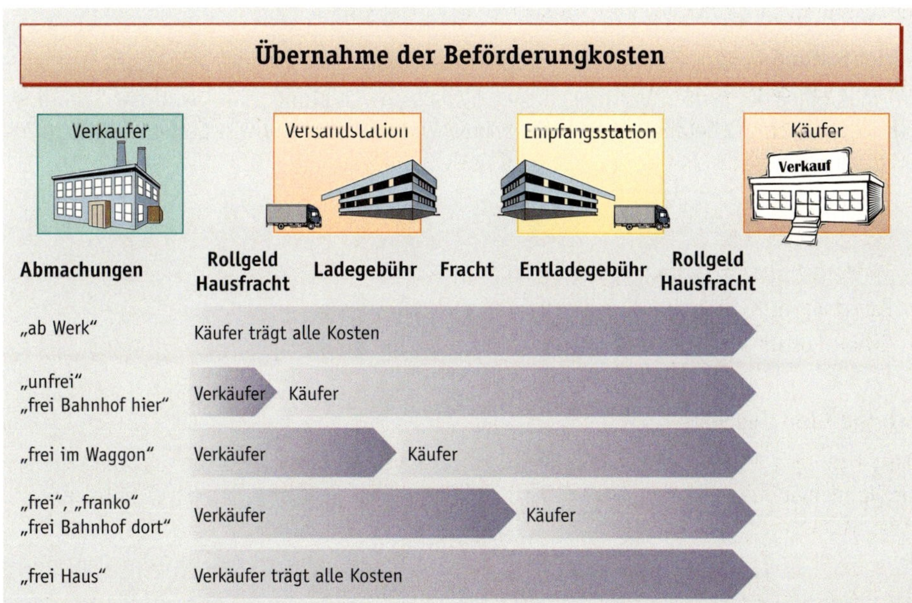

Zahlungsbedingungen

Die Zahlungsart sollte genannt sein.

- **Vorauszahlung:**
  Die Ware wird vor Lieferung bezahlt.
- **Anzahlung:**
  Ein Teilbetrag wird vor der Lieferung, der Rest bei Lieferung gezahlt.
- **Zahlung auf Ziel:**
  Es wird ein bestimmter Zeitraum (meist 30 Tage) für die Bezahlung des Kaufpreises eingeräumt.
- **Ratenkauf:**
  Der Kaufpreis wird in mehrere Teilbeträge aufgeteilt und Stück für Stück bezahlt.
- **Skonto:**
  Zahlt der Käufer innerhalb von 10 Tagen, darf er vom Kaufpreis 2 % bis 3 % abziehen. Dies muss im Kaufvertrag vorher vereinbart sein.
- **Rabatt:**
  Manche Lieferanten räumen noch verschiedene Nachlässe ein, wenn größere Mengen eingekauft werden (Mengenrabatt) oder wenn der Käufer immer beim gleichen Lieferanten einkauft (Treuerabatt).

Erfüllungsort

Dies ist der Ort, an dem die Vertragspartner ihre Leistung zu erfüllen haben. Nach dem Gesetz sind Warenschulden Holschulden; der Käufer muss die Ware damit am Ort des Verkäufers abholen, der Verkäufer muss die Ware bei sich bereitstellen.

Gerichtsstand

Erbringt einer der beiden Vertragspartner nicht seine Leistung, dann wird der Schuldner (der Ware oder des Geldes) an dem für seinen Wohnort zuständigen Gericht verklagt.

BüroFix e. K.
Bürobedarf

BüroFix e. K. • Industriestraße 55 • 67346 Speyer

Auktion.de
Ludwigstr. 34
67134 Ludwigshafen

BüroFix e. K.
Industriestraße 55
67346 Speyer

Telefon: 06232 4578-0
Telefax: 06232 4578-24

Ihre Zeichen, Ihre Nachricht vom	Unser Zeichen, unsere Nachricht vom	Telefon, Name 06232 4578-	Datum
me, 25.02.20..		12 Ludwig	01.03.20..

Angebot für Büroausstattung

Sehr geehrte Frau Meeres,

wir danken Ihnen für Ihre Anfrage und können Ihnen heute folgendes Angebot unterbreiten:

Büroausstattung „Eiche rustikal"	Einzelpreis:
– Schreibtisch	159,00 €
– Bürostuhl	89,00 €
– Aktenschrank	249,00 €
– Schreibtischcontainer	69,00 €
1 Ausstattung komplett	**566,00 €**

Büroausstattung „Tanne elegant"	Einzelpreis:
– Schreibtisch	179,00 €
– Bürostuhl	89,00 €
– Aktenschrank	329,00 €
– Schreibtischcontainer	79,00 €
1 Ausstattung komplett	**676,00 €**

Alle Preise zuzüglich Mehrwertsteuer. Unsere Lieferzeit beträgt 4 Tage.
An Versandkosten berechnen wir 1 % vom Listenpreis. Bei Abnahme von mehr als 10 Ausstattungen gewähren wir 5 % Rabatt.
Wenn Sie innerhalb von 10 Tagen bezahlen, erhalten Sie 3 % Skonto oder Sie zahlen innerhalb von 30 Tagen netto.
Dieses Angebot gilt bis zum 15.03.20..
Bitte beachten Sie auch unsere Verkaufs- und Lieferbedingungen, die wir Ihnen beifügen.
Erfüllungsort und Gerichtsstand ist Speyer.

Wir würden uns sehr über einen Auftrag von Ihnen freuen.

Mit freundlichen Grüßen

BüroFix e. K.

Benno Ludwig
Marketing & Verkauf

Bankverbindung: Kreis- und Stadtsparkasse Speyer
BLZ: 547 500 10, Konto-Nr.: 3033
BIC: MALADE51SPY
IBAN: DE37 5475 0010 0000 0030 33

Inhaber:
Klaus Schneider
HRA 273

Steuernummer: 41/567/3938
USt-ID: DE 761125395

5.2 Die Erfüllung eines Kaufvertrages – Eigentum und Besitz

Situation

Benno Ludwig hat den Auftrag von Auktion.de bekommen. 30 Büro-Komplettaustattungen werden am 13.03.20.. geliefert. Es wurde ein Zahlungsziel von 30 Tagen vereinbart. Bereits am 18.03.20.. begleicht Auktion.de die Rechnung unter Ausnutzung des Skontos.

Leitfragen

- Warum überweist Auktion.de so zügig das Geld?
- Wann wird Auktion.de Eigentümer der Büromöbel?

Information

Verpflichtungs- und Verfügungsgeschäfte

Der Kaufvertrag ist gesetzlich im § 433 BGB geregelt:

BGB § 433 Vertragstypische Pflichten beim Kaufvertrag

(1) Durch den Kaufvertrag wird der Verkäufer einer Sache verpflichtet, dem Käufer die Sache zu übergeben und das Eigentum an der Sache zu verschaffen. Der Verkäufer hat dem Käufer die Sache frei von Sach- und Rechtsmängeln zu verschaffen.

(2) Der Käufer ist verpflichtet, dem Verkäufer den vereinbarten Kaufpreis zu zahlen und die gekaufte Sache abzunehmen.

Es ergeben sich aus einem Kaufvertrag zunächst Pflichten für beide Vertragsparteien. Der Verkäufer ist verpflichtet, dem Käufer die Sache zu übergeben und ihm das Eigentum an der Sache zu verschaffen. Dabei darf die Sache nicht durch Rechte Dritter belastet sein, d. h. sie muss also frei von Sach- und Rechtsmängeln sein. Der Käufer hat die Pflicht, den vereinbarten Kaufpreis zu zahlen und die Sache abzunehmen.

Verkäuferpflichten	Käuferpflichten
Ware übergeben und Eigentum verschaffen	Ware abnehmen
Sache frei von Mängeln liefern	Kaufpreis bezahlen

Beispiel

BüroFix e. K. schließt mit einem Großkunden einen Kaufvertrag über 10 Büroschränke ab. BüroFix hat sich vertraglich verpflichtet, die Ware mängelfrei (z. B. in der richtigen Anzahl und ohne Kratzer) zu liefern. Der Großkunde ist verpflichtet die Ware abzunehmen, das heißt, er muss an dem Liefertag jemanden bereithalten, der die Ware annimmt. Zudem muss er natürlich die Ware bezahlen.

Der Kaufvertrag besteht aus zwei Rechtsgeschäften. Sie haben gegeneinander Ansprüche, auf die sie bei Nichterfüllung klagen können. Man nennt dies das Verpflichtungsgeschäft.

Merke **Verpflichtungsgeschäft = Die beiden Vertragsparteien gehen bei Abschluss eines Kaufvertrages Verpflichtungen ein.**

Diese Verpflichtungen müssen erfüllt werden. Die Verpflichtung wird durch Verfügungen eingelöst. Eine Verfügung wirkt unmittelbar auf eine Sache ein, so wird beispielsweise das Eigentum durch eine Verfügung übertragen. Die Pflichten des Kaufvertrages werden damit durch ein Verfügungsgeschäft erfüllt.

Diese Unterscheidung ist wichtig. Das Verpflichtungsgeschäft ändert noch nichts an den Eigentumsverhältnissen einer Sache. Erst wenn über die Sache verfügt wird, kommt es zu einer Eigentumsübertragung.

Merke **Verfügungsgeschäft = Erfüllung der gegenseitigen Ansprüche aus einem Kaufvertrag**

Besitz und Eigentum

Die Begriffe „Besitz“ und „Eigentum“ werden im Alltag oft ohne Unterschied verwendet. Im rechtlichen Sinne unterscheiden sie sich jedoch stark.

Besitz meint die tatsächliche Gewalt über eine Sache. Besitzt man ein Fahrrad, so hat man es sofort bereit, um damit losfahren zu können. Man muss dann allerdings nicht unbedingt der Eigentümer des Fahrrades sein. Mit Eigentum ist die rechtliche Verfügungsgewalt gemeint. Dem Eigentümer gehört das Fahrrad.

Merke **Besitz = tatsächliche Gewalt über eine Sache**
Eigentum = rechtliche Verfügungsgewalt über eine Sache

Beispiel

Tim Neuhof fährt mit einem neuen Mountain-Bike durch die Gegend. Er ist momentan Besitzer dieses Fahrrades. Er hat es allerdings von Tobias geliehen. Das Fahrrad gehört eigentlich Tobias, er ist der Eigentümer.

Die Eigentumsübertragung

Das Eigentum wird durch Einigung und Übergabe übertragen.

Eigentümer und Erwerber müssen sich also einig sein, damit das Eigentum einer Sache übertragen werden kann. Die Übertragung geschieht durch Übergabe der Sache. Daraus folgt, dass ein Dieb nie der Eigentümer von gestohlener Ware werden kann, da die Einigung mit dem richtigen Eigentümer fehlt. Der Käufer einer Ware wird erst dann zum Eigentümer, wenn die Ware ihm tatsächlich übergeben wird, und nicht schon beim Abschluss des Kaufvertrages.

Beispiel

Der Kunde Müller schließt mit BüroFix e. K. einen Kaufvertrag über einen besonders exklusiven Büroschrank (ein Einzelstück). Der Schrank wird jedoch aus Versehen an den Kunden Friedrich geliefert. Diesem gefällt der Schrank, er bezahlt ihn bei Anlieferung und stellt ihn bei sich ins Büro. Eigentümer des Schrankes ist nun Friedrich. Müller hat zwar einen Kaufvertrag über den Schrank geschlossen, da aber keine Übergabe des Schrankes stattfand, wurde er nicht Eigentümer.

Merke

Eigentumsübertragung = Eigentum wird durch Einigung und Übergabe übertragen.

Bei Grundstücken und Gebäuden erfolgt die Eigentumsübertragung nicht durch Einigung und Übergabe, da man ein Haus schlecht „übergeben" kann, sondern durch Einigung und Eintragung des Eigentumsübergangs in das Grundbuch. Das Grundbuch wird vom Grundbuchamt geführt. Grundbuchamt ist das Amtsgericht, in dessen Bezirk das Grundstück liegt. Sämtliche Grundstücke unterliegen dem Grundbuchzwang, das heißt, sie müssen im Grundbuch eingetragen werden. Jeder, der ein berechtigtes Interesse darlegen kann, darf in das betreffende Grundbuch Einsicht nehmen (z. B. Käufer).

Der Eigentumsvorbehalt

Bei einem Kaufvertrag geht also das Eigentum an den Käufer über, sobald diesem die Ware übergeben wird, unabhängig davon, ob dieser die Ware bezahlt hat oder nicht. Verkäufer und Käufer können jedoch auch vereinbaren, dass die Ware erst dann Eigentum des Käufers wird, wenn dieser sie vollständig bezahlt hat. Dies muss jedoch ausdrücklich im Kaufvertrag vereinbart werden. Dies ist für den Verkäufer insbesondere bei Ratenkäufen sinnvoll. Kann der Käufer seine Raten nicht mehr bezahlen, kann der Verkäufer seine Ware zurückholen. Wurde die Ware bezahlt, bereits weiter verkauft oder verarbeitet, dann erlischt der Eigentumsvorbehalt. Der Verkäufer kann dann die Ware nicht mehr zurückholen, selbst wenn der Käufer sie nicht bezahlen kann.

Was passiert bei einem Kauf gestohlener Ware?

Kauft jemand gestohlene Ware (so genannte Hehlerware), dann kann er daran kein Eigentum erwerben. Findet sich der wahre Eigentümer der Ware wieder, dann muss der

Käufer sie wieder herausgeben, selbst wenn er nicht wissen konnte, dass es sich bei der Ware um Diebesgut gehandelt hat.

Beispiel

Markus kauft auf einem Flohmarkt ein gebrauchtes Fahrrad. Er fährt wochenlang glücklich mit dem Fahrrad durch die Gegend, bis er in eine Polizeikontrolle gerät. Die Registriernummer des Fahrrades wird in den Polizeicomputer eingegeben und siehe da – es handelt sich um ein gestohlenes Fahrrad. Markus muss das Fahrrad der Polizei übergeben, die es zu dem wahren Eigentümer zurückbringt. Das Geld, das er für das Fahrrad einmal bezahlt hat, sieht er nicht mehr wieder.

Zusammenfassung

Frage: Warum ist ein Angebot verbindlich?

Antwort: Dies erleichtert die Rechtssicherheit im Geschäftsverkehr. Bekommt ein Geschäftsmann ein verbindliches Angebot, dann kann er kalkulieren, ob er das Angebot annimmt oder nicht. Ist das Angebot jedoch unverbindlich, dann kann der Geschäftsmann auch nicht auf sicherer Grundlage kalkulieren.

Frage: Warum ist dann im Gegensatz dazu die Anfrage unverbindlich?

Antwort: Die Anfrage dient nur dazu, Informationen einzuholen. Der Unternehmer bekommt dadurch einen Marktüberblick.

Frage: Wieso müssen so viele verschiedene Punkte in einem Angebotsschreiben enthalten sein?

Antwort: Versucht ein Unternehmer einen Überblick über den Markt zu bekommen, wird er sich viele verschiedene Angebote zusenden lassen. Ist ein Angebot unverständlich (wenn zum Beispiel die Zahlungsbedingungen fehlen), wirkt dies zum einen unprofessionell, zum anderen wird er das Angebot eventuell außer Acht lassen, da er es nicht mit den anderen Angeboten vergleichen kann.

Frage: Warum unterteilt man den Kaufvertrag in zwei Rechtsgeschäfte?

Antwort: Der Kaufvertrag unterteilt sich in ein Verpflichtungs- und in ein Verfügungsgeschäft. Beim Verpflichtungsgeschäft haben Verkäufer und Käufer gegenseitig Ansprüche. Die Ansprüche richten sich demnach an Personen. Beim Verfügungsgeschäft, bei dem es um die Erfüllung der Ansprüche geht, geht es um das Recht an einer Sache, also um die Eigentumsübertragung.

Frage: Warum wird man nicht schon Eigentümer einer Ware, wenn man sie bezahlt hat?

Antwort: Hat der Käufer die Ware bezahlt, so hat er seine Pflicht aus dem Kaufvertrag und somit den Anspruch des Verkäufers erfüllt (Verpflichtungsgeschäft). Das Recht an der Ware, also das Eigentum, erwirbt er erst, wenn ihm die Ware übergeben wird. Dies ist gesetzlich so festgelegt.

Wissensfragen

1. Welchen Zweck hat eine Anfrage?
2. Erklären Sie den Unterschied zwischen einer Anfrage und einem Angebot.
3. Welche Punkte sollten in einem Angebot aufgeführt sein?
4. Wie kommt ein Kaufvertrag zustande?
5. Erklären Sie die Begriffe „Verpflichtungs-“ und „Verfügungsgeschäft“.
6. Erklären Sie den Unterschied zwischen den Begriffen „Besitz“ und „Eigentum“.
7. Was ist ein Eigentumsvorbehalt?

Übungsaufgaben

1. Praxisfälle lösen

a) Im Schaufenster von BüroFix e. K. wird ein Laptop für 899,00 € angeboten. Herr Gabriel möchte den Laptop kaufen. Im Geschäft erfährt er von der Verkäuferin Beate Deuter, dass das Preisschild ein Irrtum sei, der Laptop kostet in Wirklichkeit 999,00 €. Kann Herr Gabriel auf dem Preis von 899,00 € bestehen?

b) BüroFix e. K. erhält von Möbel Bürkle per Brief ein Angebot über 20 Aktenschränke aus Eiche zum Preis von je 199,00 €. Sechs Wochen später meldet sich Peter Lehmann bei Möbel Bürkle und möchte das Angebot annehmen. Möbel Bürkle möchte jedoch nun für die Schränke 249,00 € haben. Kann Peter Lehmann auf dem alten Angebotspreis bestehen?

c) BüroFix e. K. schickt ein Angebot über 10 PC-Systeme, das den Vermerk „gültig bis 25. Juli“ enthält, an einen Großkunden. Der Großkunde schickt die Bestellung pünktlich am 25. Juli per Post ab. Ist das Angebot von BüroFix e. K. noch bindend?

d) BüroFix e. K. bietet einem Kunden schriftlich einen PC für 999,00 € an. Der Kunde antwortet per Fax, dass er den PC nimmt, allerdings nur, wenn ein Treuerabatt von 100,00 € gewährt wird. BüroFix e. K. sagt ihm diesen Rabatt zu und liefert den PC. Von wem stammt der Antrag, von wem die Annahme für den Kaufvertrag?

e) BüroFix e. K. macht einem Kunden ein unverbindliches Angebot über eine Ausstattung für ein Großraumbüro im Wert von 10.000,00 €. Der Kunde findet das Angebot gut und sagt sofort zu. Ingo Meier, Leiter des Rechnungswesens bei BüroFix e. K., kalkuliert das Angebot noch mal exakt durch und stellt fest, dass BüroFix e. K. bei den 10.000,00 € gerade mal die eigenen Kosten deckt und keinen Cent Gewinn macht. Er schlägt deshalb den Preis von 12.000,00 € vor. Der Kunde ist darüber sehr verärgert und besteht auf einer Lieferung zu 10.000,00 €.
e1) Muss BüroFix e. K. zu diesem Preis liefern?
e2) Welches Verhalten würden Sie BüroFix e. K. in dieser Situation vorschlagen?

2. Fälle zu Eigentum und Besitz

Entscheiden Sie in den folgenden Fällen, wer Eigentümer und wer Besitzer ist.

a) Peter verkauft Max sein Fahrrad. Max gibt ihm sofort das Geld. Das Fahrrad kann er sich in einer Woche abholen. Wer ist Eigentümer, wer ist Besitzer des Fahrrades?

b) BüroFix e. K. hat vom Kunden Meier einen Laptop zur Reparatur bekommen. Verkäuferin Beate Deuter verkauft den Laptop aus Versehen an den Kunden Bierstedt, der diesen gleich mitnimmt.

c) BüroFix e. K. hat mehrere gebrauchte PCs zu einem sehr günstigen Preis über das Internet ersteigert und will diese weiterverkaufen. Einen Monat später kommt die Polizei und beschlagnahmt die PCs als Diebesgut. Kann BüroFix das verhindern?

d) Herr Schneider hat ein Ferienhaus auf Mallorca, das er an einen Geschäftsfreund vermietet.

e) Frau Bauer kauft einen Laptop bei BüroFix e. K. Sie zahlt 200,00 € sofort an und vereinbart, die restlichen 400,00 € in vier Monatsraten zu je 100,00 € zu bezahlen. Den Laptop nimmt sie sofort mit.

f) Wie ist der Fall e) zu entscheiden, wenn ein Eigentumsvorbehalt vereinbart wurde?

3. Fallstudie

Sie sind als Ferienvertretung bei dem Möbelhersteller Hobel KG beschäftigt. An Ihrem ersten Arbeitstag bekommen Sie von einem Kollegen ein Schreiben von BüroFix e. K. vorgelegt (siehe Seite 258).

a) Was bezweckt der Schreiber dieses Briefes?

b) Sie sollen BüroFix e. K. ein Angebot unterbreiten. Welche Angaben sollte das Angebot auf jeden Fall enthalten, damit der Kunde es mit den Angeboten anderer Lieferanten vergleichen kann?

c) Formulieren Sie ein ansprechendes Angebotsschreiben. Die Eckdaten zu den einzelnen Angebotspunkten können sie dabei frei erfinden.

d) Sie haben das Angebot an BüroFix e. K. verschickt. Aufgeregt kommt Herr Wolfson, der Leiter des Rechnungswesens der Hobel KG, zu Ihnen ins Büro. Er habe gehört, dass BüroFix in Zahlungsschwierigkeiten stecke. Deshalb will er keine Geschäftsbeziehung mit BüroFix eingehen. Ist das Angebot der Hobel KG trotzdem verbindlich?

e) Vor lauter Stress ist Ihnen ein Tippfehler unterlaufen. Sie haben den Aktenschank, zweitürig aus Buche, für 76,00 € statt 760,00 € angeboten. Peter Lehmann von BüroFix e. K. ist über das äußerst günstige Angebot natürlich sehr erfreut und möchte sofort 50 solcher Schränke bestellen. Muss die Hobel KG zu diesem Preis liefern?
(Der Lernstoff aus Kapitel 4 kann Ihnen bei der Lösung dieses Falls helfen.)

f) Der Kaufvertrag über 30 Aktenschränke aus Eiche wurde zwischen BüroFix e. K. und der Hobel KG geschlossen. Die Aktenschränke stehen noch im Ausgangslager der Hobel KG. Wer ist Besitzer, wer Eigentümer der Schränke?

g) Die Hobel KG vereinbart mit BüroFix e. K., dass sie Schränke im Schaufenster ausstellen darf. Will ein Kunde dann den Schrank kaufen, bekommt BüroFix eine Provision. Wer ist Eigentümer, wer ist Besitzer des Schrankes im Schaufenster?

BüroFix e.K.
Bürobedarf

BüroFix e. K. • Industriestraße 55 • 67346 Speyer

BüroFix e. K.
Industriestraße 55
67346 Speyer

Telefon: 06232 4578-0
Telefax: 06232 4578-24

Hobel KG
Holzweg 34
77781 Biberach

Ihre Zeichen, Ihre Nachricht vom	Unser Zeichen, unsere Nachricht vom	Telefon, Name 06232 4578-	Datum
		11 Lehmann	11.06.20..

Anfrage

Sehr geehrte Damen und Herren,

wir sind ein Groß- und Einzelhändler für Büroartikel. Um unser Sortiment an heimisch produzierten Büromöbeln abzurunden, bitten wir um Zusendung von Informationen über ihr Programm an Büroschränken in Eiche und Buche.

Bitte unterbreiten Sie uns ein entsprechendes Angebot.

Mit freundlichen Grüßen

BüroFix e. K.

Peter Lehmann

Einkauf

Bankverbindung: Kreis- und Stadtsparkasse Speyer
BLZ: 547 500 10, Konto-Nr.: 3033
BIC: MALADE51SPY
IBAN: DE37 5475 0010 0000 0030 33

Inhaber:
Klaus Schneider
HRA 273

Steuernummer: 41/567/3938
USt-ID: DE 761125395

6 Leistungsstörungen beim Kaufvertrag

Information

Der Abschluss eines Kaufvertrages verpflichtet den Verkäufer, die Ware rechtzeitig und frei von Mängeln zu übereignen. Der Käufer hat die Pflicht, die Ware anzunehmen und den vereinbarten Kaufpreis zu bezahlen. Verletzen Verkäufer oder Käufer eine dieser Pflichten, dann kommt es zu einer Leistungsstörung.

Pflichtverletzung	Bezeichnung der Leistungsstörung
Verkäufer liefert Ware mit Mängeln.	mangelhafte Lieferung
Verkäufer liefert zu spät.	Lieferungsverzug
Käufer nimmt die Ware nicht rechtzeitig an.	Annahmeverzug
Käufer bezahlt die Ware nicht.	Zahlungsverzug

Der Abschluss eines Kaufvertrages

verpflichtet die Vertragspartner, bestimmte Leistungen zu erbringen (erfüllen).

Verkäufer
- rechtzeitig zu liefern
- die richtige Ware fehlerfrei zu übereignen

Käufer
- die Ware rechtzeitig anzunehmen
- rechtzeitig zu bezahlen

Werden diese Leistungen gar nicht oder nicht richtig erbracht, führt dies zu Kaufvertragsstörungen:

Lieferungsverzug — **mangelhafte Lieferung** — **Annahmeverzug** — **Zahlungsverzug**

6.1 Die mangelhafte Lieferung (Schlechtleistung)

Situation

Kevin ist sehr enttäuscht. Über ein Jahr hatte er auf den neuen PC gespart. Endlich konnte er ihn bei BüroFix e. K. kaufen. Kevin stellt den PC bei sich zu Hause auf und will seine ersten Spiele installieren, da stürzt die Kiste ständig ab. Er bringt den PC sofort zurück ins Geschäft und trifft dort auf den Verkäufer Markus Orth.

Kevin: „*Guten Tag, ich habe letzte Woche diesen PC hier gekauft. Der hat aber eine Macke und stürzt ständig ab, wenn ich etwas installieren will.*"

Markus Orth: „*Haben Sie den Kassenbeleg dabei?*"

Kevin: „*Klar, den hab' ich extra aufgehoben.*"

Markus Orth: „*Gut, den PC müssen wir einschicken, das wird so ca. drei Wochen dauern.*"

Kevin: „*Was? Einschicken? Ich will überhaupt nicht, dass er eingeschickt wird. Ich will einfach nur mein Geld zurück. Dann gehe ich zu Office-Welt und hole mir dort einen neuen PC.*"

Markus Orth: „*Tut mir Leid, das können wir nicht machen. Wir werden den PC einschicken müssen.*"

Leitfragen

- Kann Kevin darauf bestehen, dass ihm das Geld zurückgegeben wird?
- Schildern Sie eigene Erlebnisse, bei denen Sie eine mangelhafte Sache gekauft haben.

Information

Welche Sachmängelarten gibt es?

Im Bürgerlichen Gesetzbuch (§ 434 BGB) ist geregelt, was alles als Mangel bei einer Sache gelten kann. Dabei sind folgende Mangelarten vom Gesetz erfasst:

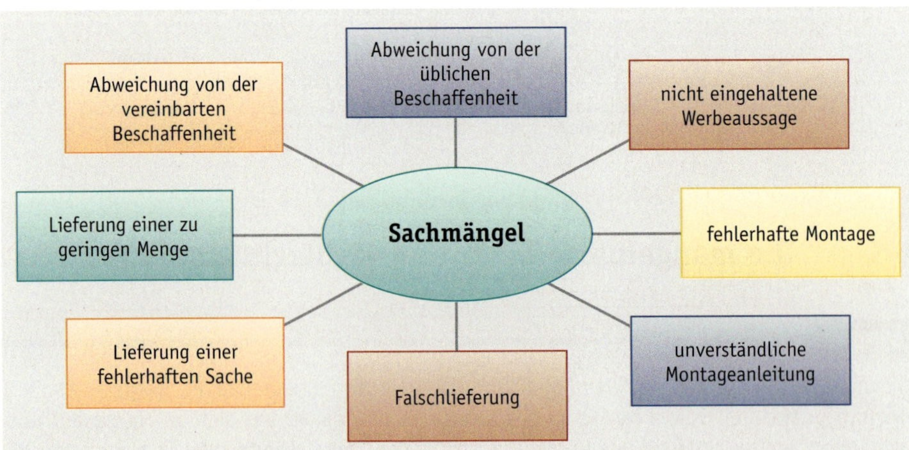

› Abweichung von der vereinbarten Beschaffenheit

Beispiel: Tim Neuhof hat für seine neue Wohnung beim Schreiner einen dreitürigen Schrank nach Maß bestellt. Der Schreiner liefert einen Schrank mit zwei Türen.

› Abweichung von der üblichen Beschaffenheit

Beispiel: Tim kauft sich tief gefrorenen Fisch. Als er ihn auftaut, riecht dieser sehr übel.

› nicht eingehaltene Werbeaussage

Beispiel: Auf der Verpackung eines Fleckentferners steht: „Entfernt selbst hartnäckigsten Schmutz". Tim will damit einen Schokoladenfleck auf seinem Hemd entfernen. Doch statt den Fleck zu entfernen, vergrößert der Fleckentferner den Fleck nur noch.

› fehlerhafte Montage

Beispiel: Tims Schrank wird geliefert. Zwei Schreinergesellen montieren ihn in seiner Wohnung. Am Abend bemerkt Tim, dass sich eine Schranktür nicht richtig schließen lässt.

› unverständliche Montageanleitung

Beispiel: Tim kauft sich beim Supermarkt ein Nachttischschränkchen in Selbstbauweise. Fröhlich macht er sich ans Werk. Doch die Freude ist nur von kurzer Dauer. Die beiliegende Montageanleitung ist auf Chinesisch.

› Falschlieferung

Beispiel: Tim hat ein blaues Hemd im Katalog bestellt. Drei Tage später erhält er mit der Post ein grünes Hemd.

› Lieferung einer fehlerhaften Sache

Beispiel: Tim kauft sich eine Digitalkamera. Er bemerkt schnell, dass die Kamera nur verzerrte Bilder liefert.

› Lieferung einer zu geringen Menge

Beispiel: Tim bestellt sich im Katalog zehn schwarze T-Shirts zum Sonderpreis. Es werden ihm acht geliefert, die Rechnung lautet jedoch über zehn T-Shirts.

Die vorrangigen Rechte des Käufers

Hat der Käufer eine mangelhafte Sache erworben, dann kann er zunächst vom Verkäufer verlangen, dass ihm die mangelhafte Sache durch eine mangelfreie ersetzt wird (Lieferung einer mangelfreien Sache) oder die mangelhafte Sache repariert wird (Beseitigung des Mangels). Dies sind die so genannten vorrangigen Rechte.

Merke

Vorrangiges Recht = Nacherfüllung, das heißt Beseitigung des Mangels oder die Lieferung einer mangelfreien Sache (§ 439 BGB)

Beispiel

Tim Neuhof kauft sich einen MP3-Player in einem Fachgeschäft. Tim hat jedoch einen schlechten Kauf gemacht. Das Gerät spielt die Lieder nur stotternd ab. Er geht deshalb zurück ins Fachgeschäft. Er macht von seinem Recht Gebrauch, einen mangelfreien MP3-Player zu bekommen. Den defekten Player kann er zurückgeben.

Der Käufer muss für die Nacherfüllung dem Verkäufer jeweils eine angemessene Frist setzen. Er kann bei einer mangelhaften Sache nicht direkt verlangen, dass er die Sache zurückgeben kann und sein Geld zurückbekommt. Zunächst kann er nur auf einer mangelfreien Ware bestehen. In der Praxis geben jedoch viele Handelsunternehmen bei Mängeln oder gar bei Nichtgefallen sofort das Geld zurück. Dies ist jedoch reine Kulanz. Gesetzlich einklagbar ist das nicht.

Der Verkäufer kann die vom Käufer gewünschte Form der Nacherfüllung verweigern, wenn sie unverhältnismäßig hohe Kosten verursachen würde.

Die Nacherfüllung ist gescheitert, wenn die Frist zur Nacherfüllung erfolglos verstrichen oder die Nachbesserung zweimal fehlgeschlagen ist. Parallel zur Nacherfüllung kann der Käufer auch Schadensersatz verlangen, wenn der Verkäufer den Mangel verschuldet hat. Als Verschulden kommt hier bereits Fahrlässigkeit in Frage (§ 280 BGB). Die Aufwendungen, die bei der Nacherfüllung entstehen, sind vom Verkäufer zu tragen.

Beispiel

Die Computer AG beliefert die BüroFix e. K. mit PCs und Laptops. BüroFix e. K. hat für den neuesten Laptop kräftig die Werbetrommel gerührt, der ab kommendem Montag zu einem Sonderpreis angeboten werden soll. Die Computer AG liefert jedoch Montagmorgen um 6 Uhr aus Versehen die falschen Laptopmodelle. BüroFix e. K. muss viele enttäuschte Kunden wieder nach Hause schicken. Sie kann jedoch den entgangenen Gewinn aufgrund der Pflichtverletzung des Zulieferers als Schadensersatz einfordern. BüroFix e. K. ist trotzdem weiterhin an einer Lieferung der Laptops interessiert.

Der Käufer muss keine Frist setzen, wenn:

- der Verkäufer die Nacherfüllung verweigert,
- die Lieferung zu einem kalendermäßig bestimmten Termin erfolgen sollte (Fixkauf),
- die Nacherfüllung unmöglich oder dem Verkäufer nicht zumutbar ist.

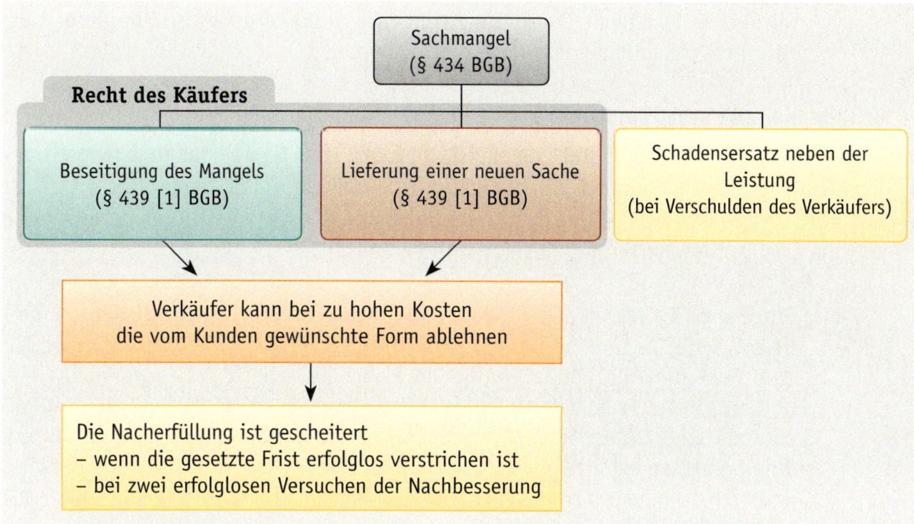

Die nachrangigen Rechte des Käufers

Ist die Nacherfüllung gescheitert, hat der Käufer die folgenden Rechte, von denen er je nach Situation auswählen kann:

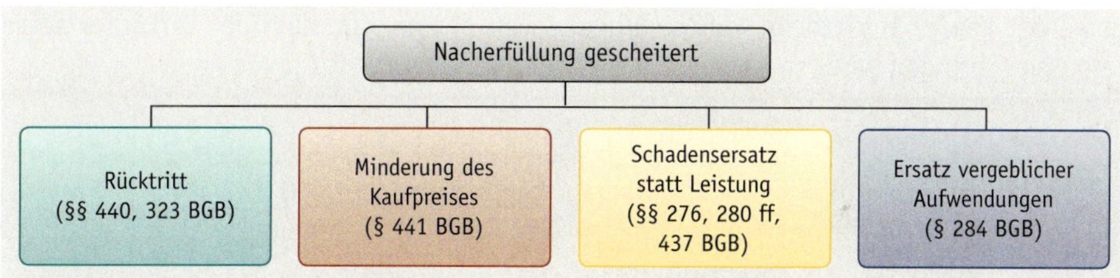

› Rücktritt vom Kaufvertrag

Der Käufer kann bei gescheiterter Nacherfüllung vom Kauf zurücktreten.

Beispiel BüroFix e K. erhält eine Lieferung von Büroschränken. Die Schranktüren sind aufgrund eines Lagerungsfehlers völlig zerkratzt. BüroFix e. K. zeigt diesen Mangel sofort an und bittet um eine Neulieferung innerhalb der nächsten 14 Tage, da der Schrank zum neuen Sortiment gehört. Der Lieferant kann jedoch die Schränke nicht innerhalb der nächsten 14 Tage liefern. BüroFix e. K. tritt aus diesem Grund vom Kaufvertrag zurück.

Bei einem leichten Mangel kann der Käufer dieses Recht jedoch nicht in Anspruch nehmen. Zusätzlich zum Rücktritt kann er auch Schadensersatz verlangen, wenn ein Verschulden des Verkäufers nachweislich vorliegt.

› Minderung des Kaufpreises

Anstatt vom Kaufvertrag zurückzutreten, können Verkäufer und Käufer sich auch darauf einigen, dass der Kaufpreis gemindert wird.

Beispiel

BüroFix e. K. nimmt die zerkratzten Büroschränke doch an, allerdings nur zu einem erheblich geminderten Einkaufspreis.

› Schadensersatz statt Leistung

Das Recht auf Schadensersatz statt der Leistung kann vom Käufer nur in Anspruch genommen werden, wenn ihm durch die mangelhafte Lieferung ein Schaden entstanden ist und ein Verschulden des Verkäufers vorliegt. Dabei musste dem Verkäufer bereits ohne Erfolg eine Frist zur Nacherfüllung gesetzt worden sein.

Beispiel

BüroFix e. K. bekommt beschädigte Eichenschränke von der Möbel KG geliefert. Peter Lehmann zeigt diese Mängel sofort an und setzt der Möbel KG eine Frist für eine Neulieferung. Die Möbel KG schafft es jedoch nicht, innerhalb dieser Frist neu zu liefern. BüroFix e. K. muss deshalb von einem anderen Lieferanten Eichenschränke zu einem höheren Preis einkaufen, um einen Auftrag erfüllen zu können. BüroFix e. K. kann als Schadensersatz den Unterschied zwischen dem ursprünglichen Einkaufspreis und dem gezahlten Einkaufspreis verlangen.

Merke

Bei Schadensersatz muss ein Verschulden des Verkäufers vorliegen.

› Ersatz vergeblicher Aufwendungen

Hatte der Käufer zusätzliche Aufwendungen, weil er annahm, dass der Verkäufer seine Leistung erbringen wird, so kann er dafür Ersatz verlangen.

Beispiel

BüroFix e. K. hatte für das Laptop-Angebot Plakate mit dem Bild des Laptops und dem Datum des Verkaufstages für rund 1.000,00 € drucken lassen. Die Computer AG liefert die falschen Laptops, auch neue Lieferungsversuche scheitern. Die Nacherfüllung bleibt erfolglos. BüroFix e. K. kann das Geld für die Werbeplakate von der Computer AG einfordern.

Die Pflichten des Käufers bei einer mangelhaften Lieferung

Ist der Käufer ein Kaufmann, muss die Ware unverzüglich bei Anlieferung untersucht werden. Findet er einen Mangel bei der Wareneingangskontrolle, so muss er dies dem Verkäufer sofort mitteilen. So genannte versteckte Mängel sind Mängel, die bei der Wareneingangskontrolle unentdeckt bleiben, da sie erst sichtbar werden, wenn die Ware oder die Rohstoffe gebraucht oder in der Produktion verwendet werden. Nach Ablauf der Verjährungsfrist von zwei Jahren kann ein versteckter Mangel nicht mehr beim Käufer geltend gemacht werden. Auch für versteckte Mängel gilt, dass sie sofort, nachdem sie entdeckt werden, angezeigt werden müssen.

Beispiel

BüroFix e. K. bekommt zehn Laptops geliefert. Markus Orth zählt die Laptops bei der Anlieferung und prüft sie auf Beschädigungen. Die Laptops scheinen in Ordnung zu sein. Eine Woche später wird auf den Laptops die notwendige Software installiert. Es zeigt sich, dass sämtliche CD-ROM-Laufwerke einen Defekt haben. Markus Orth meldet dies sofort Peter Lehmann im Einkauf, der diesen versteckten Mangel umgehend bei dem Zulieferer anzeigt.

Die mangelhafte Ware muss vom Käufer zunächst aufbewahrt werden. Allerdings kann ein Unternehmer, der verderbliche Ware eingekauft hat, einen Notverkauf machen.

Die Verjährungsfristen

Es gelten die folgenden Fristen, um Ansprüche aus einer mangelhaften Lieferung geltend machen zu können:

1 Jahr	Bei gebrauchten Sachen (z. B. Gebrauchtwagen) hat der Käufer ein Jahr Zeit (gerechnet vom Datum der Übergabe), seine Ansprüche geltend zu machen.
2 Jahre	Die zweijährige Gewährleistungsfrist gilt bei Kauf- und Werkverträgen. Beginn der Frist ist das Datum der Übergabe der Sache.
3 Jahre	Wurde ein Mangel bei einer Sache vom Verkäufer arglistig verschwiegen, dann beträgt die Verjährungsfrist drei Jahre. Die Verjährungsfrist beginnt zudem erst mit dem Ende des Jahres, in dem der Mangel erkannt wurde.
5 Jahre	Bei Mängeln an Bauwerken gilt eine fünfjährige Verjährungsfrist. Die Frist beginnt mit dem Datum der Abnahme durch den Käufer.
10 Jahre	Bei Mängeln an verkauften Grundstücken gilt eine 10-jährige Verjährungsfrist.

Beispiel

Tim Neuhof kauft einen gebrauchten Pkw. Das Auto wird ihm am 03.05.20.. übergeben. Am 10.05. des Folgejahres geht der Motor des Pkw kaputt. Tim kann keine Ansprüche aus mangelhafter Lieferung geltend machen, da sie bereits verjährt sind.

Die Besonderheiten beim Verbrauchsgüterkauf

Ein Verbrauchsgüterkauf liegt vor, wenn eine Privatperson bei einem Unternehmen etwas kauft. Wenn allerdings ein Unternehmen bei einem anderen Unternehmen etwas kauft oder wenn eine Privatperson von einer anderen Privatperson etwas abkauft, dann handelt es sich nicht um einen Verbrauchsgüterkauf.

Merke

Ein Verbrauchsgüterkauf liegt vor, wenn eine Privatperson bei einem Unternehmen etwas kauft.

Tritt ein Mangel nach einem Verbrauchsgüterkauf auf, dann muss der Verkäufer in den ersten sechs Monaten beweisen, dass der Mangel zum Zeitpunkt der Warenübergabe noch nicht bestanden hat. Erst nach sechs Monaten muss der Käufer diesen Beweis erbringen.

Merke

Kauft ein Privatmann bei einem Unternehmen, dann muss beim Auftreten eines Mangels innerhalb der ersten sechs Monate das Unternehmen beweisen, dass der Mangel bei der Übergabe noch nicht vorlag.

Beispiel

Tim Neuhof hat sich einen DVD-Player gekauft. Nach zwei Wochen ist das Gerät defekt. Tim bringt ihn zurück in das Fachgeschäft. Der Verkäufer ist sehr schroff und behauptet, dass nur fehlerfreie Ware verkauft werde, bestimmt habe Tim den Player kaputt gemacht. Tim kennt sich jedoch mit rechtlichen Dingen aus und klärt den verdutzten Verkäufer darüber auf, dass er ihm dies beweisen müsse. Da dies der Verkäufer natürlich nicht kann, muss er auf die Ansprüche Tims eingehen.

Bei Verbrauchsgüterkäufen gilt zudem, dass der Käufer immer seine Ansprüche gegenüber dem Verkäufer geltend machen kann und nicht etwa nur gegenüber dem Hersteller einer Sache. Zudem ist es nicht möglich, die Verjährung vertraglich auszuschließen.

Zusammenfassung

Frage: Was bedeuten die Begriffe „vorrangige Rechte“ und „nachrangige Rechte“?

Antwort: Als „vorrangige Rechte“ werden die Rechte bezeichnet, die bei der Sachmängelhaftung Vorrang haben, also zuerst infrage kommen. Dies ist bei der mangelhaften Lieferung immer die Nacherfüllung. Bleibt diese erfolglos, dann kommen die so genannten „nachrangigen Rechte“ zum Zuge.

Frage: Warum bekommt man nach geltendem Recht nicht sofort sein Geld zurück, wenn man eine mangelhafte Sache gekauft hat?

Antwort: Der Gesetzgeber sieht zunächst nur die Möglichkeit einer Nacherfüllung vor, also entweder die Lieferung einer neuen, mangelfreien Sache oder die Behebung des Mangels (z. B. durch Reparatur). Der Gesetzgeber will, dass Verträge eingehalten werden. Deshalb soll der Verkäufer zunächst eine Frist bekommen, bei der er Gelegenheit hat, den Vertrag doch noch zu erfüllen.

Frage: Wann bekomme ich bei einer mangelhaften Sache mein Geld zurück?

Antwort: Sie müssen zunächst den Mangel beim Verkäufer reklamieren und ihm eine Frist setzen, bis wann der Mangel behoben sein muss. Ist die Frist verstrichen und die Nacherfüllung erfolglos geblieben, dann können Sie vom Kaufvertrag zurücktreten, das heißt, sie bekommen Ihr Geld zurück.

Frage: Wenn ich eine mangelhafte Sache gekauft habe, wann bekomme ich dann Schadensersatz?

Antwort: Schadensersatz kann nur dann geltend gemacht werden, wenn für den Mangel ein Verschulden des Verkäufers vorliegt und dadurch auch ein Schaden entstanden ist.

Frage: Wenn mein vor 15 Monaten gekaufter Gebrauchtwagen einen Motorschaden hat, der nicht von mir verschuldet worden ist, was kann ich da machen?

Antwort: Nach 15 Monaten haben Sie keine Rechte aufgrund einer mangelhaften Lieferung mehr. Die Verjährungsfrist beträgt bei gebrauchten Sachen 12 Monate.

Frage: Ich habe im Internet eine gebrauchte Stereoanlage von einer Privatperson ersteigert. Die Stereoanlage ist jedoch defekt. Kann ich die Rechte aus der Lieferung einer mangelhaften Sache geltend machen, obwohl ich nicht bei einem Unternehmen gekauft habe?

Antwort: Natürlich, die Rechte sind ja im BGB geregelt, dies gilt auch für Privatleute. Privatleute, die etwas verkaufen, dürfen jedoch sämtliche Rechte ausschließen, müssen dies allerdings dem Käufer ausdrücklich mitteilen. Ein Unternehmen darf gegenüber einem Privatmann diese Rechte auf keinen Fall ausschließen.

Wissensfragen

1. Welche Sachmängel werden im Gesetz (§ 434 BGB) aufgelistet?
2. Welche Rechte hat ein Käufer einer mangelhaften Sache?
3. Nennen Sie die vorrangigen Rechte.
4. Nennen Sie die nachrangigen Rechte.
5. Wie lange dauert die Verjährungsfrist beim Kauf gebrauchter Sachen?
6. Was ist ein Verbrauchsgüterkauf?
7. Was ist ein offener Mangel?
8. Was ist ein versteckter Mangel?
9. Welche Pflichten hat der Käufer bei der Lieferung, wenn er Unternehmer ist?

Übungsaufgaben

1. Praxisfälle entscheiden

Bestimmen Sie bei den folgenden Fällen, um welchen Sachmangel es sich handelt. Vorsicht! Es handelt sich nicht immer um einen Sachmangel.

a) Tim bestellt sich fünf schwarze T-Shirts bei einem Versandhaus. Es werden nur vier T-Shirts geliefert.

b) Tim kauft in einem Bekleidungsgeschäft eine Jeans. Obwohl er die Jeans nur mit 30 Grad gewaschen hat, ist sie völlig eingelaufen, sodass Tim sie nicht mehr anziehen kann.

c) Tim hat sich erneut eine Jeans gekauft, diesmal von einer anderen Marke. Nachdem er sie eine Woche getragen hat, gefällt sie ihm nicht mehr. Er findet, dass ihm die Farbe nicht steht.

d) Tim hat sich einen Schreibtisch zum Selbstaufbau gekauft. Die Montageanleitung ist jedoch völlig unverständlich – sie ist auf Chinesisch.

e) Tim kauft sich ein neues Rennrad. In der Werbung wurde das Rad damit beworben, dass es aufgrund der Spezialmaterialien nur 6 kg wiegt. Tim will es genau wissen und stellt das Fahrrad zu Hause auf die Waage – es sind 7,6 kg.

2. Struktur legen

Im Folgenden sehen Sie ein Schema, das Ihnen die Rechte des Käufers bei einer mangelhaften Lieferung strukturiert vor Augen führen soll. Übertragen Sie die Form des Schemas zunächst sauber auf eine A4-Seite in Ihr Heft. Ordnen Sie den Buchstaben in dem Schema die entsprechenden Begriffe und Aussagen zu.

- Verschulden des Verkäufers
- Neulieferung
- falls Frist erfolglos verstrichen oder Nachbesserung zweimal gescheitert (f))
- Rücktritt (k))
- Minderung des Kaufpreises
- Sachmangel (a))
- Mängelbeseitigung (Nachbesserung)
- Schadensersatz statt der Leistung
- Schadensersatz neben der Leistung
- Nacherfüllung (b))
- bei zu großem Aufwand kann der Verkäufer die Wahl des Käufers ablehnen

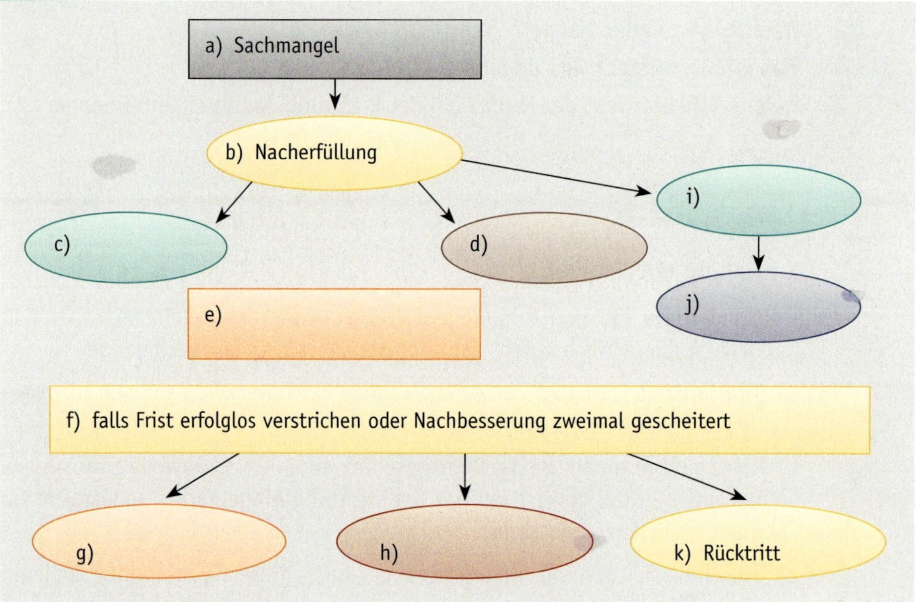

3. Praxisfälle lösen

Lösen Sie die folgenden Fälle zur mangelhaften Lieferung. Wenden Sie bei der Lösung immer das Schema aus Aufgabe 2 an, um zu überprüfen, welche Rechte in Anspruch genommen werden können.

a) Tobias kauft sich bei SportDress, einem Sportgeschäft in der Innenstadt, eine neue Laufjacke. Drei Tage später funktioniert der Reißverschluss der Jacke nicht mehr. Kann er die Jacke sofort zurückgeben?

b) Tobias fordert vom Verkäufer eine neue Jacke. Der Verkäufer erklärt ihm, dass die Schneiderin des Sportgeschäftes den Reißverschluss reparieren kann. Dies sei für das Geschäft erheblich günstiger. Kann Tobias auf einer neuen Jacke bestehen?

c) Tim kauft von der Mucki GmbH am 13.07.20.. ein Fitnessgerät zum Selbstaufbau. Aufgrund einer fehlerhaften Montageanleitung baut er das Gerät falsch zusammen. Tim will dafür sofort einen Preisnachlass von 100,00 €. Geht das?

d) BüroFix e. K. kaufte am 08.03.2008 bei der Computerfirma Megatron einen PC für die Buchhaltung. Ab 17.04.2010 gibt der Computer nach dem Anschalten nur noch einen hohen Pfeifton von sich und regt sich sonst nicht mehr.

e) BüroFix e. K. kauft am 11.03.2010 bei der Möbel-Meier OHG eine Sonderanfertigung eines Büroschrankes. Der Schrank wird am 22.04.2010 geliefert. Bei der Wareneingangskontrolle stellt Peter Lehmann fest, dass die linke Schranktür beim Schließen etwas quietscht. Peter Lehmann möchte deshalb von der Möbel-Meier OHG einen neuen Schrank. Wird die Möbel-Meier OHG auf die Forderung Lehmanns eingehen?

f) BüroFix e. K. kauft über das Internet am 11.06.2009 bei einem Autohändler einen gebrauchten Lieferwagen. Am 13.06.2010 geht der elektrische Fensterheber des linken Fensters nicht mehr. Welche Rechte kann BüroFix e. K. gegenüber dem Autohändler geltend machen?

4. Beraten in Rechtsfragen

Sie sind nun Experte in Rechtsfragen bezüglich der mangelhaften Lieferung. Ihr Bekannter, Herr Cengiz Kaya, hat sich mit einem Modegeschäft selbstständig gemacht. Immer wieder hat er Probleme aufgrund mangelhafter Lieferungen. Er will deshalb Druck auf seine Zulieferer machen und hat für einen konkreten Fall folgendes Schreiben verfasst.

a) Beurteilen Sie, ob das folgende Schreiben der Rechtslage entspricht.

b) Schreiben Sie einen Geschäftsbrief für Cengiz Kaya, in dem die Rechtslage richtig dargestellt wird.

Modehaus Kaya

Modehaus Kaya GmbH · Alsfelder Str. 7 · 64289 Darmstadt

Bernstein Mode GmbH
Germersweg 15
68159 Mannheim

Modehaus Kaya GmbH
Alsfelder Straße 7
64289 Darmstadt

Telefon: 06151 7878-0
Telefax: 06151 7878-9

E-Mail: info@kaya-wvd.de
Internet: www.kaya-wvd.de

Ihre Zeichen, Ihre Nachricht vom	Unser Zeichen, unsere Nachricht vom	Telefon, Name 06151 7878-	Datum
	ck	7 Kaya	10.03.20..

Mängelanzeige

Sehr geehrte Damen und Herren,

wir bestellten am 02.01.20.. vier Maßanzüge der Größe XXXL, die für den bekannten Sumo-Ringer Wan Tan aus Japan bestimmt waren.

Am 05.03.20.. lieferten Sie pünktlich. Bei der sofortigen Warenprüfung mussten wir jedoch feststellen, dass einige Knöpfe nur sehr locker angenäht sind. Über diese Nachlässigkeit sind wir sehr enttäuscht!

Aufgrund dieses Mangels treten wir vom Kaufvertrag zurück. Bitte überweisen Sie unsere Anzahlung von 950,00 € möglichst umgehend auf unser Bankkonto.

Die Ware wird in den nächsten Tagen an Sie zurückgesandt.

Mit freundlichen Grüßen

Modehaus Kaya

Cengiz Kaya

Geschäftsführer: Cengiz Kaya · Handelsregister: AG Darmstadt · HRB 16065 · Steuernummer: 044 845 62662
Bankverbindung: Sparkasse Darmstadt · Konto-Nr. 444 234 555 · BLZ 508 501 50

6.2 Der Lieferungsverzug – Wo bleibt die Ware?

Situation

BüroFix e. K. möchte noch vor dem Weihnachtsgeschäft Schülerschreibtische zum Schnäppchenpreis anbieten. Aus diesem Grund bestellt Peter Lehmann, der Leiter des Einkaufs, am 25. November bei der Holzwelt GmbH 10 Schreibtische des Typs Junior (zum Stückpreis von 99,00 €) sowie 20 Schreibtische Junior de luxe (zum Stückpreis von 199,00 €), mit der Vorgabe, die Ware bis zum 05.12.20.. zu liefern.
Am 9. Dezember (einem Samstag) ist die Lieferung immer noch nicht eingetroffen. Bei der Holzwelt GmbH kann Peter Lehmann niemanden erreichen. Doch am 10. Dezember ist bereits der verkaufsoffene Sonntag. Was tun?
Da BüroFix e. K. am 10. Dezember aufgrund der bereits geschalteten Werbung nicht ohne Schreibtische in den Verkauf gehen will, besorgt Peter Lehman bei einem Großhändler die bestellten Schreibtische. Der Schreibtisch Junior kostet dann allerdings 139,00 €, der Schreibtisch Junior de luxe 229,00 €.
Am Montag darauf erfährt Peter Lehmann von der Holzwelt GmbH, dass man den Termin aufgrund eines Krankheitsfalles im Lager nicht habe ausführen können.

Leitfrage

Welche Maßnahmen sollte BüroFix e. K. in dem vorliegenden Fall ergreifen?

Information

Was sind die Voraussetzungen für einen Lieferungsverzug (Nicht-Rechtzeitig-Lieferung)?

Ein Lieferer kommt in Verzug, wenn folgende Voraussetzungen erfüllt sind:

1. Fälligkeit

Wurde ein bestimmtes Lieferdatum vereinbart, so ist die Lieferung fällig, wenn dieser Termin überschritten wird. Ist kein bestimmtes Datum oder eine bestimmte Lieferzeit zwischen dem Verkäufer und Käufer vereinbart worden, dann wird die Lieferung sofort nach Vertragsschluss fällig.

Beispiel

In der Eingangssituation war die Fälligkeit gegeben, da in der Bestellung klar vereinbart worden ist, dass die Lieferung bis zum 05.12.20.. zu erfolgen habe.

2. Mahnung

Erfolgt die Lieferung nicht, so muss der Käufer dem Verkäufer zunächst eine Mahnung schicken. In der Mahnung muss der Lieferer zur Lieferung der Ware aufgefordert werden. Dabei sollte immer eine Frist gesetzt werden, innerhalb derer die Lieferung zu erfolgen hat.

Die Mahnung entfällt beim:

› **Fixkauf:** Es wurde ein kalendermäßig genau bestimmter Liefertermin festgelegt (z. B. 14.05.2011).

- **Zweckkauf:** Die Ware wird für einen ganz bestimmten Zweck gekauft. Eine spätere Lieferung ist sinnlos (z. B. Nikolausmützen werden nicht am 05.12., sondern erst am 31.12. geliefert).
- **Selbstinverzugsetzung:** Der Verkäufer setzt sich selbst in Verzug, indem er erklärt, dass er die Ware nicht rechtzeitig liefern kann.

Beispiel

In der Eingangssituation entfällt die Mahnung durch BüroFix e. K., da der Liefertermin in der Bestellung festgelegt worden ist.

3. Verschulden des Verkäufers

Lieferungsverzug liegt immer nur dann vor, wenn der Verkäufer dies verschuldet hat. Ein Verschulden liegt vor, wenn der Verkäufer durch fahrlässiges oder vorsätzliches Handeln die Lieferungsverzögerung hervorgerufen hat. Ergibt sich eine Lieferungsverzögerung durch höhere Gewalt (z. B. Unwetter, Krieg) dann liegt kein Verschulden des Verkäufers vor.

Bei einfachen Massenprodukten (so genannten Gattungswaren) liegt das Beschaffungsrisiko immer beim Verkäufer, das heißt, das Verschulden ist nicht Voraussetzung für den Lieferungsverzug.

Beispiel

In der Eingangssituation liegt ein Verschulden des Lieferanten, der Holzwelt GmbH, vor, da sie den Liefertermin vergessen hat. Dies ist als fahrlässiges Handeln zu werten.

Merke

Ein Verkäufer befindet sich im Lieferungsverzug, wenn seine Lieferung fällig ist, er gemahnt wurde und er die Verzögerung verschuldet hat. Beim Zweck- oder Fixkauf sowie bei der Selbstinverzugsetzung braucht der Käufer nicht zu mahnen.

Die Folgen eines Lieferungsverzugs – erweiterte Haftung für den Verkäufer

Befindet sich ein Verkäufer im Lieferungsverzug, so wird seine Haftung für die Ware verschärft. Er hat nicht nur jede Fahrlässigkeit zu verantworten, sondern auch den zufälligen Verlust der Ware, es sei denn, der Schaden wäre auch bei rechtzeitiger Leistung eingetreten.

Die Rechte des Käufers beim Lieferungsverzug

Ohne Nachfristsetzung kann der Käufer sofort:

- die Lieferung fordern (z. B. wenn der Verkäufer besonders preisgünstig ist);
- zusätzlich zur Lieferung Schadensersatz fordern (wenn der Verzögerungsschaden nachweisbar ist).

Mit Nachfristsetzung kann der Käufer nach Ablauf der Frist:

- die Lieferung ablehnen und vom Vertrag zurücktreten (z. B. wenn die Ware bei einem anderen Anbieter preiswerter geliefert werden kann),
- die Lieferung ablehnen und Schadensersatz verlangen.

Beispiel

In der Eingangssituation wird die BüroFix e. K. die verspätete Lieferung durch die Holzwelt GmbH ablehnen, da Peter Lehmann die Schreibtische inzwischen bei einem Großhändler gekauft hat. Da BüroFix e. K. für diese Schreibtische mehr bezahlen musste, wird sie Schadensersatz von der Holzwelt GmbH fordern. Der Schadensersatz beläuft sich auf den Betrag, den BüroFix e. K. bei dem Großhändler mehr bezahlen musste.

Die Rechte des Käufers bei Lieferungsverzug ...	
... ohne Fristsetzung	... mit Fristsetzung
› Käufer besteht weiterhin auf der Lieferung › Käufer fordert Schadensersatz (zusätzlich zur Lieferung)	› Käufer tritt vom Vertrag zurück › Käufer fordert Schadensersatz (statt der Lieferung)

Wie wird der Schadensersatz berechnet?

Bei der Schadensersatzberechnung unterscheidet man zwischen konkretem und abstraktem Schaden.

Beim **konkreten Schaden** ist ein tatsächlicher Schaden entstanden, bei dem das Vermögen des Geschädigten tatsächlich abgenommen hat (wenn beispielsweise der Käufer die Ware bei einem teureren Lieferanten einkaufen musste, um selbst Liefertermine einhalten zu können).

Beispiel

BüroFix e. K. hat einen Auftrag von der Pharma AG über die Lieferung von 20 Büroschränken bekommen. Diese müssen bis zum 10.08.20.. geliefert werden. BüroFix e. K. wiederum bezieht die Büroschränke von dem Möbelhersteller Möbel KG. Diese liefert jedoch die Büroschränke nicht fristgerecht. Um den Termin mit der Pharma AG trotzdem einhalten zu können, kauft BüroFix e. K. kurzerhand bei einem anderen Möbelhersteller, der allerdings um 1.000,00 € teurer ist. Diese 1.000,00 € kann BüroFix e. K. nun als Schadensersatz von der Möbel KG aufgrund des Lieferungsverzugs einfordern.

Beim **abstrakten Schaden** ist dem Käufer ein Gewinn aufgrund des Lieferungsverzugs entgangen. Auch dieser entgangene Gewinn kann als Schadensersatz vom Lieferer eingefordert werden.

Beispiel

BüroFix e. K. bekommt von der Pharma AG einen Auftrag über Spezial-Drehstühle, die bis zum 12.09.20.. geliefert werden sollen. BüroFix e. K. bestellt die Drehstühle direkt beim Hersteller, der Chair GmbH. Diese vergisst jedoch die Lieferung und kann erst zum 20.09.20.. liefern. Die Pharma AG ist an dem Auftrag nicht mehr interessiert, wodurch BüroFix e. K. ein Gewinn in Höhe von 3.000,00 € entgeht. Dieser entgangene Gewinn kann nun die BüroFix e. K. von der Chair GmbH einfordern.

Ein Ersatz für vergebliche Aufwendungen

Anstatt des Schadensersatzes kann der Käufer auch Ersatz für vergebliche Aufwendungen verlangen. Dies sind Aufwendungen, die er im Vertrauen darauf gemacht hat, dass die Lieferung rechtzeitig erfolgt.

Zusammenfassung

Frage: Wenn ich etwas im Katalog bestellt habe und die Lieferung dauert sehr lange, kann ich dann bei der Konkurrenz bestellen und den Mehrpreis, den ich bezahlen muss, vom eigentlichen Lieferanten als Schadensersatz einfordern?

Antwort: Dies ist nur bei einem Fixkauf möglich, wenn Sie also einen exakten Liefertermin vereinbart haben. Sonst müssen Sie zunächst eine Mahnung an den Lieferanten schicken und ihm eine Frist nennen, in der er zu liefern hat.

Frage: Muss ich also immer zuerst eine Mahnung schicken, bevor ich vom Vertrag zurücktreten kann?

Antwort: Nein, bei einem Fixkauf muss keine Mahnung geschickt werden. Sobald der kalendermäßige Termin überschritten ist, befindet sich der Lieferer im Verzug.

Frage: Was ist, wenn der Lieferer für die verspätete Lieferung nichts kann?

Antwort: Dann kommt der Lieferer nicht in Verzug. Dies ist ausdrücklich im § 286 BGB geregelt.

Frage: Wenn ich über das Internet eine CD bestelle und die Lieferung dauert statt der vereinbarten acht Tage ganze vier Wochen, kann ich dann Schadensersatz für die Warterei fordern?

Antwort: Schadensersatz kann gefordert werden, wenn Ihnen entweder ein konkreter oder abstrakter Schaden entstanden ist. Ein konkreter Schaden ist Ihnen z. B. entstanden, wenn Sie die CD dringend benötigten und Sie deshalb die CD zu einem höheren Preis bei einem anderen Händler kaufen mussten. Konkret bedeutet dies, dass Ihr Vermögen tatsächlich weniger geworden ist. Ein abstrakter Schaden liegt vor, wenn Sie beispielsweise die CD hätten weiterverkaufen wollen und Ihnen durch den Lieferungsverzug nun ein Gewinn entgangen ist. Ihr Vermögen hätte wachsen können, der Vermögenszuwachs ist allerdings durch das Verschulden des Lieferers verhindert worden.

Wissensfragen

1. Welche Voraussetzungen müssen erfüllt sein, damit sich ein Lieferer im Verzug befindet?
2. Was versteht man unter einem Fixkauf?
3. Was versteht man unter einem Zweckkauf?
4. Was sind die Rechte des Käufers, wenn keine Nachfrist gesetzt wird?
5. Was sind die Rechte des Käufers, wenn er dem Verkäufer bereits eine Nachfrist für die Lieferung gesetzt hat?
6. Wie unterscheidet sich der konkrete Schadensersatz vom abstrakten Schadensersatz?

Übungsaufgaben

1. Welche der folgenden Aussagen sind falsch? Korrigieren Sie die falschen Aussagen.

a) Die Fälligkeit der Lieferung ist Voraussetzung für den Lieferungsverzug.
b) Abstrakter Schadensersatz ist z. B. der entgangene Gewinn.
c) Nur beim Fixkauf muss der Lieferer gemahnt werden.
d) Ohne Nachfristsetzung kann kein Schadensersatz gefordert werden.
e) Bei einem Fixkauf ist keine Mahnung erforderlich.

2. **Praxisfälle lösen**

a) Überprüfen Sie bei den folgenden Fällen, ob die drei Voraussetzungen für den Lieferungsverzug (Fälligkeit, Mahnung, Verschulden) erfüllt sind. Erstellen Sie dazu eine Tabelle in Ihr Heft und tragen bei jeder Voraussetzung ein, ob diese in diesem Fall gegeben ist. Beachten Sie, dass die Mahnung nicht immer erforderlich ist.

Beispiel

a) BüroFix e. K. bestellt bei Möbel Müller einen maßgefertigten Konferenztisch. Als Liefertermin ist der 15.02.20.. vereinbart. Am 18.02.20.. ist der Tisch immer noch nicht geliefert. Auf Nachfrage von BüroFix e. K. stellt sich heraus, dass Möbel Müller den Tisch noch nicht fertigen konnte, da die Maße im Konstruktionsbüro verloren gingen.

Tabelle (ins Heft):

Aufgabe	Fälligkeit	Mahnung	Verschulden	Lieferungsverzug Ja/Nein
a)	*ja*	*nicht erforderlich, da Fixkauf*	*ja, Maße verschlampt*	*ja*

b) Tim bestellt im Fahrradgeschäft ein neues Mountain-Bike. Der Inhaber sagt ihm, dass er das Fahrrad in 14 Tagen abholen könne. Nach 20 Tagen ist das Fahrrad immer noch nicht eingetroffen. Tim ist sauer und schreibt eine Mahnung, in der eine weitere Lieferfrist von 10 Tagen vereinbart ist. Der Inhaber teilt ihm jedoch mit, dass das Fahrrad momentan nicht lieferbar sei, da bei dem Hersteller in Frankreich gestreikt werde.

c) BüroFix e. K. bestellt PC-Monitore. Ein Liefertermin ist nicht vereinbart. Nachdem die Monitore auch nach drei Wochen noch nicht geliefert worden sind, will Peter Lehmann vom Kaufvertrag zurücktreten.

d) BüroFix e. K. bestellt am 12.11.20.. bei einem Versandhaus als Weihnachtsdekoration einen aufblasbaren, zwei Meter großen Weihnachtsmann, der vor dem Geschäft aufgestellt werden soll. Am 23.12.20.. ist der Weihnachtsmann immer noch nicht geliefert. Das Versandhaus kommt nicht mit der Vielzahl der Bestellungen hinterher, weshalb verspätet geliefert wird.

e) Tim bestellt für seinen Geburtstag eine große Torte beim Bäcker. Er sagt dem Bäcker, dass sein Geburtsdatum auf der Torte mit Sahne aufgespritzt sein soll. An seinem Geburtstag will Tim die Torte abholen, doch in der Bäckerei hat man den Termin völlig vergessen. Die Torte wurde nicht gebacken.

3. Entscheiden und begründen

Computerhersteller ByteMax AG unterbreitet BüroFix e. K. am 03.04.20.. das folgende unverbindliche Angebot:

Notebook Gerika:

- mobiler Pentium Prozessor 2,3 GHz
- 15″ XXA TFT-Bildschirm
- 512 MB RAM
- Festplatte 140 GB

für 599,00 € (netto), lieferbar sofort.

Am 04.04.20.. bestellt BüroFix e. K. 30 dieser Notebooks, worauf am 06.04.20.. die Bestellung schriftlich bestätigt wird.

a) Die Notebooks werden nicht innerhalb von vier Wochen geliefert.
   a1) Befindet sich der Computerhersteller im Lieferungsverzug?
   a2) Was sollte BüroFix e. K. in dieser Situation tun?

b) Wie wäre die Rechtslage in a), wenn BüroFix e. K. die Notebooks zum 15.04.20.. bestellt hätte und ByteMax AG diesen Liefertermin bestätigt hätte?

c) ByteMax AG hat nicht zum vereinbarten Termin geliefert. Damit BüroFix e. K. selbst einen wichtigen Liefertermin einhalten kann, kauft sie die 30 Notebooks bei einem anderen Computerhersteller, allerdings zu 700,00 € pro Stück. Welche Rechte hat nun BüroFix e. K.?

4. Struktur legen

Im Folgenden sehen Sie ein Schema, das Ihnen die Rechte des Käufers beim Lieferungsverzug strukturiert vor Augen führen soll. Übertragen Sie die Form des Schemas zunächst sauber auf eine A4-Seite **in Ihr Heft**. Ordnen Sie den Buchstaben in dem Schema die entsprechenden Begriffe und Aussagen zu.

Voraussetzungen:

- Fälligkeit (✔)
- Verschulden des Lieferers
- nicht notwendig bei Fix- und Zweckkauf
- ohne Fristsetzung
- Mahnung
- nach erfolglosem Ablauf einer Frist (✔)
- Schadensersatz neben der Leistung
- Schadensersatz statt der Leistung
- Käufer besteht weiterhin auf Lieferung (✔)
- Rücktritt vom Vertrag
- Rechte des Käufers
- Lieferer ist im Lieferungsverzug
- Ersatz vergeblicher Aufwendungen (✔)

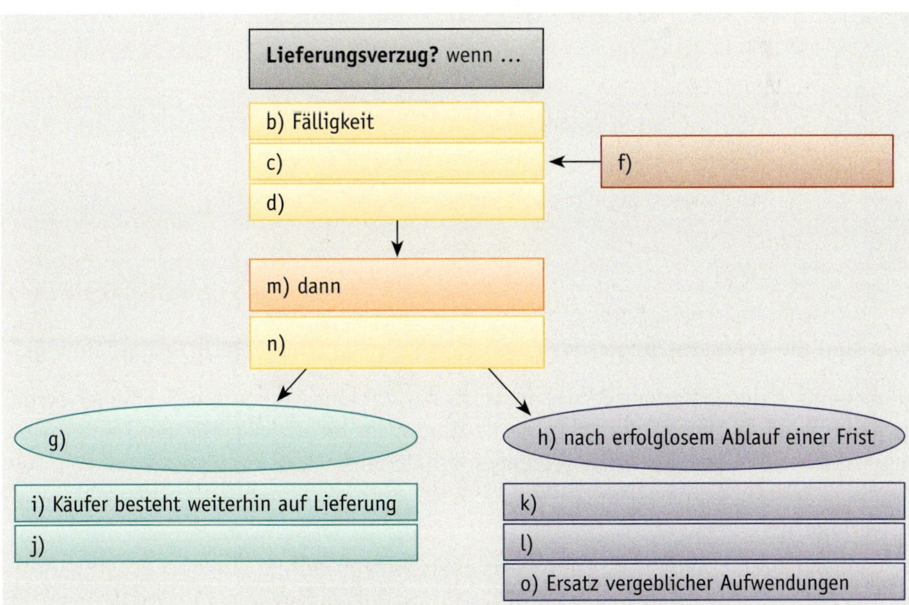

6.3 Der Zahlungsverzug – Wo bleibt das Geld?

Situation

BüroFix e. K. hat ein Problem. Immer mehr Kunden bezahlen ihre Rechnung zu spät oder überhaupt nicht. Klaus Schneider, Inhaber von BüroFix e. K., befasst sich persönlich mit diesem Problem. Er zieht Ingo Meier, den Leiter des Rechnungswesens, zurate.

Klaus Schneider: „Herr Meier, das sind ja keine schönen Zustände. Immer mehr Kunden bezahlen ihre Rechnung zu spät oder gar nicht. Wenn das so weiter geht, können auch wir bald nicht mehr unsere Rechnungen pünktlich bezahlen."

Ingo Meier: „Das stimmt. Wir mussten erst kürzlich unser Girokonto überziehen, nur weil die Versicherungs AG uns so lange auf die 20.000,00 € warten ließ."

Klaus Schneider: „Könnten Sie bitte mal eine Aufstellung machen, die zeigt, wie die Zahlungsmoral unserer Kunden ist?"

Kurze Zeit später präsentiert Ingo Meier folgendes Schaubild. Es stellt dar, wieviel Prozent der Kunden wann ihre Rechnungen bezahlen. Klaus Schneider ist entsetzt.

Leitfragen

- Was sagt das Schaubild aus?
- Welche Folgen könnte dies für BüroFix e. K. langfristig haben?
- Was könnte BüroFix dagegen unternehmen?

Information

Was sind die Voraussetzungen für den Zahlungsverzug (Nicht-Rechtzeitig-Zahlung)?

Ähnlich wie beim Lieferungsverzug ist auch der Zahlungsverzug ein Schuldnerverzug. Der Geldschuldner (der Käufer) bezahlt die Ware nicht rechtzeitig. Für den Zahlungsverzug müssen die folgenden Voraussetzungen erfüllt sein:

1. Fälligkeit

Der Zahlungstermin muss eingetreten und überschritten sein.

2. Mahnung

Nach Eintritt der Fälligkeit muss der Verkäufer dem Käufer eine Mahnung schicken.

Wie beim Lieferungsverzug ist keine Mahnung erforderlich, wenn für die Zahlung ein genauer Termin nach dem Kalender bestimmt worden ist (der Kalender mahnt die Zahlung).

Merke **Bei einem kalendermäßig festgelegten Zahlungstermin ist keine Mahnung erforderlich, um den Geldschuldner in Verzug zu bringen.**

3. Die 30-Tage-Frist

Der Käufer kommt spätestens nach 30 Tagen nach Fälligkeit und Zugang einer Rechnung in Verzug, wenn kein kalendermäßiger Zahlungstermin genannt ist. Dies gilt besonders, wenn der Käufer selbst ein Kaufmann ist. Ist der Käufer Verbraucher (Privatmann), dann gilt diese 30-Tage-Regelung nur, wenn er auf diese Regel in der Rechnung ausdrücklich hingewiesen wurde.

Merke **Bei Verbrauchern muss im Kaufvertrag auf die 30-Tage-Regel ausdrücklich hingewiesen werden.**

Hat ein Verkäufer im Kaufvertrag mit einem Verbraucher diese 30-Tage-Regelung vereinbart, dann kommt auch der Verbraucher nach 30 Tagen ohne eine Mahnung in Verzug.

Auf die Gründe, warum ein Schuldner nicht bezahlen kann, wird ausführlich in Kapitel 8 (Lernbereich 4) eingegangen.

Was kann dem Käufer passieren, wenn er im Verzug ist?

Der Verkäufer kann beim Zahlungsverzug folgende Rechte geltend machen.

Die Rechte des Verkäufers bei einem Zahlungsverzug ...			
... ohne Fristsetzung		... mit Fristsetzung	
› Bezahlung	› Schadensersatz	› Rücktritt vom Vertrag	› Schadensersatz

Ohne dass der Verkäufer nochmals eine Frist setzt, kann er weiterhin auf der Bezahlung des Kaufpreises bestehen.

Zudem kann er Schadensersatz geltend machen. Ein Schaden entsteht z. B. dem Verkäufer, wenn er dringend auf das Geld angewiesen ist, um selbst eigene Rechnungen bezahlen zu können und deshalb einen kurzfristigen Kredit aufnehmen musste.

Wenn der Verkäufer dem Käufer eine angemessene Frist für die Bezahlung der Rechnung gesetzt hat, dann kann er vom Vertrag zurücktreten, falls die Bezahlung in dieser Frist nicht erfolgt ist. Von diesem Recht wird der Verkäufer allerdings nur Gebrauch machen, wenn er die Ware zu einem besseren Preis an einen anderen Kunden verkaufen kann.

Zudem kann der Verkäufer auch noch zusätzlich zum Rücktritt Schadensersatz vom Käufer fordern.

Die Verzinsung der Geldschuld während des Verzugs

Die Geldschuld ist während des Verzugs zu verzinsen. Verzugszinsen sollen dazu dienen, dass der Schuldner zu einer zügigen Bezahlung seiner Schulden motiviert wird, denn je länger er die Bezahlung hinausschiebt, umso höher fallen die Zinsen aus, die er zusätzlich bezahlen muss.

Merke **Verzugszinsen sind Strafzinsen.**

Bei Rechtsgeschäften mit Verbrauchern beträgt der Verzugszins 5 Prozentpunkte über dem Basiszinssatz. Der **Basiszinssatz** ist ein im BGB geregelter Zinssatz, der sich an den Zinssätzen der Europäischen Zentralbank (EZB) orientiert und zweimal pro Jahr, zum 1. Januar und zum 1. Juli eines jeden Jahres angepasst wird. Der Basiszinssatz beträgt seit 01.07.2010 0,12 % – somit beträgt der Verzugszins bei Verbrauchern 5,12 % (Basiszinssatz + 5 Prozentpunkte). Bei Rechtsgeschäften zwischen Kaufleuten beträgt der Verzugszins 8 Prozentpunkte über dem Basiszinssatz (8,62 %, Stand 01.07.2010).

Um die Verzugszinsen berechnen zu können, muss man den genauen Zeitraum kennen, in dem der Schuldner sich im Verzug befindet, denn nur hierfür schuldet er Verzugszinsen. Bei der Eurozinsmethode wird jeder Monat kalendergenau (für den Februar sind es 28 Tage), aber das Jahr mit 360 Tagen gerechnet. Der erste Kalendertag des Verzugszeitraumes wird nicht mitgezählt.

Beispiel

David Berkmann hat bei der BüroFix e. K. eine komplette Ausstattung für ein Arbeitszimmer für 1.000,00 € gekauft. Er bekommt die Ausstattung von BüroFix nach Hause geliefert mit beiliegender Rechnung, in der als Zahlungstermin der 01.02.20.. festgelegt ist. Am 10.03.20.. ist bei BüroFix e. K. immer noch keine Zahlung von David Berkmann eingegangen. Ingo Meier, der Leiter des Rechnungswesens, will deshalb nun den Zahlungsbetrag mit Verzugszinsen eintreiben.

Die Verzugszeit beträgt:

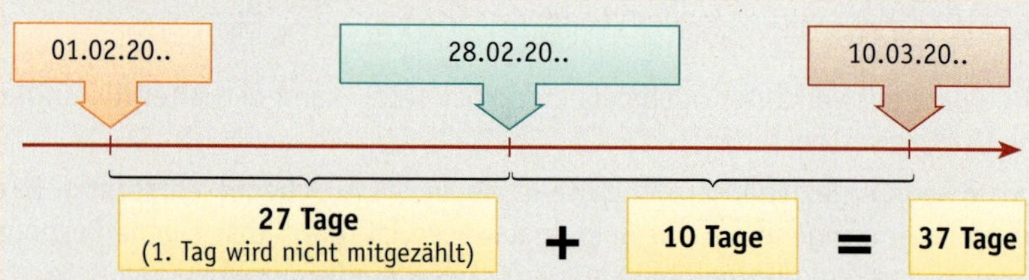

Die Verzugszeit beträgt 37 Tage.

Berechnung des Verzugszinses:

Zinssatz = Basiszinssatz + 5 Prozentpunkte (da Verkauf an Verbraucher)

Zinssatz = 5,12 %

Eingesetzt in die Zinsformel:

$$\text{Verzugszinsen} = \frac{1.000{,}00 \cdot 5{,}12 \cdot 37}{360 \cdot 100}$$

Verzugszinsen = 5,26 €

David Berkmann muss zusätzlich 5,26 € als Verzugszinsen bezahlen.

Tipp Wenn Sie mit der Zinsrechnung nicht klar kommen, dann schauen Sie doch einfach im Buch „Finanzbuchhaltung für die BF 1", Kapitel 14 (Zinsrechnen) nach.

Zusammenfassung

Frage: Wenn ich die Telefonrechnung bekomme, wie lange kann ich höchstens mit der Bezahlunq warten, um nicht in Zahlungsverzug zu geraten?

Antwort: Dies kommt darauf an, was in der Rechnung geschrieben steht. Ist ein fester Zahlungstermin genannt, sind Sie im Verzug, sobald dieser Termin überschritten ist. Das gleiche gilt, wenn ein Zeitrahmen (z. B. die Zahlung innerhalb von 10 Tagen) genannt ist. Sobald der Zeitraum abgelaufen ist, befinden Sie sich im Verzug.

Frage: Wenn kein fester Zahlungstermin oder Zeitrahmen in der Rechnung genannt ist, bin ich dann automatisch 30 Tage nach Zugang der Rechnung im Verzug?

Antwort: Ja, wenn Sie als Verbraucher etwas gekauft haben und wenn Sie auf diese Regel ausdrücklich hingewiesen wurden. Kaufen Sie jedoch etwas als Kaufmann, dann gilt die 30-Tage-Regel immer.

Frage: Warum lassen sich einige Menschen und auch Unternehmen so lange Zeit, um ihre Rechnungen zu begleichen?

Antwort: Hinter dem Zahlungsverzug können vielerlei Gründe stecken. Oft ist es nur Vergesslichkeit, manchmal kann es allerdings auch ein Zeichen dafür sein, dass es dem Geldschuldner wirtschaftlich schlecht geht und er Probleme hat, seine Rechnungen zu bezahlen.

Wissensfragen

1. Was sind die Voraussetzungen für den Zahlungsverzug?
2. Was versteht man unter der 30-Tage-Regel?
3. Erklären Sie die Rechte des Verkäufers beim Zahlungsverzug.
4. Nennen Sie Gründe, warum jemand in Zahlungsverzug geraten kann.
5. Warum wird die Geldschuld während des Zahlungsverzugs verzinst?
6. Wie wird der Verzugszins berechnet?

Übungsaufgaben

1. BüroFix e. K. liefert an die Firma Schuster 20 Bürostühle.

Die Firma Schuster erhält die Rechnung am 12. August.

a) In der Rechnung ist kein Zahlungstermin angegeben. Ab wann befindet sich die Firma Schuster im Zahlungsverzug, wenn keine Mahnung versandt wurde?

b) In der Rechnung ist kein Zahlungstermin angegeben. Ab wann befindet sich die Firma Schuster im Zahlungsverzug, wenn am 28. August eine Mahnung versandt wurde?

c) Als Zahlungsziel wurde der 22. August angegeben. Ab wann befindet sich die Firma Schuster im Zahlungsverzug?

2. Die Bürofix e. K. liefert an den Privatmann Lorenz Wetzel einen Schreibtisch. Lorenz Wetzel erhält die Rechnung am 10. März. Ein Zahlungsziel wird in der Rechnung nicht erwähnt. Ab wann befindet sich Herr Wetzel im Zahlungsverzug?

3. Rechtslage beurteilen

Beurteilen Sie die Rechtslage in den folgenden Fällen:

a) Die Grafik KG hat für die Existenzgründer Helmut & Moritz, die in Neustadt eine Boutique eröffnet haben, die Werbedekoration in Höhe von 3.000,00 € entworfen. Die Rechnung wurde am 14.11.20.. gestellt. Am 24.11.20.. werden die Debitoren-Konten vom Buchhalter der Grafik KG überprüft. Dieser stellt fest, dass Helmut & Moritz noch nicht gezahlt hat.

Was sollte die Grafik KG tun? (Denken Sie auch betriebswirtschaftlich!)

b) Die Grafik KG ist aufgrund des boomenden Weihnachtsgeschäftes untätig geblieben. Erst am 14.01.20.. bemerkt der Buchhalter bei den Vorbereitungen für den Jahresabschluss, dass die Rechnung noch offen ist. Was kann unternommen werden?

4. Rechenaufgabe

Berechnen Sie für die folgenden Fälle die Verzugszinsen (Basiszinssatz = 0,12 % [Stand 01.07.2010]).

Tatjana Chimkowa bekommt eine Rechnung über 3.000,00 € mit dem Zahlungstermin 05.10.20.. Am 30.10.20.. bekommt sie eine Mahnung, in der Verzugszinsen berechnet wurden.

Wie hoch sind diese, wenn Tatjana Chimkowa

a) Verbraucherin ist?

b) Kauffrau ist?

7 Der Zahlungsverkehr

Information

Beim Kauf von Produkten kann man auf die unterschiedlichste Art bezahlen. Dem Verkäufer kann das Geld bar übergeben werden, man kann ihm das Geld aber auch direkt auf sein Konto überweisen oder die Bezahlung erfolgt per Kreditkarte. Es gibt noch weitere Möglichkeiten. Kapitel 7 gibt Ihnen einen Überblick über die verschiedenen Zahlungsarten.

7.1 Die Barzahlung

Situation

Tim Neuhof hat den ganzen Vormittag Dienst an der Kasse. Heute morgen hat er bereits drei Computer, sechs Drucker, einen Bürostuhl sowie diverse kleinere Büroartikel verkauft. Ein guter Umsatz für einen Werktagvormittag. Auch Markus Orth, Verkäufer bei BüroFix e. K., ist zufrieden. „Du Tim, die Bank macht gleich zu. Ich bringe die großen Scheine noch schnell dort hin und hole etwas Wechselgeld", sagt er.

Nach der Mittagspause erhält Klaus Schneider einen Anruf von der Bank. „Herr Schneider, wir haben leider schlechte Nachrichten für Sie. Bei Ihrer Einzahlung waren drei gefälschte 500-Euro-Scheine dabei. Wir haben bereits die Polizei verständigt."

Tim Neuhof wird daraufhin von der Polizei befragt. Er kann sich noch daran erinnern, dass ein Computer und der Bürostuhl mit 500-Euro-Scheinen bezahlt wurden. Besonders beim Bürostuhl hat es ihn gewundert, denn dieser hat nur 89,00 € gekostet. Tim gibt der Polizei eine Personenbeschreibung des Käufers.

Klaus Schneider ist außer sich: „Das gibt´s doch nicht! Wir haben doch extra mit allen Kassierern vereinbart, dass bei größeren Barzahlungen die Scheine kontrolliert werden müssen. In Zukunft sollten wir nur noch bargeldlose Zahlungen akzeptieren, dann gibt´s auch kein Falschgeld mehr!"

Leitfragen

- Warum hat der Geldfälscher den Bürostuhl für 89,00 € mit einem 500-Euro-Schein bezahlt?
- Welche Risiken gibt es bei Barzahlungen?
- Welche Formen von bargeldlosen Zahlungen kennen Sie?

Information

Was ist eine Barzahlung?

Die wohl häufigste Art der Zahlung ist die Barzahlung mit Banknoten oder Münzen. Vor allem kleinere Beträge werden bar bezahlt. Als Beleg bekommt man dafür eine Quittung. Wenn der Schuldner (der Schuldner ist der, der eine Zahlung zu leisten hat) bar bezahlt, kann er dem Gläubiger (der Gläubiger ist der, der vom Schuldner Geld zu bekommen hat) das Geld persönlich übergeben, wie es z. B. im Supermarkt der Fall ist.

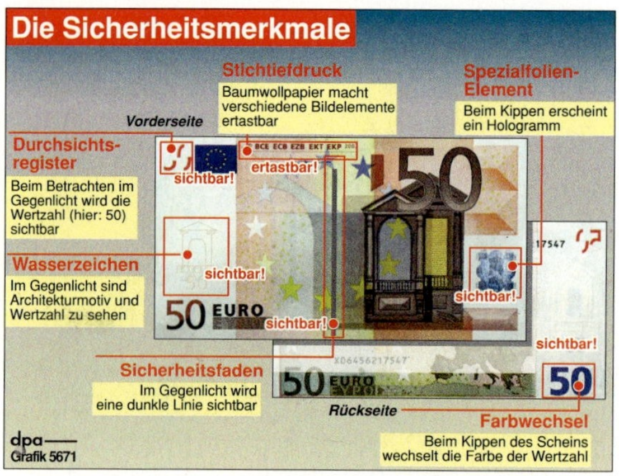

Was sind die Vor- und Nachteile einer Barzahlung?

Für den Verkäufer hat die Barzahlung den Vorteil, dass er nicht auf sein Geld warten muss (wie dies bei einer Rechnung der Fall ist), sondern das Geld sofort bekommt. Allerdings hat der Verkäufer das Risiko, dass er Falschgeld bekommt oder dass Bargeld eventuell aus seiner Kasse gestohlen wird.

Was ist eine Quittung?

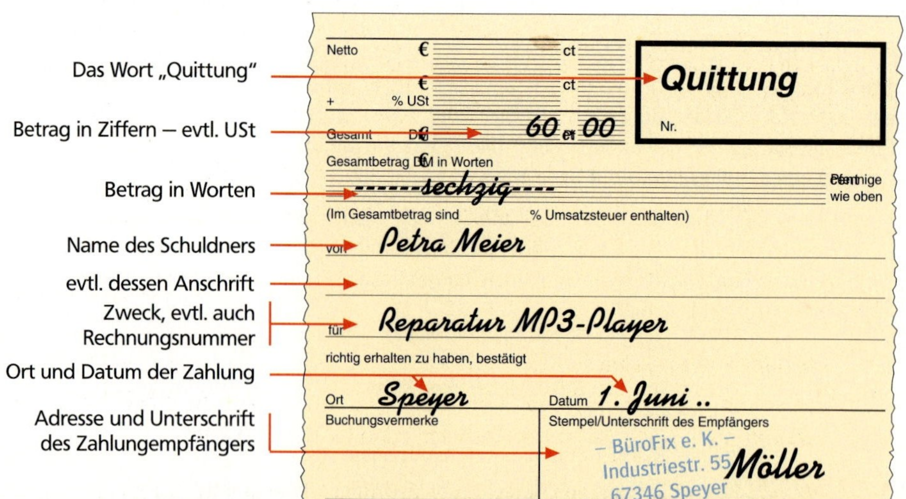

Bei einer Barzahlung hat der Käufer das Recht auf einen Zahlungsnachweis; er bekommt eine Quittung. Als Quittung gelten:

- ein Kassenbon,
- ein ausgefüllter Quittungsvordruck oder
- eine selbst erstellte Quittung.

- BüroFix e. K. -
Industriestraße 55
67346 Speyer
Tel.: 06232 4578-0
StNr.: 41/567/3938

Beleg-Nr. 8728
Datum 20..-05-13

5 DVD-R-Rohlinge 3005	69,00 €
1 Speedy-Comp.-Maus 3007	5,99 €
1 USB-Stick 512 3004	85,38 €
Gesamtbetrag	160,37 €
gegeben	170,00 €
Rückgeld	9,63 €
19 % MwSt	25,60 €
Netto	134,77 €
Brutto	160,37 €

Wir danken für Ihren Einkauf!

BüroFix e. K.
Eschwege, Enge Gasse 8, Tel. (0 56 51) 54 98
Kassel, Friedrich-Ebert-Str. 74/76, Tel. (05 61) 1 27 40

Anz.	Datum ..-06-13	Preis	EUR	ct
10	CD Rohlinge		13	72

Im Betrag sind 19 % USt enthalten.
Verk. Bo. 00186-39 Bei Reklamationen wird Vorlage des Kassenbons empfohlen.

Quittungen sollten immer gut aufgehoben werden. Sie dienen als Nachweis dafür, dass man die Ware bezahlt hat. Zudem wird die Quittung bei einem Umtausch oder bei einer Reklamation der Ware benötigt. Deshalb heften Sie wichtige Quittungen immer in einem dafür vorgesehenen Ordner ab.

Tipp **Wissen Sie noch, wie die Umsatzsteuer berechnet wird? Wenn nicht, dann lesen Sie im Buch „Finanzbuchhaltung für die BF 1", Kapitel 7, nach.**

7.2 Das Girokonto

Situation

Torsten Krämer hat soeben seinen Ausbildungsvertrag als Handelsfachpacker unterschrieben. „So, lieber Torsten, dann brauchen wir nur noch die Kontonummer von Ihrem Girokonto, damit wir Ihnen auch den Ausbildungslohn überweisen können", sagt der Ausbildungsleiter zu ihm. Torsten ist ganz verdutzt. „Ähm, ich habe nur ein Sparbuch, das hat mir meine Oma geschenkt. Kann der Lohn auch darauf überwiesen werden? Ich habe nämlich gehört, dass ein Girokonto Gebühren kostet!"

Leitfragen

- Kann der Lohn auch auf ein Sparbuch überwiesen werden?
- Wie hoch sind die Gebühren eines Girokontos?

Information

Wohin mit dem ersten Gehalt?

Durch die Eröffnung eines Girokontos bei einer Bank erhält man die Möglichkeit, bargeldlos bezahlen zu können (z. B. als Überweisung oder mit EC-Karte).

Merke **Voraussetzung für den bargeldlosen Zahlungsverkehr ist ein Girokonto.**

Zu Beginn Ihres Arbeitslebens ist ein Girokonto unumgänglich, da darauf das Gehalt überwiesen wird. Vergleichen Sie die Gebühren (z. B. pro Überweisung) und die Zinsen verschiedener Banken, bevor Sie sich für eine Bank entscheiden! Teilweise gibt es sogar kostenlose Girokonten. Sind Sie noch Schüler oder Azubi, wird das Konto meist sowieso kostenlos geführt.

Beziehen Sie in Ihre Entscheidung auch mit ein, wie gut Sie von der jeweiligen Bank beraten werden und wie weit die Bankfiliale entfernt ist. Haben Sie sich für eine Bank entschieden, sind Sie jedoch nicht für immer an diese gebunden. Sie können jederzeit wechseln.

Tipp

Richten Sie sich bei der Wahl Ihrer Bank auch danach, wie schnell Sie den Geldautomaten und Kontoauszugsdrucker erreichen können.

Was passiert bei der Eröffnung eines Girokontos?

Haben Sie sich für eine Bank entschieden, müssen Sie zur Eröffnung Ihres Girokontos einen Kontoeröffnungsantrag unterschreiben. Sie schließen mit der Bank einen Vertrag über die Führung eines Kontos. Dazu benötigen Sie Ihren Personalausweis, falls man Sie bei der Bank nicht kennt. Sind Sie noch nicht volljährig, dann sind Sie nur beschränkt geschäftsfähig. Die Eltern müssen dann ebenfalls der Kontoeröffnung zustimmen und den Eröffnungsantrag unterschreiben. Zudem müssen Sie Ihre Unterschrift hinterlegen. Dies ist dann für die Bank eine Vorlage, um später bei Schecks oder Überweisungen per Unterschriftskontrolle überprüfen zu können, ob sie tatsächlich vom Kontoinhaber stammt.

Nach der Kontoeröffnung bekommen Sie Ihre Kontonummer mitgeteilt. Nach einigen Tagen bekommen Sie Ihre EC-Karte mit Geheimnummer (PIN). Mit dieser können Sie an Geldautomaten Bargeld abheben und in Geschäften bargeldlos zahlen (mit Ihrer Unterschrift oder über die PIN-Eingabe).

Sind Sie noch nicht volljährig, erhalten Sie lediglich eine Kontokarte, die nicht zur Zahlung benutzt werden kann. Falls Sie volljährig sind, können Sie mit der Bank auch einen Überziehungskredit vereinbaren. Bedenken Sie jedoch, dass für die Überziehung des Kontos hohe Zinsen anfallen.

Beispiel

Da Tim Neuhof Auszubildender ist und eine Ausbildungsvergütung erhält, hat er ein Girokonto bei der Sparkasse. Mit der Sparkasse hat er vereinbart, dass er das Girokonto um 200,00 € überziehen darf, das heißt, er kann mit seinem Konto bis zu 200,00 € ins Minus rutschen. Dafür muss er allerdings einen Zinssatz von 14 % bezahlen; dies ist ein sehr hoher Kredit!

Tipp

Vermeiden Sie es, Ihr Girokonto zu überziehen, also ins Minus zu kommen. Die Bank berechnet hierfür Überziehungszinsen von bis zu 18 %.

Was ermöglicht ein Girokonto?

Mithilfe eines Girokontos können Sie folgende Aktionen durchführen:

- Überweisungen tätigen und erhalten
- mit EC-Karte bezahlen

- Bargeld abheben oder einzahlen
- Kreditkartenzahlungen abrechnen
- Lastschriften oder Daueraufträge erteilen
- Schecks ausstellen oder einlösen

Was ist ein Gemeinschaftskonto?

Normalerweise eröffnen Sie bei der Bank ein Einzelkonto, das auf Ihren Namen läuft. Sie können jedoch auch ein Gemeinschaftskonto zusammen mit einer oder mehreren anderen Personen abschließen. In solchen Fällen ist es üblich, sich für ein „Oder-Konto" zu entscheiden. Jeder Kontoinhaber kann dabei allein ohne Zustimmung des anderen Kontoinhabers über das Konto verfügen.

Bei einem „Und-Konto" können die Kontoinhaber nur gemeinsam über das Konto verfügen. Beispielsweise können Einzahlungen, das Einrichten von Daueraufträgen usw. nur gemeinsam veranlasst werden. Ein gemeinsames Konto sollten Sie jedoch nur dann eröffnen, wenn Sie großes Vertrauen zu der anderen Person haben. Sobald Sie volljährig sind, haften Sie auch für die Schulden des anderen Kontoinhabers. Ein Gemeinschaftskonto wird in der Regel von Eheleuten abgeschlossen.

Was macht die Schufa?

Wenn Sie ihr Konto eröffnen, dann müssen Sie sich auch damit einverstanden erklären, dass Ihre Daten an die **Schutzgemeinschaft für Kreditsicherung** (Schufa) weitergeleitet und überprüft werden. Bei der Schufa wird gespeichert, wenn Sie irgendwo Schulden machen (z. B. die Telefonrechnung nicht bezahlen) oder Ihr Konto überziehen.

Ihre Bank würde beispielsweise darüber informiert werden, wenn Sie schon bei anderen Banken Konten eröffnet und diese überzogen hätten. Auch bei anderen Verträgen, wie beispielsweise dem Abschluss eines Handy-Vertrages, werden Ihre Daten durch die Schufa geprüft. Dadurch sichert sich Ihr Vertragspartner ab, damit er das ihm zustehende Geld auch bekommt. Haben Sie Ihre Schulden bezahlt, löscht die Schufa Ihre Daten nach drei Jahren.

Als Bankkunde können Sie auch selbst bei der Schufa erfragen, welche Daten über Sie gespeichert sind. Dies kostet eine geringe Gebühr.

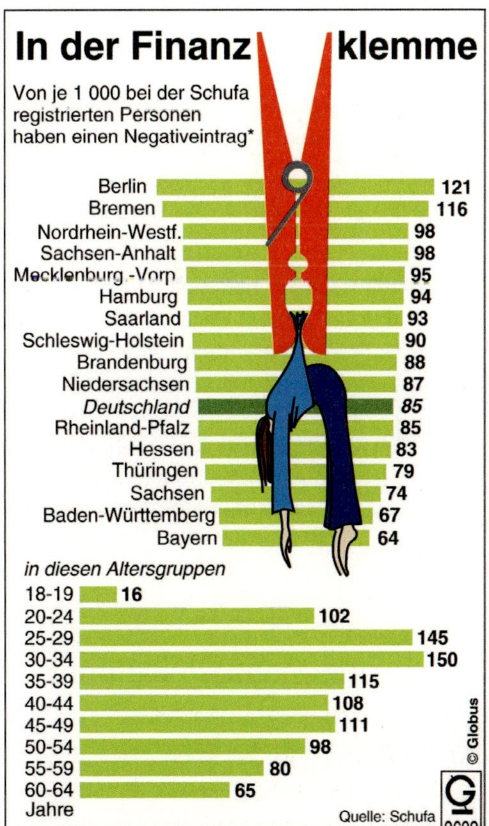

Was ist ein Kontoauszug?

Alle Transaktionen, die über das Girokonto laufen, sind mit Datum auf Ihren Kontoauszügen vermerkt, z. B. die Gehaltszahlung, Bargeldabhebungen, Überweisung von Rechnungsbeträgen. Der Kontoauszug ist für Sie als Kontoinhaber sehr wichtig, da Sie durch ihn den Überblick behalten, was sich auf Ihrem Konto bewegt. Er führt jeden Vorgang mit einem Stichwort oder einem kurzen Text einzeln auf. Es sind alle Abgänge verzeichnet, das heißt, es ist aufgelistet, was vom Konto abgezogen wurde (Miete, Telefonrechnung usw.). Unter „Zugänge" werden alle Beträge aufgeführt, die auf das Konto eingegangen sind (z. B. die Ausbildungsvergütung).

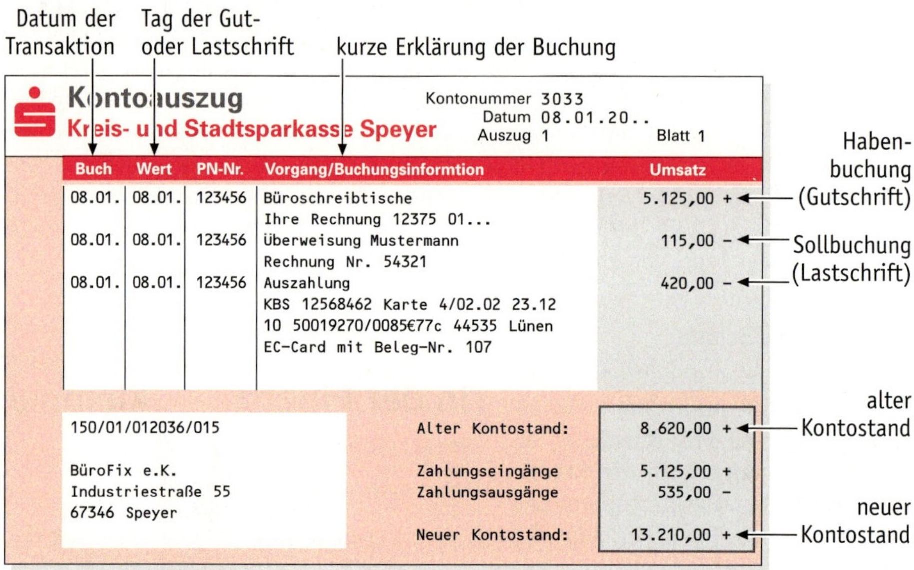

Kontoauszug
Kreis- und Stadtsparkasse Speyer
Kontonummer 3033
Datum 08.01.20..
Auszug 1
Blatt 1

Buch	Wert	PN-Nr.	Vorgang/Buchungsinformtion	Umsatz
08.01.	08.01.	123456	Büroschreibtische Ihre Rechnung 12375 01...	5.125,00 +
08.01.	08.01.	123456	Überweisung Mustermann Rechnung Nr. 54321	115,00 –
08.01.	08.01.	123456	Auszahlung KBS 12568462 Karte 4/02.02 23.12 10 50019270/0085€77c 44535 Lünen EC-Card mit Beleg-Nr. 107	420,00 –

150/01/012036/015

BüroFix e.K.
Industriestraße 55
67346 Speyer

Alter Kontostand:	8.620,00 +
Zahlungseingänge	5.125,00 +
Zahlungsausgänge	535,00 –
Neuer Kontostand:	13.210,00 +

Den Kontoauszug können Sie sich mit Ihrer Konto- oder EC-Karte am Kontoauszugsdrucker ausdrucken lassen. Gegen Portoerstattung schickt die Bank den Kontoauszug auch zu. Bei Onlinekonten können Sie sich eine Übersicht über Ihre Zahlungseingänge und Zahlungsausgänge auch zu Hause am PC ausdrucken.

Tipp

Kontrollieren Sie regelmäßig Ihre Kontoauszüge, um keine bösen Überraschungen zu erleben! Heften Sie Ihre Auszüge in einem Kontoauszugshefter ab. Diesen erhalten Sie bei der Bank. Heben Sie die Kontoauszüge mindestens zwei Jahre als Beweismittel auf.

7.3 Die halbbare Zahlung

Situation

Tim Neuhof hat im Internet einen DVD-Player bestellt. Der DVD-Player wurde für 59,00 € angeboten – ein Schnäppchen. Tim hat zuvor mehrere Geschäfte für Unterhaltungselektronik abgeklappert. Der gleiche DVD-Player kostet beim Discounter RamschMax noch 69,00 €. Tim weiß eben, wie man spart.

Einige Tage später wird der DVD-Player geliefert. „So, das macht dann 79,90 €", sagt der Paketbote. „Wie bitte? Der DVD-Player kostet doch nur 59 €!" Tim ist entsetzt. „Na, da kommen noch die Versandkosten und die Nachnahmegebühr drauf", meint der Paketbote.

Tim ist „von den Socken"! Da hätte er ja doch den DVD-Player bei RamschMax kaufen können.

Leitfrage: Wie funktioniert die Bezahlung per Nachnahme?

Information

Was ist eine halbbare Zahlung?

Wenn Sie zum Beispiel bei der Bank Bargeld einzahlen, das auf das Konto eines Gläubigers überwiesen werden soll, nehmen Sie eine halbbare Zahlung vor. Der Begriff „halbbare Zahlung" bedeutet, dass die Zahlung teilweise in bar und teilweise bargeldlos erfolgt. Die Bank gibt das Bargeld nämlich nicht bar an den Gläubiger weiter, sondern verbucht es auf dessen Konto. Sie füllen dabei einen so genannten Zahlschein aus, der den Zahlungsbetrag enthält, und bekommen einen Durchschlag als Quittung. Für die Bareinzahlung wird eine zusätzliche Gebühr fällig.

Merke: **Die halbbare Zahlung erfolgt „halb" bar und „halb" bargeldlos.**

Auf der einen Seite der halbbaren Zahlung steht also die Zahlung von Bargeld, auf der anderen Seite wird das Bargeld verbucht.

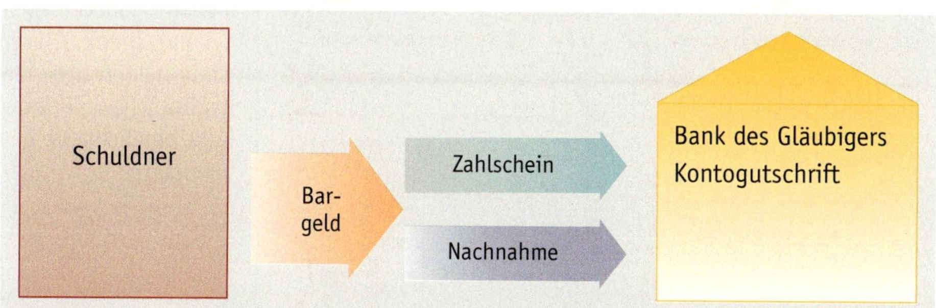

Merke: **Eine halbbare Zahlung kann per Zahlschein, Nachnahme oder Barscheck erfolgen.**

Die halbbare Zahlung kann aber auch in anderer Reihenfolge stattfinden, zum Beispiel bei Zahlung mit einem Barscheck. Dabei stellt der Schuldner einen Barscheck aus, den er dem Gläubiger zukommen lässt. Dieser löst den Scheck bei einer Bank ein und lässt sich den Betrag bar auszahlen. Dieser Betrag wird dann vom Konto des Schuldners abgezogen (mehr dazu in Kapitel 7.4.4).

Wie erfolgt die Zahlung per Nachnahme?

Wenn Sie zum Beispiel bei einem Versandhandel Waren bestellen, müssen oder können diese teilweise per Nachnahme bezahlt werden. Dabei zahlen Sie die Waren direkt bei Übergabe durch den Postboten. Zusätzlich zum Rechnungs- und Portobetrag wird eine Nachnahmegebühr erhoben. Dieser Gesamtbetrag wird in einem Zahlschein eingetragen und auf das Konto des Gläubigers eingezahlt.

Kann der Schuldner den Betrag nicht zahlen, wird die Sendung sieben Tage in der nächsten Poststelle hinterlegt. Holt sie der Empfänger nicht ab, dann wird die Sendung zurückgeschickt.

Diese Art der Zahlung ist für Versandhäuser oft sicherer, wenn es sich um neue Kunden handelt oder um Kunden, die mehrmals nicht rechtzeitig gezahlt haben. Grundsätzlich kann jedoch jeder Kontoinhaber Beträge per Nachnahme einziehen.

Der Zahlschein

Eine weitere Form der halbbaren Zahlung ist der Zahlschein. Hier wird der Betrag bar bei einer Bank eingezahlt. Die Bank überweist dann das Geld an den Zahlungsempfänger. Der Einzahler erhält eine Einzahlungsquittung, die als Beleg dafür gilt, dass er gezahlt hat. Die Bank verlangt hierfür eine recht hohe Gebühr. Der Zahlschein wird immer weniger genutzt, da die meisten Menschen inzwischen ein Girokonto haben. Dies macht den Zahlschein überflüssig.

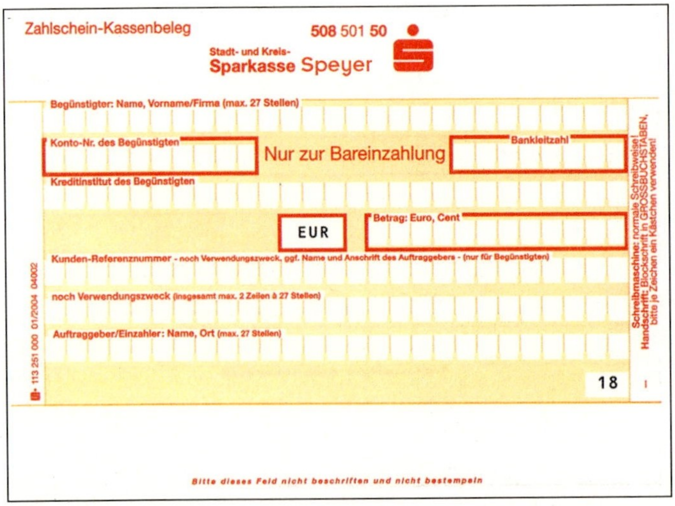

Zu den halbbaren Zahlungen gehört auch der **Barscheck.** Dieser wird ausführlich im Kapitel 7.4.4 „Bezahlung per Scheck“ behandelt.

7.4 Die bargeldlose Zahlung

Situation

Tim Neuhof will etwas für sein Aussehen tun und hat einen Vertrag mit einem Fitnessstudio abgeschlossen. Tim gefällt es, dass alle Getränke nicht im Studio direkt bezahlt werden müssen, sondern auf einem Kundenkonto festgehalten werden. So braucht er keinen Geldbeutel ins Training mitnehmen. Am Ende des Monats muss er dann die Rechnung begleichen. Tim kann den Rechnungsbetrag selbst überweisen oder ihn per Lastschriftverfahren abbuchen lassen. Tim wählt die Überweisung, da er zunächst auf der Rechnung schauen will, welche Posten aufgelistet wurden.

Leitfragen

- Welche Gründe könnten das Fitnessstudio zu bargeldlosem Zahlungsverkehr veranlasst haben?
- Warum will Tim zuerst die Monatsrechnung sehen, bevor er bezahlt? Welches Risiko will er dadurch ausschließen?
- Was ist ein Lastschriftverfahren?
- Welche Vorteile hat das Lastschriftverfahren?

Information

Was ist eine bargeldlose Zahlung?

Bei der bargeldlosen Zahlung werden die Zahlungsbeträge vom Konto des Schuldners abgebucht und auf das Konto des Gläubigers gebucht – es ist also kein Bargeld im Spiel. Dies ist der Fall, wenn Sie beispielsweise eine Rechnung überweisen oder in einem Geschäft mit EC-Karte oder Kreditkarte zahlen. Ohne Bargeld wird meist dann bezahlt, wenn es sich um größere Beträge handelt oder wenn regelmäßig ein bestimmter Betrag gezahlt werden muss, beispielsweise die Wohnungsmiete oder die Rate für ein Auto.

7.4.1 Überweisung, Dauerauftrag, Lastschriftverfahren

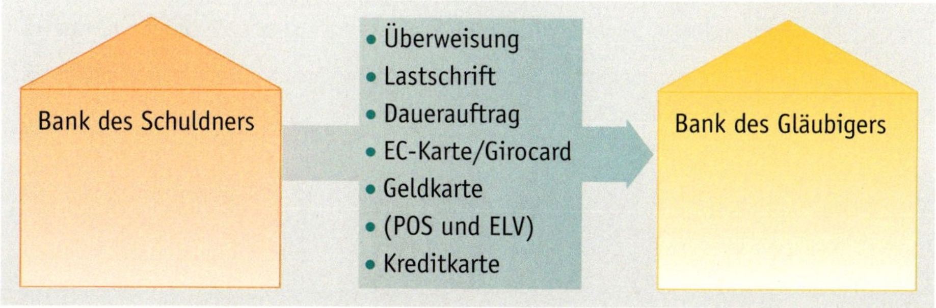

Information

Wie funktioniert eine Überweisung?

Wenn Sie Geld von Ihrem Konto auf ein anderes Konto überweisen, wird der Geldbetrag von Ihrem Konto abgebucht und dem anderen Konto gutgeschrieben.

Was müssen Sie tun, um eine Rechnung per Überweisung zu bezahlen? Zunächst müssen Sie ein Überweisungsformular ausfüllen. Sie tragen Ihren Namen und Ihre Kontonummer, den Betrag, der von Ihrem Konto abgebucht werden soll, den Namen des Gläubigers, seine Kontonummer sowie die Bankleitzahl und den Namen seiner Bank ein. Denken Sie auch daran, einen Betreff einzutragen, damit die Überweisung zugeordnet werden kann, beispielsweise Ihre Kundennummer, Rechnungsnummer oder Ähnliches. Zuletzt müssen Sie die Überweisung noch unterschreiben, das Datum eintragen und das Formular bei Ihrer Bank abgeben. Sie erhalten meist einen Durchschlag als Quittung. Die Abbuchung des Betrages erscheint dann auf Ihrem Kontoauszug.

Beispiel

Tim hat sich im Internet die neueste CD seines Lieblings-Rappers „Underdog" bei Musikwelt.de bestellt. Der Lieferung liegt die folgende Rechnung bei:

Musikwelt.de

Musikwelt.de
Mozartstraße 65
56478 Plattenau
Tel.: 0453 815-0
Fax: 0453 815-42

Musikwelt.de • Mozartstr. 65 • 56478 Plattenau

Tim Neuhof
Rheinstraße 12
67346 Speyer

Rechnungsnummer: (Bitte bei Zahlung angeben!)	Kundennummer:	Datum
TIM3251110	TIM325	11.10.20..

Rechnung

Menge	Artikel-Nr.	Titel	Preis	MwSt.-Satz	Steuerl. Entgelt	MwSt.	Gesamtbetrag
1	08-19	Underdog – „Dog-Food"	15,90 €	7 %	14,86 €	1,04 €	**15,90 €**

Zahlbar nach Erhalt

Bankverbindung:
Cash Bank AG Plattenau
BLZ 996 111 31, Konto-Nr. 8867823

Geschäftsführer:
Dipl.-Kfm. Ludger Bach

Steuer-Nr.: 654/987/21654
USt-Id-Nr.: DE 65485017

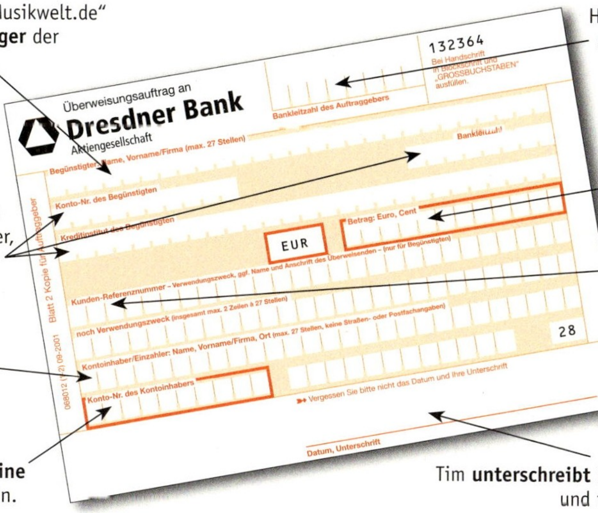

Wann ist ein Dauerauftrag sinnvoll?

Ein Dauerauftrag ist dann sinnvoll, wenn Sie regelmäßig einen immer gleichen Betrag zu einem bestimmten Zeitpunkt zahlen müssen, zum Beispiel Ihre Miete an den Vermieter oder eine Ratenzahlung für Ihr Auto. Auch der Zahlungsempfänger muss dabei immer der gleiche sein. Nachdem Sie Ihrer Bank einen Dauerauftrag mit den notwendigen Daten erteilt haben, bucht diese den Betrag zu dem vereinbarten Zeitpunkt regelmäßig ab. Aber denken Sie daran, den Dauerauftrag rechtzeitig zu widerrufen, wenn der Betrag nicht mehr gezahlt werden muss, zum Beispiel wenn Sie aus Ihrer Wohnung ausziehen und keine Miete mehr fällig wird. Denn zu viel gezahltes Geld zurückzufordern, kann unter Umständen schwierig werden.

Beispiel

Tim Neuhof bezahlt für seine 1-Zimmer-Wohnung monatlich eine Miete von 280,00 €. Er hat für die Überweisung der Miete einen Dauerauftrag eingerichtet. So muss er sich nicht um eine pünktliche Überweisung kümmern.

Merke

Der Dauerauftrag lohnt sich dann, wenn Sie regelmäßig einen immer gleichen Betrag zu einem bestimmten Zeitpunkt zahlen müssen.

Was spricht für ein Lastschriftverfahren?

Auch ein Lastschriftverfahren kann für Sie arbeitserleichternd sein, weil Sie nicht jedes Mal eine Überweisung ausfüllen müssen und so keine Zahlung vergessen. Diese Art der bargeldlosen Zahlung lohnt sich dann, wenn unterschiedlich hohe Zahlungen in regelmäßigen oder unregelmäßigen Abständen an einen bestimmten Zahlungsempfänger gezahlt werden müssen. Dazu erteilen Sie Ihrer Bank eine Einzugsermächtigung. Der Gläubiger hat dann das Recht, die fälligen Beträge selbstständig einzuziehen. Teilweise werden auch gleich bleibende Beträge per Lastschrift eingezogen (z. B. bei manchen Vereinen) oder einmalige Beträge (z. B. bei manchen Versandhäusern).

Denken Sie daran, regelmäßig Ihre Kontoauszüge zu überprüfen und die Lastschriften zu kontrollieren, damit nicht zu viel abgebucht wird! Wird eine Lastschrift fälschlicherweise abgebucht, können Sie diese innerhalb von 6 Wochen zurückfordern (bei einem Dauerauftrag ist dies nicht möglich). Dabei fällt zusätzlich eine geringe Gebühr für den Zahlungsempfänger an.

Beispiel

Tim Neuhof hat sich nun doch für das Lastschriftverfahren entschieden, da er bei den monatlichen Rechnungen vom Fitnessstudio häufig vergessen hat, den Rechnungsbetrag rechtzeitig zu überweisen. Einmal musste er sogar eine Mahngebühr bezahlen.

Merke

Das Lastschriftverfahren ist dann vorteilhaft, wenn unterschiedlich hohe Zahlungen in regelmäßigen oder unregelmäßigen Abständen an einen bestimmten Zahlungsempfänger gezahlt werden müssen.

7.4.2 Die EC-Karte, POS und ELV

Information

Was ist eine EC-Karte?

Sobald Sie volljährig sind und ein regelmäßiges Einkommen sowie ein Girokonto haben, können Sie von Ihrer Bank eine EC-Karte (bzw. eine **Girocard,** die nach und nach die EC-Karte ersetzen wird) bekommen. Dazu gehört eine vierstellige PIN (Geheimnummer), die Sie nirgends notieren sollten, damit kein Unbefugter Zugriff auf Ihr Konto bekommt.

Merke

Mit der EC-Karte bzw. der Girocard können Sie fast auf der ganzen Welt bargeldlos zahlen oder an Geldautomaten Bargeld abheben.

Außerdem können Sie sich an Kontoauszugsdruckern Ihrer Bank Kontoauszüge ausdrucken lassen und an Selbstbedienungsterminals Überweisungen oder Daueraufträge eingeben.

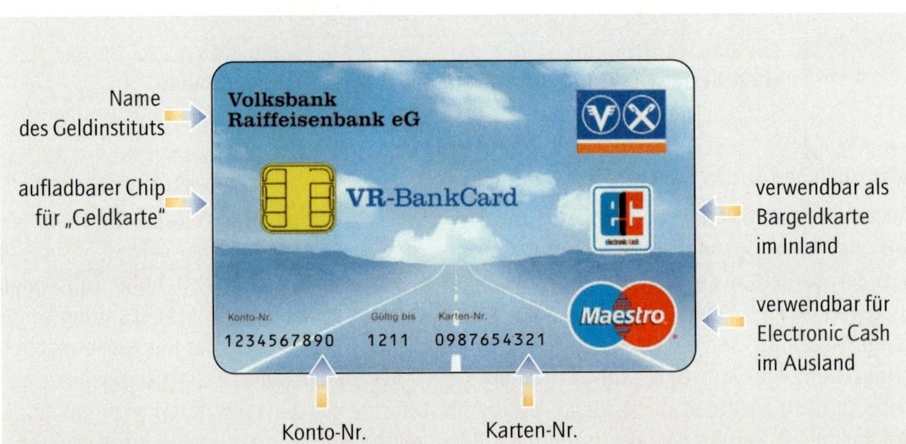

Wie funktioniert die Bezahlung mit der EC-Karte/Girocard?

Wenn Sie tanken, im Supermarkt oder anderen Geschäften einkaufen, können Sie fast immer mit Ihrer EC-Karte oder Girocard bargeldlos zahlen. Dies geschieht per Electronic Cash oder per elektronischer Lastschrift.

Wie funktioniert Electronic Cash (POS)?

Electronic Cash geschieht mit dem POS-System. POS bedeutet „**P**oint **o**f **S**ale" (= Ort der Zahlung). Dabei wird Ihre Karte bei der Bezahlung von einem elektronischen Kartenlesegerät gelesen. Sie geben dann Ihre PIN ein und bestätigen die Zahlung. Der Betrag wird dabei sofort von Ihrem Girokonto abgebucht. Als Beleg erhalten Sie eine Quittung.

Merke

Kassen, an denen dieses Symbol zu finden ist, arbeiten mit POS.

Wie funktioniert das elektronische Lastschriftverfahren (ELV)?

Bei dem elektronischen Lastschriftverfahren wird Ihre EC-Karte/Girocard ebenfalls von einem Kartenlesegerät gelesen. Sie bestätigen danach den fälligen Betrag per Tastendruck.

Sie unterschreiben den Lastschriftbeleg und erteilen mit Ihrer Unterschrift eine Einzugsermächtigung. Den Beleg gibt der Zahlungsempfänger an die Bank, die dann den Betrag von Ihrem Konto abbucht. Sie erhalten ebenfalls einen Beleg als Quittung.

Grundsätzlich ist das Electronic Cash (POS) für den Zahlungsempfänger sicherer, da das Geld hier direkt vom Konto abgebucht wird. Die Geheimzahl ist meist auch nur dem Eigentümer selbst bekannt, wodurch kein Missbrauch getrieben werden kann. Teilweise müssen Sie bei der elektronischen Lastschrift deshalb auch Ihren Personalausweis vorzeigen, damit der Zahlungsempfänger sichergehen kann, dass die Karte nicht gestohlen ist.

Tipp

Verraten Sie niemandem Ihre Geheimzahl!

Die Verwendung der EC-Karte/Girocard als Geldkarte

Wenn Sie die EC-Karte als Geldkarte zur Zahlung kleinerer Beträge nutzen möchten, können Sie diese regelmäßig an den Selbstbedienungsterminals Ihrer Bank mit Bargeld aufladen. Die Geldkarte hat dann eine ähnliche Funktion wie eine Telefonkarte. Sie kann so lange zum Bezahlen an Parkhausautomaten, öffentlichen Telefonen, Fahrkartenautomaten usw. verwendet werden, bis alles Geld von der Karte abgebucht ist.

Die Geldkarte hat insbesondere für die Automatenaufsteller den Vorteil, dass in den Automaten selbst kein Bargeld lagert und es somit für Kriminelle reizlos geworden ist, die Automaten aufzubrechen. Für Benutzer der Geldkarte hat es den Vorteil, dass er nicht immer passendes Kleingeld (z. B. für den Parkautomaten) mit sich führen muss.

7.4.3 Kreditkarten und Kundenkarten

Information

Was leistet eine Kreditkarte?

Normalerweise reicht es im Inland völlig aus, wenn Sie eine EC-Karte besitzen. Jedoch im Ausland, z. B. in den USA, sind Kreditkarten von Vorteil. Sie werden dort fast überall akzeptiert und häufig verwendet. Wenn beispielsweise ein unerwarteter Krankheitsfall auftritt, ist es hilfreich, eine Kreditkarte zu besitzen, da die Arztbehandlungen sofort abgerechnet werden. Anhand Ihrer PIN können Sie auch an Geldautomaten Bargeld abheben.

Es gibt verschiedene Kreditkarten, nicht alle werden überall akzeptiert. Hohe Akzeptanz haben z. B. die Visa-Card und die Mastercard. Weitere Kreditkarten sind American Express, Diners Club u. a.

Was sind Kundenkarten?

Es gibt Kundenkarten von Fluggesellschaften, Versicherungen usw., die wie eine Kreditkarte verwendet werden können. Sie können damit bargeldlos tanken, einen Mietwagen und Flüge bezahlen, in Geschäften einkaufen, in Restaurants bezahlen und vieles mehr. Vorteil einer Kundenkarte ist, dass Sie oft noch Sonderleistungen bekommen, z. B. Rabatte bei Flug- oder Mietwagenbuchungen. Nachteil ist, dass Sie sich automatisch an das Unternehmen gebunden fühlen und keine Preis- und Leistungsvergleiche mehr durchführen.

Wie funktioniert die Zahlung per Kreditkarte?

Sie können sich Ihre Kreditkarte direkt von der Kreditkartengesellschaft, aber auch über eine Bank ausstellen lassen. Oder Sie wählen die Kundenkarte eines Unternehmens. Vergleichen Sie jedoch die Kosten für die Karte! Teilweise werden die Kreditkarten im ersten Jahr ohne Jahresgebühr angeboten, doch danach sind Kosten fällig. Zur Jahresgebühr kommen teilweise Zuschläge und Umrechnungsgebühren hinzu, wenn Sie im Ausland bezahlen. Auch das Abheben von Bargeld am Geldautomaten kann recht teuer sein.

Tipp **Achten Sie auf die unterschiedlichen Gebühren der Kartengesellschaften.**

Wenn Sie mit der **Kreditkarte** zahlen, müssen Sie einen Rechnungsbeleg unterschreiben; den Durchschlag bekommen Sie. Heben Sie diese Quittungen auf, um einen Überblick über die Ausgaben zu behalten. Das Kreditkartenunternehmen erhält die Originalrechnung von dem Zahlungsempfänger und überweist diesem den Rechungsbetrag. Vom Rechungsbetrag zieht das Kreditkartenunternehmen jedoch in der Regel eine fünfprozentige Gebühr ab. Deshalb kommt es gerade in Deutschland immer wieder vor, dass manche Geschäfte nur ungern oder gar keine Kreditkarten akzeptieren.

Sie erhalten regelmäßig (meist einmal im Monat) vom Kreditkartenunternehmen eine Rechnung mit der Auflistung der Käufe. Vergleichen Sie diese mit Ihren Quittungen, um sich vor eventuellem Missbrauch Ihrer Karte zu schützen. Der Rechnungsbetrag wird von Ihrem Girokonto abgebucht oder Sie zahlen ihn in Raten zurück. Bei der Ratenzahlung fallen jedoch Zinsen an, die recht hoch sein können. Da die Rechnungen monatlich erfolgen, erhält man durch die Kartenzahlung jeweils für einen Monat Kredit.

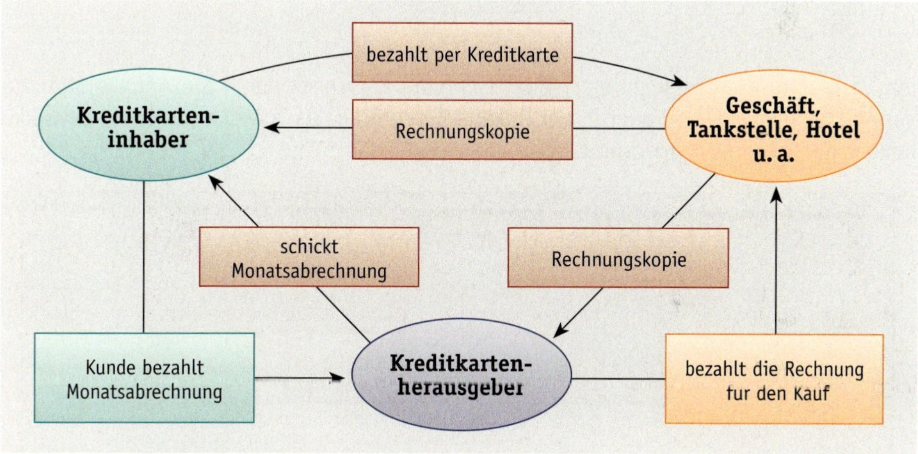

7.4.4 Bezahlung per Scheck

Information

Aus rechtlicher Sicht ist der Scheck eine Urkunde. Wenn Sie mit einem Scheck bezahlen, erteilen Sie dadurch Ihrer Bank den Auftrag, an den Zahlungsempfänger die auf dem Scheck genannte Summe auszuzahlen oder auf dessen Konto gutzuschreiben. Die Summe wird dann von Ihrem Girokonto abgebucht.

Merke **Mit einem Scheck kann man nur bezahlen, wenn man ein Girokonto hat.**

Sicher haben Sie schon davon gehört, dass ein Scheck gedeckt sein muss. Dies bedeutet, dass der Scheckbetrag nicht höher sein darf als Geld auf dem Konto ist bzw. ein eingeräumter Überziehungskredit es erlaubt.

Wie unterscheidet sich der Bar- vom Verrechnungsscheck?

Mit einem **Barscheck** können Sie anstelle von Bargeld bezahlen. Der Schecknehmer kann vom Schuldner jedoch Bargeld verlangen, falls der Scheck nicht gedeckt ist und deshalb von der Bank nicht eingelöst wird. Ein Barscheck kann außerdem vom Inhaber selbst bei der Bank eingelöst werden, wenn er z. B. Geld von seinem Konto abheben will.

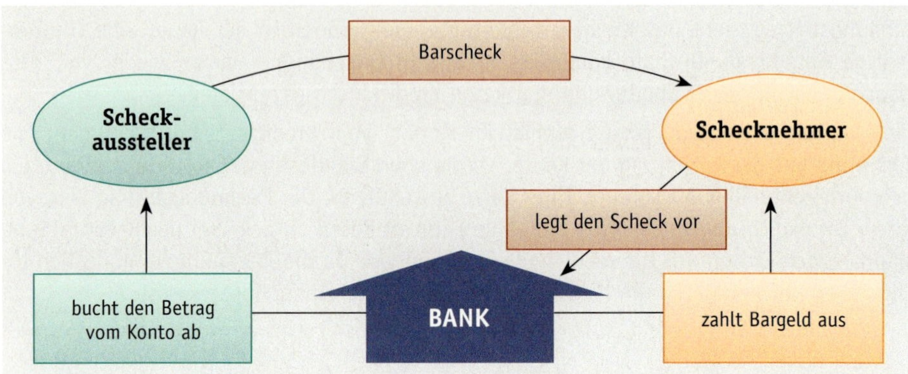

Ein **Verrechnungsscheck** unterscheidet sich vom Barscheck durch die Angabe „Nur zur Verrechnung“. Diese wird quer in der linken oberen Ecke des Schecks vermerkt. Entweder handschriftlich oder vorgedruckt.

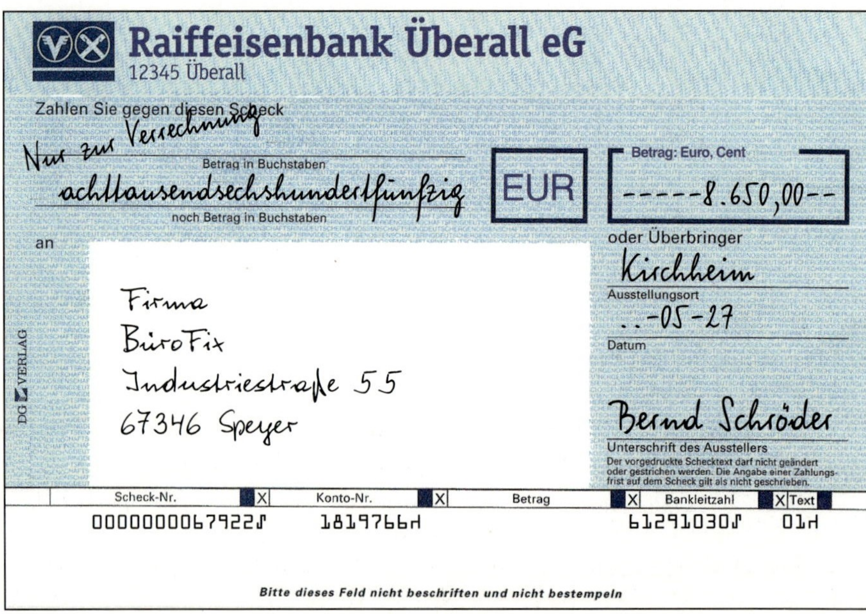

Dies bedeutet, dass der Scheck nur auf dem Konto des auf dem Scheck angegebenen Zahlungsempfängers gutgeschrieben werden kann. Dieser Vermerk kann nicht mehr gestrichen werden. Ein Dieb könnte den Scheck also nicht als Barscheck einlösen und sich das Geld auszahlen lassen.

Merke **Ein Verrechnungsscheck ist sicherer als ein Barscheck.**

Was sind die Bestandteile eines Schecks?

Der Scheck muss folgende **gesetzlich festgelegte Bestandteile** enthalten, damit er gültig ist:

- die Bezeichnung „Scheck"
- den Scheckbetrag in Buchstaben (Worten)
- den Namen und Sitz (Ort) der Bank, die den Scheck einlöst
- den Ausstellungsort
- das Datum der Scheckausstellung
- die Unterschrift des Scheckausstellers

Merke **Fehlt eines dieser gesetzlich vorgeschriebenen Bestandteile, dann ist der Scheck ungültig.**

Der Scheck kann folgende **kaufmännische Bestandteile** enthalten, damit die Scheckabrechnung leichter vonstatten gehen kann:

- die Schecknummer
- die Kontonummer des Scheckausstellers
- die Guthabenklausel (sie besagt, dass der Scheck nur dann eingelöst wird, wenn das Konto gedeckt ist, also entweder genügend Guthaben hat oder ein Kredit in Anspruch genommen werden kann)
- die Bankleitzahl
- den Scheckbetrag in Zahlen
- den Namen des Zahlungsempfängers
- die Codierzeile (sie kann von Computern gelesen werden und befindet sich ganz unten auf dem Scheck)

Die Einlösung eines Schecks

Es gelten folgende Fristen für die Einlösung eines Schecks:

- im Inland: innerhalb von 8 Tagen
- innerhalb Europas: innerhalb von 20 Tagen
- außerhalb Europas: innerhalb von 70 Tagen

Eine Bank darf den Scheck auf keinen Fall einlösen, wenn der Scheck vom Aussteller gesperrt (widerrufen) wurde oder wenn gesetzliche Bestandteile fehlen.

Wann verwendet man einen Travellerscheck (Reisescheck)?

Ein Travellerscheck (Reisescheck) ist vor allem auf Reisen sinnvoll und unterscheidet sich vom Bar- und Verrechnungsscheck. Er dient im Ausland als Bargeldersatz und ist in der Höhe von 50, 100 und 200 Euro zu haben. Meist berechnen die Banken eine Gebühr von einem Prozent des Kaufpreises. Der Travellerscheck wird normalerweise in Dollar oder der jeweiligen Landeswährung ausgestellt.

Sie können die Schecks bei einer Bank wieder einlösen oder direkt damit bezahlen, zum Beispiel im Hotel oder in Geschäften. Diese fertig gedruckten Schecks erhalten Sie von

Ihrer Bank. Dort wird der Betrag direkt von Ihrem Girokonto abgebucht. Links oben auf dem Scheck müssen Sie unterschreiben. Bei Bezahlung oder Einlösung des Schecks bei einer Bank müssen Sie nochmals auf dem Scheck unterschreiben. So kann leicht überprüft werden, ob der Scheck geklaut ist. Falls dies passiert, dann sind Sie jedoch für die Summe der gestohlenen Schecks versichert.

Merke **Ein Travellerscheck ist wesentlich sicherer als Bargeld.**

7.4.5 IBAN und BIC

Information

Was ist die IBAN?

Möchte man eine Überweisung auf ein Girokonto tätigen, so benötigt man üblicherweise eine Kontonummer sowie die dazugehörige Bankleitzahl, damit das Geld auch beim richtigen Empfänger ankommt. Da die Unterteilung in Kontonummer und Bankleitzahl international nicht als Adresse eines Kontos üblich ist, wurde ein Nummernsystem – die IBAN – erfunden, das in sehr vielen Ländern zum Einsatz kommt und damit einheitlich ist. IBAN heißt **I**nternational **B**ank **A**ccount **N**umber. Dieses System hat den Vorteil, dass Fehlerquellen beim Eintragen von Kontodaten ausgeschlossen werden und der internationale Zahlungsverkehr vereinheitlicht wird.

Eine IBAN kann maximal 34 Stellen umfassen. Eine deutsche IBAN hat immer genau 22 Stellen, da sie gemäß folgender Struktur zusammengesetzt ist:

DEpp bbbb bbbb kkkk kkkk kk

DE	Länderkennzeichen für Deutschland
pp	zweistellige Prüfziffer
bbbb bbbb	die 8-stellige deutsche Bankleitzahl
kkkk kkkk kk	die 10-stellige Kontonummer

Was ist die BIC?

BIC ist die Abkürzung für **B**ank **I**dentifier **C**ode. Es ist eine internationale Bankleitzahl, die auch für große Unternehmen vergeben werden kann. Mit dieser Nummer ist ein Zahlungsteilnehmer eindeutig identifizierbar.

7.5 Onlinebanking

Situation

Es ist Sonntagmorgen, Tim liegt noch im Bett. Da fällt ihm ein, dass er ja noch ein paar Überweisungen tätigen muss, zudem will er endlich wissen, ob der Käufer seiner Stereoanlage, die er über das Internet versteigert hat, endlich gezahlt hat. Tim muss dazu aber nicht zur Bank, er kann bequem mit einer Tasse Tee an seinem PC sitzen und von dort aus alles erledigen – denn Tim nutzt Onlinebanking.

Leitfragen

- Welche Erfahrungen haben Sie bisher mit Onlinebanking gemacht?
- Welche Vorteile hat das Onlinebanking?
- Was sind die Nachteile?

Information

Was ist Onlinebanking?

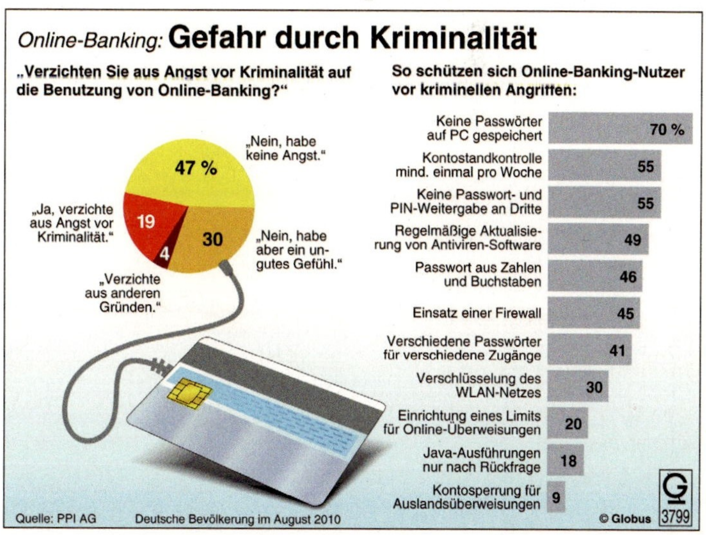

Der Begriff „Onlinebanking" ist die Bezeichnung dafür, dass Bankgeschäfte über das Internet erledigt werden können. Mit Onlinebanking (auch Homebanking oder Internetbanking genannt) können Sie z. B. Konten einrichten, Überweisungen tätigen, Daueraufträge einrichten, Fonds kaufen, Geld anlegen oder Ihren Kontostand abrufen. Dies bedeutet für Sie eine Zeitersparnis, denn Sie müssen nicht mehr zur Bank gehen und sind an keine Öffnungszeiten gebunden. Sie benötigen nur einen Internetanschluss. Auch vom Handy oder Laptop aus kann man Onlinebanking betreiben. Oft ist das Onlinebanking auch kostengünstiger, da es für die Banken ebenfalls eine Arbeitsersparnis bedeutet.

Wie verbreitet ist Onlinebanking?

Da das Onlinebanking viele Vorteile bietet (z. B. billigere Kontoführungsgebühren und bequeme Erledigung einfacher Bankgeschäfte) und inzwischen immer mehr Menschen mit dem Internet umgehen können, wird Onlinebanking zunehmend häufiger genutzt.

Was passiert bei der Eröffnung eines Onlinekontos?

Wollen Sie ein Onlinekonto eröffnen, müssen Sie die zur Eröffnung notwendigen Unterlagen per Internet über die Homepage der Bank oder telefonisch bestellen. Sie füllen dann die Unterlagen zu Hause aus und unterschreiben diese. Der Antrag wird in einem Rücksendekuvert zu einem Postschalter gebracht. Dort müssen Sie sich anhand Ihres Personalausweises ausweisen (man nennt dies in diesem Falle legitimieren). Der Postbeamte notiert Ihre Ausweisdaten in einem Formular und schickt dieses zusammen mit Ihrem Antrag an die jeweilige Bank. Diese schickt Ihnen dann Ihre Zugangsdaten zu.

Sie bekommen eine Kontonummer und eine vorläufige Geheimzahl (PIN), die Sie selbst umändern können. Mit diesen Zugangsdaten haben Sie Zugriff auf Ihr Onlinekonto. Weiterhin bekommen Sie eine so genannte TAN-Liste mit **T**rans**a**ktions**n**ummern. Bei jeder Überweisung, die Sie tätigen, müssen Sie eine neue TAN eingeben, damit der Auftrag ausgeführt wird. Dies schützt Sie zusätzlich zur PIN-Eingabe vor unbefugtem Zugriff Dritter.

Wie funktioniert Onlinebanking?

Das Onlinebanking funktioniert über die Homepage Ihrer Bank oder eine entsprechende Software, die Sie von der Bank erwerben können und auf Ihrem PC installieren, z. B. Star Money von der Sparkasse. Mit Ihrer PIN (**p**ersönliche **I**dentifikations**n**ummer) und der TAN-Eingabe (Transaktionsnummer) können Sie dann Bankgeschäfte tätigen. Auf der Homepage der Bank müssen Sie zunächst Ihre Kontonummer und dann die PIN eingeben. Möchten Sie eine Überweisung tätigen, erhalten Sie ein Onlineformular, das ähnlich aussieht wie ein richtiges Überweisungsformular.

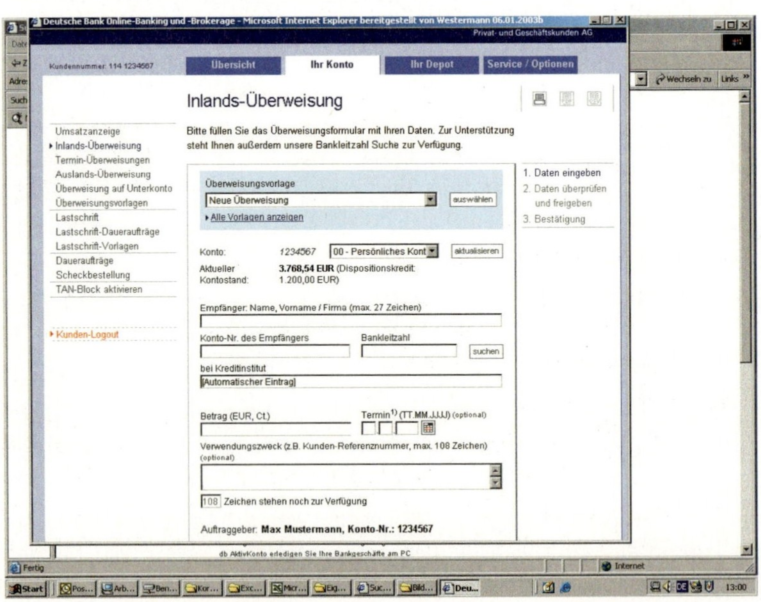

Hat man das Überweisungsformular ausgefüllt, muss man noch zur Sicherheit eine TAN eingeben. Jede TAN ist nur einmal gültig. Dadurch wird der Missbrauch des Onlinebanking durch Unbefugte nochmals erschwert.

Merke **TAN und PIN immer getrennt voneinander aufbewahren.**

Zusammenfassung

Frage: Warum soll man eine Quittung gut aufbewahren?

Antwort: Quittungen sind der „Beweis", dass man die Ware bezahlt hat. Sie sind besonders dann wichtig, wenn die Ware einen Mangel aufweist. Dann lässt sich anhand des Datums auf der Quittung bestimmen, ob man noch Gewährleistungs- oder Garantieansprüche gegen den Verkäufer geltend machen kann. Deshalb soll man Quittungen geordnet aufbewahren.

Frage: Wozu brauche ich ein Girokonto?

Antwort: Das Girokonto ist die Voraussetzung dafür, am bargeldlosen Zahlungsverkehr teilnehmen zu können. Sobald Sie in einer Ausbildung Ihr erstes Geld verdienen, brauchen Sie ein Girokonto, denn darauf wird das Gehalt überwiesen.

Frage: Was bedeutet der Begriff „halbbare Zahlung"?

Antwort: Halbbare Zahlung bedeutet, dass die Zahlung halb bar, also teilweise mit Bargeld und teilweise elektronisch erfolgt.

Frage: Warum ist für ein Versandhaus die Zahlung per Nachnahme mit einem Neukunden sicherer als die Zahlung per Rechnung?

Antwort: Bei der Zahlung per Nachnahme muss der Kunde die Ware direkt bei Übergabe bezahlen, im Prinzip wie im Geschäft. Bei der Zahlung per Rechnung kann es sein, dass das Versandhaus an einen zahlungsunfähigen Kunden geraten ist und die Ware nicht bezahlt wird. Deshalb ist für ein Versandhaus die Zahlung per Nachnahme sicherer.

Frage: Was ist eine bargeldlose Zahlung?

Antwort: Bei der bargeldlosen Zahlung wird der zu zahlende Geldbetrag vom Konto des Schuldners abgebucht und auf das Konto des Gläubigers gebucht, man benötigt überhaupt kein Bargeld.

Frage: Warum ist POS sicherer als ELV?

Antwort: Bei POS, auch Electronic Cash genannt, wird bei jeder Zahlung überprüft, ob die Karte in Ordnung ist und der Kontostand für die Zahlung ausreicht. Die Banken garantieren bei POS, dass der Betrag bezahlt wird. Beim elektronischen Lastschriftverfahren (ELV) hingegen übernehmen die Banken keine Zahlungsgarantie.

Frage: Warum ist ein Verrechnungsscheck sicherer als ein Barscheck?

Antwort: Der Barscheck wird bei der Bank direkt gegen Bargeld eingelöst. Dies macht es einem Dieb einfach, einen Barscheck zu verwerten. Ein Verrechnungsscheck kann nur auf ein Konto gutgeschrieben werden. Ein Dieb würde davor zurückschrecken, da mittels der Kontodaten seine Identität festgestellt werden könnte.

Frage: Warum wird Onlinebanking immer beliebter?

Antwort: Onlinebanking ist bequem, denn für die üblichen Bankgeschäfte ist man nicht mehr an die Öffnungszeiten der Bank gebunden. Es lässt sich alles von zu Hause am PC erledigen. Anfänglich waren die Menschen eher misstrauisch bezüglich der Sicherheit des Onlinebanking. Mittlerweile ist das Vertrauen in die Technik gewachsen, zudem können immer mehr Menschen mit dem Internet umgehen.

Wissensfragen

1. Erläutern Sie, wann Barzahlungen, halbbare Zahlungen und bargeldlose Zahlungen zum Einsatz kommen.
2. Was sind die Vorteile bei der Barzahlung?
3. Was sind die Nachteile bei der Barzahlung?
4. Welche Funktionen hat die Quittung?
5. Wofür braucht man ein Girokonto?
6. Was macht die Schufa?
7. Was ist der Zweck des Kontoauszugs?
8. Warum entschließen sich manche Versandhäuser dazu, ihre Waren per Nachnahme zu versenden?
9. Was können Sie tun, wenn Ihnen bei einer Lastschrift zu viel abgebucht wurde?
10. Wie funktioniert eine Überweisung?
11. Bei welchen Zahlungen ist ein Dauerauftrag sinnvoll?
12. Bei welchen Zahlungen ist ein Lastschriftverfahren sinnvoll?
13. Wie funktioniert die Bezahlung über POS?
14. Wie funktioniert die Bezahlung über ELV?
15. Was spricht für die Bezahlung mit Kreditkarte/Kundenkarte, was dagegen?
16. Was ist der Unterschied zwischen dem Bar- und dem Verrechnungsscheck?
17. Wann ist es sinnvoll Travellerschecks zu verwenden?
18. Was versteht man unter dem Begriff Onlinebanking?

Übungsaufgaben

1. Quittungsbeleg ausfüllen

Besorgen Sie sich dafür Quittungsbelege (einen Quittungsbeleg gibt es als Kopiervorlage im Lehrerhandbuch).

Tim Neuhof arbeitet seinen ersten Tag an der Kasse. Dabei kommt es öfter vor, dass die Kunden eine Quittung verlangen. Hierbei muss der Mehrwertsteuerbetrag gesondert ausgewiesen werden. Berechnen Sie bei den jeweiligen Fällen den Mehrwertsteuerbetrag und füllen Sie den Quittungsbeleg aus. Die im Folgenden angegebenen Beträge enthalten 19 % Mehrwertsteuer.

a) Bernd Büttmann kauft einen Computertisch für 179,00 €.
b) Lars Engelbrecht kauft einen Aktenschrank für 649,00 €.
c) Elena Wangler kauft Kopierpapier, Büroklammern, Kugelschreiber und Ringblöcke für insgesamt 56,86 €.
d) Tanja Honeck kauft für ihre Firma einen Laptop für 1.499,00 €.

2. Für welche Zahlungsart würden Sie sich in den folgenden Situationen entscheiden?

a) Für den Tennisverein müssen Sie monatlich 25,00 € zahlen.
b) Ihre Miete von 550,00 € wird jeweils zum Ersten des Monats fällig.
c) Sie buchen per Internet ein Flugticket für 200,00 €.
d) Sie kaufen in einem Kleidergeschäft Bekleidung im Wert von 900,00 €.
e) Sie müssen in ihrem USA-Urlaub zum Arzt, die Behandlung kostet 400,00 € und ist sofort zu begleichen.
f) Sie fliegen in Urlaub, möchten aber kaum Bargeld mitnehmen.
g) Sie bestellen bei einem Versandkatalog Waren im Wert von 80,00 €.

3. Prognose erstellen

Wagen Sie einen Blick in die Zukunft. In dem nebenstehenden Schaubild sehen Sie den Anteil der Zahlungsarten am Einzelhandelsumsatz im Jahr 2009. Wie werden sich die Anteile für die Zahlungsarten in der Zukunft verändern?

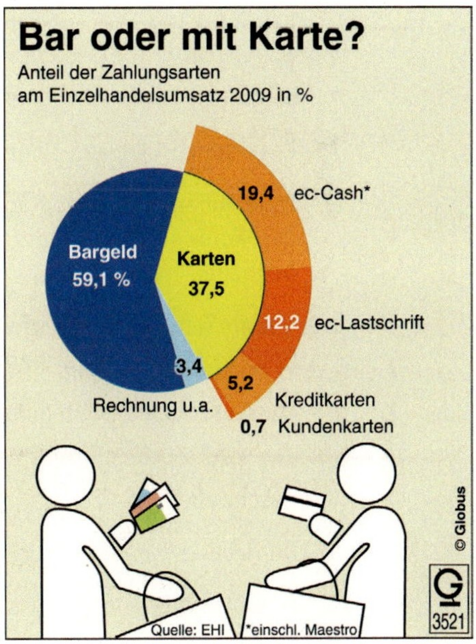

4. Internetrecherche

Gehen Sie ins Internet und sammeln Sie auf den Homepages verschiedener Banken Informationen zum Girokonto. Erstellen Sie eine tabellarische Übersicht, in der sie die Ergebnisse Ihrer Sucharbeit übersichtlich darstellen.

Die Tabelle sollte folgenden Aufbau haben:

Institut	Kontoführungsgebühr	Guthabenverzinsung	Kreditrahmen und Zinssatz	Weitere Serviceleistungen

5. Überweisungen tätigen

Besuchen Sie nach der Schule eine Bankfiliale und besorgen sich dort mehrere Überweisungsformulare. Ihre Bankdaten sind: Geldbank AG, Kontonummer: 670533721, BLZ: 412 456 80. Füllen Sie nun die Formulare aus:

a) Sie überweisen die Aufnahmegebühr für das Fitnessstudio Fitness-Welt, (Cash Bank AG Sportstadt, BLZ 513 815 31, Konto-Nr. 654789471). Als Verwendungszweck tragen Sie ein: „Aufnahmegebühr" und Ihren Namen.

b) Sie überweisen eine Anzahlung für die Klassenfahrt an Ihren Klassenlehrer, Herrn Lämpel. Seine Bankdaten sind Pfalzbank AG, BLZ 513 121 23, Konto-Nr. 1234754. Der Betrag der Anzahlung beläuft sich auf 25,00 €. Was würden Sie beim Verwendungszweck eintragen?

6. Die richtige Reihenfolge und ein Lösungswort finden

Martin Schmidt hat bei BüroFix e. K. einen Schreibtisch bestellt. Am 10.05.20.. wird ihm der Schreibtisch nach Hause geliefert. Der Lieferung liegt eine Rechnung über 680,00 € bei. Martin Schmidt wird die Rechnung per Überweisung von seinem Bankkonto begleichen.

Bringen Sie die folgenden Ereignisse, die bei der Überweisung auftreten, in die zeitlich richtige Reihenfolge. Die richtige Reihenfolge ergibt ein Lösungswort.

S – Sowohl Ingo Meier als auch Martin Schmidt heften ihre Kontoauszüge sorgfältig in einem Ordner ab.

A – Er unterschreibt den Überweisungsvordruck.

O – Ingo Meier, Leiter des Rechnungswesens von BüroFix e. K., sieht auf den Kontoauszügen, dass der Kunde Martin Schmidt seine Rechnung beglichen hat.

L – Martin Schmidt sieht auf seinem Kontoauszug, dass von seinem Konto Geld an BüroFix e. K. ging.

L – Das Konto von Martin Schmidt wird mit dem Rechnungsbetrag belastet.

D – Auf dem Konto von BüroFix e. K. wird der Rechnungsbetrag gutgeschrieben.

G – Der Überweisungsvordruck dient der Bank als Buchungsbeleg.

R – Er gibt die Überweisung am Bankschalter ab.

E – Die Bank von Martin Schmidt erteilt der Bank von BüroFix e. K. den Auftrag, den Überweisungsbetrag auf das Konto von BüroFix e. K. gutzuschreiben.

B – Martin Schmidt füllt den Überweisungsvordruck aus.

7. Struktur legen

a) Sie sehen hier ein Schema, das Ihnen alle Vorgänge veranschaulichen soll, die bei der Ausstellung und Einlösung des Verrechnungsschecks ausgelöst werden. Übertragen Sie das Schaubild in Ihr Heft und vervollständigen Sie es mit den folgenden Begriffen:

- Scheckaussteller
- Gläubiger
- Gutschrift auf Konto
- legt den Scheck vor
- bucht den Betrag vom Konto ab

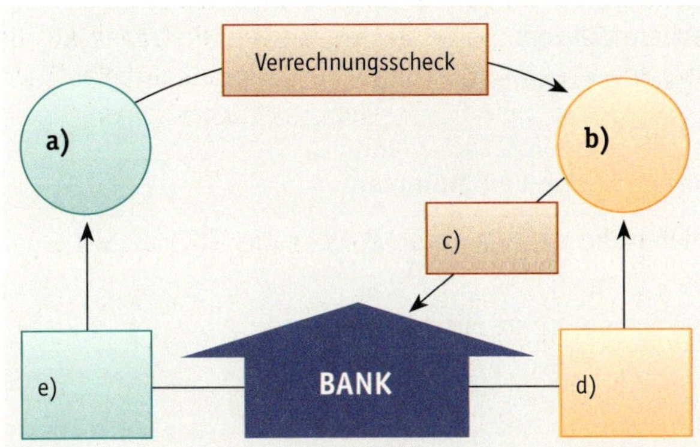

b) Vergleichen Sie dieses Schaubild mit dem Schaubild zum Barscheck auf Seite 298. Welchen Unterschied können Sie dabei erkennen?

8. Die richtige Reihenfolge und ein Lösungswort finden

a) Sie bezahlen an einer Kasse mit POS. Im Folgenden sehen Sie die einzelnen Schritte dieses Zahlungsvorgangs. Bitte bringen Sie diese in die richtige Reihenfolge. Die richtige Reihenfolge ergibt das Lösungswort.

T – Der Betrag wird dem Konto des Verkäufers gutgeschrieben.

E – Der Kunde steckt seine EC-Karte in das Kartenlesegerät und bestätigt den angezeigten Betrag.

K – Die Karte und die PIN werden online überprüft, ob sie übereinstimmen, ob die Karte nicht gesperrt ist und genug Geld auf dem Konto ist.

G – Der zu zahlende Betrag wird vom Verkäufer in die Kasse eingegeben.

A – Dass mit der Karte und dem Konto alles in Ordnung ist, wird am Kartenlesegerät durch den Vermerk „Zahlung erfolgt“ bestätigt.

R – Der Betrag wird vom Konto des Kunden abgebucht.

E – Der Kunde erhält eine Quittung für den Zahlungsvorgang.

L – Der Kunde gibt seine Geheimnummer (PIN) ein.

D – Der Kunde bestätigt seine Geheimnummer durch Drücken der Taste „Bestätigung“.

b) Haben Sie das Lösungswort gefunden? Dann erklären Sie diesen Begriff und zeigen Sie auf, welche Vorteile damit verbunden sind.

9. Präsentation erstellen

Bereiten Sie in Partnerarbeit eine Präsentation zum Thema „Zahlungsarten" vor. Präsentieren Sie Ihre Ergebnisse gemeinsam vor der Klasse. Halten Sie sich dabei an den bewährten Präsentationsablauf. Ihr Hauptteil sollte dabei so gegliedert sein:

Hauptteil:

Stellen Sie die einzelnen Zahlungsarten vor:

- Barzahlung
- halbbare Zahlung
- bargeldlose Zahlung

10. Internetrecherche und Mindmap

Informieren Sie sich im Internet über das Thema „Sicherheit beim Online-banking".

Erstellen Sie dazu eine Mindmap.

8 Überschuldung und Verbraucherinsolvenz

Situation

Andreas M. ist 25 Jahre alt und gelernter Industriemechaniker. Er ist völlig überschuldet. Der Weg in die Überschuldung begann bereits mit 18 Jahren, als er direkt nach Abschluss seiner Lehre von zu Hause auszog. Seine Mutter hatte sich damals von ihrem Lebensgefährten getrennt und ist zu einem neuen Freund gezogen, da hatte Andreas M. die Nase voll.

Ohne eigenes Geld mietete er sich eine Wohnung für 500,00 € im Monat. Zudem musste er eine Kaution von 1.500,00 € hinterlegen. Dies konnte er sich nur durch einen Kredit bei seiner Hausbank finanzieren. Andreas fing an, das Leben zu genießen; er unternahm viele Kurzreisen nach Italien und verbrachte lange Nächte in Kneipen und Discos. Um sich dies finanzieren zu können, reichte das normale Gehalt von Andreas nicht aus. Jeden Monat musste er sein Girokonto überziehen, immer tiefer rutschte er in die roten Zahlen.

Mit 23 Jahren wurde Andreas' Freundin schwanger. Sie heirateten und bezogen eine größere Wohnung. Da er keine Ersparnisse hatte, nahm er einen Kredit über 20.000,00 € auf. Die Ehe wurde jedoch nach einem Jahr geschieden, Anwaltskosten von 5.000,00 € fielen an, zudem musste Andreas noch Unterhaltszahlungen leisten. Die Hausbank von Andreas gab ihm keinen Kredit mehr. Auch andere Banken verweigerten ihm weitere Kredite nach der Schufa-Auskunft „nicht kreditwürdig".

Nach dem Scheitern seiner Ehe fühlt sich Andreas als Versager. Er will nun aller Welt beweisen, was für ein toller Kerl er ist. Mit Geld, das er sich von Freunden leiht, kauft er sich teure Kleidung und ein größeres Auto. Zudem beginnt er, regelmäßig in Spielhallen zu spielen – Andreas wird spielsüchtig. Um Spielschulden bezahlen zu können, leiht sich Andreas Geld von privaten Kredithaien.

Leitfragen

- Was meinen Sie: Wie geht die Geschichte von Andreas aus?
- Was sind die Gründe, die Andreas in die Überschuldung geführt haben?
- Zeichnen Sie Andreas' Weg in die Schuldenfalle an einem Zeitstrahl nach.

8.1 Das Problem der Überschuldung

Information

Jugendliche (zwischen 14 und 21 Jahren) sind für die Wirtschaft eine wichtige Zielgruppe. Sie verfügen über eigenes Geld (Taschengeld oder Ausbildungsvergütung) und geben dieses hauptsächlich für Produkte aus wie Kleidung, Handy, Diskobesuche, Auto/Moped, CDs und DVDs, Kosmetik und vieles mehr.

Die Wirtschaft bewirbt die Jugendlichen mit aufwändigen Werbekampagnen und fordert sie zum Konsum auf. Jugendliche können sich diesem Bann oft nicht entziehen und konsumieren über ihre Verhältnisse, das heißt, sie machen Schulden.

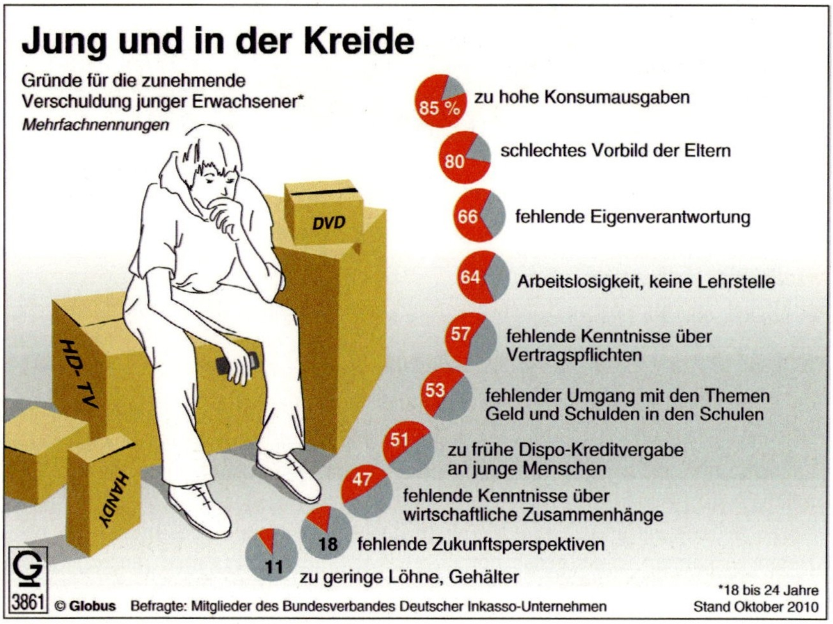

Von der Verschuldung zur Überschuldung

Schulden sind an sich noch nichts Schlimmes. Leute, die ein Haus bauen wollen, gehen meistens zur Bank und nehmen ein Baudarlehen auf – sie machen also Schulden. Doch dies ist meist gut durchdacht. Problematisch wird es, wenn jemand jeden Monat einfach immer mehr Geld ausgibt, als er überhaupt verdient. Ein überzogener Lebensstil und der schlechte Umgang mit Geld führen dazu, dass immer mehr Schulden gemacht werden. Hat man erst einmal angefangen, Schulden zu machen, ist es schwierig, aus dieser Situation wieder heraus zu kommen. Denn ist das Konto überzogen, geht ein Teil des nächsten Gehaltes zunächst dafür drauf, den Überziehungskredit abzuzahlen. Dadurch bleibt natürlich wieder weniger Geld zum Leben, man muss also wieder Schulden machen.

So gerät man immer weiter in diesen Teufelskreis. Auch die vielen Angebote von Ratenkäufen, wie beispielsweise bei Autos, teuren Fernsehern usw. verleiten schnell dazu, über die Stränge zu schlagen. Handy- und Telefonrechnungen sind ebenfalls tückisch. Sie sind oft viel zu hoch im Vergleich zum Verdienst, von dem ja auch noch das tägliche Leben bestritten werden muss und von dem man sich hier und da noch andere Dinge leisten möchte. Und mit jeder Mahnung, die man erhält, wächst natürlich der zu zahlende Betrag wegen der anfallenden Mahngebühren. Kontosperrung, Einschaltung von Inkassounternehmen, Auftauchen des Gerichtsvollziehers – all dies kann Folge einer Überschuldung sein.

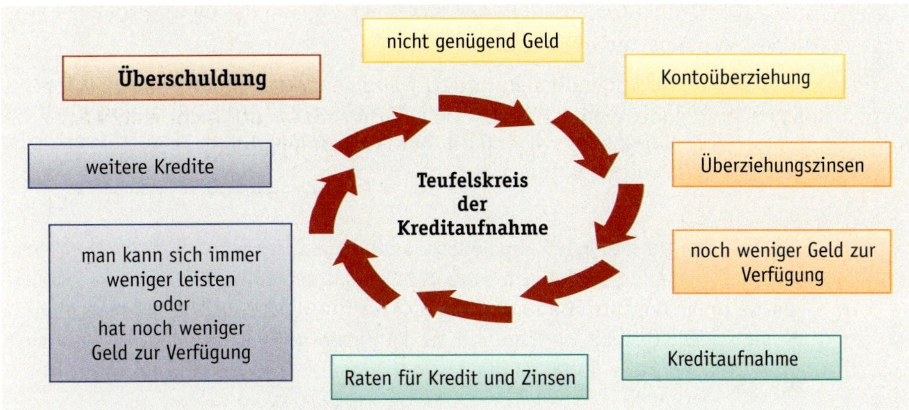

Die Ursachen für eine Überschuldung

Die vier wichtigsten Ursachen für eine Überschuldung sind:

1. Es wird nicht für unvorhergesehene Ereignisse gespart.

Beispiel

Tanja (19 Jahre) verdient gerade ihr erstes Geld als Einzelhandelskauffrau (1.300,00 € netto im Monat). Sie genießt das Leben, kauft sich ständig neue Klamotten, geht in die Disko – das Girokonto ist ständig überzogen. Da geht auch noch ihr Auto kaputt – Motorschaden. Die Reparaturkosten belaufen sich auf 950,00 €. Hierfür muss Tanja bei ihrer Bank einen Kredit aufnehmen. Zudem hat sie mittlerweile ihren Dispo-Kredit voll ausgeschöpft. Wenn Tanja nicht anfängt, eisern zu sparen, gerät sie in die Überschuldung. Ihr Gehalt wird dann nicht mehr ausreichen, alle Rechnungen bezahlen zu können.

Arbeitslosigkeit, die gerade heutzutage viele Menschen in Deutschland betrifft, ist der Hauptgrund für die Überschuldung. Denn wer kein geregeltes Einkommen mehr hat und einige Zeit nur von Arbeitslosengeld leben muss, bekommt erhebliche Probleme, wenn er dann noch Schulden abbezahlen soll.

2. Viele Menschen können nicht mit Geld umgehen.

Beispiel

Tanja kauft sich, was sie will. Geht sie in die Stadt, sieht sie meist in der ersten Boutique bereits etwas Nettes zum Anziehen. Sie bezahlt mit der Kreditkarte. Oft weiß sie nicht einmal, wie viel sie an einem Tag ausgegeben hat. Kontoauszüge schaut sie sich nicht genau an, Hauptsache der Geldautomat spuckt weiterhin die Scheine aus.

3. Der Konsum dient als Liebesersatz.

Ein überzogener Konsum kann als Ersatzbefriedigung bei Partnerschaftsproblemen oder einem zu geringen Selbstwertgefühl dienen.

Beispiel

Tanja hat Liebeskummer. Gut geht es ihr, wenn sie einkauft – am liebsten Schuhe! Zu Hause hat sie bereits 34 Paar.

4. Man will immer im Trend sein.

Die Mode verändert sich ständig – und dies mit Absicht, denn wer immer voll im Trend sein will, muss sich ständig neue Sachen kaufen. Dies kann schnell dazu führen, dass die Ausgaben außer Kontrolle geraten.

Beispiel

In Tims Clique hat jeder ein neues Handy. Über Tim werden Witze gemacht, denn sein Handy ist bereits zwei Jahr alt – und völlig out. Tim kauft sich deshalb das neueste Handy auf dem Markt für 600,00 €. Zudem ist in diesem Sommer Knitterlook in, Tim will in der Disko gut dastehen und kauft sich drei Hemden zu je 60,00 €.

Meist führt nicht ein Grund allein in die Überschuldung. Oft wirken mehrere Gründe zusammen, die den Teufelskreis in Gang setzen.

Wie komme ich von meinem Schuldenberg herunter?

Um von den Schulden loszukommen, ist natürlich erst einmal Sparen angesagt. Alle unnötigen Ausgaben müssen gestrichen werden. Dabei hilft es schon, sich monatlich über einen längeren Zeitraum die Einnahmen und Ausgaben vor Augen zu führen. Ratsam ist es, sich sämtliche Beträge in einem Haushaltsbuch für jeden Monat niederzuschreiben.

Beispiel

Tanja will von ihren Schulden loskommen, nachdem sie ihre Rechnungen nicht mehr bezahlen konnte und der Gerichtsvollzieher vor der Tür stand. Ihre Einkäufe hat sie bereits erheblich eingeschränkt. Monatlich muss sie 300,00 € für Zinsen und Tilgung ihrer Schulden aufwenden. Damit sie jeden Monat einen genauen Überblick über ihre Ausgaben hat, führt sie nun ein Haushaltsbuch. Dort trägt sie für jeden Monat in Rot ein, welche Ausgaben immer anfallen (fixe Kosten). Dann trägt sie auch die laufenden Ausgaben ein, damit sie immer im Blick hat, wo ihr Geld bleibt und wie viel sie sich noch leisten kann:

März

Einnahmen		**Ausgaben**	
Gehalt:	1.300,00 €	Miete (mit Nebenkosten)	**400,00 €**
		Kredit Sparkasse (Zinsen und Tilgung)	**300,00 €**
		Versicherungen	130,00 €
		Essen und trinken	212,00 €
		Kleidung	80,00 €

Tipp

Schaffen Sie es selbst nur schwer, aus der Schuldenfalle herauszukommen, dann helfen Ihnen Schuldnerberatungsstellen. Die Adressen finden Sie im Internet unter www.forum-schuldnerberatung.de.

Weiterhin geben Verbraucherinsolvenzverfahren überschuldeten Privatpersonen die Möglichkeit, ihren Schuldenberg abzubauen. Dazu mehr im folgenden Kapitel.

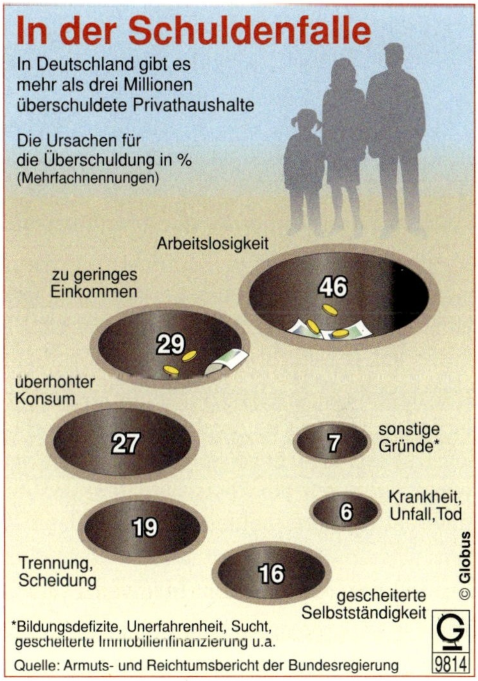

Die Pfändungsfreigrenze

Ist jemand stark verschuldet und kann seine Schulden nicht mehr zurückbezahlen, so wird sein Vermögen gepfändet. Dabei wird das Vermögen von einem Gerichtsvollzieher beschlagnahmt. Dieses Vermögen soll dann dem Gläubiger zukommen, so dass dieser einen Teil seiner Forderungen erhält. Die Pfändung kann beispielsweise so ablaufen, dass ein Gerichtsvollzieher die Wohnung nach Gegenständen von Wert durchsucht.

Steht in der Wohnung des Schuldners z. B. eine teure chinesische Vase, kann der Gerichtsvollzieher diese beschlagnahmen. Manche Gegenstände unterliegen allerdings dem **Pfändungsschutz**, das heißt, sie dürfen dem Schuldner nicht weggenommen werden, da er sie zum Leben braucht (z. B. einen Herd, ein Bett). Auch ein Teil des Einkommens kann gepfändet werden. Hier hat der Schuldner Recht auf ein Existenzminimum, das von den Gläubigern nicht angetastet werden darf. So liegt für Alleinstehende die Pfändungsgrenze bei 989,99 € netto im Monat. Nur das Einkommen, das darüber liegt, darf von Gläubigern gepfändet werden. Dabei sind entsprechende Pfändungstabellen maßgebend.

8.2 Das Verbraucherinsolvenzverfahren

Information

Was ist ein Verbraucherinsolvenzverfahren?

„Insolvenz" bedeutet Zahlungsunfähigkeit. Eine Person, die überschuldet ist, hat meist bei vielen verschiedenen Kreditgebern (Gläubigern) Schulden. Kann diese Person aus Geldmangel die Schulden nicht zurückzahlen, so hilft das Insolvenzverfahren. Es bedeutet, dass das Vermögen der verschuldeten Person an die Gläubiger verteilt wird, um die Schulden zu begleichen. Das Vermögen des Schuldners wird jedoch meist nicht ausreichen, alle Schulden zu begleichen. Das Insolvenzverfahren soll dann sicherstellen, dass alle Gläubiger gleichmäßig einen Teil ihrer Forderung zurückbekommen. Für den Rest der Schulden kann dann der Schuldner eine Restschuldbefreiung beantragen; die restlichen Schulden werden ihm erlassen.

Merke

Das Verbraucherinsolvenzverfahren verfolgt zwei Ziele:
- **Es eröffnet verschuldeten Menschen die Chance auf eine komplette Schuldenbereinigung.**
- **Alle Gläubiger sollen gleichermaßen an der Vermögensverwertung des Schuldners beteiligt werden.**

Das Amtsgericht im Bezirk des Schuldners ist zuständig für das Insolvenzverfahren:

Wie der Name bereits verdeutlicht, gilt das Verbraucherinsolvenzverfahren für Verbraucher, also für Privatleute, die keiner selbstständigen wirtschaftlichen Tätigkeit nachgehen (wie Arbeiter, Angestellte, Beamte, Rentner usw.). Geht ein Großunternehmer pleite, hat er z. B. kein Recht auf ein Verbraucherinsolvenzverfahren.

Das Verbraucherinsolvenzverfahren richtet sich an den redlichen Schuldner, also an jemanden, der z. B. durch eine fehlgeschlagene Unternehmensgründung oder durch Schicksalsschläge hohe Schulden machen musste. Ihm soll die Möglichkeit auf einen Neuanfang durch die Restschuldbefreiung gegeben werden. Jemandem, der sich durch Kreditbetrug überschuldet hat, steht dieser Weg nicht zu.

Wann kommt es zu einem Insolvenzverfahren?

Damit ein Insolvenzverfahren eingeleitet werden kann, muss es entweder vom Schuldner oder vom Gläubiger beantragt werden. Der Gläubiger muss nachweisen können, dass ihm das Geld zusteht, indem er zum Beispiel den Nachweis einer erfolglosen Zwangsvollstreckung vorbringt. Bei einer Zwangsvollstreckung versucht ein Gerichtsvollzieher die Geldforderung einzutreiben.

Der Antrag auf das Insolvenzverfahren kann gestellt werden bei
- drohender Zahlungsunfähigkeit:
  Dies bedeutet, dass der Schuldner voraussichtlich nicht fähig sein wird, die Schulden termingerecht zu begleichen.
- bestehender Zahlungsunfähigkeit:
  Der Schuldner kann seine Schulden nicht begleichen.
- Überschuldung des Schuldners:
  Sein Vermögen ist kleiner als seine Schulden.

Wie läuft das Verbraucherinsolvenzverfahren ab?

Das Verfahren ist in vier Stufen gegliedert:

Stufe 4: **Wohlverhaltensphase**
Stufe 3: **Insolvenzverfahren**
Stufe 2: **gerichtliches Planverfahren**
Stufe 1: **außergerichtlicher Einigungsversuch**

Was passiert bei einer außergerichtlichen Einigung?

Auf der ersten Stufe des Verbraucherinsolvenzverfahrens soll sich der Schuldner zunächst außergerichtlich mit den Gläubigern einigen. Dazu wird meist mithilfe einer Schuldnerberatungsstelle, einem Steuerberater oder Rechtsanwalt ein Schuldenbereinigungsplan aufgestellt. Dieser zeigt genau, welches Vermögen (z. B. Auto, zwei Fernseher, Silberbesteck) der Schuldner hat. Zudem ist darin eine genaue Vorgehensweise festgelegt, wie die Schulden abbezahlt werden können.

Jeder Gläubiger bekommt davon eine Ausfertigung. So hat der Schuldner die Chance, seine Schulden außergerichtlich zu bereinigen. Alle Gläubiger müssen dem Schuldenbereinigungsplan zustimmen. Willigen nicht alle Gläubiger in den Plan ein, so ist das außergerichtliche Einigungsverfahren gescheitert. Es kommt zum gerichtlichen Planverfahren.

Was passiert beim gerichtlichen Planverfahren?

Können sich Schuldner und Gläubiger außergerichtlich nicht einigen, kann auf Antrag das eigentliche Verbraucherinsolvenzverfahren eröffnet werden. Dazu muss der Schuldner dem Gericht einige Unterlagen vorlegen:

- eine Erklärung über die misslungene außergerichtliche Einigung
- einen Schuldenbereinigungsplan (er kann mithilfe des Schuldenbereinigungsplans aus der außergerichtlichen Einigung erstellt werden)
- einen Antrag auf Restschuldbefreiung oder eine Erklärung, dass diese nicht beantragt wird
- ein Vermögensverzeichnis, dass das Vermögen und Einkommen des Schuldners auflistet
- ein Verzeichnis der Gläubiger
- ein Verzeichnis der bestehenden Forderungen
- eine Erklärung über die Vollständigkeit der Angaben

Sobald dem Gericht alle Unterlagen vorliegen, versucht dieses erneut, eine außergerichtliche Einigung herbeizuführen. Innerhalb eines Monats sollen die Gläubiger sich zu dem Schuldenbereinigungsplan äußern. Sind sie damit einverstanden, muss der Schuldner sich an den Plan halten und ihn erfüllen. Das Insolvenzverfahren wird nicht durchgeführt.

Lehnen einzelne Gläubiger den Plan ab, so kann das Gericht trotzdem bestimmen, dass der Plan durchgeführt wird. Allerdings nur, wenn:

- mehr als die Hälfte der Gläubiger dem Plan zustimmen,
- die Forderungen der zustimmenden Gläubiger mehr als die Hälfte der Gesamtforderung betragen,
- die nicht zustimmenden Gläubiger wirtschaftlich nicht mehr benachteiligt sind als bei einer Durchführung des Verfahrens.

Sind diese Bedingungen erfüllt, wird der Antrag auf Eröffnung des Insolvenzverfahrens und auf Restschuldbefreiung zurückgenommen.

Wie läuft ein vereinfachtes Verbraucherinsolvenzverfahren ab?

Wenn keine gerichtliche Einigung erzielt werden kann, so wird das Insolvenzverfahren vom Gericht wieder aufgenommen. Das Gericht legt einen Treuhänder fest. Ein Treuhänder ist eine vom Gericht eingesetzte Person, die zwischen Schuldner und den Gläubigern vermittelt.

Merke **Ein Treuhänder ist ein Mittelsmann. Beim Verbraucherinsolvenzverfahren vermittelt er zwischen dem Schuldner und den Gläubigern.**

Der Treuhänder hat einen genauen Überblick über die Vermögensverhältnisse des Schuldners. Er verteilt das vorhandene und pfändbare Vermögen an die Gläubiger. Danach ermittelt er die Restforderungen der Gläubiger. Er überwacht, dass der Schuldenbereinigungsplan streng eingehalten wird:

Wie sieht ein Schuldenbereinigungsplan aus?

Im Schuldenbereinigungsplan sind alle Gläubiger sowie ihre gesamten Forderungen an den Schuldner aufgelistet. Der Treuhänder hat zuvor ermittelt, wie viel der Schuldner noch aus seinem Einkommen und Vermögen bezahlen kann. Daraus wird eine Quote festgelegt. Der Schuldner leistet eine einmalige Vergleichszahlung. Die Gläubiger erklären den Verzicht auf alle Restforderungen gegen den Antragsteller.

Beispiel Andreas M. hat zusammen mit seinem Rechtsanwalt alle Gläubiger mit ihren jeweiligen Gesamtforderungen aufgelistet. Der Treuhänder hat das pfändbare Gesamtvermögen von Andreas ermittelt. Es ergibt 15.100,00 €. Darin ist nicht nur sein momentanes Vermögen enthalten, sondern auch Anteile aus dem Geld, das er noch in Zukunft verdienen wird. Diese Summe wird nun gleichmäßig auf seine Gläubiger verteilt. Im Schuldenbereinigungsplan ist dann genau festgelegt, wie viel jeder Gläubiger bekommt.

Gläubiger	Gesamtforderung	Einmalige Vergleichszahlung	Quote in %
Wolfgang Müller	6.000,00 €	600,00 €	10
Sparkasse	20.000,00 €	2.000,00 €	10
Kreditbank AG	30.000,00 €	3.000,00 €	10
Gastro AG	60.000,00 €	6.000,00 €	10
Gerold Auto AG	35.000,00 €	3.500,00 €	10

Wohlverhaltensphase und Restschuldbefreiung

Das Gericht kann den Schuldner von seiner vom Treuhänder ermittelten Restschuld befreien. Dazu muss der Schuldner beim Gericht einen Antrag auf Restschuldbefreiung stellen. Er muss außerdem erklären, dass er die pfändbaren Forderungen auf seine Bezüge für sechs Jahre an einen Treuhänder abtritt. Mit dem Ende des Insolvenzverfahrens beginnt die sechsjährige Wohlverhaltensphase. In dieser Zeit muss der Schuldner verschiedene gesetzliche Anforderungen erfüllen.

- Der Schuldner soll erwerbstätig sein oder zumindest versuchen, eine Arbeitsstelle zu finden.
- Er muss ein eventuell angetretenes Erbe zur Hälfte an den Treuhänder zahlen.
- Er muss eine Veränderung des Wohnsitzes oder der Beschäftigung sofort dem Treuhänder mitteilen.
- Geld, das an die Gläubiger zu zahlen ist, darf er außerdem nur an den Treuhänder zahlen.

Die Einhaltung dieser gesetzlichen Anforderungen lohnt sich für den Schuldner. Hat er sich sechs Jahre „wohl verhalten“, also alle gesetzlichen Anforderungen erfüllt, dann werden ihm die restlichen Schulden erlassen.

Merke **Nach sechsjährigem Wohlverhalten erfolgt Restschuldbefreiung.**

Zusammenfassung

Frage: Wie kommt es, dass sich schon Jugendliche verschulden?

Antwort: Jugendliche verfügen bereits über eigenes Geld und sind eine heiß umworbene Zielgruppe der Wirtschaft. Ein überreiches Angebot von direkt auf Jugendliche abgestimmten Produkten regt deren Konsumfreude an. Reicht das Geld von Jugendlichen nicht aus, so wird ihnen über Kredite und Ratenkäufe ermöglicht, über ihre Verhältnisse zu leben. Dies ist der Einstieg in die Verschuldung und kann in der Schuldenfalle enden.

Frage: Sollte man also möglichst nie im Leben Schulden machen?

Antwort: Nein, wer im Wirtschaftsleben teilnimmt, benötigt manchmal mehr Geld, als er momentan hat. Privatleute haben oft Schulden, etwa wenn sie ein Haus bauen oder sich ein neues Auto kaufen. Dies ist kein Problem, wenn es genau durchdacht ist und bereits bei Aufnahme des Darlehens durchgerechnet wird, wie die Schulden zurückbezahlt werden können. Problematisch wird es jedoch, wenn jemand völlig unkontrolliert Schulden macht und keinen Überblick über seine Finanzlage hat.

Frage: Was sind die Ursachen einer Überschuldung?

Antwort: Eine Ursache ist, dass nichts gespart wird und so ein unvorhergesehenes Ereignis nur über einen Kredit abgefangen werden kann. Ein schlechter Umgang mit Geld führt ebenfalls schnell in die Schulden. Viele geben mehr Geld aus, als sie haben, nur um sich gut zu fühlen oder immer im Trend zu liegen, oder um in der Clique anerkannt zu sein.

Frage: Was muss man unternehmen, um aus dem Schuldenloch herauszukommen?

Antwort: Zunächst einmal muss der Lebensstil eingeschränkt werden. Alle unnötigen Ausgaben müssen gestrichen werden. Um die Finanzplanung besser im Griff zu haben, ist zudem die Führung eines Haushaltsbuches ratsam.

Frage: Warum ist das Verbraucherinsolvenzverfahren für überschuldete Privatpersonen eine gute Sache?

Antwort: Wenn eine Person Pech im Leben hatte und sich völlig verschulden musste, bedeutet dies nicht, dass sie bis an ihr Lebensende von den Gläubigern verfolgt wird und ein kärgliches Dasein fristen muss. Das Verbraucherinsolvenzverfahren eröffnet dem „redlichen“ Schuldner, dass er nach einer Phase, in der er strenge gesetzliche Auflagen erfüllt, von seiner Restschuld befreit wird. Er kann dann ein neues Leben beginnen.

Frage: Was bedeutet redlicher Schuldner?

Antwort: Als redliche Schuldner werden die Menschen bezeichnet, die ohne kriminelle Machenschaften oder betrügerische Absichten in die Schuldenfalle geraten sind, zum Beispiel durch eine gescheiterte Existenzgründung oder aufgrund anderer unvorhergesehener Ereignisse (Arbeitslosigkeit usw.).

Wissensfragen

1. Welche Gründe gibt es für die zunehmende Verschuldung junger Erwachsener?
2. Was sollten Sie vermeiden, um nicht in die Schuldenfalle zu geraten?
3. Wo finden Sie Hilfe, wenn Sie von Ihren Schulden nicht mehr loskommen?
4. Welche Stufen kann ein Verbraucherinsolvenzverfahren durchlaufen?
5. Was passiert bei einer außergerichtlichen Einigung?
6. Was passiert beim gerichtlichen Planverfahren?
7. Welchen Zweck erfüllt der Schuldenbereinigungsplan?
8. Welche Aufgabe erfüllt der Treuhänder?
9. Erklären Sie den Begriff „Wohlverhaltensphase".

Übungsaufgaben

1. Diagramme interpretieren

Betrachten Sie die beiden folgenden Diagramme. Welchen Zusammenhang können Sie dabei erkennen?

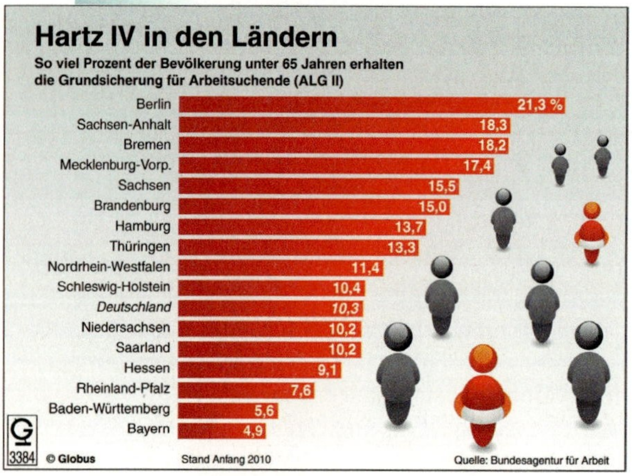

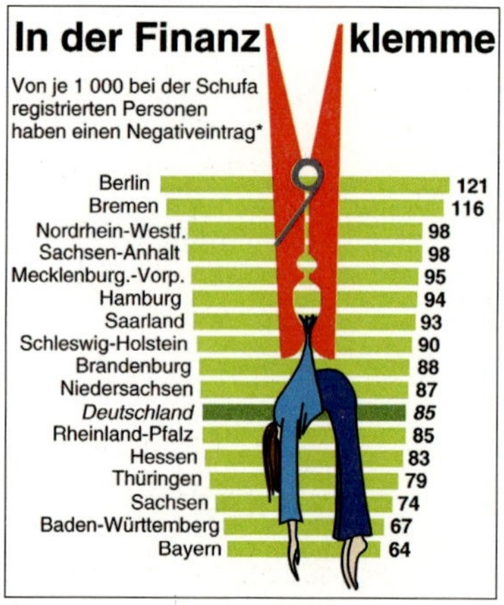

2. Aufstellen eines Haushaltsbuches

Anja Erdmann (20 Jahre) arbeitet als Einzelhandelskauffrau bei einem großen Warenhaus. Anja hat Geldprobleme. Im Sommer war sie mit einer Freundin auf einer teuren Nil-Kreuzfahrt in Ägypten. Den 2.600,00 € teuren Urlaub hat sie sich über einen Verbraucherkredit ihrer Bank finanziert, da sie keinen Cent Erspartes hatte. Nun ging auch noch ihr Auto kaputt. Da sie unbedingt ein Auto braucht, musste sie sich ein neues kaufen. Sie hat zwar einen günstigen Gebrauchtwagen erstanden, aber gekostet hat er trotzdem 1.700,00 € – wieder auf Kredit.

Zudem hat sie ihr Girokonto aufgrund der zahlreichen Einkaufstouren durch die Innenstadt mit 1.000,00 € überzogen. Bevor sich ihre finanzielle Situation verschlimmert, will sie nun ihre Finanzen in den Griff bekommen. Jeden Monat will sie etwas sparen, wovon sie dann die beiden Kredite abbezahlen kann. Sie hat ein monatliches Nettoeinkommen von 1.200,00 €, die Monatsmiete ihrer Zwei-Zimmer-Wohnung beträgt 390,00 € (warm). Sie ist Mitglied in einem Fitnessstudio, der monatliche Mitgliedsbeitrag beträgt 50,00 €. Für Versicherungen zahlt sie je Monat 80,00 €. Die Telefonrechnung beläuft sich im Januar auf 43,00 € und im Februar auf 36,00 €. Im Januar hat sie sich Kleidung gekauft für 120,00 €, im Februar hat sie dafür 80,00 € ausgegeben. Für Lebensmittel gibt sie im Durchschnitt monatlich 210,00 € aus. Für Benzin benötigt sie pro Monat 90,00 €. Zudem braucht sie 100,00 € je Monat fürs Weggehen.

a) Erstellen Sie für Anja ein Haushaltbuch, in dem die Einnahmen und Ausgaben je Monat gegenübergestellt sind. Schreiben Sie die Beträge, die jeden Monat unverändert (fix) sind, in Rot.

Januar			**Februar**	
Einnahmen	Ausgaben		Einnahmen	Ausgaben
Gehalt:	Miete:			
...	...		...	...

b) Wie viel Geld bleibt Anja von ihrem Nettogehalt in den Monaten Januar und Februar, das sie zum Abbau ihrer Schulden verwenden könnte?

c) Angenommen, Anja hat jeden Monat einen Betrag in Höhe des Sparbetrages vom Monat Februar zur Verfügung, um ihre Schulden abzubauen. Wie viele Monate braucht sie dann dazu? (Kreditzinsen werden hier vernachlässigt!)

3. Strukturieren

Sie sehen auf Seite 320 ein Schaubild, das Ihnen den Ablauf des Verbraucherinsolvenzverfahrens vor Augen führen wird, sobald Sie die passenden Begriffe für die Buchstaben eingesetzt haben. Übertragen Sie das Schaubild sauber in Ihr Heft und setzen Sie dann anstelle der Buchstaben die passenden Aussagen ein.

1) Mehr als die Hälfte der Gläubiger stimmen dem Plan nicht zu.
2) Verfahrensschluss (Restschuldbefreiung)
3) Alle Gläubiger stimmen dem Schuldenbereinigungsplan zu.
4) Verstöße gegen die Auflagen der Insolvenzordnung liegen vor.
5) Versagensgründe liegen vor.
6) Wohlverhaltensphase
Der pfändbare Teil der Einkünfte wird an den Treuhänder abgetreten.

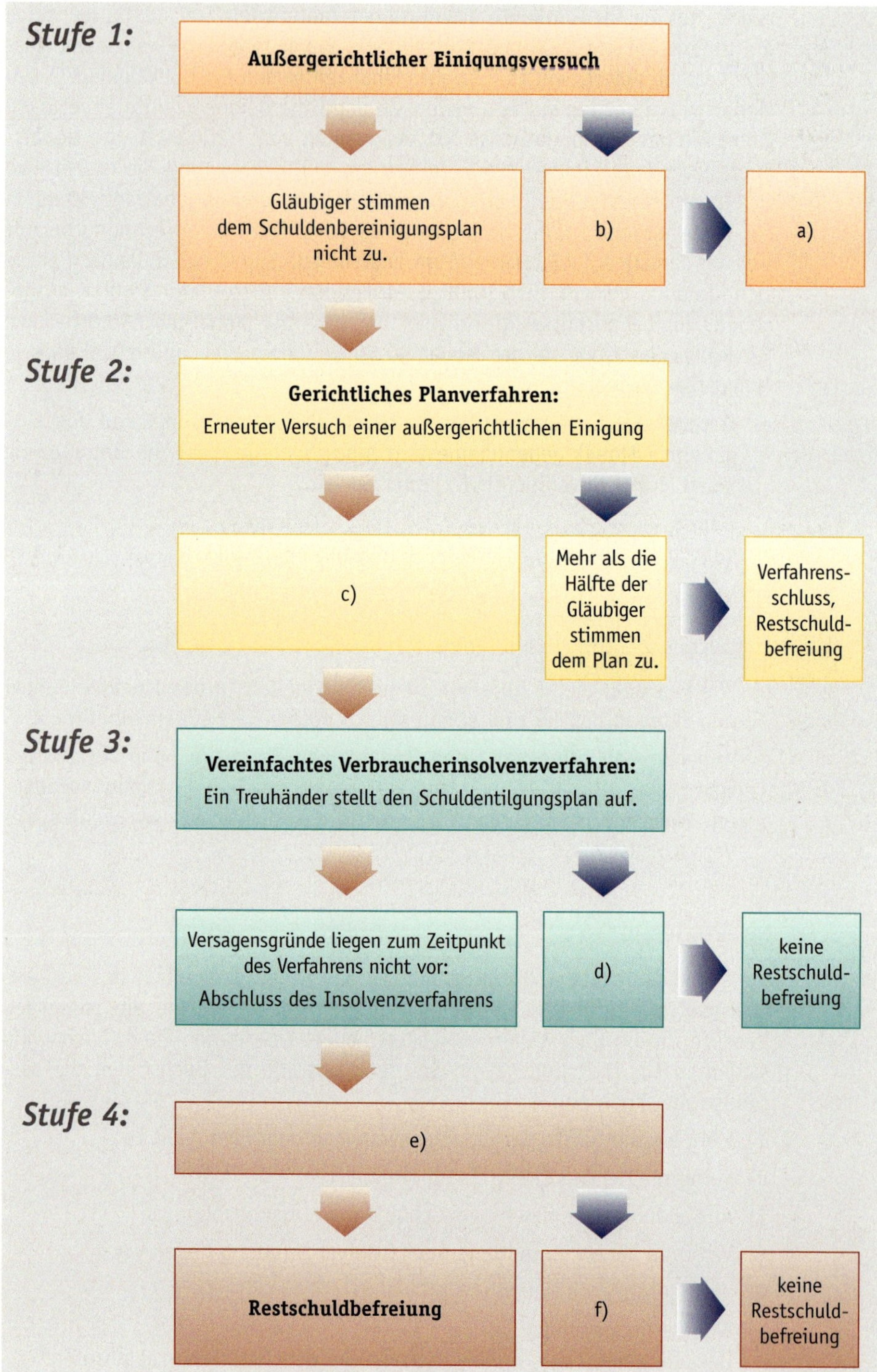
Stufe 1:
Außergerichtlicher Einigungsversuch
Gläubiger stimmen dem Schuldenbereinigungsplan nicht zu.
b)
a)
Stufe 2:
Gerichtliches Planverfahren:
Erneuter Versuch einer außergerichtlichen Einigung
c)
Mehr als die Hälfte der Gläubiger stimmen dem Plan zu.
Verfahrens-schluss, Restschuld-befreiung
Stufe 3:
Vereinfachtes Verbraucherinsolvenzverfahren:
Ein Treuhänder stellt den Schuldentilgungsplan auf.
Versagensgründe liegen zum Zeitpunkt des Verfahrens nicht vor:
Abschluss des Insolvenzverfahrens
d)
keine Restschuld-befreiung
Stufe 4:
e)
Restschuldbefreiung
f)
keine Restschuld-befreiung

4. Rechtsfälle lösen

In den folgenden Fällen sollen Sie beurteilen, ob der Schuldner während der Wohlverhaltensphase gegen die gesetzlichen Auflagen verstößt.

a) Andreas zieht von Speyer nach Kaiserslautern. Dies teilt er dem Treuhänder nicht mit, da er vermeiden will, dass dieser etwas von seiner Nebenbeschäftigung als Kellner mitbekommt.

b) Andreas trifft durch Zufall seinen Gläubiger Wolfgang Müller, mit dem er früher einmal befreundet gewesen ist. Andreas plagt das schlechte Gewissen. Da er gerade von seinem Nebenjob den Lohn erhalten hat, gibt er seinem Gläubiger die 250,00 €, „um der alten Zeiten willen"! Der Treuhänder bekommt davon nichts mit.

c) Andreas erbt von seiner Oma ein Bankguthaben von 10.000,00 € sowie verschiedene alte Möbel, darunter echte Raritäten. Er teilt dem Treuhänder mit, dass er 10.000,00 € geerbt habe. Dass er aber auch wertvolle Möbel geerbt hat, verschweigt er.

d) Andreas ist Industriemechaniker. Während der Wohlverhaltensphase wird er arbeitslos. Das Arbeitsamt bietet ihm Arbeit im Getränkelager eines großen Supermarktes an. Andreas lehnt ab, er ist an keiner Arbeit interessiert, da er sowieso einen größeren Teil seines Einkommens an den Treuhänder abgeben muss, um damit seine Schulden zu bezahlen.

5. Einen Flyer gestalten

Sie arbeiten bei der Schuldnerberatung und sollen nun einen Flyer (Flugblatt) erstellen, auf dem in knappen Stichworten Tipps gegeben werden, wie Schuldner aus der Schuldenfalle herauskommen können. Der folgende Text bietet Ihnen die notwendigen Informationen. Denken Sie aber daran, dass der Flyer nur die wichtigsten Schlagwörter enthalten soll (also nicht abschreiben!).

Info-Text:

(...)

Wie „Schuldenmachen" verhindert werden kann

Mindestens jeder vierte deutsche Haushalt in Deutschland hat Schulden. Solange die Verbindlichkeiten mühelos getilgt werden können, stellen sie kein Problem dar. Wenn zum Monatsende allerdings regelmäßig weniger als zehn Prozent der Einnahmen übrig bleiben oder gar das Minus auf dem Girokonto stetig wächst, ist es Zeit, die eigenen Finanzen neu zu ordnen. Schuldnerberater empfehlen:

1. Zwei Monate lang alle Einnahmen und Ausgaben in einem Haushaltsplan festhalten und dabei auch mehrmonatige Zahlungsverpflichtungen anteilig auf Monatsbasis herunterbrechen. Kostenlose Vordrucke und Haushaltsbücher kann man in Schuldnerberatungsstellen oder per Internet beim Sparkassen- und Giroverband (www.dsgv.de) bestellen (...).

2. Wenn die Rechnung Null auf Null aufgeht oder ein Minus entsteht, variable Kostenblöcke nach Abzug von Miete, Mietnebenkosten und Lebenshaltung nach Sparmöglichkeiten durchforsten: Prüfen, ob einige Versicherungen gekündigt werden können. Lebensversicherung vorübergehend stilllegen. Abos bei Fitnessstudios überdenken. Auswärts essen einschränken.
3. Sollten die Sparmaßnahmen nicht ausreichen, Umschuldungsgespräch mit der Bank suchen. Der Kundenberater wird in der Regel vorschlagen, teure Dispokredite auf länger laufende günstigere Darlehen umzuschreiben und/oder die Raten bei bestehenden Konsumentenkrediten zu verkleinern und die Laufzeit zu verlängern.
4. Auf große Gläubiger zugehen und um vorübergehende Stundung der Schulden bitten. Wer etwa nachweisen kann, gerade den Job verloren zu haben oder krankheitsbedingt Schulden angehäuft zu haben, kann häufig mit Kulanz rechnen. Viele Unternehmen nehmen lieber eine längere Schuldenbeziehung hin als den Totalausfall des Kunden wegen Überschuldung. Beim Finanzamt kann bei Nachweis von Zahlungsschwierigkeiten eine Steuerstundung erwirkt werden.
5. Auf keinen Fall Darlehen annehmen von Institutionen oder Personen, die schnelles Geld ohne Sicherheiten und Kreditprüfung bei der Schufa anpreisen. Hinter solchen Angeboten stecken oft Wucherer.
6. Bei Einzelfragen Schuldnerberatung telefonisch kontaktieren. Kleinere Problemstellungen lassen sich so zügig klären und die Zeit bis zu einem persönlichen Beratungsgespräch (Wartezeiten von mehreren Wochen sind möglich) kann so sinnvoll genutzt werden. Adressen und Telefonnummern der Beratungsstellen finden Sie unter der Rubrik

(...)

Quelle: Ausschnitt von: www.mdr.de/escher/1338100.html (abgerufen am 19.04.2005)

1 Ziele des Marketings

Situation

Es ist Anfang November, kurz vor Beginn des Weihnachtsgeschäftes. Klaus Schneider, der Inhaber der BüroFix e. K, sitzt mit seinen Abteilungsleitern im Besprechungszimmer und diskutiert die Marketingziele.

Klaus Schneider: „So, meine Damen und Herren, das Weihnachtsgeschäft steht wieder vor der Tür. Unser Hauptkonkurrent, der Büro-Discounter CheapOffice, hat bereits jetzt mit aufwändigen Werbeanzeigen im Speyerer Boten zum Angriff geblasen."

Ingo Meier: „Letztes Jahr hat uns CheapOffice im Weihnachtsgeschäft durch zahlreiche Billigaktionen ordentlich zugesetzt. Unser Umsatz ist damals im Vergleich zu den Vorjahren um 20 % eingebrochen."

Benno Ludwig: „Wir müssen dieses Jahr eine andere Strategie fahren. Wie sollten nicht versuchen, noch billiger als CheapOffice zu sein, dann machen wir ja überhaupt keinen Gewinn mehr. Wir müssen unseren Absatz dort steigern, wo CheapOffice schwach ist, nämlich bei Produkten mit Erklärungsbedarf, wir sind schließlich ein Fachgeschäft. Durch Billigangebote machen wir nur unseren Gewinn kaputt."

Klaus Schneider: „Die Kunden holen sich meistens die Beratung zu den PCs bei uns, kaufen diese aber dann beim Discounter. Das bringt uns wenig."

Benno Ludwig: „Ich denke beim Weihnachtsgeschäft auch nicht an die PCs, da diese für ein übliches Weihnachtsgeschenk zu teuer sind. Meine Idee ist ein Angebot von kleinen, aber hochwertigen Digitalkameras bis zu einem Preis von 300,00 €."

Klaus Schneider: „Gute Idee! Wie viele können wir davon absetzen?"

Benno Ludwig: „Ich rechne mit einem Absatz von 300 Stück in der Vorweihnachtszeit. Ein Verkäufer muss dafür besonders geschult werden."

Ingo Meier: „Dafür müssen wir aber ordentlich die Werbetrommel rühren, denn bisher weiß ja niemand, dass wir auch Digitalkameras in unserem Sortiment haben."

Benno Ludwig: „Damit schlagen wir gleich zwei Fliegen mit einer Klappe: Die preisgünstigen, aber hochwertigen Digitalkameras locken viele Kunden in unser Geschäft, die dann auch noch andere Dinge kaufen. Durch dieses Lockvogelangebot erhoffe ich mir eine allgemeine Umsatzsteigerung von 10 %. Wichtig ist, dass wir den Absatz von 300 Stück in dieser Zeit auch schaffen."

Leitfragen

- Warum will sich BüroFix e. K. nicht auf einen Preiskampf mit CheapOffice einlassen?
- Warum sollen Digitalkameras das Sortimentangebot von BüroFix e. K. ergänzen?
- Was sind die Ziele von BüroFix e. K. für die Vorweihnachtszeit?

Information

Was ist ein Markt?

Ein Markt entsteht überall dort, wo Verkäufer und Käufer zusammenkommen, um Waren zu handeln. Ein typischer Markt ist der Wochenmarkt, wo Gemüsehändler ihre Waren den Käufern anbieten. Der Markt ist nicht immer nur auf einen Ort begrenzt, der Fahrradmarkt beispielsweise bezeichnet alle Fahrradanbieter, deren Produkte und die dazugehörigen Kunden. Es gibt einen Markt für Gebrauchtwagen, für Computer, für Handys - einfach fast alles, was man sich vorstellen kann. Auch die Börse ist ein Markt, auf dem mit Aktien, also Firmenanteilen, gehandelt wird.

Merke **_Markt_ = Zusammentreffen von Verkäufern und Käufern, um Güter und Dienstleistungen zu handeln.**

Der Wandel der Märkte

Bis in die Sechzigerjahre des 20. Jahrhunderts befanden sich die Unternehmen in Westeuropa und den USA in einer recht komfortablen Situation. Es gab noch nicht so viele Konkurrenten, dazu war die Nachfrage der Käufer noch größer als das Angebot an Waren. Die Unternehmen konnten sämtliche Konditionen (Qualität, Angebotsmengen, Preise, Lieferfristen usw.) für ihre Produkte festlegen und dennoch sicher sein das Produkt absetzen zu können. So einen Markt, bei dem der Verkäufer (das Unternehmen) eine stärkere Stellung hat als der Käufer, nennt man Verkäufermarkt.

Merke **_Verkäufermarkt_ = Verkäufer sind auf dem Markt in einer besseren Stellung als die Käufer.**

Doch in der Zeit bis heute haben sich die Märkte aufgrund der für die Unternehmen immer härter werdenden Konkurrenz gewandelt. Insbesondere die Märkte in Westeuropa sind gesättigt. Es werden viel mehr Produkte angeboten, als die Kunden nachfragen. So stehen beispielsweise zehn verschiedene Waschmittelmarken in den Regalen der Supermärkte.

Die Unternehmen müssen sich immer mehr einfallen lassen, um sich von der Konkurrenz abzuheben. Um jeden Kunden wird gekämpft; in manchen Branchen gibt es regelrechte „Preisschlachten", wenn die Unternehmen versuchen sich gegenseitig beim Preis zu unterbieten, nur um ihre Produkte zu verkaufen.

Ein Markt, auf dem der Käufer eine starke Stellung innehat, ist ein Käufermarkt. Zumindest für Konsumgüter bestehen in Westeuropa Käufermärkte.

Merke **_Käufermarkt_ = Käufer sind auf dem Markt in einer besseren Stellung als die Verkäufer.**

Was ist Marketing?

Unternehmen, die auf Käufermärkten aktiv sind, müssen um jeden Kunden hart kämpfen. Es muss genau untersucht werden, welche Wünsche und Bedürfnisse der Kunde hat, um die Produkte darauf abzustimmen - denn nur dann werden sie gekauft. Diese strenge Orientierung am Kunden nennt man Marketing – nicht das Produkt selbst, sondern die Wünsche und Bedürfnisse der Kunden müssen den Entscheidungen des Unternehmens zugrunde gelegt werden.

Merke

***Marketing* = Wünsche und Bedürfnisse des Kunden werden den Entscheidungen des Unternehmens zugrunde gelegt.**

Eine wichtige Aufgabe des Marketings ist es, die Bedürfnisse nicht nur zu decken, sondern auch zu wecken, zum Beispiel durch Erfindungen.

Die Ziele des Marketings

Die wichtigsten Ziele sind Umsatzerhöhung, Absatzsteigerung, Gewinnsteigerung und Marktanteilserhöhung. Dabei handelt es sich um direkt messbare Ziele (z. B. anhand der Umsatzzahlen). Weitere Ziele sind beispielsweise die Bekanntheit der Produkte zu erhöhen und das Image des Unternehmens zu verbessern. Diese Ziele sind nicht direkt messbar. Sie können höchstens durch Befragung der Kunden erhoben werden.

Beispiel

Der Büromöbelhersteller Man KG hat sich für das kommende Geschäftsjahr folgende Marketingziele gesetzt: den Marktanteil im Segment „Bürostühle" auf dem deutschen Markt von 20 % auf 30 % steigern (Marktanteilsziel); den Umsatz des neuartigen Schranksystems um 20 % steigern (Umsatzziel); einen größeren Bekanntheitsgrad erreichen und ein Image als umweltfreundliches Unternehmen aufbauen.

Marketingziele:

Steigerung von:

Absatz

Der Absatz eines Unternehmens entspricht der Anzahl der Produkte, die es verkauft.

Beispiel

Der Schreibtischhersteller Müller OHG stellt im Jahr 2010 100 000 Schreibtische her, 80 000 davon werden verkauft. Der Absatz an Schreibtischen ist also 80 000 Stück. Ein Ziel der OHG für das Jahr 2011 könnte z. B. sein, den Absatz um 20 000 Stück zu steigern.

Umsatz

Der Umsatz eines Unternehmens ist das Geld, das das Unternehmen mit dem Absatz seiner Produkte erwirtschaftet.

Beispiel

Die Müller OHG verkauft im Jahr 2010 80 000 Schreibtische zu je 300,00 €.
Umsatz = Absatzmenge · Verkaufspreis = 80 000 · 300,00 €
= 24.000.000,00 € Umsatz

Gewinn Zieht man vom Umsatz des Unternehmens alle Kosten (z. B. Materialkosten, Gehälter usw.) ab, erhält man den Gewinn.

Beispiel

Die Produktion der Schreibtische verursacht der Müller OHG Kosten von 10.000.000,00 €.
Gewinn = Umsatz – Kosten = 24.000.000,00 – 10.000.000,00
= 14.000.000,00 € Gewinn

Marktanteil Der Marktanteil ist bestimmt durch die Höhe des Absatzes eines Unternehmens im Verhältnis zum Absatz aller Konkurrenten auf dem Markt.

Beispiel

In Speyer gibt es fünf Geschäfte für Bürobedarf. Im Jahr 2010 zeigt eine statistische Erhebung, dass in Speyer von diesen Geschäften insgesamt 4 000 Büroschreibtische verkauft wurden. BüroFix e. K. hat davon 1 000 Stück verkauft. Der Marktanteil von BüroFix e. K. beträgt damit:

1 000 : 4 000 = 0,2 → ***20 %***

Zusammenfassung

Frage: Hat sich der Wandel der Märkte auch in der Bundesrepublik Deutschland vollzogen?

Antwort: Ja, in der Zeit des Wiederaufbaus nach dem Zweiten Weltkrieg war die Nachfrage nach Produkten um einiges höher als das Angebot. Damals hatten z. B. nur wenige ein Auto oder einen Kühlschrank. Der Wirtschaftsaufschwung ermöglichte es immer mehr Menschen, solche Produkte zu kaufen. Heute verfügt fast jeder Haushalt in Deutschland über ein Auto oder einen Kühlschrank. Für ein Unternehmen, das Kühlschränke herstellt, wird es deshalb schwieriger, seine Produkte loszuwerden. Zudem gibt es eine Vielzahl von Herstellern, die miteinander in Konkurrenz stehen.

Frage: Verfolgt ein Unternehmen die Ziele Umsatzerhöhung, Absatzsteigerung, Gewinnsteigerung und Marktanteilserhöhung immer gleichzeitig?

Antwort: Nein, zwar gehen die Ziele oft Hand in Hand – so kann beispielsweise eine Absatzsteigerung eine Umsatzsteigerung zur Folge haben. Dies muss allerdings nicht zwangsläufig so sein. Ein Unternehmen setzt je nach seiner Strategie eigene Schwerpunkte. Will z. B. ein Unternehmen einen Konkurrenten verdrängen, wird es das Produkt zum Schleuderpreis, eventuell unter den eigenen Kosten verkaufen. Der Absatz des Produktes wird dadurch erheblich gesteigert, allerdings macht das Unternehmen mit jedem verkauften Produkt Verlust. Einer Absatzsteigerung steht also eine Gewinnschmälerung gegenüber.

Wissensfragen

1. Was verstehen Sie unter einem Markt?
2. Wie haben sich die Märkte seit dem Zweiten Weltkrieg verändert?
3. Was ist Marketing?
4. Welche Ziele verfolgt ein Unternehmen mit dem Marketing?

Übungsaufgaben

1. Rechenaufgaben

a) BüroFix e. K. verkauft im Monat Oktober 23 Büroschränke zu einem Verkaufspreis von 399,00 € (ohne MWSt).

a1) Wie hoch ist der Umsatz?

a2) Wie hoch ist der Gewinn im Oktober bei den Büroschränken, wenn BüroFix e. K. die Schränke von der Hobel KG für 289,00 € eingekauft hat?

b) BüroFix e. K. erzielte im Geschäftsjahr 2010 einen Gesamtumsatz von 1.890.000,00 €. Im Vorjahr lag der gesamte Umsatz bei 1.756.000,00 €. Um wie viel Prozent konnte der Umsatz von 2009 auf 2010 gesteigert werden?

c) BüroFix e. K. verkaufte im Jahr 2010 660 PCs. In Speyer wurden 2010 insgesamt 8 540 PCs verkauft. Wie hoch ist der Marktanteil von BüroFix e. K. in Speyer beim PC-Verkauf?

d) Die Geschäftsführung hat sich zum Ziel gesetzt, im Jahr 2011 den Marktanteil beim PC-Verkauf in Speyer auf 12 % zu steigern. Dies sollte über eine intensive Werbekampagne erreicht werden. 2011 wurden in Speyer insgesamt 7 900 PCs verkauft. BüroFix e. K. konnte in diesem Jahr 830 Stück absetzen. Wurde das Marketingziel erreicht?

2. Enscheidungen treffen

Entscheiden Sie, ob es sich bei den folgenden Fällen um einen Käufer- oder einen Verkäufermarkt handelt.

a) Das Wohnungsangebot in der Stadt München ist knapp. Auf eine frei werdende Mietwohnung kommen 30 Bewerber. Die Wohnungsmakler verlangen immer höhere Abschlussgebühren.

b) Die Automobilhersteller liefern sich eine erbitterte Rabattschlacht. Sie senken nicht nur die Preise, sie versprechen den Kunden auch einen Finanzierungskredit zu 0 %; und die Sonderausstattung, die früher extra kostete, gibt es gratis. Trotz dieser zusätzlichen Kaufanreize beklagen sich die Autohersteller darüber, dass sich am Markt „nichts bewegt".

c) Die Firma Schlaumeier hat eine Kosmetik entwickelt, die einen sofort um zehn Jahre jünger aussehen lässt. Darauf hat das Unternehmen ein Patent. Ein Döschen (50 ml) kostet 200,00 €. Das Produkt findet reißenden Absatz.

2 Strategie des Marketings

2.1 Die Marketingstrategie

Situation

Nach dem Gespräch über die Marketingziele der BüroFix e. K. (siehe Kapitel 1) erarbeitet Benno Ludwig eine Marketingstrategie, mit der der Umsatz des Weihnachtsgeschäfts im Vergleich zum Vorjahr um 10 % gesteigert werden soll. Er hat seine Strategie in einer Grafik veranschaulicht, die er seinen Kollegen präsentiert.

Leitfragen

- Erklären Sie die Strategie von Benno Ludwig mit eigenen Worten.
- Welche weiteren Maßnahmen könnten dazu beitragen, dass BüroFix e. K. die Ziele erreicht?

Information

Was ist eine Marketingstrategie?

Um ein bestimmtes Marketingziel (z. B. Umsatzsteigerung, Gewinnsteigerung, Imageverbesserung) erreichen zu können, muss eine passende Marketingstrategie entwickelt werden. Eine Strategie beinhaltet die Vorgehensweise und Maßnahmen, mit denen man ein bestimmtes Ziel erreichen will. Dazu werden verschiedene Instrumente des Marketing-Mix zusammengestellt. Bevor ein Ziel formuliert und eine Strategie entwickelt werden kann, muss die momentane und die zukünftige Situation des Unternehmens analysiert werden.

Marketingstrategische Fragen sind z. B.:

- Wo steht das Unternehmen?
- Wie sind seine Beziehungen zu Lieferanten und Abnehmern?
- Was macht die Konkurrenz?
- Was wollen die Kunden?

6026328

Anhand der daraus gewonnenen Informationen werden die Ziele formuliert und die Marketingstrategien festgelegt, mit denen man die Ziele erreichen will. Es werden dazu passende Maßnahmen ergriffen wie verstärkte Werbung, Preisänderungen, Produktveränderungen usw.

2.2 Die Marktforschung

Situation

Benno Ludwig, der Leiter des Marketings bei BüroFix e. K., hat als Ziel gesetzt den Umsatz im Weihnachtsgeschäft dieses Jahres um 10 % zu steigern. Er weiß, dass dies nur erreichbar ist, wenn BüroFix e. K. die Wünsche und Bedürfnisse der Kunden und Konsumenten genau kennt. Er beauftragt deshalb ein Marktforschungsinstitut, zu untersuchen, welche Erwartungen die Kunden an ein Bürofachgeschäft haben.
Die Ergebnisse der Untersuchung sind sehr interssant. Neben den erwarteten Antworten wie „guter Service" oder „kompetente Beratung" scheinen die Kunden ein breiteres Sortiment bei den Computern zu wünschen. Viele Befragte gaben an, dass in einem Fachgeschäft gegenüber den Discountern die Auswahl nicht groß genug sei. Benno Ludwig ergänzt deshalb seine Strategie mit der Maßnahme, das Sortiment bei den Computern zu erweitern.

Leitfrage

Welche Anforderungen würden Sie an ein Bürofachgeschäft stellen? Erstellen Sie eine Liste.

Information

Was ist Marktforschung?

Das Marketing plant und handelt auf der Grundlage von Informationen, die durch Marktforschung gewonnen werden. (Bestimmt wurden Sie auch schon mal auf der Straße angesprochen, ob Sie bei einer Befragung mitmachen wollen.) Das Unternehmen muss wissen, was auf dem Markt passiert, was die Konkurrenzunternehmen machen und planen, welche Bedürfnisse und Wünsche die Konsumenten haben und welche Anforderungen die Händler und Lieferanten stellen. Diese Informationen werden über die Primärforschung oder die Sekundärforschung beschafft.

Marktforschung	
Primärforschung Bei der Primärforschung (Feldforschung) werden die für die Marketingplanung notwendigen Daten direkt von den Kunden erhoben und ausgewertet (z. B. durch Fragebögen). Es handelt sich entweder um eine Marktanalyse (die Daten werden zu einem bestimmten Zeitpunkt erhoben) oder um eine Marktbeobachtung (die Daten werden über einen bestimmten Zeitraum hinweg erhoben).	**Sekundärforschung** Bei der Sekundärforschung (Tischforschung) greift das Unternehmen auf vorhandenes Informationsmaterial zurück. Das ist natürlich billiger, da die Informationen nicht neu beschafft werden müssen.
Methoden der Primärforschung: › Befragung (schriftlich oder mündlich, direkt oder telefonisch) anhand von Fragebögen › Interview (Befragung einer Person zu ihrer Meinung) › Beobachtung (Kunden werden z. B. im Supermarkt durch Kameras beobachtet) › Test (z. B. probieren Testpersonen verschiedene Limonadensorten)	**Methoden der Sekundärforschung:** Die Informationen stammen entweder aus dem eigenen Unternehmen (z. B. Berichte von Außendienstmitarbeitern, geäußerte Kundenwünsche) oder werden durch Fachliteratur, Testberichte (z. B. Stiftung Warentest) usw. beschafft.
Vorteil: sehr genaue Informationen **Nachteil:** meist sehr kostenintensiv	**Vorteil:** meist geringere Kosten als bei der Primärforschung **Nachteil:** Daten oft nicht aktuell oder ungenau

Beide Erhebungsmethoden müssen folgenden Maßstäben gerecht werden, damit sie zuverlässige Informationen für das Marketing liefern:

- **Aktualität:** Insbesondere für die Sekundärforschung gilt, dass das Datenmaterial aktuell sein muss.
- **Repräsentativität:** Insbesondere für die Primärforschung gilt, dass z. B. bei Befragungen die Auswahl der Gruppe der Befragten auch der eigentlichen Zielgruppe entspricht (also keine Befragung von Jugendlichen, wenn das Produkt für Rentner gedacht ist).
- **Glaubwürdigkeit:** Nicht jeder Information kann sofort Glauben geschenkt werden. Nur Daten, die mit wissenschaftlichen Methoden erhoben wurden, sollten Grundlage für Marketingentscheidungen sein.

Der Ablauf eines Marktforschungsprojektes

Bei einem größeren Marktforschungsprojekt wird die Sekundärerhebung meist dazu genutzt, grundlegende Trends im Verbraucherverhalten aufzuspüren. Die Primärerhebung dient dann dazu, detaillierte Informationen zu erhalten.

Beispiel

Der Getränkehersteller Brause & Brunnen hat gegenüber den Vorjahren einen deutlichen Umsatzeinbruch hinnehmen müssen. Durch eine Produktneuheit soll diesem entgegengesteuert werden. Bei der Sekundärforschung ergibt sich aus der Analyse von Artikeln in Branchenzeitschriften, dass die Kunden verstärkt Fruchtmixgetränke bevorzugen. Daraufhin entwickelt Brause & Brunnen ein Apfel-Ananas-Mixgetränk, das noch wertvolle Mineralien enthält. Bei der Primärerhebung werden Versuchspersonen verschiedene Mixturen des Getränks angeboten, um zu testen, wie das Produkt bei den Verbrauchern ankommt.

Ablauf eines Marktforschungsprojektes

1. Schritt: Sekundärerhebung zum Aufspüren eines aktuellen Trends

2. Schritt: Primärerhebung, zielgenaue Untersuchung direkt am Verbraucher (Befragung, Test, Geschmacksproben usw.)

2.3 Die Instrumente der Zielerreichung – der Marketingmix

Situation

Benno Ludwig hat seine Marketingstrategie für das Weihnachtsgeschäft nun fertig. Bei der nächsten Sitzung der Geschäftsleitung schlägt er einen Marketingmix mit folgenden Maßnahmen vor:

- Erweiterung des Sortiments mit verschiedenen PC-Modellen
- Erweiterung des Sortiments um ein bestimmtes Modell einer Digitalkamera
- Angebot der Digitalkameras zum Super-Sonderpreis
- Anzeigenwerbung für die Digitalkamera in allen regionalen Zeitungen
- Verteilen von Flyern (Handzetteln) an alle Haushalte in Speyer

Leitfrage

Der Marketingmix besteht aus den Instrumenten Produkt-, Programm-, Kommunikations- und Distributionspolitik. Welche der von Benno Ludwig aufgeführten Maßnahmen würden Sie unter diese Begriffe einordnen?

Information

Die Marketinginstrumente

Das Marketing hat verschiedene Instrumente, mit deren Einsatz versucht wird die Ziele des Marketings (z. B. Steigerung des Absatzes oder Umsatzes) zu erreichen.

1. Die **Produktpolitik** befasst sich mit der Gestaltung des Produktes und den Dienstleistungen eines Unternehmens, z. B. die Entwicklung von neuen Produkten, die Veränderung von bestehenden Produkten oder die Erweiterung des Produktprogramms.

Beispiel: Die Schokko AG bietet verschiedene Schokoladensorten an (Vollmilch, Vollmilch-Nuss, Zartbitter usw.), um durch ein breites Sortiment möglichst viele Kunden bedienen zu können.

2. Die **Preispolitik** legt die Preise und Zahlungsbedingungen für die Produkte fest, z. B. den Verkaufspreis für ein Produkt und die zu gewährenden Rabatte für die verschiedenen Kunden.

Beispiel: Die Schokko AG bietet den Großabnehmern Rabatte von bis zu 25 %. Einzelhändler, die einen Langzeitliefervertrag mit dem Unternehmen eingehen, bekommen ebenfalls einen Rabatt von 20 % auf den Listenpreis.

3. Die **Kommunikationspolitik** beinhaltet Maßnahmen, mit denen für das Unternehmen oder dessen Produkte geworben wird, z. B. Fernsehwerbung oder Promotion-Aktionen.

Beispiel: Die Schokko AG wirbt in Funk und Fernsehen. Zudem werden in Tageszeitungen und Zeitschriften Anzeigen geschaltet. Sie sponsert außerdem einen überregional bekannten Fußballclub, der dafür Trikotwerbung macht. Regelmäßig werden Werksführungen und Verkostungen durchgeführt.

4. Die **Distributionspolitik** befasst sich mit der Verteilung der Produkte an die Kunden z. B. durch den Einsatz von Vertretern oder die Einrichtung eines Werksverkaufes.

Beispiel: Die Schokko AG beliefert vor allem den Großhandel. Sie hat aber auch weitere Distributionskanäle wie z. B. den Verkauf in Supermärkten oder an Tankstellen. Zudem kann die Schokolade von Privatkunden direkt ab Werk in einem Werksverkauf erworben werden.

Der Marketingmix

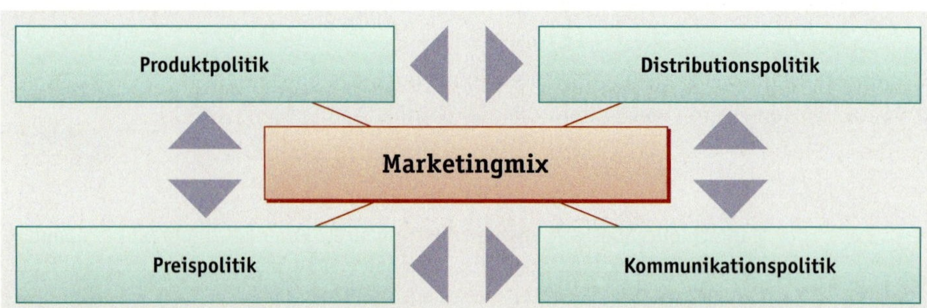

2.3.1 Die Produkt- und Sortimentspolitik

Information

Die Produkte

Das Wichtigste im Marketing sind zunächst die Produkte. Sie können nur verkauft werden, wenn sie den Kundenwünschen entsprechen. Dazu muss das **Produktprogramm** ständig überarbeitet, aktualisiert und den aktuellen Kundenwünschen angepasst werden. Mit dem Begriff Produktprogramm sind sämtliche Produkte gemeint, die ein Unternehmen führt. Es werden neue Produkte entwickelt und vorhandene Produkte verändert. Die nötigen Informationen dazu liefert die Marktforschung.

Die Marke

Die Marke unterscheidet Produkte voneinander, auch wenn sie sonst gleiche Eigenschaften haben. Oft können sich Hersteller erst über die Marke Wettbewerbsvorteile verschaffen.

Es gibt verschiedene Arten von Marken:

- **Produktmarke:** Die Marke wird mit einem bestimmten Produkt gleichgesetzt, z. B. Ariel.
- **Gruppenmarke:** Die Marke bezeichnet ein ganzes Produkt-/Dienstleistungsprogramm, z. B. Dr. Oetker.
- **Firmenmarke:** Der Firmenname steht gleichzeitig für das Produkt, z. B. Nokia, Adidas ...
- **Herstellermarke:** Bestimmte Marken werden automatisch gleichgesetzt mit hoher Qualität; sie stützen sich auf eine eigene Tradition und gelten als so genannte Markenartikel, z. B. Coca Cola.

- **Handelsmarke:** Produkte werden hier nicht über den Namen des Herstellers verkauft, sondern speziell für Handelsbetriebe (z. B. Lidl, Aldi) produziert und mit einer Eigenmarke des Handelsbetriebes versehen (z. B. Olana für Körpercremes von Aldi).
- **Gattungsmarke:** Produkte wie Nahrungsmittel oder Hygieneartikel werden als so genannte Nonames, also ohne Markierung, in einheitlicher Verpackung verkauft, z. B. „Ja!"-Produkte in Supermärkten.

Welche Maßnahmen ergreift ein Unternehmen, um das Produktprogramm zu gestalten?

Ein Unternehmen hat normalerweise nicht nur ein einziges Produkt, sondern eine ganze Palette von Produkten, das **Produktprogramm**. Das Produktprogramm wird ständig verändert, um neuen Kundenwünschen und Trends zu entsprechen. Eine regelmäßige Produktforschung ist dazu notwendig (beruhend auf Ergebnissen der Marktforschung).

Das Produktprogramm wird verändert durch:

› **Produktinnovation** [Innovation = Neuerung]
Ein Unternehmen erfindet ein neues Produkt.

Beispiel: Bsp. Die Brause OHG erfindet ein Fitness-Getränk, das den Fettabbau um ein Vielfaches steigert.

› **Produktelimination** [Elimination = Beseitigung]
Produkte, die nicht mehr von den Kunden gekauft werden, weil sie modisch oder technisch veraltet sind, werden nicht mehr produziert.

Beispiel: Die SchreibGut OHG, einer der Lieferanten von BüroFix e. K., hatte lange Zeit einen Schreibtisch mit ausziehbarer Platte für Schreibmaschinen in ihrem Produktprogramm. Der Schreibtisch war lange Zeit ein Renner, jedoch wurden im Zeitalter der Computer immer weniger davon verkauft. Im vergangenen Geschäftsjahr hatte sich der Geschäftsführer der SchreibGut OHG deshalb entschieden, den Schreibtisch aus dem Programm zu nehmen.

› **Produktvariation** [Variation = Abwandlung/Veränderung]
Geht der Absatz eines Produktes zurück, so kann es unter Umständen helfen, einzelne Elemente des Produktes zu verändern und es so wieder für den Kunden interessant zu machen. Das Produkt kann äußerlich verändert werden, z. B. in der Farbe, im Material, oder die Technik kann verändert werden.

Beispiel: Beim Büromöbelhersteller Hobel KG sind die Absatzzahlen für den Büroschrank XXL in Mahogoni eingebrochen, da Holz aus den Tropen mittlerweile verpönt ist. Das gleiche Modell wird nun in Tanne gefertigt.

› **Produktdifferenzierung** [Differenzierung = Aufspaltung/Abstufung]
Die Produktdifferenzierung ist der Produktvariation ähnlich. Hier wird ein Produkt jedoch nicht durch eine neue Version ersetzt. Es wird zwar auch verändert, aber das veränderte Produkt wird zusätzlich zum Produkt angeboten.

Beispiel: Hätte die Hobel KG den Büroschrank XXL in Tanne zusätzlich zur Mahagoni-Variante angeboten, hätte es sich um eine Produktdifferenzierung und nicht um eine Produktvariation gehandelt.

› **Produktdiversifikation** [Diversifikation = Streuung in verschiedene Geschäftsfelder]
Das Unternehmen nimmt ganz neue Produkte in sein Produktprogramm mit auf. Diese können mit dem bisherigen Produktprogramm in Zusammenhang stehen [horizontale (waagerechte) Diversifikation] oder es werden Produkte produziert, die in die bestehenden Produkte mit einfließen können bzw. die den bestehenden Produkten vorgelagert oder nachgelagert sind [vertikale (senkrechte) Diversifikation]. Die neuen Produkte können aber auch in gar keinem Zusammenhang mit dem bisherigen Produktprogramm stehen [laterale (seitliche) Diversifikation].

Beispiel:
... **für horizontale Diversifikation:** Ein Limonadenhersteller produziert auch Säfte.
... **für vertikale Diversifikation:** Ein Autobauer produziert auch Autositze, die in die Autoproduktion mit einfließen.
... **für laterale Diversifikation:** Ein Getränkehersteller beteiligt sich auch an einem Bekleidungsunternehmen.

Die SchreibGut OHG hatte sich lange Zeit überlegt Büromöbel nicht nur herzustellen, sondern auch in eigenen Filialen zu verkaufen. In dem Falle hätte sie also eine vertikale Diversifikation vorgenommen.

Die Sortimentspolitik

Während man bei Produktionsunternehmen von einem Produktprogramm spricht, entwickelt ein Handelsunternehmen wie die BüroFix e. K. ein **Produktsortiment.** Dies umfasst alle Produkte, die ein Handelsunternehmen anbietet. Bei einem breiten Sortiment bietet das Unternehmen viele verschiedene Waren an (z. B. in einem Kaufhaus). Bei einem tiefen Sortiment werden ähnliche Produkte in vielen verschiedenen Ausführungen angeboten (z. B. verschieden ausgestattete Automodelle in Autohäusern).

Auch der Handel muss ständig Sortimentspflege betreiben, um den Kundenwünschen zu entsprechen, das heißt Produkte aus dem Sortiment nehmen oder neue Produkte aufnehmen.

Beispiel

Indem die BüroFix e. K. die bunt gemusterten Schreibtische aus dem Sortiment genommen und später die einfarbigen Schreibtische neu ins Sortiment aufgenommen hat, hat sie Sortimentspflege betrieben. Dadurch soll der Absatz gefördert werden.

2.3.2 Die Preis- und Konditionenpolitik

Information

Die Marktstellung des Unternehmens

Wie hoch ein Unternehmen seine Preise festsetzen kann, hängt auch davon ab, wie viele Anbieter und Nachfrager sich auf einem Markt (z. B. dem Markt für Büromöbel) befinden.

Hat ein Unternehmen ein **Monopol**, so ist es **alleiniger Anbieter** auf diesem Markt. Die Kunden sind daher auf dieses Unternehmen angewiesen, wenn sie ein bestimmtes Produkt kaufen wollen. Der Anbieter kann also ohne Rücksicht auf die Konkurrenz seine Preise festsetzen.

Beispiel

Die Becker GmbH, ein Produzent für Büroausstattung, hat ein Ordnungssystem entwickelt, das besonders Platz sparend und leicht zu bedienen ist und daher alle gängigen Systeme von Ordnern über Hängeregister usw. schlägt. Der Hersteller hat sich dies gleich patentieren lassen und kann einen hohen Preis für dieses System verlangen, das von vielen Büros eingesetzt wird.

Bei **oligopolistischen Märkten** gibt es für das Unternehmen **wenige** Konkurrenten. Es wird sich also nach dessen Preisen richten (und umgekehrt), um weiterhin seine Produkte verkaufen zu können.

Beispiel

Ein Konkurrenzunternehmen der Becker GmbH hat ein neues Ordnungssystem entwickelt, das ähnliche Vorteile bietet wie der Verkaufsschlager der Becker GmbH. Da der Geschäftsführer der Becker GmbH nun einen rapiden Absatzrückgang fürchtet, weil die Kunden das günstigere Produkt des Konkurrenzunternehmens kaufen, will er den Preis für sein Ordnungssystem anpassen.

Auf **polypolistischen Märkten** gibt es sehr viele Anbieter und sehr **viele** Nachfrager. Hat ein Unternehmen zu hohe Preise, so werden die Kunden schnell zu einem der anderen Anbieter wechseln. Ebenso kann das Unternehmen durch Preissenkungen schnell viele neue Kunden dazugewinnen.

Beispiel

Der Büromöbelmarkt (wie die meisten anderen Märkte auch) ist ein polypolistischer Markt, da es viele Hersteller und viele Kunden gibt.

Die Preispolitik

Die Preispolitik eines Unternehmens bestimmt die festen Preise (Listenpreise) für die einzelnen Produkte sowie die verschiedenen Konditionen, also die Preisnachlässe (z. B. Rabatte) und Liefer- und Zahlungsbedingungen (z. B. kostenfreie Zustellung oder Zahlungsziele). Auf jeden Fall müssen die Kosten des Produktes gedeckt sein und es sollte ein möglichst hoher Gewinn erzielt werden.

Der **Verkaufspreis** wird bestimmt durch mehrere Faktoren:

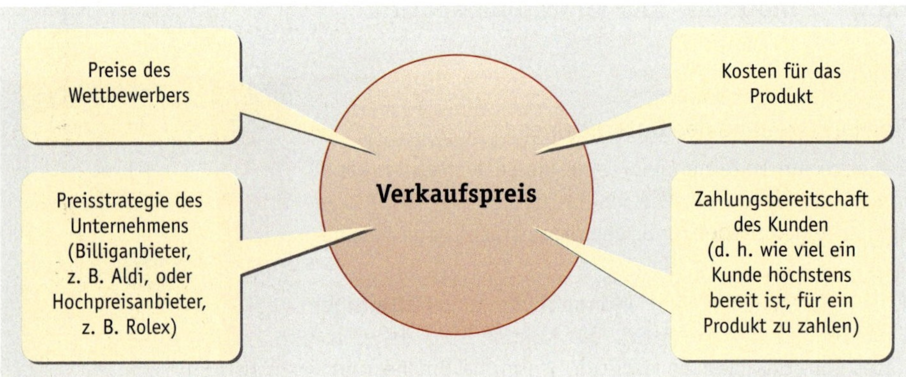

Ausrichtung des Preises ...

... an den Kosten des Produktes

Wird ein Produkt hergestellt, entstehen Kosten, z. B. durch die zugekauften Materialien für die Herstellung, die Löhne und Gehälter, die Verwaltung und anderes mehr. Bei der kostenorientierten Preispolitik wird auf der Basis dieser Kosten der Preis für ein Produkt festgelegt.

Die Daten hierfür liefert das Rechnungswesen.

Kosten
(Material, Löhne je Schreibtisch usw.)

+ Gewinnzuschlag

Produktpreis

Beispiel

Bei der Hobel KG wird für die Herstellung eines Büroschreibtisches Holz im Wert von 100,00 € benötigt. Der Schreiner, der den Tisch zusammenbaut, hat einen Stundenlohn von 35,00 € (brutto). Er benötigt je Tisch eine Stunde. Die anteiligen Kosten der Maschinen und der Zusatzmaterialien betragen 40,00 €. Der Möbelhersteller kalkuliert mit einem Gewinnzuschlag von 20 %.

Der Tisch kostet damit:

Holz	100,00 €
+ Arbeitslohn	35,00 €
+ Maschinen usw.	40,00 €
Kosten (gesamt)	175,00 €
+ Gewinnzuschlag (20 %)	35,00 €
Produktpreis	210,00 €

... an den Preisen des Wettbewerbers

Bei der wettbewerbsorientierten Preispolitik richtet sich das Unternehmen nicht nach den tatsächlichen Kosten für ein Produkt, sondern nach den Preisen der Konkurrenz oder dem Durchschnittspreis der Branche. Diese Preispolitik empfiehlt sich dann, wenn eine große Konkurrenz in einer Branche besteht.

Beispiel

Die SchreibGut OHG erhöht ihre Preise für Schreibtische, da der durchschnittliche Branchenpreis für Schreibtische (also die Preise der Konkurrenten) ebenfalls gestiegen ist. Die Kosten für die SchreibtGut OHG bleiben dabei gleich, das Unternehmen macht also einen höheren Gewinn pro verkauftem Schreibtisch.

... an der Zahlungsbereitschaft der Kunden

Der Preis richtet sich danach, wie viel die Käufer zu zahlen bereit sind. Beispielsweise können Fahrräder oder Cabrios im Sommer teurer verkauft werden als im Winter. Im Winter ist der Wunsch nach einem Cabrio eher selten, die Kunden würden also nicht so viel Geld dafür ausgeben.

Beispiel

Kinderschreibtische werden bei BüroFix e. K. vor allem im Sommer nachgefragt. Nach den Sommerferien werden viele Kinder eingeschult, diese bekommen dann von ihren Eltern einen Schreibtisch. Daher kann BüroFix e. K. die Kinderschreibtische im Sommer zu 160,00 € pro Stück verkaufen. Während der restlichen Zeit beträgt der Preis 130,00 € pro Stück.

... an der Preisstrategie des Unternehmens

Unabhängig vom endgültigen Preis muss sich ein Unternehmen grundsätzlich überlegen, ob es hohe oder niedrige Preise verlangen will. Beispielsweise verfolgen Discounter wie Aldi eine Niedrigpreisstrategie, während kleine Delikatessenläden mit exklusiven Lebensmitteln eine Hochpreisstrategie verfolgen. Dadurch bekommt jeder dieser Läden seinen bestimmten Kundenstamm, der sich an diesen Preisen orientiert.

Absatzförderung durch kurzfristige Preisänderungen

Auch wenn sich ein Unternehmen grundsätzlich für eine bestimmte Preisstrategie entschieden hat, kann es auch kurzfristig seine Preise senken, um den Absatz anzukurbeln.

Ein Beispiel sind **Lockvogelpreise**, die oft im Einzelhandel zu finden sind. Das Geschäft senkt dabei den Preis für ein Markenprodukt und hebt diese außergewöhnliche Preissenkung besonders hervor. Dadurch werden Kunden angelockt, die dann auch möglichst noch andere Waren kaufen sollen.

Psychologische Preisfestsetzung

Unternehmen wählen häufig auch **psychologisch wirksame Preise** für ihre Produkte. Zum Beispiel wird der Preis von 9,99 € von den Konsumenten um einiges günstiger eingestuft als der Preis von 10,00 €, obwohl es sich nur um 1 Cent Unterschied handelt. Auch wird Ware oft als angeblich reduziert angeboten. Es steht beispielsweise der angeblich reguläre Preis von 69,99 € auf dem Preisschild. Dieser ist durchgestrichen und ein roter Sonderpreis von 39,99 € steht darunter. Der Kunde freut sich, ein Schnäppchen gemacht zu haben, und kauft vielleicht nur aus diesem Grund.
Im Allgemeinen ist es so, dass rot geschriebene oder sonst auffällig gestaltete Preise meist als besonders günstig eingestuft werden.

Die Gestaltung der Konditionen

Konditionen sind die vom Unternehmen vereinbarten **Liefer- und Zahlungsbedingungen**. Durch die vereinbarten Konditionen ist es möglich, dass die Kunden verschiedene Preise für die gleichen Produkte zahlen. Die Konditionen können den jeweiligen Listenpreis eines Produktes verringern, z. B. durch einen Rabatt oder die Verringerung der Lieferkosten.

Wie können die Zahlungsbedingungen gestaltet sein?

Die Zahlungsbedingungen legen die Zahlungsweise fest, also ob per Überweisung, bar, per Kreditkarte usw. gezahlt werden kann. Weiterhin bestimmen sie das Zahlungsziel. Dies ist die Zeit, innerhalb derer die Rechnung gezahlt werden muss. Außerdem wird in den Zahlungsbedingungen die Gewährung von Rabatten, Boni oder Skonti festgelegt.

Welche Rabattarten gibt es?

Bei einem **Rabatt** gibt der Anbieter einen Preisnachlass auf den Listenpreis. Es gibt vier verschiedene Rabattarten:

- **Mengenrabatt:** Beim Kauf großer Mengen wird ein Rabatt gewährt, z. B. 3 % Rabatt bei der Abnahme von 10 Schreibtischen.
- **Listungsrabatt:** Nimmt ein Handelsunternehmen das Produkt eines Herstellers in sein Angebotssortiment auf, kann es einen Listungsrabatt erhalten. Das Produkt wird sozusagen vom Handelsunternehmen gelistet. Der Handel übernimmt dabei die Lagerung, die Präsentation der Waren usw. für den Hersteller.

> **Beispiel** Hersteller wie Nestlé oder Procter & Gamble zahlen für die Listung ihrer Produkte oft bis zu sechsstellige Summen. Sie sind darauf angewiesen, dass ihre Produkte in den verschiedenen Supermärkten verkauft werden.

- **Zeitrabatt:** Bei Produktneueinführungen oder Verkaufsförderaktionen werden oft Zeitrabatte gewährt. Diese gelten für eine gewisse Zeit, bis sich das Produkt auf dem Markt etabliert hat oder bis die Ziele der Verkaufsförderaktionen erreicht sind.

- **Treuerabatt:** Kauft ein Kunde oft bei einem bestimmten Hersteller, kann er einen Treuerabatt erhalten. Auch die Vergabe von Rabattmarken oder Kundenkarten an Verbraucher ist eine Art des Treuerabatts. Gerade diese Form scheint momentan einen wahren Boom zu erleben.

Was sind Bonus und Skonto?

Bei einem **Bonus** bekommt der Kunde etwas zusätzlich zu den gekauften Produkten. So können ihm beispielsweise bei einem Kauf von drei Produkten nur zwei berechnet werden oder er erhält eine Probe eines neuen Produktes dazu.

Beispiel

Bei BüroFix e. K. gibt es als Bonus für den Kauf eines PCs einen Tintenstrahldrucker dazu.

Bei der Gewährung eines **Skontos** erhält der Kunde einen Preisnachlass, wenn er innerhalb einer bestimmten Frist zahlt.

Beispiel

Unterhalb der Rechnung steht: „Zahlbar innerhalb von 10 Tagen mit 3 % Skonto, innerhalb von 30 Tagen ohne jeden Abzug".

Was beinhalten die Lieferbedingungen?

In der Preispolitik werden auch die Lieferbedingungen festgelegt. Diese können zum Kauf anreizen, wenn der Kunde durch sie einen besonderen Vorteil erhält. Der Hersteller kann dem Kunden bei Lieferzeiten, Umtauschmöglichkeiten oder der Berechnung von Lieferung und Verpackung entgegenkommen. So können Produkte dem Kunden zum Beispiel frei Haus geliefert werden. Wird dem Kunden angeboten die Waren selbst abzuholen, so kann dies ebenfalls vorteilhaft sein. Er würde dadurch sicher einen niedrigeren Preis zahlen, als wenn ihm die Ware zugestellt würde.

Beispiel

BüroFix e. K. bietet für den Großraum Speyer an, ihren Kunden die gekauften Möbel kostenlos bis nach Hause zu transportieren. Dadurch will BüroFix e. K. die Leute zum Kauf animieren.

2.3.3 Die Kommunikationspolitik

Information

Was ist Kommunikationspolitik?

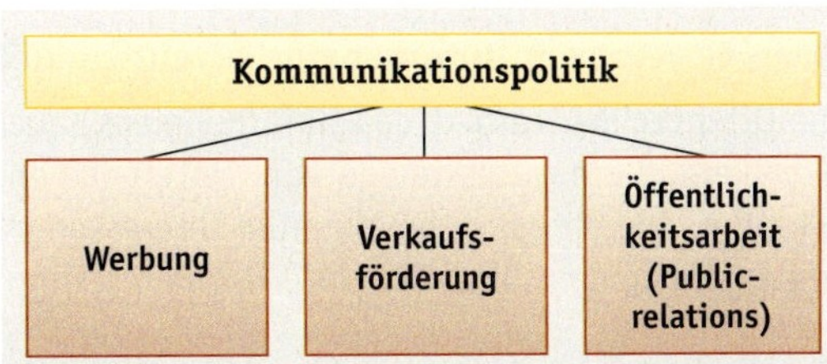

Durch die Kommunikationspolitik sollen die Konsumenten auf die Produkte des Unternehmens und auf das Unternehmen selbst aufmerksam gemacht werden. Außerdem sollen sie davon überzeugt werden, dass diese Produkte besser sind als die Produkte der Konkurrenz. Zur Kommunikationspolitik gehören die Werbung, die Verkaufsförderung und die Öffentlichkeitsarbeit.

Was versteht man unter Werbung?

Unter Werbung versteht man die Maßnahmen (wie Fernsehwerbung, Anzeigen usw.), die den Produktabsatz fördern. Das Unternehmen will ja in erster Linie Gewinn erzielen. Werbung macht die Konsumenten auf neue Produkte und Dienstleistungen aufmerksam oder ruft dem Kunden Produkte ins Gedächtnis, die schon länger auf dem Markt sind. Werbung soll die Konsumenten beeinflussen und bei ihnen Bedürfnisse und Kaufwünsche wecken. Weiterhin kann über die Werbung die Bekanntheit von Produkten gesteigert und das Image der Produkte verändert oder verbessert werden. (Das Thema Werbung wird ausführlich in Kapitel 3 dieses Lernbereichs behandelt.)

Was versteht man unter Verkaufsförderung?

Durch Aktionen zur Verkaufsförderung will man den Verkauf eines Produktes kurzfristig steigern. Außerdem sollen das Produkt wie auch das Unternehmen bekannt gemacht werden. Die Verkaufsförderung beinhaltet Maßnahmen direkt am Verkaufsort.

Sicher wurden Sie schon einmal in einem Supermarkt angesprochen, ob Sie z. B. einen neuen Jogurt probieren möchten, oder Sie konnten direkt an einem Gewinnspiel teilnehmen. All dies waren Maßnahmen der Verkaufsförderung, die sich direkt an den Käufer gerichtet haben. Es gibt jedoch auch Verkaufsförderungsaktionen, die sich an den Handel oder an das Verkaufspersonal richten.

Verkaufsförderung kann sein:	
konsumentenorientiert	Die konsumentenorientierte Verkaufsförderung richtet sich direkt an die Käufer. Durch Preisausschreiben, Warenproben oder Sonderangebotsaktionen in Supermärkten oder sonstigen Geschäften sollen die Kunden zum Kauf animiert werden.
handelsorientiert	Bei der handelsorientierten Verkaufsförderung stellt der Hersteller dem Handel Werbematerial zur Verfügung, um den Verkauf seiner Produkte zu fördern. Dies können große Werbeschilder, besondere Aufbauten durch Regale usw. sein. Die Ware soll dem Käufer direkt ins Auge springen. Weitere Instrumente sind z. B. die Gewährung von Preisnachlässen, die Regalpflege oder die Schulung des Verkaufspersonals.
verkäuferorientiert	Durch die verkäuferorientierte Verkaufsförderung sollen die Verkäufer und Außendienstmitarbeiter zum Verkauf motiviert werden. Das Unternehmen bietet hierzu Verkaufswettbewerbe an. Verkauft ein Verkäufer besonders viel, erhält er z. B. Geld- oder Sachprämien, manchmal auch eine Reise.

Wozu betreibt ein Unternehmen Öffentlichkeitsarbeit?

Die Öffentlichkeitsarbeit des Unternehmens (auch Public Relations genannt) will in der Bevölkerung ein gutes Image vom Unternehmen aufbauen und Vertrauen und Ansehen schaffen. Die Meinung bestimmter Interessengruppen, wie z. B. von Geldgebern, Parteien, Gemeinden, über das Unternehmen soll positiv beeinflusst werden.

Welche Instrumente stehen der Öffentlichkeitsarbeit zur Verfügung?

Um sein Image positiv zu gestalten, kann ein Unternehmen:

- gute Kontakte zu Presse, Rundfunk und Fernsehen aufbauen,

- Pressekonferenzen abhalten,
- eine Unternehmenszeitung herausgeben,
- Vorträge organisieren,
- Geschäftsberichte ansprechend gestalten,
- gemeinnützige Einrichtungen in der Gemeinde oder sonstige Projekte unterstützen,
- Stiftungen gründen,
- Betriebsbesichtigungen und ähnliche Veranstaltungen für die Öffentlichkeit durchführen (z. B. Tag der offenen Tür).

Was ist Sponsoring?

Das Sponsoring ist eng mit der Öffentlichkeitsarbeit verknüpft. Auch durch Sponsoring soll das Unternehmen ein gutes Image erhalten. Das Unternehmen stellt dabei für bestimmte Personen oder Gruppen (z. B. Sportler oder Sportmannschaften) Geld und Mittel zur Verfügung. Im Gegenzug werden Firmenlogos auf Trikots, Kleidung oder Sportgeräte gedruckt und sind so gut in der Öffentlichkeit sichtbar. Auch Bandenwerbung bei Sportveranstaltungen oder die Verpflichtung von Sportlern zu PR-Aktionen in der Öffentlichkeit (z. B. Autogrammstunden) gehören dazu. Das gute Image oder der gute Ruf der Gesponserten soll dabei auf das Unternehmen und dessen Produkte übertragen werden.

Am bekanntesten ist wohl das Sportsponsoring. Jedoch auch das Kultursponsoring hat an Bedeutung gewonnen. Dabei werden Musik- und Filmfestivals, Museen, Ausstellungen usw. von Unternehmen finanziell unterstützt. Auch Ökosponsoring ist auf dem Vormarsch. Dabei engagieren sich Unternehmen für Umweltschutzaktivitäten und -organisationen.

2.3.4 Die Distributionspolitik

Information

Distribution ist lateinisch und bedeutet Verteilung. Die Distributionspolitik eines Unternehmens befasst sich damit, wie die Produkte des Unternehmens „verteilt“ werden können, sodass Absatz- und Umsatzsteigerungen möglich sind.

Distributionspolitik befasst sich mit folgenden Fragen:

- Wie schaffe ich mein Produkt am schnellsten und am billigsten an den Bestimmungsort?
- Wie und wo verkaufe ich das Produkt?
- Wo biete ich mein Produkt überall an, um einen möglichst hohen Gewinn zu erzielen?
- Wie sollen die Absatzwege gestaltet werden? Soll das Produkt z. B. über den Handel an den Kunden verkauft werden (indirekter Absatz) oder richtet das Unternehmen eigene Verkaufsstellen ein (direkter Absatz)?
- Wer soll für den Absatz verantwortlich sein? Welche Absatzhelfer sollen eingesetzt werden? Sollen diese im Unternehmen beschäftigt sein (wie der Handlungsreisende) oder selbstständig sein (wie der Handelsvertreter)?
- Wie sollen die Produkte gelagert und transportiert werden?

Welche Absatzwege kann ein Unternehmen wählen?

Die Absatzwegepolitik befasst sich mit der Festlegung der in einen Absatzweg eingeschalteten Institutionen, die ein Produkt durchläuft, bis es beim Endverbraucher ankommt. Der Produzent hat hier die **Wahl zwischen direktem oder indirektem Vertrieb.**

Wie funktioniert der Direktvertrieb?

Beim Direktvertrieb werden die Waren direkt vom Hersteller an den Endverbraucher verkauft. Es ist kein Handelsunternehmen dazwischengeschaltet. Der Hersteller verkauft seine Waren z. B. über eigene Verkaufsniederlassungen (Fabrikfilialen) oder durch Außendienstmitarbeiter. Der Direktvertrieb kann aber auch über unternehmensfremde Organe durchgeführt werden, z. B. durch Handelsvertreter.

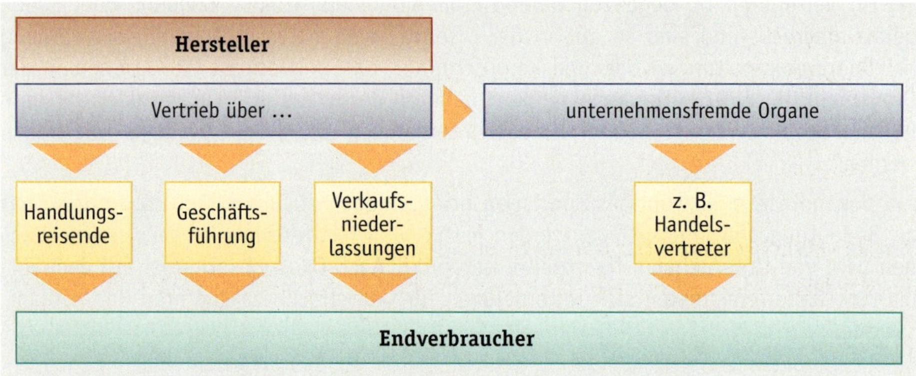

Typisch ist diese Form des Vertriebs vor allem in der Investitionsgüterindustrie, also bei Unternehmen des Maschinen- und Anlagenbaus. Auch im Dienstleistungsbereich (z. B. bei Versicherungen) gibt es Direktvertrieb. Der persönliche Kontakt zwischen Produzent und Kunde schafft Vertrauen und Kundentreue. In der Konsumgüterindustrie tritt der Direktvertrieb dagegen eher selten auf.

Beispiel Die Hobel KG, Hersteller von Büromöbeln, setzt Handlungsreisende ein, um die Unternehmen direkt auf den Kauf von Büromöbeln anzusprechen. Die Zwischenhändler (z. B. die BüroFix e. K.) sind dabei ausgeschaltet. Zudem hat die Hobel KG eine Fabrikfiliale, in der Kunden direkt ab Werk kaufen können. Die Produkte sind dann um einiges billiger als im Handel.

Direktvertrieb über Handlungsreisende

Ein Handlungsreisender (auch kurz Reisender genannt) ist kaufmännischer Angestellter des Unternehmens. Er besucht Kunden und berät diese. Er ist ein so genannter Außendienstmitarbeiter und in einem festgelegten Gebiet für die Werbung neuer Kunden, die Beratung, die Bestellannahme, die Abwicklung der Geschäfte usw. zuständig.

Merke **Der Handlungsreisende ist Angestellter des Unternehmens; er ist Außendienstmitarbeiter.**

Der Reisende informiert sich über die Kundenwünsche, er betreibt damit auch Markforschung. Er wird dabei von der Unternehmenszentrale mit den notwendigen Informationen versorgt und ist dieser weisungsgebunden unterstellt. Er schließt die Kaufverträge somit in fremdem Namen und auf fremde Rechnung ab, also für das Unternehmen. Der Reisende bekommt ein festes Gehalt und eine Umsatzprovision. Auch seine Auslagen (Spesen) werden erstattet.

Vorteile eines Handlungsreisenden für das Unternehmen	Nachteile eines Handlungsreisenden für das Unternehmen
› steht ausschließlich dem Unternehmen zur Verfügung (im Vergleich zum Handelsvertreter) › erhält bei guter Geschäftslage niedrigere Provisionszahlungen als der Handelsvertreter › Treue zum Unternehmen	› bei Absatzrückgängen werden die Gehälter der Reisenden weiter bezahlt

Der Direktvertrieb über Handelsvertreter

Ein Handelsvertreter ist ein selbstständiger Kaufmann, der im Namen eines anderen Unternehmens Geschäfte vermittelt und abschließt. Dies ist im Handelsgesetzbuch (HGB) geregelt:

HGB § 84

(1) Handelsvertreter ist, wer als selbstständiger Gewerbetreibender ständig damit betraut ist, für einen anderen Unternehmer [...] Geschäfte zu vermitteln oder in dessen Namen abzuschließen.

Der Handelsvertreter übernimmt also den Vertrieb der Produkte und hat die gleichen Aufgaben wie ein Reisender bzw. Außendienstmitarbeiter. Dabei ist er jedoch kein Angestellter des Unternehmens. Daher erhält er auch kein festes Gehalt, sondern eine erfolgsabhängige Provision.

Merke **Der Handelsvertreter ist selbstständiger Kaufmann. Er ist nicht beim Unternehmen angestellt; anstatt eines Gehalts erhält er nur eine erfolgsabhängige Provision.**

Der Handelsvertreter unterliegt einer Schweigepflicht sowie Benachrichtigungspflicht über die Geschäftsvermittlungen und Geschäftsabschlüsse. Außerdem ist er verpflichtet die Interessen des Unternehmens zu wahren, sich um weitere Geschäfte zu bemühen und dabei Sorgfalt walten zu lassen.

Vorteile eines Handelsvertreters für das Unternehmen	Nachteile eines Handelsvertreters für das Unternehmen
› bei einem Umsatzrückgang muss kein Gehalt gezahlt werden	› Handelsvertreter vertreten meist mehrere Unternehmen und können unter Umständen in Interessenkonflikte geraten

Die Wahl zwischen Handlungsreisendem und Handelsvertreter

Beim Direktvertrieb muss sich das Unternehmen überlegen, ob der Reisende oder der Handelsvertreter vorteilhafter eingesetzt werden kann. Insbesondere müssen dabei die Kosten verglichen werden. Der Reisende erhält ein fixes Gehalt plus einer Umsatzprovision, während der Handelsvertreter nur eine Umsatzprovision erhält, die aber deutlich höher als die des Reisenden ist.

Beispiel

Die Hobel KG überlegt, ob sie im Direktvertrieb von Büromöbeln einen Reisenden oder einen Handelsvertreter einsetzen soll. Folgende Daten werden zum Vergleich benötigt:

Festgehalt des Handlungsreisenden:	3.000,00 €
Umsatzprovision des Handlungsreisenden:	2 %
Umsatzprovision des Handelsvertreters:	8 %

Ob ein Handlungsreisender oder ein Handelsvertreter eingesetzt wird, hängt vom erwarteten Umsatz ab.

Erwarteter Umsatz je Monat:	Vergütung des ... ... Handlungsreisenden		... Handelsvertreters
	Gehalt:	Umsatzprovision:	Umsatzprovision:
10.000,00 €	3.000,00 €	200,00 €	800,00 €
	Gesamt:	3.200,00 €	Gesamt: 800,00 €
50.000,00 €	3.000,00 €	1.000,00 €	4.000,00 €
	Gesamt:	4.000,00 €	Gesamt: 4.000,00 €
80.000,00 €	3.000,00 €	1.600,00 €	6.400,00 €
	Gesamt:	4.600,00 €	Gesamt: 6.400,00 €

Die Hobel KG erwartet einen Umsatz von 80.000,00 € pro Monat durch eine zusätzliche Arbeitskraft im Direktvertrieb. Aus diesem Grund entscheidet sich die Hobel KG für den Handlungsreisenden, da dieser hier kostengünstiger ist.

Was besagt der kritische Umsatz?

Der kritische Umsatz bezeichnet den Umsatz, bei dem die Vergütung des Handlungsreisenden gleich der Vergütung des Handelsvertreters ist.

Merke

***Kritischer Umsatz* = Die Vergütung Handlungsreisender entspricht der Vergütung der Handelsvertreter.**

Liegt der Umsatz darüber, so ist der Reisende günstiger, liegt der Umsatz darunter, so ist der Handelsvertreter günstiger.

Beispiel

Bei der Hobel KG erhält der Reisende ein Festgehalt von 3.000,00 €, seine Umsatzprovision beträgt 2 %. Die Umsatzprovision des Handelsvertreters beträgt 8 %. Ist der Umsatz gering, so ist der Handelsvertreter günstiger als der Reisende, da er kein Festgehalt bezieht. Die Frage ist nun, ab welchem Gehalt der Reisende günstiger ist.

Dies wird mit einer linearen Gleichung gelöst:

U = kritischer Umsatz

$$3.000{,}00 + U \cdot \frac{2}{100} = U \cdot \frac{8}{100} \quad \left| - U \cdot \frac{2}{100}\right.$$

$$\Leftrightarrow \quad 3.000{,}00 = U \cdot \frac{6}{100} \quad \left| \cdot \frac{100}{6} \right. \text{ (Kehrwert des Bruches)}$$

$$\Leftrightarrow \quad 3.000{,}00 \cdot \frac{100}{6} = U$$

$$\Leftrightarrow \quad 50.000{,}00 = U$$

Bei einem Umsatz von 50.000,00 € ist der Handlungsreisende günstiger als der Handelsvertreter.

Weitere Formen des Direktvertriebs

Mitglieder der Geschäftsleitung sind oft dann für den Absatz verantwortlich, wenn der Kundenkreis sehr klein ist und die Aufträge sehr groß sind (zum Beispiel bei speziellen Maschinen in der Investitionsgüterindustrie).

Kataloge können den Verkaufsraum eines Unternehmens ersetzen oder ergänzen. Diese Verkaufsform findet man z. B. bei Kosmetikfirmen wie Yves Rocher oder bei Bekleidungsherstellern. Auch Hersteller von Büroartikeln oder Investitionsgütern verkaufen oft über Kataloge.

Das **Internet** bietet den Herstellern ebenfalls die Möglichkeit, den Kunden ihre Produkte zu präsentieren. Der Kundenkreis kann sich so schnell bis in die ganze Welt ausweiten, da jeder Zugang zur Homepage des Herstellers hat, unabhängig davon, in welchem Land er sich befindet. Durch die sich immer schneller entwickelnde Informationstechnologie wird dieses Medium in der Zukunft immer weiter ausgebaut und immer stärker genutzt werden.

Was versteht man unter indirektem Vertrieb?

Beim indirekten Vertrieb werden die Waren vom Produzenten an Handelsunternehmen geliefert. Diese verkaufen die Waren in Einzelhandelsgeschäften an den Konsumenten (z. B. Bekleidungsgeschäfte oder Supermärkte).

Teilweise werden die Waren aber auch zunächst an den Großhandel verkauft. Dort kaufen die Einzelhändler die Waren ein, um sie dann an den Konsumenten weiterzuverkaufen. Groß- und Einzelhandel werden als **Absatzmittler** bezeichnet. Durch sie werden die Produkte beim Kunden abgesetzt.

Merke **Groß- und Einzelhandel sind Absatzmittler.**

Beispiel Die BüroFix e. K. ist ein Absatzmittler für den Büromöbelhersteller Hobel KG.

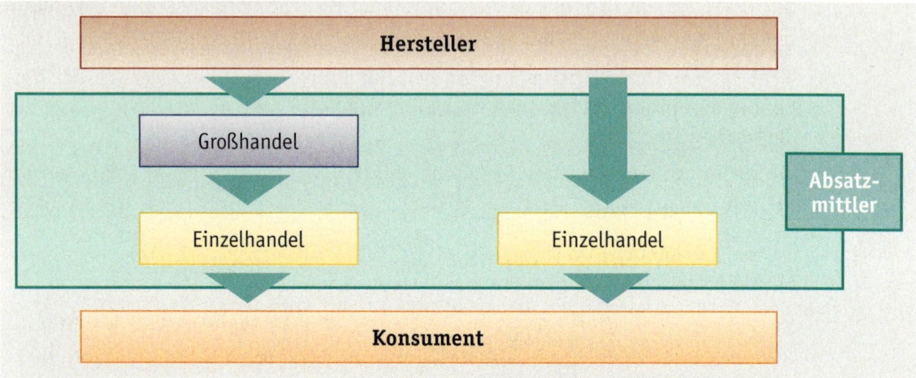

Was spricht für den Direktvertrieb, was für den indirekten Vertrieb?

Gründe für den Direktvertrieb	Gründe für indirekten Vertrieb
› Es handelt sich um erklärungsbedürftige Produkte, z. B. aufwändige Maschinen. › Die Produkte können nur schlecht transportiert werden. › Die Produkte können nicht oder nur schlecht gelagert werden. › Die Produkte werden in großen Zeitabständen gekauft. › Es gibt nur wenige Abnehmer.	› Es handelt sich um einfache, nicht erklärungsbedürftige Produkte, z. B. Kleidung. › Der Kunde erwartet eine Einbindung der Produkte in bestimmte Sortimente, z. B. Lebensmittel, Kosmetika. › Der Hersteller schreckt vor den Kosten zum Aufbau eines Absatzsystems zurück. › Es gibt viele Abnehmer.

Zusammenfassung

Frage: Was ist der Zweck der Marketingstrategie?

Antwort: Bei der Entwicklung einer Marketingstrategie legt das Unternehmen zunächst die Ziele fest, nachdem es genau untersucht hat, wo es eigentlich steht. Dann wird überlegt, mit welchen Maßnahmen diese Ziele erreicht werden können.

Frage: Warum betreiben Unternehmen manchmal Primär- und manchmal Sekundärforschung?

Antwort: Dies hängt von dem Ziel der Erhebung ab. Die Sekundärforschung kann meist schneller durchgeführt werden, da die Daten von anderen bereits erhoben wurden (z. B. von Marktforschungsinstituten). Unternehmen greifen meist dann zur Primärerhebung, wenn es sonst keine aussagekräftigen Daten gibt.

Frage: Wieso spricht man eigentlich vom Marketing-Mix?

Antwort: Die einzelnen Maßnahmen werden oft miteinander kombiniert. Wird z. B. der Preis für ein Produkt gesenkt (Preispolitik), so wird dies durch Werbung bekannt gemacht (Kommunikationspolitik). Diese Kombination der Maßnahmen ergibt den Marketing-Mix.

Frage: Warum ist die Marke für ein Unternehmen wichtig?

Antwort: Die Marke kann kaufentscheidend sein. Verbraucher stehen oft nahezu identischen Produkten gegenüber (z. B. Coca-Cola und Pepsi-Cola). Die Marke, die ein bestimmtes Lebensgefühl symbolisieren kann, ist dann kaufentscheidend.

Frage: Warum verändern Unternehmen ihr Produktprogramm?

Antwort: Unternehmen müssen mit ihren Produkten dem Fortschritt und den Bedürfnissen der Kunden folgen. Produkte veralten schnell, weshalb neue Produkte auf den Markt gebracht werden müssen. Kunden wünschen sich eine größere Auwahl eines Produktes (z. B. ein Auto in verschiedenen Farben oder mit verschiedenen Ausstattungen), worauf das Unternehmen mit seinem Produktprogramm reagieren muss.

Frage: Warum ist die Marktstellung des Unternehmens für die Preispolitik wichtig?

Antwort: Die Marktstellung entscheidet, wie stark das Unternehmen den Preis selbst steuern kann. Besteht auf einem Markt z. B. eine hohe Konkurrenz, so muss sich das Unternehmen dem Marktpreis anpassen. Hat das Unternehmen jedoch eine Monopolstellung, so kann es relativ unabhängig den Marktpreis festsetzen.

Frage: Warum ist die Öffentlichkeitsarbeit für Unternehmen wichtig?

Antwort: Kunden interessieren sich nicht nur für das Produkt als solches, sondern auch für das Unternehmen, das dahinter steht. Hat dieses Unternehmen ein positives Bild in der Öffentlichkeit, z. B. weil es viel für den Umweltschutz tut, so kaufen die Kunden sehr gerne dessen Produkte, da sie das Unternehmen unterstützen wollen. Sie sind dann auch bereit höhere Preise zu bezahlen.

Wissensfragen

1. Was ist eine Marketingstrategie?
2. Was ist der Zweck der Marktforschung?
3. Was ist der Unterschied zwischen der Primär- und der Sekundärforschung?
4. Beschreiben Sie die einzelnen Maßnahmen des Marketing-Mixes.
5. Beschreiben Sie die Maßnahmen der Produktpolitik.
6. Welcher Unterschied in der Preisgestaltung ergibt sich für ein Unternehmen, wenn es statt auf einem monopolistischen Markt auf einem polypolistischen Markt aktiv ist?
7. Beschreiben Sie die verschiedenen Maßnahmen der Kommunikationspolitik.
8. Was sind wichtige Fragen der Distributionspolitik?
9. Was ist der Unterschied zwischen einem Reisenden und einem Handelsvertreter?

Übungsaufgaben

1. Strategieschaubilder

Fast alle Menschen verfolgen ein Ziel, genauso wie die Unternehmen. Um das Ziel auch zu erreichen, benötigt man die richtige Strategie. Zeichnen Sie für jede der folgenden Situationen ein Strategieschaubild und überlegen Sie geeignete Maßnahmen der Strategie, die helfen sollen das Ziel zu erreichen.

Beispiel

Angenommen, Sie laufen 1 000 Meter in fünf Minuten. Welche Maßnahmen könnten Sie ergreifen, wenn Sie das Ziel errreichen wollten, in einem Jahr 1 000 Meter in 3 Minuten 40 Sekunden zu laufen? Zeichnen Sie für Ihre Strategie ein Strategieschaubild.

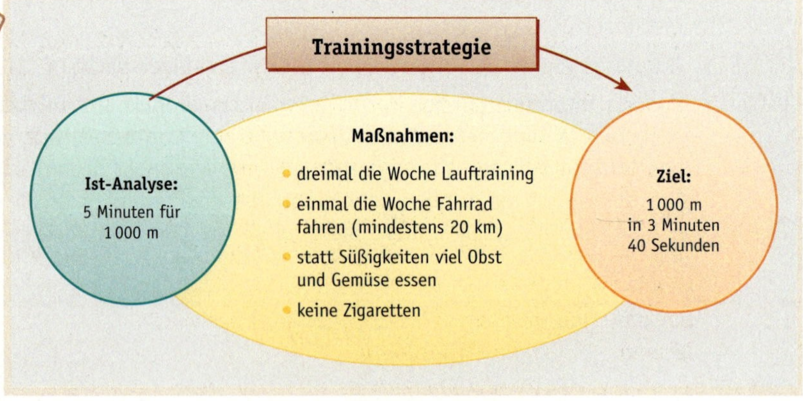

a) Sie hatten in Englisch im letzten Abschlusszeugnis die Note 4; dieses Jahr wollen Sie die Note 2 erreichen. Überlegen Sie Maßnahmen; zeichnen Sie ein Strategieschaubild.

b) Sie wiegen 100 kg. Innerhalb von 10 Monaten wollen Sie 20 kg abnehmen.

c) Auf Ihrem Sparbuch sind 100,00 €. Bis zum Sommer wollen Sie darauf 500,00 € angespart haben, damit Sie einen schönen Urlaub machen können.

2. Informationsquellen beurteilen

Bei der Brause & Brunnen GmbH, einem mittelständischen Getränkehersteller mit Sitz in Kaiserslautern, ist im letzten Sommer der Umsatz um 10 % zurückgegangen. Der Grund dafür liegt in der harten Konkurrenz, die auf dem Getränkemarkt herrscht. Das Unternehmen sucht deshalb nach einem neuen Produkt, um sich von der Masse der Getränkehersteller abzuheben. Herr Müller ist Marketingassistent bei der Brause & Brunnen GmbH und bekommt von Herrn Bräu, dem Marketingchef, den Auftrag, zu untersuchen, was der aktuelle Trend bei den Verbrauchern ist. Herr Müller betreibt intensiv Sekundärforschung, um die Bedürfnisse der Verbraucher bei den Getränken herauszufinden.

Folgende Informationen hat er für Herrn Bräu zusammengetragen:

› Auf der Internetseite www.bierbauch.de hat er gelesen, dass Bier, gemischt mit hochprozentigen Alkoholika, für die Gesundheit förderlich sei.
› Auf der Internetseite eines australischen Marketinginstituts liest er, dass aromatisierte Mineralwasser bei Sportlern besonders beliebt seien.
› Herr Müller hat seine Freunde befragt, die meinen, dass sie momentan am liebsten Mischgetränke aus Sekt und Fruchtsaft trinken würden.
› Beim Statistischen Bundesamt hat er eine Statistik aus dem Jahr 1991 entdeckt, die aussagt, dass der Konsum von Fruchtsäften in den letzten Jahren stark nachgelassen hat.

a) Beurteilen Sie die Informationen anhand der Kriterien Glaubwürdigkeit, Repräsentativität und Aktualität.

b) Die Brause & Brunnen GmbH hat als Produktneuheit ein Mischgetränk aus Cola und Sekt auf den Markt gebracht. Erstellen Sie ein Strategieschaubild und überlegen Sie Maßnahmen, wie der Absatz des Getränks angekurbelt werden kann. Ziel der Strategie ist es, einen Absatz von 50 000 Litern in den ersten zwei Monaten zu erreichen.

3. Überlegen Sie bei den folgenden Maßnahmen, um welches der vier Marketinginstrumente (Produkt-, Preis-, Kommunikations- und Distributionspolitik) es sich handelt.

Beispiel: *Ein Werbespot im Fernsehen für Waschmittel.*
Lösung: *Kommunikationspolitik*

a) BüroFix e. K. senkt den Preis für einen Pack CD-ROMs von 6,99 € auf 5,99 €.

b) BüroFix e. K. streicht sämtliche Schreibmaschinen aus dem Sortiment.

c) BüroFix e. K. eröffnet in Landau eine neue Filiale.

d) Ein kleiner Fußballverein wird von BüroFix e. K. gesponsort.

e) Die Hobel KG bringt ein neues Regalsystem auf den Markt.

f) Zahlungsbedingung: „Bei Zahlung innerhalb von 10 Tagen 3 % Skonto".

g) In der Tageszeitung wird eine große Anzeige geschaltet, in der für Sonderangebote bei BüroFix e. K. geworben wird.

4. Im Folgenden sind Beispiele für produktpolitische Maßnahmen aufgelistet. Um welche handelt es sich dabei?

a) Ein Schokoladenhersteller vertreibt auch Getränke.

b) Die Grasmann OHG stellt auch die Motoren für ihre Gartenmaschinen her.

c) Die Kosmetika GmbH erweitert ihre Produktlinie „Kosmetik für die Haut ab 40", die aus Körpercreme, Duschgel und Badeschaum besteht, um eine Körperlotion.

d) Die Tierwohl OHG verkauft außer Katzen- und Hundefutter auch Futter für Nagetiere.

e) Der Getränkehersteller TrinkFit OHG erweitert sein Limonadenprogramm (Orange, Zitrone) um die Geschmacksrichtungen Himbeere und Waldmeister.

f) Der Parfümhersteller Hior verkauft nun auch Innenausstattung.

g) Die Kosmetika GmbH passt die Aufmachung ihrer Produktlinie „Kinder Spa" den aktuellen Trends an.

h) Der Getränkehersteller TrinkFit OHG setzt den Limonaden nun auch Vitamine zu.

5. Welche Art der Kommunikationspolitik wird in den folgenden Beispielen angesprochen?

a) Die Firma Miniku, ein Schokoladenhersteller, wirbt für ihre Produkte, indem sie einem bekannten Skispringer Skianzug, Trainingsanzug und Accessoires zur Verfügung stellt, die mit werbenden Aufdrucken versehen sind. Außerdem erhält der Skispringer zusätzlich noch eine beträchtliche Geldsumme.

b) Mehrere Fleischlieferanten machen aufgrund der BSE-Krise Werbung für Rindfleisch, indem sie die einwandfreie Verarbeitung und Prüfung der Tiere und des Fleisches herausstellen.

c) Ein Promotionteam der Firma Tak-Tik verteilt in der Innenstadt und in der Fußgängerzone einer größeren Stadt kostenlose Proben der neu verpackten Bonbons, die das Unternehmen zusätzlich zum Originalprodukt in bisheriger Verpackung gerade auf den Markt gebracht hat.

6. Um welche Marktstellung handelt es sich jeweils bei den einzelnen Unternehmen?

a) Die Baumann OHG hat ein Patent für Rasenmäher, die das gemähte Gras sofort in Kompost umwandeln. Die Nachfrage ist groß, da es kein vergleichbares Konkurrenzprodukt gibt.

b) Die Kosmetikfirma Binea hat verschiedene Körperpflegeprodukte im Sortiment, die in ganz Deutschland in Supermärkten und Drogerien angeboten werden.

c) Der Paketdienst Speedy hat sich neben der Deutschen Post AG und zwei anderen Paketdiensten auf dem deutschen Markt etabliert.

d) Der Keksproduzent Falsen verkauft seine Waren bundesweit und in andere Länder der EU. Die Kekse werden in Kiosken, Supermärkten, an Tankstellen usw. angeboten.

e) Die Firma Beman GmbH ist das einzige Unternehmen, das Disketten herstellt, die automatisch gegen Viren geschützt sind.

7. Rechenaufgaben

Errechnen Sie den Verkaufspreis für ein Produkt anhand der gegebenen Informationen:

a) Beim Fahrradhersteller BikeMan verursacht die Herstellung eines Mountainbikes folgende Kosten:

Rahmen	130,00 €
Räder	90,00 €
Lenker	25,00 €
sonstiges Zubehör	115,00 €
Arbeitslohn	120,00 €
allgemeine Kosten (Verwaltung usw.)	60,00 €
Gewinnzuschlag	20 %

a1) Wie hoch ist der Verkaufspreis des Mountainbikes ohne Mehrwertsteuer?

a2) Wie hoch ist der Verkaufspreis des Mountainbikes mit Mehrwertsteuer?

b) Der Konkurrent RadProfi bietet ein gleichwertiges Fahrrad für 600,00 € an (ohne Mehrwertsteuer). Wie hoch sind die Kosten für ein Mountainbike, wenn RadProfi ebenfalls mit einem Gewinnzuschlag von 20 % kalkuliert?

8. Fallstudie

Der Büromöbelhersteller Skandinavia AG hat im vergangenen Jahr einen ergonomischen Bürostuhl, den „Wellness-Chair", mit besonders wirbelsäulenschonender Rückenlehne entwickelt. Um beim Absatz des Wellness-Chairs ein optimales Ergebnis zu erzielen, soll im Rahmen der Distributionspolitik die Wahl des Absatzhelfers überprüft werden.

Bisher wurden die Sportartikel auf direktem Absatzweg durch Reisende der Skandinavia AG an Fitnessstudios verkauft. Man war der Meinung, dass der Reisende als Angestellter des Unternehmens aufgrund seiner Weisungsgebundenheit und festen, geregelten Arbeitszeiten die höchsten Leistungen erbringt.

In einer Konferenz der Unternehmensleitung äußert der Marketingleiter jedoch die Meinung, dass ein Handelsvertreter mit mehr Motivation für den Absatz der Produkte sorgen würde, da seine Vergütung komplett vom

Umsatz abhängig ist. Außerdem würde ein Handelsvertreter, der in der Regel gleichzeitig für mehrere Unternehmen arbeitet und im Gegensatz zu Reisenden normalerweise im Absatzgebiet ansässig ist, besonders gute Branchenkenntnisse und engeren Kontakt zur Kundschaft besitzen.
Der Einkaufschef widerspricht jedoch. Seiner Erfahrung nach, die er täglich mit Handelsvertretern macht, bedienen diese am liebsten Großkunden; kleine Abnehmer werden wegen der geringen Provisionserwartung vernachlässigt.
Die Unternehmensleitung der Skandinavia AG muss sich nun entscheiden, da die beschäftigten Reisenden schon so ausgelastet sind, dass sie das neue Produkt nicht zusätzlich vertreten können. Es ist also entweder ein weiterer Handlungsreisender einzustellen oder ein qualifizierter Handelsvertreter zu suchen.

a) Stellen Sie zunächst noch einmal die Vor- und Nachteile des Handlungsreisenden und des Handelsvertreters gegenüber.

b) Führen Sie nun mit den folgenden Informationen einen Kostenvergleich zwischen Handelsvertreter und Handlungsreisendem durch. Die monatlichen Kosten der beiden Absatzhelfer sehen wie folgt aus:

Handlungsreisender:	2.500,00 € Festgehalt, 2 % Umsatzprovision
Handelsvertreter:	6 % Umsatzprovision

b1) Welcher Absatzhelfer wäre kostenmäßig günstiger bei einem geschätzten monatlichen Absatz von 400 Stück des Wellness-Chairs zum Verkaufspreis von 200,00 €?

b2) Bei welchem Umsatz sind die Kosten bei beiden Absatzhelfern gleich hoch, entsprechen also dem kritischen Umsatz?

c) Wie wäre die Situation, wenn der Handelsvertreter zu seiner wirtschaftlichen Absicherung zusätzlich eine monatliche fixe Spesenvergütung in Höhe von 500,00 € pro Monat fordern würde?

d) Skizzieren Sie den obigen Sachverhalt in einem Koordinatensystem.

e) Was ändert sich, wenn der Handelsvertreter plötzlich eine höhere Umsatzprovision verlangt?

9. Ermitteln Sie in den folgenden Fällen jeweils den kritischen Umsatz mit einer linearen Gleichung.

	Handlungsreisender **Fixum; Provision**	Handelsvertreter **Provision**	**kritischer Umsatz**
a)	3.000,00 €; 5 %	8 %	
b)	2.500,00 €; 5 %	9 %	
c)	6.000,00 €; 2 %	10 %	

3 Planung, Durchführung und Kontrolle von Werbemaßnahmen

Situation

Bei BüroFix e. K. wird beraten, wie nach einem schlechten Geschäftsjahr der Umsatz gesteigert werden kann. Benno Ludwig, Marketingleiter, hatte ein Marktforschungsinstitut beauftragt; dieses sollte erforschen, welches Bild die Konsumenten im Raum Speyer von dem Bürofachhandel BüroFix haben. Erstaunlicherweise ist die BüroFix e. K. in Speyer nur jedem vierten Befragten bekannt. Benno Ludwig meint, hier könnte eine der Ursachen für die Umsatzprobleme liegen. Aus diesem Grund soll nun eine Strategie entwickelt werden, mit der der Bekanntheitsgrad von BüroFix e. K. gesteigert werden kann.

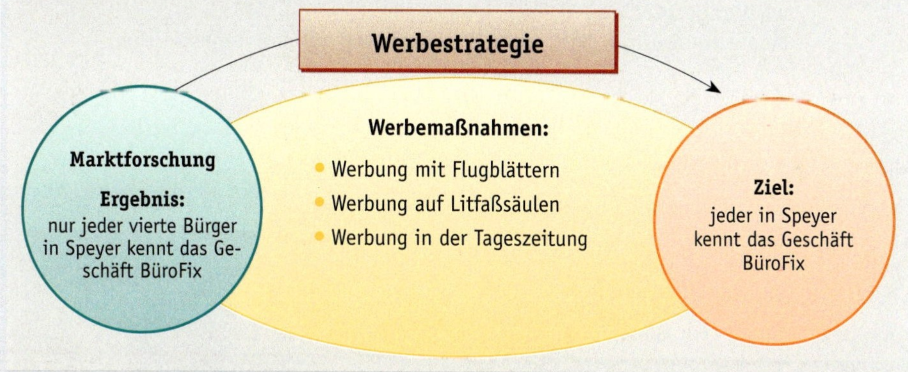

Leitfrage: Werbung begegnet Ihnen jeden Tag im Fernsehen oder in der Zeitung. Welche Ziele werden mit der Werbung verfolgt?

3.1 Die Werbeplanung

Information

Die Aufgaben und Ziele der Werbung

Die Werbung hat verschiedene Aufgaben und Ziele:

- **Einführungswerbung:** Neue Produkte werden am Markt bekannt gemacht. Ziel ist, dass möglichst viele Konsumenten von diesem Produkt oder von dem Unternehmen erfahren.
- **Erhaltungswerbung:** Hat das Produkt eine bestimmte Absatzhöhe auf dem Markt erreicht, so dient Werbung dazu, den Produkt- oder Unternehmensnamen in der Öffentlichkeit zu erhalten, damit er nicht vergessen oder von der Konkurrenz verdrängt wird. Werbung dient auch dazu, das positive Image eines Unternehmens zu erhalten und zu stärken.
- **Expansionswerbung:** Soll der Absatz eines Produktes erheblich gesteigert werden, so wird die Werbung in der Regel aggressiver und intensiviert.

Welche Arten der Werbung gibt es?

Je nachdem, wie viele Konsumenten umworben werden, unterscheidet man zwischen der Direkt- und der Massenwerbung.

Bei der **Direktwerbung** werden einzelne Unternehmen oder Personen **direkt** umworben, zum Beispiel durch Vertreter, über Werbebriefe, Werbemails usw.

Bei der **Massenwerbung** wird eine große Anzahl an Konsumenten auf einmal umworben. Dabei wird die Werbung auf die verschiedenen Zielgruppen zugeschnitten. Denn Jugendliche kaufen beispielsweise keine Haftcreme für dritte Zähne oder Babynahrung. Die Massenmedien (TV, Radio, Zeitungen und Zeitschriften) bilden dabei die wichtigsten Werbeträger für die Massenwerbung.

Merke

Direktwerbung = Ein einzelnes Unternehmen oder eine einzelne Person wird angesprochen.
Massenwerbung = Sehr viele Konsumenten werden angesprochen.

Was sind Werbemittel?

Werbemittel stellen die Werbebotschaft dar. Das Werbemittel ist die Vermittlungsform der Werbebotschaft an den Konsumenten (z. B. Werbeanzeige, Radiospot, Fernsehspot). Die Werbemittel können durch Texte, Bilder, Farben, Musik usw. gestaltet werden. Wichtig ist dabei die Werbebotschaft, die den Konsumenten erreichen soll. Sie ist der Kern der Werbeaussage und soll den Nutzen des Produktes für den Konsumenten darstellen.

Merke

Ein Werbemittel ist die Gestaltungsform der Werbung. Sie dient der Übermittlung der Werbung an den Konsumenten.

Beispiel

Die Werbebotschaft „Milka, die zarteste Versuchung, seit es Schokolade gibt" soll heißen: Milka ist die einzige Schokolade mit dem zarten Schmelz. Keine andere Schokolade verspricht einen solchen Genuss. Das Werbemittel, das die Botschaft transportiert, kann in einer Anzeige, aber auch in einem Werbespot in Funk und Fernsehen bestehen.

Was sind Werbeträger?

Werbeträger sind die Medien, durch die die Werbemittel und Werbebotschaften zu den Zielgruppen gelangen. Durch sie treten die Werbemittel mit den Konsumenten in Kontakt. Dies sind vor allem Zeitungen und Zeitschriften, Radio, Fernsehen, Internet, Plakatsäulen, Schaufenster, Kinoleinwände, Sporttrikots usw. Zum Beispiel muss eine Printanzeige (eine gedruckte Anzeige) natürlich in einem Printmedium (also z. B. in einer Zeitung) abgedruckt sein.

Beispiel

Das Bundesland Baden-Württemberg wirbt im Fernsehen und im Internet für sich mit dem Slogan: „Wir können alles. Außer Hochdeutsch.“ Daraus kann man die Botschaft lesen: „Baden-Württemberger sind besonders clever!“ Das Bundesland will der Bevölkerung und den Unternehmen damit signalisieren, dass Baden-Württemberg ein besonders innovativer Wirtschaftsstandort ist. Ein positives Image des Bundeslandes wird aufgebaut.

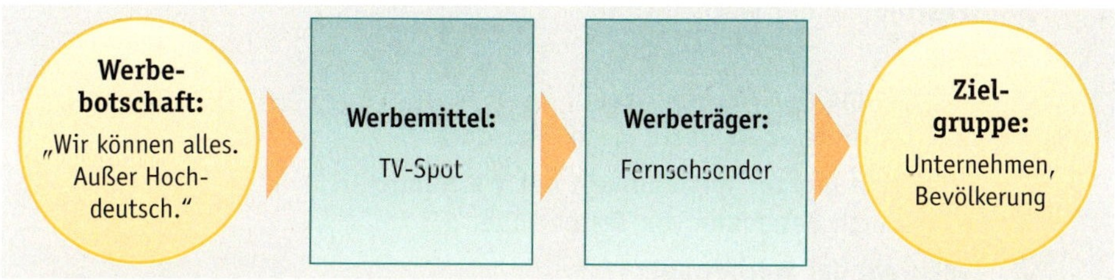

Wieso muss Werbung geplant werden?

Damit Werbung wirksam ist, muss sie natürlich vorher genau geplant werden. Sie beeinflusst den Absatz und den Ruf der Produkte und des Unternehmens. Zur Planung der Werbung muss das Unternehmen auf die Marktforschung zurückgreifen. Entweder es erhält die Informationen aus betriebsinternen Quellen (z. B. Außendienstberichte) oder von externen Marktforschungsinstituten (z. B. Umfragen).

Was geschieht bei der Werbeplanung?

Die Werbeplanung legt fest:

- welche Ziele mit der Werbung erreicht werden sollen,
- welche Arten von Werbung daraufhin durchgeführt werden,
- welche Werbemittel und Werbeträger eingesetzt werden,
- wie viel Geld für die Werbung ausgegeben werden kann,
- wie häufig die Werbung geschaltet werden soll,
- wo die Werbung geschaltet werden soll, um eine bestimmte Zielgruppe zu erreichen.

Beispiel

Klaus Ebrecht ist beim Büromöbelhersteller Hobel KG für das Marketing verantwortlich und soll eine Werbekampagne für die Einführung eines neu entwickelten Schreibtischstuhls entwickeln. Der Stuhl ist eine Innovation, denn er passt sich perfekt jedem Körper an und hat noch zusätzlich eine eingebaute Rückenmassagefunktion. Außerdem ist die Rückenlehne beheizbar, was ebenfalls bei Rückenbeschwerden nützlich ist.

Die Geschäftsleitung verfolgt mit der Einführungskampagne folgende Ziele:
Sie will schnell einen hohen Bekanntheitsgrad erreichen. Große Unternehmen sollen durch aufwändig gestaltete Werbebriefe direkt angesprochen werden. Zudem soll die Anzeigenwerbung (Werbemittel) in Fachzeitschriften (Werbeträgern) verstärkt werden.

Abfolge der Werbeplanung und -kontrolle

Aufstellen der Marketingziele
z. B. Umsatzsteigerung, Erreichen eines bestimmten Marktanteils

Aufstellen der Werbeziele
z. B. Imageveränderung, Erhöhung des Bekannheitsgrades

Festlegung des Werbeetats
Wie soll der Werbeetat festgelegt werden und wie soll er verteilt werden?

Entwicklung der Werbebotschaft
Was will die Werbung beim Kunden aussagen, was soll sie bewirken?

Festlegung der Werbemittel
z. B. Fernsehspots, Anzeigen

Gestaltung der Werbemittel
z. B. mithilfe von Farben, Musik, Personen

Überprüfung der Wirksamkeit der Werbemittel
z. B. durch Befragung von Testpersonen

Auswahl der Werbeträger
Welche Medien sind für die Zielgruppe am besten geeignet?
z. B. Fachzeitschriften, Fernsehen im Vorabendprogramm

Aufstellen des Werbeplans
In welchem Zeitraum und wie oft soll geworben werden?

Durchführung der Werbung
z. B. durch Werbeagentur oder unternehmensintern

Erfolgskontrolle der Werbung
Wurde durch die Werbung der geplante Umsatz erreicht? Wurde der Bekanntheitsgrad des Produktes gesteigert?

3.2 Gestaltung und Durchführung von Werbung

Information

Wie können Werbemittel gestaltet sein?

Werbemittel sollen den Inhalt der Werbebotschaft wiedergeben. Werbemittel können grundsätzlich alle fünf Sinne des Menschen ansprechen. Im Vordergrund steht jedoch besonders das Hören und Sehen. Fühlen, Riechen, Schmecken kommen eher seltener vor, bleiben aber länger im Gedächtnis haften (z. B. bei Produktproben in Supermärkten oder Parfümproben in Zeitschriften). Dies verursacht zwar hohe Kosten, ist jedoch gerade bei Produkteinführungen ein gutes Mittel, um auf sich aufmerksam zu machen.

Wie können Werbemittel die Aufmerksamkeit auf sich ziehen? Anhand von Studien wurde festgestellt, dass sich z. B. durch angenehme Musik die Aufenthaltsdauer im Kaufhaus verlängert. Oder der Leser einer Anzeige kann durch eine kreative Textanordnung animiert werden.

Auch die Satzlänge eines Werbetextes ist wichtig. Je kürzer, desto verständlicher ist er.

Beispiel

Sie
können
bestimmt nicht
aufhören, diese Pyramide
zu Ende zu lesen. Die Schreibweise
erhöht Ihre Aufmerksamkeit und Ihr Interesse deutlich!

Ein Slogan hat im Durchschnitt nur sechs Wörter. Er prägt sich so dem Gedächtnis des Konsumenten besser ein.

Weiterhin sollte nicht zu viel Information in das Werbemittel gepackt werden, sonst schaltet der Konsument ab und die Werbung verfehlt ihre Wirkung. Einfache Symbole oder Abbildungen dienen der schnelleren Informationsaufnahme. Aussagekräftige Symbole, wie z. B. der „Swoosh" von Nike, ersetzen viele Worte. Weiterhin können Humor und Erotik, je nach Produktart, die Aufmerksamkeit steigern. Und farbige Anzeigen haben im Vergleich zu Schwarz-Weiß-Anzeigen einen höheren Erinnerungseffekt.

Beispiel So könnte eine Werbeanzeige für den neu entwickelten Schreibtischstuhl der Hobel KG aussehen:

Sind die Werbemittel gestaltet, können sie durch Befragung oder Beobachtung von Testpersonen, die der Zielgruppe entsprechen, auf ihre Wirksamkeit hin überprüft werden.

Was versteht man unter der AIDA-Formel?

Startet ein Unternehmen eine Werbung oder Werbekampagne, will es dadurch natürlich auch eine Wirkung erzielen, z. B. soll das beworbene Produkt gekauft werden. Um dies zu erreichen, muss der Kunde jedoch erst einmal auf die Werbung und die darin steckende Werbebotschaft aufmerksam werden. Die Werbung muss das Interesse des

Kunden an dem Produkt wecken. Daraus kann beim Kunden ein Kaufwunsch entstehen, der letztendlich zum Kauf des Produktes führt. Dies ist der idealtypische Ablauf der Werbewirkung.

Dieser Ablauf der einzelnen Stufen zwischen der Aufmerksamkeitswirkung der Werbung und dem Kauf wird vereinfacht in dem so genannten AIDA-Modell dargestellt.

AIDA bedeutet:

- **A**ttention (Die Werbebotschaft soll **Aufmerksamkeit** erzeugen.)
- **I**nterest (Die Werbebotschaft soll das **Interesse** des Kunden wecken.)
- **D**esire (Beim Kunden soll ein Kauf**wunsch** ausgelöst werden.)
- **A**ction (Als **Handlung** soll der Kauf folgen.)

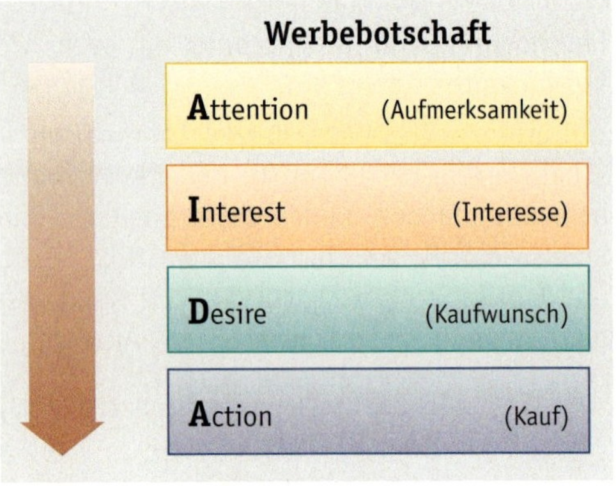

Dies zeigt also, wie wichtig es ist, dass die Werbung durch ihre Gestaltung und Botschaft auf sich aufmerksam macht. Nur so kann letztendlich der Kauf folgen. Werbung führt durch eine passende Auswahl der Werbemittel und eine ideenreiche Gestaltung der Werbeträger zum Erfolg.

Wie wählt man die geeigneten Werbeträger aus?

Sind die Werbemittel (Anzeigen, TV-Spots usw.) gestaltet, müssen geeignete Werbeträger (Zeitungen, Zeitschriften, elektronische Medien, Plakate, Werbebriefe usw.) für sie ausgewählt werden. Dabei wählt man die Medien aus (Zeitungen, Zeitschriften, Fernsehen, Radio), die die Zielgruppe am besten erreichen. Ein Fahrradhersteller kann z. B. in Fahrradzeitschriften werben, ein Kosmetikhersteller in Frauenzeitschriften, ein Waschmittelproduzent im Fernsehen. Außerdem sollte das Image des Mediums mit dem Image des Produktes übereinstimmen.

Beispiele

Für die Werbekampagne einer Tagescreme für sensible Haut entscheidet sich die Kosmetikfirma *Beauté* für die Frauenzeitschriften *freundin, Glamour* und *Jolie,* um darin die Anzeigenkampagne zu platzieren.

Die BüroFix e. K. wirbt in regionalen Zeitungen, um Privatkunden im Großraum Speyer anzusprechen. Um die Großhändler zu erreichen, wirbt BüroFix e. K. in Fachzeitschriften mit der Werbebotschaft: Hier findet eine kompetente Beratung statt.

Wie können die Kosten für die einzelnen Medien verglichen werden?

Wenn man eine Anzeige schalten möchte, sind natürlich zunächst die Anzeigenpreise maßgebend. Dies allein reicht jedoch nicht aus. Um verschiedene Medien tatsächlich vergleichen zu können, muss der Anzeigenpreis mit der Auflagenzahl verglichen werden. Hat eine Zeitschrift mit günstigem Anzeigenpreis beispielsweise eine geringe Auflage, kann es sein, dass sie im Vergleich schlechter abschneidet als eine Zeitschrift mit hoher Auflage und höherem Anzeigenpreis. Denn je höher die Auflage, umso mehr Leser können mit der Anzeige erreicht werden und umso erfolgreicher kann die Werbung sein.

Verschiedene Medien lassen sich anhand des so genannten Tausenderpreises vergleichen. Er zeigt die Kosten, die aufgewendet werden müssen, um 1 000 Zielpersonen zu erreichen. Hierbei wird neben den Anzeigenkosten auch die Auflagenhöhe berücksichtigt.

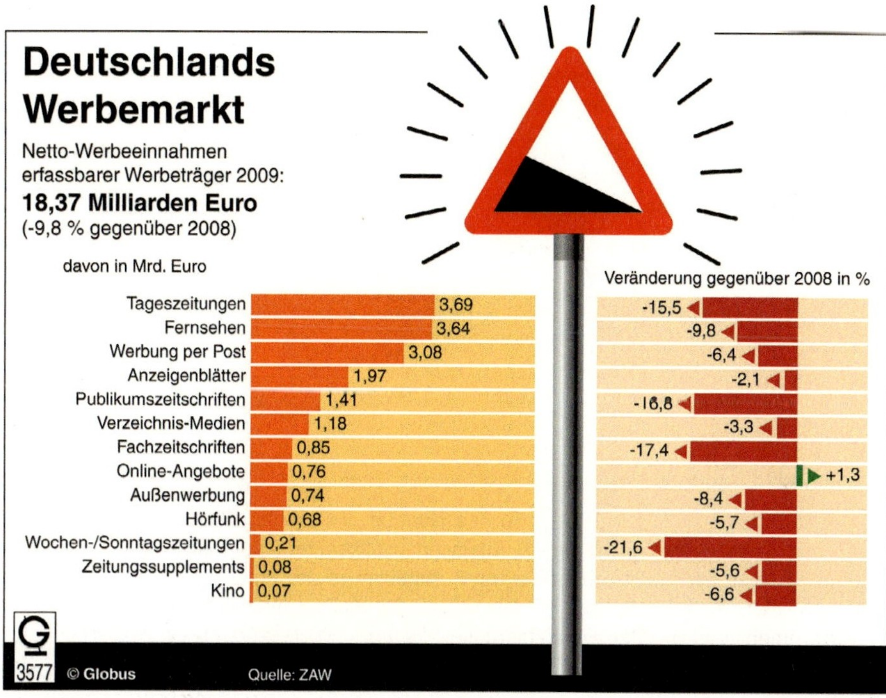

Merke

$$\textbf{Tausenderpreis} = \frac{\text{Preis je Schaltung}}{\text{Auflage}} \cdot \mathbf{1\,000}$$

Beispiel

Für eine Anzeigenkampagne der BüroFix e. K. möchte Benno Ludwig verschiedene infrage kommende Zeitschriften im Hinblick auf die Kosten vergleichen. Dazu hat er die Kosten für eine Anzeigenwerbung bei den Zeitschriften angefragt. Eine halbe Anzeigenseite bei der Zeitung „Tagesgeschehen" kostet 6.000,00 € bei einer Auflage von 150 000 Stück. Eine halbe Anzeigenseite beim „Speyerer Boten" (Auflage 80 000 Stück) kostet 4.000,00 €.

Zur weiteren Vergleichsrechnung wählt Benno Ludwig den Tausenderpreis. Dieser zeigt auf, welche Kosten für 1 000 Kontakte mit der Zielgruppe anfallen.

Tausenderpreis für „Tagesgeschehen" = (6.000,00 : 150 000) · 1 000 = 40,00 €

Tausenderpreis für „Speyerer Bote" = (4.000,00 : 80 000) · 1 000 = 50,00 €

Trotz der höheren Kosten für die halbseitige Anzeige sollte sich Benno Ludwig für eine Anzeige in der Zeitung „Tagesgeschehen" entscheiden, da der Preis, mit dem 1 000 Kunden erreicht werden können, geringer ist.

Merke

Der Tausenderpreis sagt nichts über die Wirksamkeit der Werbung aus. Es bleibt die Frage offen: Gehören die Menschen, die man über diesen Werbeträger erreicht, überhaupt zu der Gruppe der möglichen Käufer (Zielgruppe)?

Aufstellen eines Werbeplans

Sind die oben genannten Planungsschritte durchdacht, so muss ein Werbeplan erstellt werden. Der Werbeplan gibt dem Unternehmen einen Überblick, wann in welchem Medium für welches Produkt geworben wird.

Beispiel

Der Werbeplan von BüroFix e. K. für die ersten drei Monate eines Geschäftsjahres sieht folgendermaßen aus.

Werbeobjekt	Medien	Kosten/ Einheit	Anzahl Schaltungen (Januar bis März)	Gesamtkosten
Sortiment	Speyerer Bote	1/4-seitig/ 1.000,00 €	6	6.000,00 €
PC-Sonderpreis	Rheinpost	1/2-seitig/ 2.000,00 €	2	4.000,00 €
Bekanntheitsgrad	Plakate/Speyer	10 je 300,00 €	andauernd	3.000,00 €
Gesamt				13.000,00 €

BüroFix e. K. wendet also in den Monaten Januar bis März 13.000,00 € für die Werbung auf. Es werden 6 Anzeigen im Speyerer Bote geschaltet, die für das ganze Sortiment werben, sowie 2 Anzeigen in der Rheinpost, die auf eine Sonderpreisaktion bei den PCs hinweisen. Die Plakate in Speyer sollen den Bekanntheitsgrad von BüroFix steigern.

3.3 Die Kontrolle von Werbemaßnahmen

Information

Wie funktioniert die Erfolgskontrolle von Werbung?

Um zu wissen, wie gut die geschaltete Werbung die gesetzten Ziele erreichen kann, muss regelmäßig deren Erfolg kontrolliert werden. Dazu gehört auch eine regelmäßige Kontrolle darüber, ob das eingesetzte Geld ausreicht und ob es sinnvoll investiert ist.

Mit der Erfolgskontrolle ist der Prozess der Werbeplanung jedoch nicht am Ende angelangt. Die dabei gewonnenen Informationen fließen wieder in die Planung mit ein. Dadurch entsteht ein Kreislauf. Nur so können Werbekampagnen immer wieder angepasst und damit erfolgreich werden.

Die eingesetzte Werbung kann auf zwei Arten kontrolliert werden. Man misst entweder den nicht-wirtschaftlichen oder den wirtschaftlichen Werbeerfolg. Dabei werden die Plan-Größen mit den Ist-Größen verglichen.

- Man überprüft, wie die Werbung bei den Umworbenen ankommt, wie bekannt sie ist, welches Image sie hat, ob die Kunden dadurch beabsichtigen zu kaufen usw. Diese nicht-wirtschaftliche Werbeerfolgskontrolle kann z. B. durch Befragungen festgestellt werden.

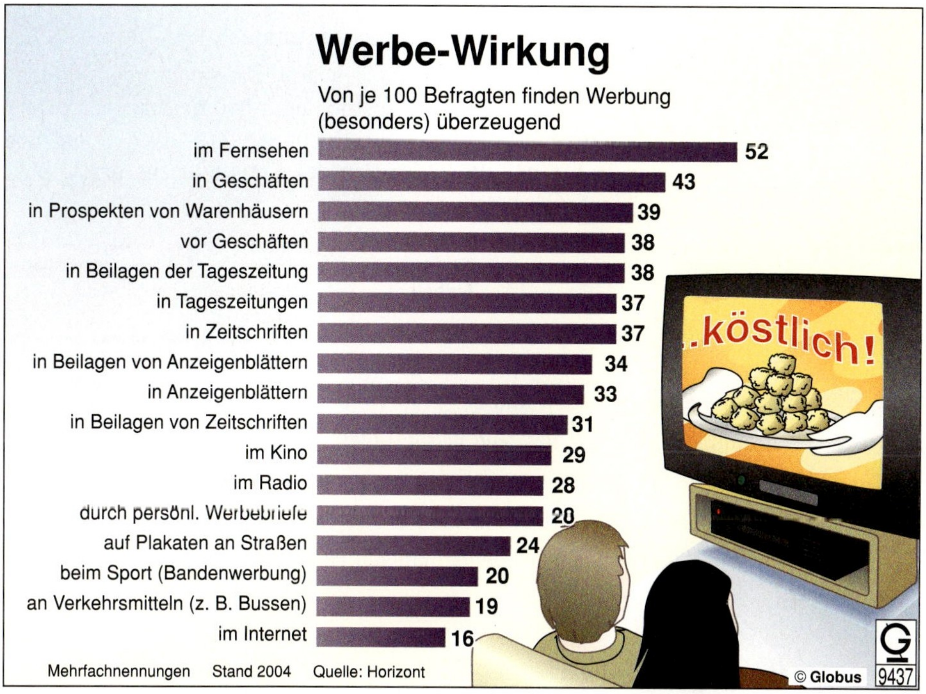

› Man misst z. B. den Gewinn, Umsatz, Marktanteil oder die Wiederkaufsrate, die mithilfe der Werbung erreicht wurde. Hierbei handelt es sich um eine wirtschaftliche Werbeerfolgskontrolle.

Zusammenfassung

Frage: Warum verfolgt die Werbung unterschiedliche Ziele?

Antwort: Die Ziele der Werbung richten sich danach, wie das Produkt auf dem Markt steht. Muss es z. B. eingeführt werden, dann ist das Ziel der Werbung, das neue Produkt einem möglichst großen Publikum bekannt zu machen.

Frage: Was ist der Unterschied zwischen Werbemittel und Werbeträger?

Antwort: Zunächst gibt es immer eine Werbebotschaft. Dann muss man sich Gedanken machen, wie diese Botschaft vermittelt werden soll, z. B. in einem TV-Spot (➜ Werbemittel). Werbeträger ist dann das Medium, das diese Botschaft zum Konsumenten trägt (z. B. das Fernsehen).

Frage: Was bezweckt die AIDA-Formel?

Antwort: Dies ist eine Anleitung zur Gestaltung der Werbung. Es genügt nicht, wenn Werbung die Aufmerksamkeit der Konsumenten weckt, sie muss auch einen Kaufwunsch auslösen, der dann von den Konsumenten umgesetzt wird.

Frage: Was ist bei der Auswahl der Werbeträger zu beachten?

Antwort: Zur Auswahl der Werbeträger kann der Tausenderpreis herangezogen werden. Er sagt aus, wie viel es umgerechnet kostet, um 1 000 Verbraucher zu erreichen. Der Tausenderpreis sagt allerdings nichts darüber aus, wie gut der Werbeträger zum Image des Produktes und des Unternehmens passt. Dies muss gesondert beurteilt werden.

Wissensfragen

1. Nennen Sie die Aufgaben und Ziele der Werbung.
2. Was sind Werbemittel, was sind Werbeträger?
3. Was wird bei der Werbeplanung festgelegt?
4. Beschreiben Sie wichtige Grundsätze zur Gestaltung von Werbemitteln.
5. Wie kann der Erfolg von Werbemaßnahmen kontrolliert werden?

Übungsaufgaben

1. Struktur legen

Ordnen Sie die Begriffe den Bereichen in der Grafik zu. (Übertragen Sie bitte zuerst die Grafik in Ihr Heft.)

Rundfunk	Steigerung des Marktanteils	Zeitungsinserat	Internet
Banner	Umsatzsteigerung	Wochenzeitung	Fernsehen
Steigerung des Bekanntheitsgrades		TV-Spot	Radiospot

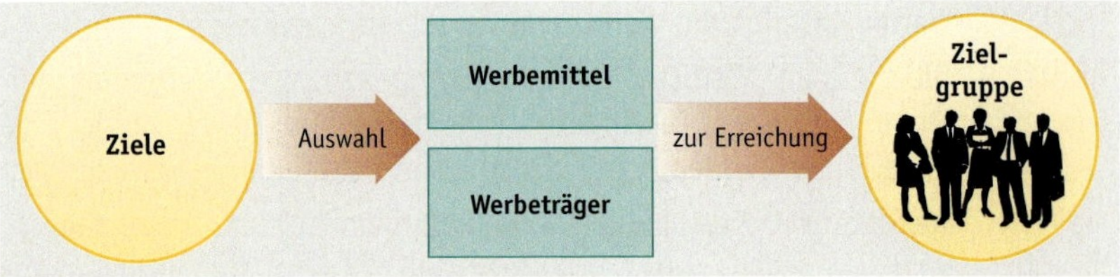

2. Fallstudie

Die Bike AG ist ein Fahrradhersteller mit Firmensitz in München. Die AG hat ein Spezial-Rennrad, das Speedy, mit einem Kunststoffrahmen entwickelt, der im Vergleich zu den üblichen Stahlrahmen von Rennrädern **extrem leicht** und **absolut bruchsicher** ist. Diese Eigenschaften sind für Radsportler von besonders hoher Bedeutung. Das Rennrad Speedy soll nun im März 20.. auf den Markt gebracht werden.

Sie arbeiten in einem jungen Team von Marketingfachleuten und sollen nun eine Werbekampagne für das Speedy planen. Ihr Marketingchef macht Ihnen folgende Vorgaben:
„Jeder Radsportler soll über das Speedy als erstklassiges und teures Spitzenrennrad informiert werden!"

a) Entscheiden Sie, welche Ziele bei der Kampagne für das Speedy verfolgt werden sollen.

b) Beschreiben Sie ausführlich die Zielgruppe (Alter, Geschlecht, durchschnittliches Einkommen usw.).

c) Welche Werbemittel und Werbeträger sollen eingesetzt werden?

d) Erarbeiten Sie einen Werbeplan für Speedy, in dem die einzelnen Termine der verschiedenen Werbemaßnahmen aufgelistet sind. Beachten Sie dabei Ihre Budgetbegrenzung von insgesamt 800.000,00 €. Übertragen Sie die Tabelle in Ihr Heft.

Werbeplan für Speedy 20..

Medien	Kosten/ Einheit	Anzahl Schaltungen	Termine der Werbung	Gesamtkosten
...	...	...	...	...

Wichtig! Berücksichtigen Sie bei Ihrer Werbeplanung die folgenden Informationen und rechnen Sie mit dem Tausenderpreis.

Situation des Marktes:
Die Prognose lautet, dass der Fahrradmarkt im Jahr 20.. nicht wachsen wird. Dies bedeutet, dass die einzelnen Fahrradhersteller sich gegenseitig die Kunden abjagen müssen (harter Konkurrenzkampf).
Die Fahrradbranche hat durch das immer beliebter werdende Inline-Skaten Konkurrenz bekommen.

Informationen zum Radsport:
Das Radfahren ist in Deutschland Volkssport. Viele Menschen sind davon begeistert, da man dabei die Natur erleben kann und sich dazu noch fit hält. Eine nicht unbedeutende Zahl von Menschen fährt aus ökologischer Überzeugung nur mit dem Rad.
In Deutschland sind ca. 600 000 Radfahrer in Radrennsportvereinen organisiert. Ungefähr 200 000 Menschen betreiben diesen Sport ernsthaft mit regelmäßigem Training und Straßenrennen.

Wichtigste Eckdaten des Radsports für das Jahr 20..

25. April	Volksradfahrtag in Deutschland
5. Mai	Dt. Meisterschaft im Straßenrennen (Übertragung live im DSF)
3.-21. Juni	Tour de France (Übertragung live in EuroSport)
7. August	Europameisterschaft im Bahnradfahren (Paris) (Übertragung live in EuroSport)

Medium	Reich-weite in Mio.	Nutzerstruktur		durch-schnitt-liches Alter	Format/Dauer	Kosten	Erscheinungs-häufigkeit
		Frauen	Männer				
Zeitschriften							
Bike-World	0,8	20 %	80 %	30 J.	1/1 Seite	15.000,00 €	monatlich
Spiegel	6,4	45 %	55 %	46 J.	1/1 Seite	30.000,00 €	wöchentlich
Eltern	0,9	60 %	40 %	33 J.	1/1 Seite	10.000,00 €	monatlich
Men´s Health	1,6	5 %	95 %	28 J.	1/1 Seite	20.000,00 €	monatlich
Hörzu	8,2	55 %	45 %	42 J.	1/1 Seite	25.000,00 €	wöchentlich
Fernsehen **(PrimeTime)**							
ARD	4,2	55 %	45 %	44 J.	30 Sek.	20.000,00 €	täglich
RTL	3,1	58 %	42 %	26 J.	30 Sek.	25.000,00 €	täglich
DSF	0,9	21 %	79 %	33 J.	30 Sek.	10.000,00 €	täglich
EuroSport	0,6	28 %	72 %	32 J.	30 Sek.	8.000,00 €	täglich

e) Präsentieren Sie den von Ihnen entwickelten Werbeplan auf Folie und begründen Sie dabei die von Ihnen getroffenen Entscheidungen.

4 Das Verkaufsgespräch

4.1 Der gute Verkäufer

Situation

Es ist Montagmorgen. Markus Orth, Verkäufer bei BüroFix e. K., beobachtet einen Kunden, der sich längere Zeit verschiedene Drucker ansieht und Hilfe suchend um sich schaut. Markus Orth unterhält sich gerade angeregt mit seiner Kollegin Beate Deuter über die Ereignisse vom Wochenende. Der Kunde sieht ihn ein paar Mal direkt an, bis Markus Orth sich endlich entschließt den Kunden anzusprechen. „Dafür werde ich ja schließlich bezahlt", denkt er etwas missmutig und geht auf den Kunden zu.

Markus Orth: „Kann ich Ihnen helfen?"

Kunde: „Äh, nein! Oder was kostet denn dieser Drucker hier?"

Markus Orth: „Steht auf dem Preisschild. Mal sehen – ah ja, 199 Euro. Zu teuer?"

Kunde: „Ähm, für was ist der denn zu gebrauchen?"

Markus Orth: „Das ist ein Laserdrucker in der einfachsten Ausführung. Ideal für Leute, die nichts Anspruchsvolles drucken wollen."

Kunde: „Haben Sie noch etwas anderes?"

Markus Orth: „Ja, diesen hier, der kostet 249 Euro."

Kunde: „Ich glaube, den gibt's für 199 Euro bei CheapOffice im Angebot."

Markus Orth: „Das glaube ich nicht. CheapOffice verkauft doch nur Billigware. Bei uns bekommen sie Qualität. Für was brauchen Sie denn den Drucker?"

Kunde: „Hauptsächlich, um Bilder von der Digitalkamera auszudrucken."

Markus Orth: „Dann könnte der schon der Richtige sein. Im Grunde sind doch alle Drucker gleich. Mit dem sind Sie bestimmt zufrieden."

Leitfrage

- Meinen Sie, dass Markus Orth den Drucker verkaufen wird?
- Welche Folgen hätte es für BüroFix e. K., wenn sich alle Verkäufer so verhielten?

Information

Was macht einen guten Verkäufer aus?

Nicht selten ärgern wir uns über unfreundliche Verkäufer, die uns nur etwas aufschwatzen wollen und keine Fachkompetenz haben.

Wollen Sie einem Kunden etwas verkaufen? Dann beachten Sie Folgendes:

Es ist wichtig, dass Sie ein gepflegtes Äußeres zeigen, Sie repräsentieren immerhin das Unternehmen. Sie sollten offen auf die Kunden zugehen.

Merke **Ein einzelner Verkäufer repräsentiert gegenüber dem Kunden immer das ganze Unternehmen.**

Behandeln Sie jeden Kunden gleich. Seien Sie freundlich, fachlich gut informiert und von Ihrem Angebot überzeugt. Dann können Sie auch Ihre Kunden überzeugen. Aber erdrücken Sie den Kunden nicht mit Ihrem Fachwissen. Haben Sie Spaß an Ihrem Beruf! Glauben Sie an sich und Ihre Qualitäten und lernen Sie aus Ihren Misserfolgen. Sie müssen die Bedürfnisse und Wünsche des Kunden durch gezielte Fragetechniken erfragen und ihm das Angebot gekonnt präsentieren. Dabei kommt es auch auf Ihre Körpersprache und Ihre Ausdrucksweise an, die Sie verwenden.

Fühlt sich der Kunde schlecht beraten oder wollen Sie ihn nur überreden, so ist er nach dem Kauf unzufrieden. Er bringt das Gekaufte zurück oder spricht schlecht über das Geschäft und kauft in Zukunft bei der Konkurrenz.

Was ist der Unterschied zwischen der Sach- und der Beziehungsebene?

Es kommt im Allgemeinen wie auch im konkreten Verkaufsgespräch nicht nur darauf an, **was** Sie sagen, sondern vor allem **wie** Sie es sagen. Das Was gibt grundlegende Informationen zum Beispiel über die Eigenschaften eines Produktes, also die Sachebene. Das Wie drückt sich in Ihrer Lautstärke beim Reden, Ihrer Wortwahl, Ihrem Lächeln beim Reden, Ihrem Blickkontakt zum Kunden, Ihren Gesten usw. aus. Dies nennt man die Beziehungsebene.

Auch persönliche Themen gehören zur Beziehungsebene. Sie zeigen damit, wie Sie zu dem Kunden stehen. Dieses Wie ist besonders dann wichtig, wenn wir uns vor Augen führen, dass Entscheidungen zu 80 % aus dem Gefühl heraus und nur zu 20 % vom Verstand getroffen werden. Natürlich müssen die Informationen (also das Was) angesprochen werden und richtig sein. Denn stimmt nur das Wie, ist der Kunde hinterher unzufrieden. Sie sollten je nach Situation entscheiden, **wie** Sie das **Was** am besten verpacken.

Beispiel

Eine alte Dame, die ein Handy kaufen möchte, ist sicherlich dankbar, wenn Sie Ihr die technischen Informationen verständlich erläutern und nicht gleich spöttisch lächeln, wenn sie noch nie etwas von einer SMS gehört hat.

Kunden lassen sich bei ihren Kaufentscheidungen hauptsächlich von ihren Gefühlen leiten; sie greifen unbewusst zu dem, was ihnen gefällt. In Verkäuferschulungen wird dieses Verhalten mit einem schwimmenden Eisberg verglichen, der aus dem Wasser ragt. Nur 20 % des Eisberges sieht man über der Wasseroberfläche. Diese 20 % entsprechen dem Bewusstsein des Kunden, also dem Verstand. 80 % des Eisberges sind unter Wasser und für den Betrachter unsichtbar. Diese 80 % entsprechen dem Unterbewusstsein, also den Gefühlen des Kunden.

Wenn Sie erfolgreich verkaufen wollen, sprechen Sie also die Gefühlsebene an.

Merke

Ein freundlicher, gut informierter Verkäufer, der dem Kunden eine angenehme Atmosphäre bereitet und dem der Kunde vertraut, wird sicherlich gute Verkaufszahlen bringen.

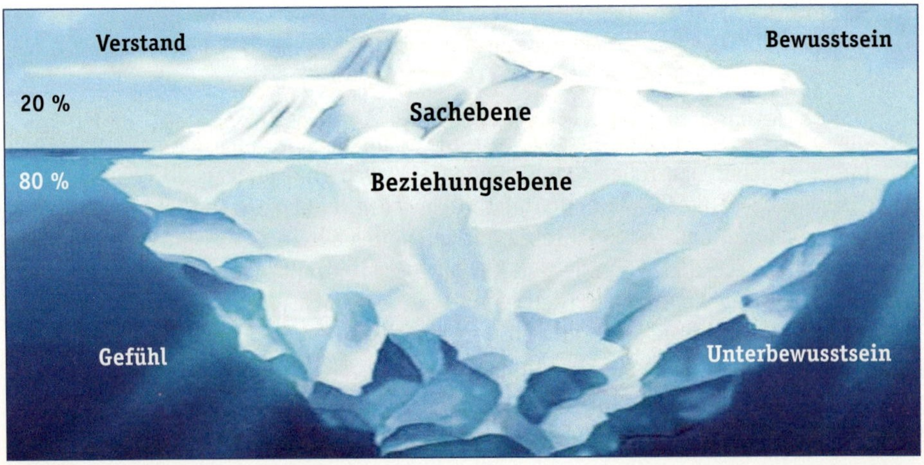

4.2 Das Auftreten des Verkäufers

4.2.1 Die verbale Kommunikation

Information

Welche Bedeutung hat die Sprache eines Verkäufers?

Wenn Sie jemandem etwas verkaufen möchten, geschieht das in erster Linie über die Sprache. Sprache vermittelt Ihnen die Bedürfnisse und Wünsche des Kunden; sprachlich heben Sie die Vorteile des Angebots hervor usw. Doch es kommt nicht darauf an, viel zu reden (sonst fühlt sich der Kunde schnell genervt), sondern das Wesentliche im richtigen Ton zu sagen.

Merke **Setzen Sie die Informationen gezielt ein; bombardieren Sie den Kunden nicht mit Fachinformationen und vermeiden Sie Fachbegriffe, die der Kunde nicht versteht.**

Vermeiden Sie unbedingt persönliche Abwertungen im Gespräch wie z. B.: „Naja, Sie als Frau kennen sich mit Computern sowieso nicht so gut aus". Alles, was Sie dadurch erreichen, ist, dass die Kundin bei der Konkurrenz kauft. Aber auch übertriebene Schmeicheleien führen zu nichts. Und versuchen Sie nicht den Kunden zu überreden. Er merkt dies entweder gleich und kauft nichts oder er ist nach dem Kauf mit dem Produkt unzufrieden und bringt es zurück.

Wie sollten die Informationen verpackt werden?

Vermeiden Sie lange und komplizierte Sätze und Wörter. Sie wollen immerhin, dass Ihnen der Kunde folgen kann. Reden Sie in kurzen Sätzen. Und machen Sie aus dem Verkaufsgespräch keinen Monolog. Gespräch heißt immer, dass mindestens zwei Personen an der Unterhaltung beteiligt sind. Also beziehen Sie auch Ihren Kunden bzw. Ihre Kundin durch Rückfragen in das Verkaufsgespräch mit ein.

Hier noch einige wichtige Regeln:

Die Kunden direkt ansprechen

Richten Sie Ihre Aussagen direkt an den Kunden und vermeiden Sie das unpersönliche Wort „man".

Beispiel Verkäufer: *„Mit dieser Kamera kann man sehr gute Fotos machen."* Besser wäre es zu sagen: *„Mit dieser Kamera können Sie sehr gute Fotos machen."*

Der Kunde soll sich direkt angesprochen fühlen. Bauen Sie zu ihm eine Beziehungsebene auf. Schließlich soll „er" (bzw. „sie") und nicht „man" das Produkt kaufen.

Vermeiden Sie Worte des Zweifels

Viele Kunden spüren beim Verkäufer Unsicherheit und Zweifel. Woran liegt das? Wörter wie „glauben", „unter Umständen", „vielleicht", „im Grunde genommen" usw. wecken im Käufer Gefühle des Zweifels. Ein zweifelnder Kunde wird in seiner Kaufentscheidung nicht bestärkt, wenn der Verkäufer selbst unsicher ist.

Beispiel

Verkäufer: *„Im Grunde genommen sind beide Produkte gleich gut. Ich nehme aber an, dass Sie mit dem Produkt 1 vielleicht zufriedener sein könnten."* → Käufer ist verunsichert.

Verkäufer: *„Beide Produkte sind gleichwertig. Produkt 1 passt aber besser zu Ihnen. Damit sind Sie zufriedener."* → Käufer wird bestärkt.

Welche Bedeutung hat die Stimme des Verkäufers im Verkaufsgespräch?

Sicher haben Sie nach einem Telefonat schon einmal gesagt: „Der/die hatte aber eine sympathische Stimme." Ohne die Person gesehen zu haben, ist sie Ihnen sofort sympathisch. Dies zeigt, wie wichtig die Stimme auch im Verkaufsgespräch ist. Über die Stimme wird Ihr Gemütszustand ausgedrückt. Sie wird geprägt durch das Sprechtempo und die Sprechmelodie, die Betonung und Tonhöhe sowie die Lautstärke. Wenn Sie diese Elemente gezielt einsetzen und nicht dem Zufall überlassen, können Sie mit Ihrer Stimme alles ausdrücken, was Sie möchten. Sie können interessiert, respektvoll, schmeichelnd klingen und den Klang Ihrer Stimme Ihren Ausführungen anpassen. Variieren Sie! Das macht Sie zum interessanten Gesprächspartner, dem man gerne zuhört.

Welches Sprechtempo ist angemessen?

Wenn Sie sehr schnell reden, wirken Sie aufgeregt. Sie verschlucken Endsilben und reden dadurch undeutlich. Der Kunde kann Ihnen kaum folgen und sich deshalb auch nicht von dem Produkt überzeugen lassen. Wenn Sie zu langsam und in einem immer gleich bleibenden Sprechtempo reden, wirken Sie wenig engagiert und der Kunde langweilt sich oder wird ungeduldig. In beiden Fällen wirken Sie eher unsicher und können dadurch den Kunden nur schwer von dem Angebot überzeugen.

Merke

Sprechen Sie ruhig und deutlich und machen Sie Pausen. Der Kunde kann Ihnen so besser folgen und in den Pausen selbst das Wort ergreifen, z. B., um eine Frage zu stellen.

Wenn Sie Ihr Sprechtempo variieren, bringen Sie Dynamik in das Gespräch. Stellen Sie Rückfragen an den Kunden, z. B.: „Haben Sie diesbezüglich noch Fragen?" Der Kunde hat dadurch Zeit, das Gesagte aufzunehmen und darüber nachzudenken. Der Kunde fühlt sich wertgeschätzt, da Sie ihn mit einbeziehen.

4.2.2 Die nonverbale Kommunikation – Gestik und Mimik

Information

Wie wichtig ist die Körpersprache des Verkäufers?

Zusätzlich zur (verbalen) Sprache setzen wir auch unsere (nonverbale) Körpersprache ein. Dies geschieht meist unbewusst. Durch unseren Gesichtsausdruck, unsere Handbewegungen und unsere Körperhaltung kann unser Gegenüber auf unsere Stimmung, auf

Ablehnung, auf Unsicherheit usw. schließen. Der Kunde erkennt, ob wir von dem, was wir sagen, überzeugt sind und ob unser Körper etwas anderes sagt als unsere Stimme.

Tipp **Achten Sie auf Ihre Körpersprache.**

Wichtige Regeln sind:

- Lächeln Sie! Das macht Sie sympathisch.
- Zeigen Sie Ihre Hände! Gesten (Handbewegungen) oberhalb der Taille werden als positiv gewertet. Setzen Sie offene Gesten ein. Sind die Hände vor dem Körper verschränkt, in den Taschen oder hinter dem Rücken versteckt, wird dies als ablehnend empfunden. Begegnen Sie einer Frage nicht mit Schulterzucken, dies bedeutet Gleichgültigkeit. Und stützen Sie die Arme nicht auf den Hüften ab oder verstecken sie hinter dem Rücken – dies wirkt überheblich.
- Halten Sie Blickkontakt zu Ihrem Kunden. Ein gesenkter Blick wirkt unsicher und ein umherschweifender Blick zeigt Desinteresse.
- Rücken Sie dem Kunden nicht zu dicht auf den Leib. Halten Sie genügend Abstand, damit sich der Kunde nicht bedrängt und unwohl fühlt. Haben Sie weniger Abstand als 1 m zum Kunden, sind Sie in seine so genannte persönliche Zone eingedrungen. Um dies zu überprüfen, strecken Sie in Gedanken den Arm Richtung Kunde aus. Wenn Sie ihn berühren, dann sollten Sie den Abstand vergrößern.
- Auch der Geruch kann Sympathie und Antipathie hervorrufen. Tragen Sie nicht zu intensive Parfums auf, verwenden Sie ein gutes Deo und vermeiden Sie große Mengen Knoblauch.

4.3 Die Phasen eines Verkaufsgespräches

Information

Ein intensives Verkaufsgespräch umfasst in der Regel die folgenden acht Phasen:

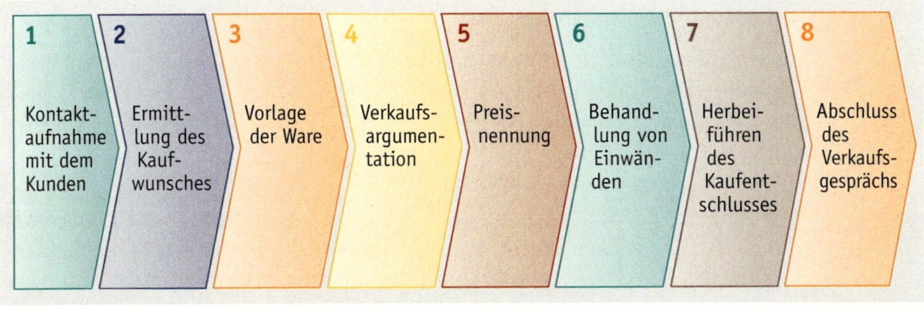

Jedes Verkaufsgespräch hat meist die gleiche Abfolge. Nach der Begrüßung erfolgt die Bedarfsermittlung durch spezielle Fragetechniken. Danach präsentieren Sie dem Kunden bzw. der Kundin die Ware und stellen Ihre Verkaufsargumentation dar. Eventuelle Einwände der Kunden müssen dabei entkräftet werden. Am Ende der Argumentation gehen Sie auf den Preis der Ware ein und versuchen die Kaufentscheidung herbeizuführen. Nach dem Kaufabschluss sollten Sie den Kunden in seiner Kaufentscheidung bestärken.

Phase 1: Mit dem Kunden Kontakt aufnehmen

Der erste Eindruck vom Verkäufer kann schon der entscheidende sein, auch wenn er vielleicht nicht der richtige ist. Für den ersten Eindruck gibt es keine zweite Chance. Denken Sie daran: Wie Sie den Kunden begrüßen und wie Sie mit ihm Kontakt aufnehmen, ist entscheidend für den weiteren Verlauf des Verkaufsgesprächs.

Nehmen Sie zunächst Blickkontakt zu dem Kunden auf. Sie zeigen ihm damit, dass Sie ihn gesehen haben und er willkommen ist. Nichts ist schlimmer, als tuschelnde Verkäufer bzw. Verkäuferinnen, die mehr an ihrem Privatleben als am Kunden interessiert sind.

Im zweiten Schritt sprechen Sie den Kunden an, falls er Sie nicht zuerst anspricht. Der richtige Zeitpunkt dazu kann verschieden sein. Überfallen Sie den Kunden nicht gleich. Wenn er z. B. Hilfe suchend umherschaut, Produkte ausprobiert oder miteinander vergleicht, zögerlich und ratlos bestimmte Waren betrachtet, dann sprechen Sie ihn an. Vermeiden Sie dabei jedoch die gebräuchlichen Ansprachen wie: „Kann ich Ihnen helfen?" oder „Suchen Sie etwas Bestimmtes?" Der Kunde ist oft schon auf diese ungenauen Fragen programmiert und antwortet schnell mit „Nein danke". Dann haben Sie Mühe, das Verkaufsgespräch wieder aufzunehmen.

Probieren Sie verschiedene Ansprachen aus, die den Kunden hellhörig machen und sein Interesse wecken. Vorteilhaft kann es sein, wenn Sie einen Bezug zu den Waren herstellen.

Beispiel

Eine Kundin hat sich ein Sommerkleid vom Ständer genommen und betrachtet dieses eingehend. Der Verkäufer spricht sie an: *„Das Kleid haben wir heute erst bekommen. Es ist aus der aktuellen Sommerkollektion."* Die Kundin antwortet: *„Ah ja! Hätten Sie meine Größe da? Dann würde ich es mal anprobieren."*

Sie sind also schon im Gespräch, da Sie das Interesse der Kundin geweckt haben.

Tipp

Probieren Sie einfach verschiedene Ansprachen aus. Sie werden den Erfolg bald merken.

Phase 2: Den Kaufwunsch ermitteln

Um einen Kunden gut beraten zu können, müssen Sie natürlich erst einmal wissen, was er überhaupt möchte. Der Kunde kann verschiedene Gründe haben, warum er ein Produkt kaufen will. Diese Gründe nennt man Kaufmotive. Jeder Kunde hat andere Kaufmotive, denn jeder Kunde hat andere Wünsche und Bedürfnisse.

Beispiel

Verschiedene Kunden möchten einen Mercedes Benz kaufen, doch jeder von ihnen hat ein anderes Motiv, warum er gerade dieses Auto will. Herr Müller möchte das Auto, weil er sich durch die kompakte Bauweise besonders sicher fühlt. Herr Özdemir möchte das Auto, weil dies für ihn Prestige bedeutet. Er zeigt nach außen: Ich habe Geld, ich kann mir so ein Auto leisten. Frau Weiler kauft den Benz, weil Sie schon immer einen Mercedes gefahren hat und nicht ständig nach neuen Alternativen suchen will. Ihr Motiv ist also Bequemlichkeit. Herr Schmitt kauft den Benz aus dem Motiv der sozialen Verantwortung heraus. Er glaubt, dass alle Teile dieses Autos „Made in Germany" sind, und er will die deutsche Wirtschaft unterstützen. Frau Chavanne kauft den Benz, weil gerade eine Sonderaktion läuft und das Sondermodell 20 % günstiger ist als normalerweise. Ihr Motiv ist der dadurch gewonnene finanzielle Vorteil.

Sie sehen, alle wollen das gleiche Auto, aber jeder aus einem anderen Grund. Daher muss man auch unterschiedlich auf die Kunden eingehen. Um zu erfahren, was der Kunde sucht und warum, können Sie ihm entweder direkte Fragen stellen oder ihm sofort bestimmte Waren probeweise präsentieren.

Die Bedarfsermittlung durch Fragen

Um zu erfahren, welches Kaufmotiv der Kunde hat und was er mit dem Produkt machen möchte, benutzen Sie am besten **offene Fragen**. Dies sind Fragen, die der Kunde **nicht** mit *ja* oder *nein* beantworten kann (im Gegensatz zu den **geschlossenen Fragen**). Nur so können Sie ausreichend an die nötigen Informationen gelangen. Offene Fragen beginnen mit *Wie? Was? Warum? Welche? Wo? Wie viel? Wann?*

Beispiel **(geschlossene Frage):**

Eine Kundin schaut sich an einem großen Regal mit verschiedenen Tischdecken um. Sie haben die Kundin bereits begrüßt und fragen: *„Suchen Sie eine Tischdecke?"* Die Kundin antwortet: *„Ja, sieht so aus, oder?"*

Sie sind mit dieser geschlossenen Frage in der Bedarfsermittlung also keinen Schritt weiter gekommen.

Beispiel **(offene Frage):**

Sie fragen die Kundin: *„Für welchen Zweck suchen Sie eine Tischdecke? Welche Vorstellungen haben Sie denn?"* Die Kundin antwortet: *„Ich brauche eine festliche Tischdecke in Weiß; sie sollte etwa drei Meter lang sein. Haben Sie da was für mich?"*

Sie wissen jetzt genau, was die Kundin will und können ihr die Ware vorlegen.

Wenn im ersten Teil des Verkaufsgesprächs die Wünsche der Kundin geklärt sind, können auch geschlossene Fragen folgen. Damit können Sie den Bedarf der Kundin weiter eingrenzen.

Beispiel **(geschlossene Frage):**

Die Kundin hat sich eine Tischdecke genauer angeschaut. Sie fragen: *„Gefällt Ihnen diese Tischdecke?"* Die Kundin antwortet: *„Ja, aber die Musterung könnte noch ein bisschen dezenter sein."*

Bedarfsermittlung durch Testangebote

Hat die Kundin bereits ihre Wünsche geäußert, können Sie ihr sofort die passende Ware vorlegen. Stellen Sie dabei eine Beziehung zwischen den Merkmalen der Ware und dem Kundenwunsch (Verwendungszweck) her.

Beispiel

Kundin: *„Hallo, ich suche eine weiße Tischdecke für einen festlichen Anlass, etwa drei Meter lang."* Verkäufer: *„Diese Tischdecke wird für festliche Anlässe sehr gerne genommen. Sie hat ein eingearbeitetes dezentes Muster und ist kochfest, Sie kriegen also alle Flecken beim Waschen raus. Außerdem lässt sie sich sehr leicht bügeln."*

***Phase 3:* Die Ware vorlegen und präsentieren**

Grundsätzlich gilt: Sprechen Sie die fünf Sinne des Kunden an, dies erhöht seinen Besitzwunsch. Er soll die Ware nicht nur sehen, sondern auch fühlen, riechen, hören, schmecken – sofern dies möglich ist.

Beispiel

Sie zeigen der Kundin eine sehr teure Tischdecke. Sie kann den Stoff fühlen und das Geräusch hören, das der Stoff beim Ausbreiten der Tischdecke macht.

Sie fangen am besten damit an, Ware zu zeigen, die preislich in der Mitte liegt. Danach können Sie preislich immer noch nach oben oder unten ausweichen, je nachdem, was der Kunde möchte. Präsentieren Sie nur einwandfreie Ware. Eine zerknitterte Bluse mit Make-up-Spuren löst sicher keinen Kaufwunsch aus.

Wenn möglich führen Sie die Ware vor und nennen Sie dabei wichtige Verkaufsargumente, die Vorteile des Produktes und den Kundennutzen. Merken Sie an der Körpersprache des Kunden, dass er noch nicht zufrieden ist (z. B. durch einen unentschlossenen Gesichtsausdruck), dann versuchen Sie durch weitere Fragen den Wunsch des Kunden einzugrenzen. Ware, die nicht infrage kommt, sollten Sie sofort wieder wegräumen, sie stört nur die weitere Warenpräsentation. Bringen Sie nicht mehr als fünf Artikel ins Spiel. Der Kunde kann sich am Ende sonst gar nicht mehr entscheiden und geht, ohne etwas gekauft zu haben.

Wie können Ersatzangebote unterbreitet werden?

Sucht ein Kunde einen bestimmten Artikel, den Sie nicht im Sortiment haben, dann bieten Sie ihm einen gleichwertigen Ersatz an. Stellen Sie dabei die Vorteile des Artikels heraus.

Beispiel

Der Kunde sucht einen bestimmten Walkman von Sony. Sie führen diese Marke jedoch nicht. Sie erklären dem Kunden: *„Sony haben wir nicht im Programm, aber der neue Walkman von Kenwood hat die gleichen technischen Details. Zudem hat er als Zubehör einen neuartigen Kopfhörer, der sämtliche Rauschgeräusche herausfiltert. Kenwood führt momentan außerdem eine Sonderaktion durch, bei der alle neuen Modelle um 5 % im Preis reduziert sind."* Sie haben das Interesse des Kunden dadurch geweckt und er ist sofort bereit sich das Ersatzangebot zeigen zu lassen.

6026372

Vermeiden Sie jedoch den vorrätigen Artikel gegenüber dem gewünschten schlechter darzustellen und schicken Sie den Kunden auf keinen Fall gleich in einen anderen Laden.

Beispiel

„Leider führen wir die Marke Sony nicht. Gehen Sie doch mal zu Meiers Music, die führen Sony, soweit ich weiß."

Phase 4: Die Schritte der Verkaufsargumentation

Ihre Verkaufsargumente sollen die Vorteile und den Kundennutzen der Ware darstellen und den Kunden von der Ware überzeugen. Dies gelingt am besten, wenn Sie Ihre Argumentation nach einer bestimmten Reihenfolge aufbauen.

1. Zuerst nennen Sie dabei ein bestimmtes **Merkmal der Ware**, beispielsweise das verwendete Material, die aufwändige Verarbeitung oder die einfache Handhabung.
2. Danach gehen Sie auf die **Vorteile der Ware** ein. Machen Sie dem Kunden klar, warum diese Produktmerkmale für seine Belange vorteilhaft sind. Beschränken Sie sich nur auf die Merkmale, die für den Kunden und seine Wünsche wichtig sein könnten; mehr würde das Verkaufsgespräch nicht vorantreiben.

Beispiel

Kunde: *„Ich suche ein Shirt, das ich zum Joggen anziehen kann. In meinen Baumwoll-T-Shirts schwitze ich immer so stark. Die sind dann ganz nass und mir vergeht die Lust am Laufen!"*

Verkäufer: *„Hier habe ich ein Laufshirt, das gerade gestern mit der neuen Frühjahrskollektion gekommen ist. Das Material besteht aus atmungsaktiven Chemiefasern. Der Vorteil ist dabei, dass der Schweiß nicht vom Stoff aufgesaugt wird, wie es bei herkömmlichen Baumwoll-T-Shirts der Fall ist. Die Fasern transportieren den Schweiß nach außen und dort verdunstet er."*

3. Haben Sie die Warenvorteile genannt, dann sprechen Sie den speziellen **Kundennutzen** an und bringen ihn dem Kunden näher. So stellen Sie einen direkten Bezug her.

Beispiel

Verkäufer: *„... das heißt für Sie, dass Ihre Haut trocken bleibt und Sie uneingeschränkt Ihr Laufpensum absolvieren können."*

Phase 5: Den Preis nennen

Nennen Sie den Preis einer Ware nicht gleich am Anfang des Verkaufsgesprächs. Verdeutlichen Sie dem Kunden den Nutzen des Produktes. Erst wenn der Kunde den Wert des Produktes zu schätzen gelernt hat, teilen Sie ihm den Preis mit. Der Preis sollte also immer in Verbindung mit der Leistung des Produktes genannt werden.

Tipp

Einen Preis niemals isoliert von der Produktleistung nennen. Wörter wie „billig" oder „teuer" sind für den Verkäufer tabu.

Möglichkeiten der Preisnennung

Sandwichmethode

Sie zeigen dem Kunden die Vorteile der Ware auf und nennen dazwischen den Preis. Die Preisnennung wird so zwischen die positiven Verkaufsargumente hineingeschoben, wie bei einem Sandwich.

Beispiel

Kunde: *„Was soll diese Laufjacke kosten?"*

Verkäufer: *„Die Laufjacke ist aus einem sehr leichten atmungsaktiven Material, das nur diese Firma verwendet. Sie kostet 99,90 €, aber Sie merken im Tragekomfort auch einen deutlichen Unterschied zu günstigeren Modellen."*

Verzögerungsmethode

Sie nennen dem Kunden den Preis und stellen dabei nochmals das gute Preis-Leistungs-Verhältnis der Ware heraus.

Beispiel

Kunde: *„Was soll diese Laufjacke kosten?"*

Verkäufer: *„Diese Laufjacke ist aus einem neuartigen atmungsaktiven Material, das den Schweiß sofort nach außen abtransportiert. Es ist das Beste, was es gerade auf dem Markt gibt. Trotzdem ist die Jacke günstiger als andere Modelle, sie kostet 99,90 €."*

Vergleichsmethode

Es kann sein, dass dem Kunden ein Preis zu teuer erscheint und er Ihnen dies sagt. Sie sollten daraufhin nochmals die Vorteile der Ware, besonders im Vergleich zu günstigeren Modellen, herausstellen.

Beispiel

Kunde: *„99,90 € für die Laufjacke? Das ist ja ganz schön teuer!"*

Verkäufer: *„Der Preis scheint für eine Laufjacke recht hoch, aber diese Ausgabe lohnt sich. Im Vergleich zu günstigeren Modellen ist diese Jacke besonders leicht und Sie schwitzen damit beim Laufen garantiert nicht! Außerdem nutzt sich der Stoff nicht so schnell ab wie bei den anderen Modellen. Es handelt sich also um eine Investition für viele Jahre!"*

Phase 6: Auf die Einwände des Kunden eingehen

Auch wenn Ihre Argumente noch so gut sind – der Kunde kann Einwände dagegen haben. Dann ist es Ihre Aufgabe, diese Einwände zu entkräften. Vergewissern Sie sich durch Nachfragen, wogegen sich der Einwand genau richtet. Erst dann können Sie fachkundig und sachlich darauf eingehen. Nehmen Sie den Kunden ernst und bleiben Sie freundlich. Wenn Sie verärgert reagieren, wird dies auch den Kunden verärgern und er wird bei Ihnen wahrscheinlich nichts kaufen.

Der Kunde kann **echte Einwände** haben, zum Beispiel gegen den Preis (1), bestimmte Warenmerkmale (2), das Geschäft (3) oder sogar gegen Sie selbst (4).

Beispiel

(1) *„Das Laufshirt gefällt mir ganz gut, aber haben Sie nicht noch was Billigeres?"*

(2) *„Ja, atmungsaktiv sollte das Shirt schon sein, aber mir gefällt der V-Ausschnitt nicht so ganz. Haben Sie das gleiche auch mit Rundhalsausschnitt?"*

(3) *„Was? Ich kann die Laufhose später nicht mehr umtauschen, weil sie reduziert ist? Na, da würde ich aber etwas mehr Kundenservice erwarten!"*

(4) *„Wie, Sie können mir die Hose nicht abstecken? Haben Sie so was nicht in Ihrer Ausbildung gelernt?"*

Möglich ist es auch, dass der Kunde nur einen Grund sucht, um irgendwie aus dem Verkaufsgespräch herauszukommen. Dies sind so genannte **unechte Einwände,** denn der Kunde will gar nichts (mehr) kaufen, sondern nur noch „flüchten". In diesem Falle gehen Sie nicht mehr auf seine Einwände ein. Akzeptieren Sie freundlich die Entscheidung des Kunden und verabschieden Sie sich.

Beispiel

Kundin: *„Ja, also diese Kravatte ist ganz nett, aber ich kann mich jetzt nicht entscheiden. Ich muss erst noch mal mit meinem Mann reden und mal genau fragen, was er eigentlich will."* Verkäufer: *„Natürlich, sprechen Sie am besten noch mal mit Ihrem Mann darüber. Ich wünsche Ihnen ein schönes Wochenende!"*

Wie können Sie auf die Einwände der Kunden reagieren?

Es gibt vier Methoden, wie Sie auf echte Kundeneinwände reagieren können:

Ja-aber-Methode

Sie stimmen dem Kunden zunächst zu, bringen danach aber gleich ein Gegenargument, das den Einwand entkräftet.

Beispiel

Kunde: *„Die Schuhe sind aber aus der letzten Saison, oder?"*

Verkäufer: *„Ja, das stimmt, aber der Preis ist um die Hälfte reduziert und die Form ist immer noch hochaktuell!"*

Vorteil-Nachteil-Methode

Spricht der Kunde mit dem Einwand einen wirklichen Nachteil des Produktes an, dann geben Sie ihm Recht. Zeigen Sie ihm dann aber Vorteile auf, die sich aus dem eigentlichen Nachteil ergeben.

Beispiel

Kunde: *„Dieser Laptop erscheint mir aber doch recht teuer im Vergleich zu den anderen."*

Verkäufer: *„Das stimmt, allerdings enthält er auch die neueste Technologie und ist besonders unempfindlich gegenüber Störungen."*

Bumerang-Methode

Wandeln Sie den Einwand des Kunden in einen Vorteil für das Produkt um.

Beispiel

Kunde: *„Die Laufjacke ist aber sicher nicht wasserdicht!"*

Verkäufer: *„Ja, Sie haben Recht, aber wenn sie wasserdicht wäre, wäre sie auch nicht mehr atmungsaktiv. Sie würden beim Laufen dann stark schwitzen. Sie ist jedoch Wasser abweisend, einem leichten Regen hält sie auf jeden Fall stand."*

Rückfrage-Methode
Stellen Sie dem Kunden eine Rückfrage zu seinem Einwand, um Zeit für eine Antwort zu gewinnen. Die zusätzlichen Angaben des Kunden helfen Ihnen außerdem dabei, sich geeignete Gegenargumente zu überlegen.

Beispiel

Kunde: *„Dieser PC hat aber nicht den neuesten Prozessor.“*

Verkäufer: *„Für was brauchen Sie denn den PC?“*

Kunde: *„Hmm, eigentlich nur, um ab und zu Briefe zu schreiben.“*

Verkäufer: *„Dafür ist der PC genau das Richtige. Die Leistung der neuesten Prozessoren bemerken Sie nur, wenn Sie aufwändige Computerspiele spielen möchten.“*

Phase 7: Einen Kaufentschluss herbeiführen

Das Wichtigste am Verkaufsgespräch ist natürlich, dass der Kunde am Ende das Produkt kauft. Oft passiert es aber, dass ein Kunde durch die Verkaufsargumentation in seinem Kaufentschluss eher geschwächt wird. Er will sich den Kauf dann nochmals überlegen. Nachdem der Preis genannt wurde, sollte der Kunde deshalb in seinem Kaufentschluss gestärkt werden. Sie müssen dem Kunden dazu Entscheidungshilfen geben. Aber Vorsicht! Sie dürfen beim Kunden nicht den Eindruck erwecken, dass Sie ihn überreden wollen. Dann geht er wahrscheinlich, ohne etwas bei Ihnen gekauft zu haben.

Merke **Den Kunden überzeugen, nicht überreden!**

Welche Kaufsignale deuten die Kaufentscheidung des Kunden an?

Sie können an sprachlichen und körpersprachlichen Signalen des Kunden erkennen, dass dieser kurz vor der Kaufentscheidung steht. Teilweise können mehrere Kaufsignale gleichzeitig auftreten.

Sprachliche Kaufsignale

- Kundin äußert sich zustimmend.
  „Also, das Kleid gefällt mir wirklich sehr gut.“
- Kunde wiederholt Verkaufsargumente, um diese nochmals sicherzustellen.
  „In dieser Laufjacke schwitze ich also wirklich gar nicht?“
- Kundin stellt Fragen zur Ware, die ihr Sicherheit für die Zeit nach dem Kauf geben sollen, zum Beispiel in Bezug auf die Garantie, den Umtausch, die Wartung und Pflege usw.
  „Und ich habe volle zwei Wochen Umtauschrecht, wenn meinem Mann das Hemd nicht passt?“
- Kunde erkundigt sich nach Zahlungs- oder Lieferbedingungen.
  „Wie lange dauert es, bis Sie den Schrank liefern können?“

Körpersprachliche Kaufsignale

- Kunde nickt zustimmend.
- Kunde greift nochmals nach der Ware.

- Kunde zeigt zufriedenen Gesichtsausdruck.
- Kunde nickt und zeigt dem Verkäufer, dass er dessen Argumenten zustimmt.

Merke **Beobachten Sie Ihre Kunden genau, damit Sie jederzeit deren Kaufsignale erkennen.**

Phase 8: Das Verkaufsgespräch abschließen

Erkennen Sie, dass der Kunde bzw. die Kundin kurz vor der Kaufentscheidung steht, können Sie verschiedene Abschlusstechniken einsetzen, um eine Kaufentscheidung herbeizuführen.

Alternativfrage
Sie schränken die Auswahl auf zwei Artikel ein, die die Kundin in die engere Wahl zieht.

Beispiel *„Welche Kinderschuhe gefallen Ihnen besser, die blauweißen oder die einfarbig schwarzen?"*

Ja-Fragen
Sie stellen der Kundin mehrere Fragen zu den Anforderungen an die Ware, die sie mit Ja beantworten kann. Sie bekommt das Gefühl, dass die Ware genau zu ihren Wünschen passt.

Beispiel Verkäufer: *„Sie suchen einen Kinderschuh, der ein medizinisches Fußbett hat?"*

Kundin: *„Genau."*

Verkäufer: *„Und der Schuh soll leicht anzuziehen sein?"*

Kundin: *„Ja, das ist wichtig."*

Verkäufer: *„Dann ist dieser Schuh genau der richtige für Ihren Sohn!"*

Empfehlung
Sie nehmen der Kundin die Qual der Wahl ab, falls diese sehr unsicher ist und sich lieber auf den Fachmann verlässt.

Beispiel *„Ich rate Ihnen zu den Schuhen mit Klettverschluss, denn die kann Ihr Sohn leichter an- und ausziehen."*

Zusammenfassung
Sie fassen die Verkaufsargumente noch mal zusammen und verdeutlichen der Kundin damit erneut den Produktnutzen.

Beispiel *„Dieser Laufschuh ist für Ihre Anforderungen genau der richtige, denn der Speed Runner hat nicht nur eine außergewöhnlich gute Belüftung und eine starke Federung, sondern auch das medizinische Fußbett, das Ihnen so wichtig ist."*

Merke **Die Kundin muss das Gefühl haben, dass sie sich selbst zum Kauf entscheidet.**

Wie verabschieden Sie Ihre Kunden?

Der letzte Eindruck, den der Kunde von Ihnen hat, bleibt ihm am längsten im Gedächtnis. Also achten Sie auf die Verabschiedung, die Sie der Situation und dem Kunden anpassen können. Und danken Sie dem Kunden für seinen Einkauf bzw. seinen Besuch, falls er nichts gekauft hat.

Beispiel

„Vielen Dank für Ihren Einkauf. Ich wünsche Ihnen viel Spaß beim Joggen mit dem neuen T-Shirt."

„Vielen Dank für Ihren Besuch. Ich wünsche Ihnen ein schönes Wochenende."

Kennen Sie den Kunden persönlich, sprechen Sie ihn mit Namen an. Halten Sie Ihren Kunden die Tür offen, besonders wenn sie viele Einkaufstaschen tragen, einen Kinderwagen schieben oder gehbehindert sind.

Zusammenfassung

Frage: Warum muss ich den Unterschied zwischen der Sach- und der Beziehungsebene kennen, um ein guter Verkäufer zu sein?

Antwort: Die Kenntnis von dem Unterschied hilft einem guten Verkäufer, dass er sich nicht nur auf Sachargumente beim Verkaufsgespräch stützt, sondern dass es auch darauf ankommt, wie im Verkaufsgespräch argumentiert wird. Wie bei einem Produkt selbst kommt es nicht nur auf den Inhalt, sondern auch auf die Verpackung an.

Frage: Welche Bedeutung hat dies für das Auftreten des Verkäufers?

Antwort: Ein guter Verkäufer sollte seinen Kunden nicht mit Fachinformationen überschütten, sondern das Verkaufsgespräch als angenehmen Dialog zwischen Kunde und ihm gestalten. Dabei spricht der Verkäufer den Kunden immer direkt an und vermeidet Worte des Zweifels. Seine Körpersprache sollte ihn dabei positiv unterstützen.

Frage: Ich habe schon Verkaufsgespräche erlebt, die anders verliefen als hier im Schulbuch beschrieben.

Antwort: Die acht Phasen des Verkaufsgesprächs sind ein idealtypischer Verlauf, wie ein ausführliches Verkaufsgespräch gestaltet werden kann. Natürlich kann ein Verkaufsgespräch auch in einer anderen Weise ablaufen.

Wissensfragen

1. Erklären Sie den Unterschied zwischen der Sach- und der Beziehungsebene.
2. Nennen Sie die einzelnen Phasen eines Verkaufsgesprächs.
3. Wie kann der Kundenbedarf ermittelt werden?
4. Was ist bei der Vorlage der Ware zu beachten?
5. In welchen Schritten kann die Verkaufsargumentation ablaufen?

6. Beschreiben Sie die Möglichkeiten der Preisnennung.
7. Beschreiben Sie Methoden, wie Sie auf Einwände des Kunden reagieren können.
8. Welche Kaufsignale deuten die Kaufentscheidung des Kunden an?
9. Beschreiben Sie die vier Abschlusstechniken.

Übungsaufgaben

1. Verbale Kommunikationskompetenz

Verändern Sie die folgenden Aussagen eines Verkäufers so, dass die Sätze den Kunden direkt ansprechen, ihn in seiner Kaufentscheidung bestärken und ihm den Eindruck eines kompetenten, sicheren Verkäufers vermitteln.

a) Damit kann man sehr schöne Fotos ausdrucken.
b) Im Grunde sind alle Drucker sehr ähnlich. Ich glaube, dass Sie wahrscheinlich mit dem Modell PrintX glücklicher werden.
c) Eigentlich müsste dieser Drucker für Sie genau der richtige sein.
d) Man kann sich den PC auch vom Serviceteam aufbauen lassen.
e) Ich glaube, dass man den Drucker auch in Schwarz kaufen kann.
f) Um ehrlich zu sein, so richtig weiß ich das selbst nicht. Vielleicht frage ich mal besser meinen Kollegen.

2. Verbale Kommunikationskompetenz

Wandeln Sie die folgenden geschlossenen Fragen in offene Fragen um.

a) Interessieren Sie sich für Digitalkameras?
b) Brauchen Sie die Digitalkamera nur zu privaten Zwecken?
c) Möchten Sie den Schrank in Tanne oder in Buche?
d) Möchten Sie lieber etwas Günstigeres?

3. Sie sind Verkäufer bzw. Verkäuferin bei BüroFix e. K. Eine Kundin sieht sich unentschlossen verschiedene Bürostühle an. Überlegen Sie, wie Sie eine erfolgreiche Kontaktaufnahme mit der Kundin herstellen können. Vermeiden Sie das übliche „Kann ich Ihnen helfen?"

4. Sie sind Verkäufer bzw. Verkäuferin bei BüroFix e. K. Eine Kundin informiert sich über die verschiedenen Drucker. Das Verkaufsgespräch ist schon so weit fortgeschritten, dass Sie erfahren haben, dass die Kundin den Drucker hauptsächlich für das Ausdrucken von digitalen Fotos auf Fotopapier verwenden möchte. Ein Drucker für 399,00 € interessiert sie besonders. Alternativ käme ein Drucker für 319,00 € infrage, der allerdings langsamer druckt und mehr Tinte verbraucht.

a) Sie kommen nun mit der Kundin in die Phase der Preisnennung. Beantworten Sie die Frage: „Was soll denn der Drucker kosten?"
   a1) mit der Sandwichmethode,
   a2) mit der Verzögerungsmethode,
   a3) mit der Vergleichsmethode.

b) Die Kundin weiß nun über den Preis Bescheid. Ihr ist das Angebot scheinbar zu teuer. Reagieren Sie auf den Einwand: „Der ist aber doch um einiges teurer als der andere Drucker!"
   b1) mit der Ja-aber-Methode,
   b2) mit der Bumerang-Methode,
   b3) mit der Vorteil-Nachteil-Methode,
   b4) mit der Rückfrage-Methode.

5. Im Folgenden lesen Sie ein Verkaufsgespräch. Der Verkäufer macht in jeder Phase einen entscheidenden Fehler.

Markus Orth möchte gerade in die Frühstückspause, da spricht ihn ein Kunde an.

Kunde: „Hallo, können Sie mir helfen? Ich interessiere mich für Schülerschreibtische."

Markus Orth: „Ja, aber nur kurz. Ich habe jetzt eigentlich Pause. Die Schülerschreibtische befinden sich da hinten. Folgen Sie mir bitte."

Sie sind bei den Schreibtischen angekommen.

Markus Orth: „Gefällt Ihnen dieses Modell? Es ist das Schreibtischmodell Nerd von der Firma Hobel."

Kunde: „Hmm, ich weiß nicht. Haben Sie denn noch andere Modelle?"

Markus Orth: „Sie wollen wahrscheinlich etwas Billigeres. Der hier könnte dann richtig sein" (er zeigt auf ein sehr einfaches Modell), „der kostet nur 129 Euro. Billiger geht´s nicht."

Kunde: „Es soll schon was Gutes sein. Meine Tochter geht demnächst aufs Gymnasium, da muss sie viel am Schreibtisch sitzen und lernen."

Markus Orth: „Dann könnte dieser hier für sie passen; er ist höhenverstellbar und wächst damit über die Jahre mit. In der höchsten Stufe kann auch noch ein Erwachsener an diesem Tisch arbeiten."

Kunde: „Ja, so etwas hatte ich mir vorgestellt. Was soll er denn kosten?"

Markus Orth: „Der ist nicht ganz billig, er kostet 599 Euro."

Kunde: „Erscheint mir etwas teuer!"

Markus Orth: „Anderswo bekommen Sie den auch nicht billiger."

Kunde: „Gibt es den auch in dunklerem Holz?"

Markus Orth: „Nein, dunkles Holz ist doch völlig out."

Kunde: „Ich glaube, ich überlege es mir noch einmal."

Markus Orth: „Na, dann kann ich ja endlich in die Frühstückspause. Auf Wiedersehen."

a) Verbessern Sie das Verkaufsgespräch. Schreiben Sie die verbesserte Variante in Ihr Heft.

b) Tragen Sie das Verkaufsgespräch als Rollenspiel in Ihrer Klasse vor.

Bildquellenverzeichnis

akg-images 42

American Express Services Europe Limited 296.1

argum/Thomas Einberger 151 u.

Bergmoser + Höller Verlag AG/Zahlenbilder, Aachen 98

www. bilderbox.com 335

Deutsche Postbank AG 296.2

Deutscher Sparkassen Verlag GmbH 296.3

dpa Picture Alliance/dpa-infografik: 12,54,82,85, 86, 93, 95, 96, 105, 106, 108, 112, 126, 129, 158, 165, 284, 287, 301, 305, 310, 313, 318, 359, 361

Durable Hunke & Jochheim GmbH, Iserlohn 13

Eckel 151 o.

GIANT Deutschland GmbH, Düsseldorf 363

imago/Camera 4 333

ING DiBa AG 296.4

Joker/Hartwig Lohmeyer 161 o.

Joker/Sascha Mueller-Jaensch 149 (1), 155 (1, Zv)

Keystone/Jan Leidecke 354

Keystone/Volkmar Schulz 152

Axel M. Mosler (Freelens Pool) 161 u.

Picture News/Mario Vedder 48

Schenker AG, Essen 162

Stefan Trux, Großkarolinenfeld 142

Volkswagen AG, Wolfsburg 131

Infografiken: Daniela Ringhut, Dreieich

Illustrationen: Detlef Surrey, Berlin